中国农村社会事业研究报告（2016—2017）

农业农村部农村社会事业发展中心　编

中国农业出版社
北　京

本 书 编 委 会

主　　编：张　辉

副 主 编：詹慧龙　李　叡　李增杰

执行主编：王　宏　刘　辉　方　家　田　皓

编写人员：汤　敏　周　鸿　曹广明　贾廷灿　安宝亮
张慧媛　杨礼宪　陈艳清　向世涛　聂晓潞
胡志全　周亚莉　孙　凡　蹇美芳　冯小查
李昱奇　陈思妤　张　杉　史一雯　卢启明
燕　雯　刘　楠　李晓琴　王观娣　侯星宇
田　原　钱思辰　薛　开

前言
Foreword

农村社会事业是农民群众最关心、最直接、最现实的大事，关系到广大农民群众的根本利益，关系到社会公平公正，对促进城乡融合发展、全面建成小康社会具有极为重要的意义。

党中央、国务院高度重视农村社会事业发展。党的十九大明确提出，实施乡村振兴战略，坚持农业农村优先发展，建立健全城乡融合发展体制机制和政策体系，加快推进农业农村现代化。习近平总书记在中央政治局第八次集体学习时发表重要讲话强调，要健全多元投入保障机制，增加对农业农村基础设施建设投入，加快城乡基础设施互联互通，建立健全城乡基本公共服务均等化体制机制，推动公共服务向农村延伸、社会事业向农村覆盖。在新一轮党和国家机构改革中，农业农村部新增农村社会事业发展职能，并专门设立农村社会事业促进司，统筹推动农村社会事业、农村公共服务、农村文化、农村基础设施和乡村治理，牵头组织农村人居环境整治，指导农村精神文明和优秀农耕文化建设。这一系列重要部署和顶层设计，不仅为农村社会事业发展指明了方向，也提出了更明确的要求，提供了更充分的保障。

近年来，农业农村部农村社会事业发展中心按照部党组的要求，认真履行职责，积极组织开展农村社会事业发展跟踪研究工作，先后研究并编辑出版了《中国农村社会事业发展报告（2003—2013）》《中国农村社会事业发展报告（2014—2015）》《中国农村社会事业研究报告（2015）》。2018年继续组织编写了《中国农村社会事业研究报告（2016—2017）》。报告初稿形成后，我们征求了中组部、中央财经委员会办公室、民政部、科学技术部、工业和信息化部、财政部、自然资源部、住房和城乡建设部、交通运输部、水利部、人力资源和社会保障部、文化和旅游部、教育部、生态环境部、国家广播电影电视总局、国家体育总局、中国扶贫协会、中华全国妇女联合会、西安交通大学等有关单位40多名专家意见，并根据意见进行修改完善。

该报告包括概述篇、专题篇、评价篇和政策篇四大部分。概述篇从面上总结了我国农村社会事业发展取得的新进展，分析存在的问题，提出了新时代农村社会事业发展的重点任务；专题篇从农村教育、文化、医疗卫生、体育、人居环境、社会保障、扶贫、重点群体关爱8个专题进行详细记录和分析；评价篇构建了农村社会事业评价指标体系，采集了相关数据进行测算；政策篇分专题将有关政策内容进行了收集整理。衷心希望该报告作为我国农村社会事业发展的历史记录，为新时代实施乡村振兴战略、促进城乡融合发展贡献一份力量。

由于水平有限，疏漏和不足在所难免。诚挚欢迎业内同行和读者批评指正，提出宝贵意见和建议。

本书编委会

2018年12月

目录

Contents

前言

第一篇 概述篇

一、我国农村社会事业的新发展 …… 3
（一）城乡义务教育一体化改革初见成效 …… 3
（二）农村公共文化事业迈上新台阶 …… 4
（三）农村公共卫生与医疗服务能力进一步提升 …… 4
（四）农村人居环境日益改善 …… 5
（五）社会保障受益面持续扩大 …… 6
（六）脱贫攻坚取得积极进展 …… 6
二、我国农村社会事业发展存在的主要问题 …… 7
（一）农村教育质量仍然偏低 …… 7
（二）农村文体事业发展依然滞后 …… 7
（三）农村医疗卫生服务能力存在较大差距 …… 8
（四）农村人居环境建设欠账较多 …… 8
（五）农村社会保障体系亟待完善 …… 9
（六）脱贫攻坚面临更大压力 …… 9
三、新时代中国农村社会事业发展的重点任务 …… 9
（一）优先发展农村教育事业 …… 10
（二）推进健康乡村建设 …… 10
（三）加强农村社会保障体系建设 …… 11
（四）大力发展乡村文化体育事业 …… 11
（五）持续改善农村人居环境 …… 11
（六）坚决打赢精准脱贫攻坚战 …… 12

第二篇 专题篇

第一章 农村教育事业 …… 15
一、农村教育事业的新进展 …… 15
(一) 学前教育稳步发展 …… 15
(二) 义务教育成绩斐然 …… 17
(三) 高中教育继续稳步发展 …… 18
(四) 新型职业农民培育全面铺开 …… 19
二、农村教育事业存在的主要问题 …… 20
(一) 学前教育发展仍面临艰巨挑战 …… 20
(二) 城乡教育多方面差距明显 …… 21
(三) 留守儿童教育失位 …… 23
三、农村教育事业发展的重点任务 …… 23
(一) 继续缩小城乡教育差距 …… 23
(二) 大力改善农村学校设施环境 …… 26
(三) 多方面提高农村教育质量 …… 27
(四) 推动农民职业教育工作改革 …… 31
四、农村教育事业发展的政策建议 …… 31
(一) 完善城乡教师交流政策 …… 31
(二) 加强农村教育问责 …… 32
(三) 继续提高农村教育经费投入 …… 32
(四) 加强农村教育思想引导 …… 32
参考文献 …… 32
第二章 农村文化事业 …… 33
一、农村文化事业的新进展 …… 33
(一) 农村文化事业资金投入增速加大 …… 33
(二) 农村文化消费支出比重上升 …… 34
(三) 文化基础设施建设渐趋完备 …… 36
二、农村文化事业存在的主要问题 …… 38
(一) 资金投入仍然不足 …… 38
(二) 文化基础设施建设水平参差不齐 …… 39
(三) 农村文化活动场所没有得到合理利用 …… 39
(四) 农村居民还没有形成健康向上的文化生活习惯 …… 39
(五) 农村文化事业专业人才比较短缺 …… 40
三、农村文化事业发展的重点任务 …… 40
(一) 以实施乡村振兴战略为契机促进乡风文明 …… 40

（二）进一步健全农村公共文化服务体系 …… 41
（三）高度重视农村文化事业专业人才的培养 …… 41
（四）加强农村的中华优秀传统文化教育 …… 41
四、农村文化事业发展的政策建议 …… 42
（一）进一步加大财政资金投入力度 …… 42
（二）进一步明确各级政府的责任 …… 42
（三）进一步完善农村文化建设管理机制 …… 42
（四）进一步加强农村文化队伍建设 …… 43
参考文献 …… 45
第三章　农村医疗卫生事业 …… 47
一、农村医疗卫生事业的新进展 …… 47
（一）农村基层医疗卫生服务体系逐步完善 …… 48
（二）医疗保障制度全面覆盖 …… 53
（三）农村急救体系逐步建立 …… 56
（四）农村妇幼保健状况显著改善 …… 56
二、农村医疗卫生事业存在的主要问题 …… 57
（一）基层医疗卫生服务供给不足 …… 57
（二）农村医疗保障制度有待健全 …… 58
（三）农村基本公共卫生保障水平较低 …… 61
三、农村医疗卫生事业发展的重点任务 …… 65
（一）建立中国特色基本医疗保障制度 …… 65
（二）提高基层医疗机构的医疗水平 …… 65
（三）加强全科医生队伍建设 …… 65
（四）进一步推广家庭医生签约服务 …… 65
四、农村医疗卫生事业发展的政策建议 …… 66
（一）加强基层医疗卫生服务体系建设 …… 66
（二）建立健全农村医疗保障制度 …… 67
（三）加强农村基本公共卫生服务体系建设 …… 69
参考文献 …… 70
第四章　农村体育事业 …… 72
一、农村体育事业的新进展 …… 72
（一）体育基础设施得到改善 …… 72
（二）农村体育公共服务能力不断强化 …… 73
（三）农村社区体育志愿组织呈现多元化趋势 …… 73
二、农村体育事业存在的主要问题 …… 75
（一）农村体育意识淡薄 …… 75
（二）农村体育条件仍较落后 …… 75

（三）农村体育人才队伍不足 …… 76
（四）农村社区体育场地设施供给存在局限 …… 77
三、农村体育事业发展的重点任务 …… 77
（一）健全农民群众身边的健身组织 …… 77
（二）建设和利用农民群众身边的场地设施 …… 77
（三）丰富农民群众身边的健身活动 …… 78
（四）积极组织开展农民群众身边的赛事活动 …… 78
（五）加强农民群众身边的健身指导 …… 80
（六）营造农民身边的健身文化氛围 …… 80
四、农村体育事业发展的政策建议 …… 80
（一）积极宣传，提高农民体育意识 …… 80
（二）加大政府配置投入，补齐农村资源短板 …… 81
（三）转变配置决策模式，加强民主参与 …… 81
（四）鼓励市场介入，实现农村体育资源供给多元化 …… 81
（五）强化农村体育事业组织管理 …… 82
（六）建立社区与学校体育场地设施共建共享机制 …… 82
参考文献 …… 82

第五章　农村人居环境事业 …… 84

一、农村人居环境事业的新进展 …… 84
（一）饮水安全进一步改善 …… 84
（二）危房改造和传统村落保护迈上新台阶 …… 84
（三）垃圾污水治理步伐加快 …… 85
（四）建设实用性规划和特色小镇建设稳步推进 …… 85
二、农村人居环境事业存在的主要问题 …… 85
（一）农村饮水工作依然任重道远 …… 85
（二）危房改造任务依然繁重 …… 86
（三）农村垃圾污水治理任务艰巨 …… 86
（四）农村道路建设有待完善 …… 87
（五）农村农业面源污染比较严重 …… 87
三、农村人居环境事业发展的重点任务 …… 87
（一）农村产业发展与引领 …… 87
（二）农村生活垃圾、污水和厕所治理 …… 89
（三）农村农业面源污染整治 …… 91
四、农村人居环境事业发展的政策建议 …… 94
（一）加强农村人居环境规划设计 …… 94
（二）注重农村生态环境建设 …… 95
（三）力推农村基础设施建设 …… 95
（四）抓紧村庄风貌改善 …… 95

（五）完善投入机制 …… 95
参考文献 …… 96
第六章　农村社会保障事业 …… 97
一、农村社会保障事业的新进展 …… 97
（一）城乡居民基本养老保险覆盖范围持续扩大 …… 97
（二）农村贫困人口进一步下降 …… 98
（三）农民工参保人数逐年增加，保险覆盖面不断扩大 …… 99
（四）农民工工资保障机制进一步健全，劳动权益得到了更好的维护 …… 100
二、农村社会保障事业存在的主要问题 …… 101
（一）农村养老保障方面 …… 101
（二）农村最低生活保障方面 …… 103
（三）农民工和失地农民社会保障方面 …… 103
（四）农村住房保障方面 …… 104
三、农村社会保障事业发展的重点任务 …… 105
（一）农村养老保障方面 …… 105
（二）农村最低生活保障方面 …… 106
（三）农民工和失地农民社会保障方面 …… 106
（四）农村住房保障方面 …… 107
四、农村社会保障事业发展的政策建议 …… 108
（一）农村养老保障方面 …… 108
（二）农村最低生活保障方面 …… 108
（三）农民工和失地农民社会保障方面 …… 109
（四）农村住房保障方面 …… 110
参考文献 …… 110
第七章　农村扶贫事业 …… 112
一、农村扶贫事业的新进展 …… 112
（一）贫困人口数量显著减少 …… 112
（二）贫困地区农村居民收入不断提高 …… 113
（三）贫困地区农村居民消费支出快速增长 …… 113
（四）居民文教卫生设施配置逐渐齐全 …… 114
二、农村扶贫事业存在的主要问题 …… 114
（一）少数贫困户“等靠要”思想严重 …… 114
（二）扶贫资金来源渠道单一 …… 115
（三）扶贫开发中绩效考核界定不清晰 …… 115
（四）贫困户精准识别比较困难 …… 115
（五）返贫风险的预警机制不健全 …… 116
三、农村扶贫事业发展的重点任务 …… 116

（一）瞄准贫困人口精准帮扶 …… 116
（二）聚焦深度贫困地区集中发力 …… 117
（三）激发贫困人口内生动力 …… 119
（四）建立返贫预警机制 …… 121
四、农村扶贫事业发展的政策建议 …… 123
（一）帮助贫困户转变思想观念，提高能力素质 …… 123
（二）加大财政扶贫开发投入，整合各类帮扶资金 …… 124
（三）完善扶贫攻坚绩效考核机制 …… 124
（四）大力推进精准扶贫、精准脱贫 …… 125
参考文献 …… 125

第八章　农村重点群体关爱事业 …… 126

一、农村妇女关爱事业 …… 126
（一）主要进展 …… 126
（二）突出问题 …… 128
（三）重点任务 …… 129
二、农村留守儿童关爱事业 …… 129
（一）主要进展 …… 130
（二）突出问题 …… 132
（三）重点任务 …… 133
三、农村残疾人关爱事业 …… 135
（一）主要进展 …… 135
（二）突出问题 …… 137
（三）重点任务 …… 139
四、农村老人关爱事业 …… 140
（一）主要进展 …… 140
（二）突出问题 …… 141
（三）重点任务 …… 142
五、政策建议 …… 143
（一）进一步健全法律保障体系 …… 143
（二）进一步完善医疗卫生服务条件 …… 143
（三）进一步落实精准扶贫政策 …… 144
（四）进一步加大农村教育投入的力度 …… 144
参考文献 …… 144

第三篇　评 价 篇

一、建立农村社会事业评价指标体系的背景和意义 …… 149
二、建立农村社会事业评价指标体系的必要性和作用 …… 151

三、农村社会事业评价指标体系的内容 …… 153
（一）设计农村社会事业评价指标体系的基本原则 …… 153
（二）农村社会事业综合评价方法的选择 …… 154
（三）农村社会事业评价指标体系的内容 …… 155
四、各省份综合评价结果排序及分析 …… 161
（一）各省份农村社会事业发展综合排名 …… 161
（二）农村社会事业发展的单项排名分析 …… 161

第四篇　政策篇

第一章　农村教育事业相关政策 …… 165

一、《国务院办公厅关于同意建立农村留守儿童关爱保护工作部际联席会议制度的函》 …… 165
二、全国乡村学校少年宫项目建设工作推进会 …… 165
三、《教育部办公厅关于农村义务教育学校布局调整有关问题的通报》 …… 166
四、《全国农业现代化规划（2016—2020年）》关于农村教育事业相关政策 …… 166
五、《教育部关于做好2017年重点高校招收农村和贫困地区学生工作的通知》 …… 167
六、《乡村校园长“三段式”培训指南》《乡村校园长“送培进校”诊断式培训指南》《乡村校园长工作坊研修指南》《乡村校园长培训团队研修指南》 …… 168
七、《国务院办公厅关于进一步加强控辍保学提高义务教育巩固水平的通知》 …… 169
八、《中共中央　国务院关于实施乡村振兴战略的意见》关于农村教育事业相关政策 …… 170

第二章　农村文化事业相关政策 …… 171

一、《“十三五”残疾青壮年文盲扫盲行动方案》 …… 171
二、《网络扶贫行动计划》 …… 172
三、《关于深化群众性精神文明创建活动的指导意见》 …… 173
四、《关于戏曲进乡村的实施方案》 …… 174
五、《“十三五”时期繁荣群众文艺发展规划》 …… 175
六、《“十三五”时期文化扶贫工作实施方案》 …… 176
七、《中共中央　国务院关于实施乡村振兴战略的意见》关于农村文化事业相关政策 …… 179
八、《关于加强农村精神文明建设提升农民精神风貌的通知》 …… 180

第三章　农村医疗卫生事业相关政策 …… 181

一、《国家卫生计生委关于做好农村留守儿童健康关爱工作的通知》 …… 181
二、《关于实施健康扶贫工程的指导意见》 …… 182
三、《“健康中国2030”规划纲要》关于农村医疗卫生事业相关政策 …… 183
四、《关于加强健康促进与教育的指导意见》 …… 185
五、《农村贫困人口大病专项救治工作方案》 …… 189
六、《“光明扶贫工程”工作方案》 …… 190

七、《中共中央　国务院关于实施乡村振兴战略的意见》关于农村医疗卫生事业相关政策 …… 192

第四章　农村体育事业相关政策 …… 193

一、《全民健身计划（2016—2020年）》 …… 193
二、《县级全民健身中心项目实施办法》 …… 195
三、《"健康中国2030"规划纲要》关于农村体育事业相关政策 …… 196
四、《室外健身器材配建管理办法》 …… 199
五、《国家体育总局办公厅关于推动运动休闲特色小镇建设工作的通知》 …… 199
六、《国家体育总局关于进一步规范广场舞健身活动的通知》 …… 200
七、《国家体育总局办公厅关于开展大型体育场馆免费低收费开放监督检查和总结评估工作的通知》 …… 203
八、《关于加快推进全民健身进家庭的指导意见》 …… 203
九、《关于进一步加强农民体育工作的指导意见》 …… 203
十、《关于进一步加强少数民族传统体育工作的指导意见》 …… 206

第五章　农村人居环境事业相关政策 …… 210

一、《国土资源部关于用好用活增减挂钩政策积极支持扶贫开发及易地扶贫搬迁工作的通知》 …… 210
二、《关于实施光伏发电扶贫工作的意见》 …… 211
三、《国务院办公厅关于创新农村基础设施投融资体制机制的指导意见》 …… 212
四、《关于加强乡镇政府服务能力建设的意见》 …… 213
五、《中共中央　国务院关于加强和完善城乡社区治理的意见》 …… 215
六、《中共中央　国务院关于实施乡村振兴战略的意见》关于农村人居环境事业相关政策 …… 216
七、《农村人居环境整治三年行动方案》 …… 218

第六章　农村社会保障事业相关政策 …… 221

一、《国务院关于加强农村留守儿童关爱保护工作的意见》 …… 221
二、《关于做好农村最低生活保障制度与扶贫开发政策有效衔接的指导意见》 …… 222
三、《关于切实做好就业扶贫工作的指导意见》 …… 224
四、《关于进一步加强医疗救助与城乡居民大病保险有效衔接的通知》 …… 226
五、《保障农民工工资支付工作考核办法》 …… 227

第七章　农村扶贫事业相关政策 …… 229

一、《全国工商联　国务院扶贫办　中国光彩会关于推进"万企帮万村"精准扶贫行动的实施意见》 …… 229
二、《关于共青团助力脱贫攻坚战的实施意见》 …… 230
三、《关于加大脱贫攻坚力度支持革命老区开发建设的指导意见》 …… 231
四、《省级党委和政府扶贫开发工作成效考核办法》 …… 232
五、《中国残联、财政部、中国人民银行、国务院扶贫办关于加强康复扶贫贷款、

扶贫小额信贷和财政贴息工作的通知》 …… 233
六、《人力资源社会保障部、国务院扶贫办关于开展技能脱贫千校行动的通知》 …… 235
七、《乡村旅游扶贫工程行动方案》 …… 236
八、《中国证监会关于发挥资本市场作用服务国家脱贫攻坚战略的意见》 …… 239
九、《全国“十三五”易地扶贫搬迁规划》 …… 241
十、《全国农业现代化规划（2016—2020年）》关于农村扶贫事业相关政策 …… 243
十一、《科技助力精准扶贫工程实施方案》 …… 245
十二、《关于促进电商精准扶贫的指导意见》 …… 246
十三、《国务院办公厅关于完善支持政策促进农民持续增收的若干意见》 …… 249
十四、《国务院办公厅关于进一步促进农产品加工业发展的意见》 …… 250
十五、《中共中央　国务院关于深入推进农业供给侧结构性改革加快培育农业农村发展新动能的若干意见》 …… 251
十六、《关于进一步引导和鼓励高校毕业生到基层工作的意见》 …… 253
十七、《中央财政专项扶贫资金管理办法》 …… 254
十八、《国家体育总局办公厅关于推动运动休闲特色小镇建设工作的通知》 …… 255
十九、《国务院办公厅关于加快推进农业供给侧结构性改革大力发展粮食产业经济的意见》 …… 257
二十、《关于支持深度贫困地区脱贫攻坚的实施意见》 …… 258
二十一、《国务院关于探索建立涉农资金统筹整合长效机制的意见》 …… 259
二十二、《关于加强贫困村驻村工作队选派管理工作的指导意见》 …… 260

第八章　农村重点群体关爱事业相关政策 …… 263

一、《国务院关于进一步健全特困人员救助供养制度的意见》 …… 263
二、《贫困残疾人脱贫攻坚行动计划（2016—2020年）》 …… 267
三、《关于农村义务教育学生营养改善计划实施情况的报告》 …… 269

第一篇

概 述 篇

2016—2017

2016—2017年，各地各部门认真贯彻落实习近平总书记关于“三农”工作的一系列新理念、新思想、新战略，坚持把解决好“三农”问题作为全党工作重中之重，积极践行“创新、协调、绿色、开放、共享”发展理念，加强党对农村工作的领导，大力推进农业供给侧结构性改革，推动农村社会事业取得了明显进展。

一、我国农村社会事业的新发展

（一）城乡义务教育一体化改革初见成效

2016年以来，中共中央、国务院更加重视农村义务教育，健全工作体系，加大经费投入，强化人才支持，推动改革发展。2016年5月20日，习近平总书记亲自主持中央全面深化改革领导小组第二十四次会议，专门研究审议统筹推进县域城乡义务教育一体化发展有关工作。2016年7月，国务院正式印发《国务院关于统筹推进县域内城乡义务教育一体化改革发展的若干意见》，对城乡义务教育一体化发展作出全面部署，明确了发展任务，提出具体目标；教育部出台《县域义务教育均衡发展督导评估暂行办法》，建立了义务教育均衡发展督导评估制度。这些措施有力推动了农村义务教育的发展，取得了可喜的成效。

农村教育体系和教学结构更加完善。初步构建了“乡村小规模学校、乡镇寄宿制学校、县城大规模学校”的基本格局，县域义务教育均衡有序推进，农村学校办学条件达标率大幅提升。农村学前教育持续发展，超前完成多项国家政策目标。2016年末，96.5%的乡镇和32.3%的村有幼儿园、托儿所；2017年底，全国农村小规模学校10.7万所，其中小学2.7万所，教学点8万个，占农村小学和教学点总数的44.4%，在校生384.7万人，占农村小学生总数的5.8%。农村小学寄宿生有934.6万人，占农村小学生总数的14.1%。

教师素质显著提高。教育部会同财政部、人力资源和社会保障部（以下简称人社部）印发《关于推进县（区）域内义务教育学校校长教师交流轮岗的意见》，推动城镇义务教育学校教师到农村任教。与此同时，通过提高农村教师待遇，大幅提升乡村教师职业吸引力，教师队伍整体素质明显改善，生师比不断下降，教师配置更为合理，优秀教师“下得去、留得住、教得好”的局面基本形成。

经费投入显著增加。2016年，农村普通小学生均公共财政预算教育事业费支出为9 246.00元，比上年增长7.80%；普通初中生均公共财政预算教育事业费支出为12 477.35元，比上年增长9.94%，普通初中生均公共财政预算公用经费支出为3 257.19元，比上年增长5.28%。

城乡一体化政策更加有力。农村义务教育阶段随迁子女数量增加且在流入地公办学校就读率走高，留守数量下降。2017年，全国1 400万名农民工随迁子女全部纳入“两免一补”政策补助范围，1.88万名农村辍学留守儿童基本实现全部复学。

截至2017年底，全国已有2 379个县通过国家县域义务教育基本均衡评估认定，占县级行政单位总数的82%，县域内城乡义务教育学校差距切实缩小。城乡义务教育一体化发展的体制机制已初步形成，城乡教育差距扩大的势头得到遏制，城乡义务教育一体化发展迈出了坚实步伐。

（二）农村公共文化事业迈上新台阶

努力保障人民群众基本文化权益，初步建立起覆盖城乡的以标准化、均等化、社会化、数字化为突出特点的现代公共文化服务体系，丰富农村文化业态，活跃繁荣农村文化市场，提升农村文化品质。

深入实施广播电视村村通、文化信息资源共享、农家书屋等重大文化惠民工程。2016 年末，全国共有乡镇综合文化站 34 101 个，96.8%的乡镇有图书馆、文化站，11.9%的乡镇有剧场、影剧院，基本实现了“县有公共图书馆、文化馆，乡有综合文化站”的建设目标。

推进文化惠民，丰富群众精神文化生活。推动公共文化资源向乡村倾斜，深入实施美术馆、公共图书馆、文化馆以及乡镇综合文化站“三馆一站”免费开放文化惠民工程，向农村群众提供文艺演出、读书看报、广播电视、电影放映、文体活动、展览展示、教育培训等方面的服务，公共文化服务能力和普惠水平不断提高，促进了农村文化消费的增长。2016 年，农村居民人均文化娱乐消费支出 252 元，比 2013 年增长 44%，年均增速 12.9%，比同期农村居民人均消费支出年均增速高 2.3 个百分点，占农村居民人均消费支出的 2.5%。与此同时，城乡居民文化娱乐消费支出比也由 2013 年的 5.4∶1 降低到 2016 年的 5.0∶1。

挖掘培育乡土文化人才。引导社会各界投身乡村文化建设，初步建立起了一支扎根基层、专兼职结合、综合素质较高的基层文化队伍。支持“三农”题材文艺创作生产，鼓励文艺工作者深入乡村创作出“三农”题材的优秀文艺作品，展示新时代农村农民的精神面貌。

加大农村非物质文化遗产保护。组织中国重要农业文化遗产发布活动，11 项传统农业系统成为联合国粮食及农业组织认定的全球重要农业文化遗产，总量位居世界第一；对已认定的农业文化遗产进行第三方评估，对未认定的遗产开展普查，挖掘和保护有潜力的农业文化遗产系统与要素。颁布全球首部《重要农业文化遗产管理办法》，领导全球遗产科技合作与管理实践，全球重要农业文化遗产工作走在世界前列。传统民俗文化挖掘利用也迈出新步伐，乡村民俗文化更具活力，提升了乡村振兴的文化力量。

以文化扶贫助推全面小康。组织实施贫困地区百县万村综合文化服务中心示范工程等项目，2017 年，中宣部、财政部、文化部联合开展戏曲进乡村活动，按照每个乡镇每年 6 场、每场 300 元的标准，每年为国家级贫困县、集中连片特困地区等 839 个县的 12 984 个乡镇，给予经费补助 2.338 亿元。2016 年，全国艺术表演团体赴农村演出 151.60 万场，占总演出场次的 65.7%；农村观众 6.21 亿人次，比上年增长 6.2%。

（三）农村公共卫生与医疗服务能力进一步提升

2016 年以来，我国农村医疗机构网点更加健全，服务能力有效提升，农民就医条件明显改善。

投入增加。在中央财政支持下，96.2%的县落实了基层医疗卫生机构经常性收支差额补助，财政对乡镇卫生院投入的增长速度高于对公立医院和公共卫生机构的年均增长速度。特别是投入 21.6 亿元为最基层的村卫生室配备健康一体机，大大便利了广大农民的就医诊疗。

网点健全。2016 年末，99.9%的乡镇有医疗卫生机构，98.4%的乡镇有执业（助理）医师，66.8%的乡镇有社会福利收养性单位，56.4%的乡镇有本级政府创办的敬老院；81.9%的村有卫生室，54.9%的村有执业（助理）医师。

条件改善。农村每千人口乡镇卫生院床位由 2015 年 1.24 张增加到 2016 年 1.26 张，农村每千人口乡镇卫生院人员由 1.32 人增加到 1.36 人。

效率提高。全国县级（含县级市）医院诊疗次数达 10.8 亿人次，比上年增加 0.5 亿人次；入院人数 7 849.4 万人，比上年增加 555.0 万人；病床使用率 82.0%，比上年上升 0.2 个百分点。乡镇卫生院诊疗次数为 10.8 亿人次，比上年增加 0.3 亿人次；入院人数 3 800 万人，比上年增加 124 万人。医师日均担负诊疗 9.5 人次和住院 1.6 床日。病床使用率 60.6%，出院者平均住院日 6.4 日。与上年相比，乡镇卫生院医师工作负荷略有下降，病床使用率提高 0.7 个百分点，平均住院日与上年持平。村卫生室诊疗量达 18.5 亿人次，比上年减少 0.4 亿人次，平均每个村卫生室年诊疗量 2 900 人次。

能力提升。组织开展“万名医师支援农村卫生工程”、国家巡回医疗队等工作，提升县医院医疗服务和管理能力。支持包含贫困地区在内的县级医院、妇幼保健机构、疾控机构建设项目 800 个。其中，农村的孕产妇死亡率首次降至 20/10 万的《中国妇女发展纲要（2011—2020 年）》目标。

(四) 农村人居环境日益改善

农村基础设施建设提速。农村地区通公路、通电、通电话、通有线电视“四通”覆盖面持续扩大，水、电、路、气、房和信息化建设全面提速，农村人居环境整治全面展开。2016 年，全国有 99.7%的自然村已通公路、通电、通电话，分别比 2013 年提高 1.4 个百分点、0.5 个百分点和 1.1 个百分点；有 97.1%的自然村已通有线电视，比 2013 年提高 7.9 个百分点。25.1%的村有电子商务配送站点，91.3%的乡镇集中或部分集中供水，89.3%的农民饮用经过净化处理的自来水和受保护的井水或泉水。

住房条件明显改善。95.7%的住房为砖混和砖（石）木结构。2016 年全国农村居民人均住房建筑面积达到 45.8 平方米，比 2012 年增长 23.3%，年均增长 5.4%。99.5%的农户拥有自己的住房，其中拥有 1 处住房的 20 030 万户，占 87.0%；拥有 2 处住房的 2 677 万户，占 11.6%；拥有 3 处及以上住房的 196 万户，占 0.9%；拥有商品房的 1 997 万户，占 8.7%。

农村垃圾污水处理及改厕成效明显。90.8%的乡镇生活垃圾集中处理或部分集中处理，73.9%的村生活垃圾集中处理或部分集中处理，17.4%的村生活污水集中处理或部分集中处理，53.5%的村完成或部分完成改厕，污水污物随意排放的现象得到很大改观。

农业面源污染防治取得突破性进展。2016 年，全国测土配方施肥技术推广应用面积近 16 亿亩*，有机肥施用面积 3.8 亿亩，绿肥种植面积约 4 800 万亩，实现化肥使用量首次接近零增长。加强绿色防控，减量控害，三大粮食作物实施专业化统防统治面积达到 14 亿亩次，粮食、蔬菜、果树、茶叶等作物绿色防控技术应用面积超过 5 亿亩，全国农药施用量保持零增长。2017 年 5 月，农业部启动实施“农业绿色发展五大行动”，大力推进畜禽粪污资源化利用、果菜茶有机肥

---

* 亩为非法定计量单位。1 亩=1/15 公顷。

替代化肥、东北地区秸秆处理、农膜回收和以长江为重点的水生生物保护工作，畜禽粪污综合利用率达到60%以上，秸秆资源综合利用率达到82%，农膜回收率达到60%。

启动首批山水林田湖生态保护工程试点。重点生态功能区财政转移支付资金规模达570亿元，补助范围涉及725个重点生态县和全部国家级禁止开发区。

（五）社会保障受益面持续扩大

农村社会保险制度基本建立，新农合（即新型农村合作医疗）、合作医疗、养老保险制度实现全覆盖。2016年，国家启动建立统一的城乡居民基本医疗保险制度改革，全面整合城镇居民基本医疗保险和新型农村合作医疗两项制度。从执行效果看，改革增强了公平性，看病报销不分"城里人、乡下人"，城乡居民按照统一的政策参保缴费、享受待遇，参保农民的用药范围明显扩大、定点医疗机构成倍增加，求医问药时报销的多了、自付的少了、封顶线上调，看病负担明显减轻。与此同时，城乡居民基本养老保险基础养老金最低标准从每人每月55元提高至70元，全国城乡居民人均养老金水平达到125元左右。城乡居民基本医疗保险补助标准从2012年的240元提高到2016年的420元，2017年继续提高到450元。2017年，新农合规定新增筹资中的一定比例要用于大病保险，同时将贫困人口大病保险起付线降低50%，大病保险对贫困人口实现全覆盖，重特大疾病医疗救助逐步覆盖贫困人口，以促进更多贫困人口从大病保险中受益，贫困地区医疗卫生服务能力明显提升。全国已有74%的贫困县实行贫困人口县域内住院先诊疗后付费和"一站式"信息交换、即时结算，有效减轻了贫困人口看病就医的经济负担。

城乡居民基本养老保险制度有效保障了农村老年居民基本生活、调节了收入分配、促进了社会和谐稳定、强化了党在农村的执政基础。2017年，各级政府加大了城乡居民养老保险资金投入，投保农民只要一次性补缴保费，满60周岁之后即可领取养老金；农村老人有了高龄津贴，年龄越大领到的补贴越多；养老金可以跨地区转移，农民工在外地缴纳的养老金，依照政策可以转移到农村老家领取。2017年失地农民养老金标准提高，有的地区已经领取了城镇职工的养老金。60岁以上的农民都可领取基础养老金。截至2017年12月底，参保人数达到51 255万人，其中领取养老金人数达到15 598万人，月人均养老金125元，其中基础养老金113元。

（六）脱贫攻坚取得积极进展

精准扶贫、精准脱贫战略落地生效，脱贫攻坚取得决定性进展。作为打赢脱贫攻坚战的首战之年，2016年圆满完成减少农村贫困人口1 000万以上的任务，脱贫攻坚首战全面告捷。按照每人每年2 300元（2010年不变价）的农村贫困标准计算，2017年末农村贫困人口3 046万人，比上年末减少1 289万人；贫困发生率3.1%，比上年下降1.4个百分点。产业扶贫、文化旅游扶贫、教育扶贫、金融扶贫并举，综合社会效应明显。产业扶贫新业态发展迅速，电商扶贫带动了274万贫困户增收；光伏扶贫直接惠及80万贫困户；旅游扶贫覆盖2.3万个贫困村，完成340万贫困人口搬迁建设任务，健康扶贫救治421万大病和慢性病贫困患者，贫困人口医疗费用实际报销比例提高到80%以上；对600万贫困人口危房进行了改造。

中央和省级财政专项扶贫资金突破1 400亿元，其中中央财政资金较上年增长30%，省级财政专项扶贫资金比上年增长22%，贫困县整合财政涉农资金2 956亿元，比上年增加26%。贫困地区农村居民收入稳步增长、贫困人口生产生活条件切实改善、基础设施水平明显提升、人居条件切实改善；贫困地区基本公共服务显著提升、教育文化状况明显改善、医疗卫生水平显著提高、社会保障水平全面提升，综合社会效应逐步显现。我国减贫成效显著，为全球减贫作出了重大贡献。

二、我国农村社会事业发展存在的主要问题

尽管这些年我国在农村社会事业方面做了大量工作，取得了很大成绩，但长期以来由于受历史原因及特殊国情等因素的影响，农村在教育、医疗卫生、文化体育、社会保障、人居环境等方面依然存在诸多短板，尤其在发展理念、政策扶持、基础设施、公共服务配套、管理体制机制等方面发展较为滞后，与城市形成了鲜明的对比，城乡农村社会事业发展不均衡的状况较为突出，加之农村社会事业管理主体不明晰、事权与财权失调等问题，制约了农村经济社会的全面发展，是实施乡村振兴战略必须关注的重点领域。

（一）农村教育质量仍然偏低

与城镇相比，与全面建成小康社会的发展需要相比，农村教育发展滞后的问题仍然突出。一是教育观念亟待更新。教师、家长乃至整个农村社会较为普遍地存在着不重视学前教育的情况，“以儿童发展为中心”的现代教育观念尚未得到普遍的认同；对义务教育的任务目标也缺乏准确理解，德智体全面发展的培养目标未有效达成；大部分职业教育只关注专业知识的传授，对职业道德、行业社会价值等方面的培养重视不够。二是教育资源配置的不均衡现象依旧突出。经费投入、师资水平、设施条件和教师待遇等方面的城乡二元化现象普遍存在，截至2016年底，全国仍有1 099个县（市、区）没有通过“义务教育发展基本均衡县（市、区）”督导评估认定，占37.6%。三是基础设施配套程度低。一些农村学校教室紧缺，教师办公室不足，许多学校缺少图书室、音体美教学场地、设施和器材，此类情况在贫困地区尤其突出。四是教育质量亟待提高。由于缺乏高质量的教师，师资培训机会短缺，加之没有有效的考核评估和绩效激励的制度和手段，农村学校大多存在教学水平不高、课程开设不全、实践教学缺失、家校合作不够等问题，还有较大提升完善空间。第三次农业普查数据表明：2016年，初中文化及以下程度的农业生产经营人员占比为91.7%，青壮年农民受教育程度远低于同龄城镇居民。

（二）农村文体事业发展依然滞后

与经济发展成就相比，农村文体建设方面的不足显得十分突出。在文化方面，传统历史文化挖掘不够、传承不足，文化人才的保护和培育工作欠账较多，有的地方存在着传统乡村文化被忽视、被破坏、被取代的情况，编修村史村志还没有成为普遍现象，优秀文化和现代文明的输入也不够，文化交流、文化传习等活动组织较少，农家书屋中图书资料的更新率和利用率较低。村民日常生活中的不少陈规陋习依然存在，封建迷信还有较为深厚的生存土壤，轻养厚葬、天价彩礼、信奉洋教的现象有蔓延之势。在体育方面，大多数村民存在把劳动当做体育锻炼的错误认

识，有关管理部门对农村体育的支持和引导不够到位，一些传统的农村体育项目已经消失，一些特色体育名村如武术名村、杂技名村也风光不再，传统体育人才和特色技能大师流失严重、后继乏人，农村体育活动一般仅限于广场舞，内容单一，参与面不宽，麻将、赌博填补了原本可用于体育锻炼的闲暇时光。由于资金不足，农村健身活动场所和体育设施缺口很大，全国仅有16.6%的乡镇有体育场馆，群众性体育组织也很不健全，缺乏开展日常锻炼和群体活动的条件，影响了农村体育事业的发展。

（三）农村医疗卫生服务能力存在较大差距

政府投入不足、服务人才短缺、基础设施薄弱、管理制度不健全、保障机制不完善、专业技术水平低等问题是农村医疗卫生事业发展中长期面临的困难。医疗卫生服务市场化改革后，大量的优质医疗卫生资源集中到了城镇，城乡之间医疗服务的不平衡进一步加剧。尽管自2010年以来，农村地区的卫生技术人员数量和质量有了较大的提升，但与城镇相比，高学历、高职称的人才缺乏，专科医生的专业能力还不高，全科医生的配备远远不能满足现实的需要。据统计，农村肿瘤、心脏病、脑血管病等主要致死疾病的死亡率都高于城市，其主要原因就是农村医疗服务资源的不足。在基础设施方面，乡镇卫生院和乡村诊所设施设备落后短缺，可开展的医事服务项目少，缺医少药状况严重。2016年，我国每万人医疗机构床位数为53.68张，其中城市为84.13张，农村为39.09张，差距1倍多。现行农村医疗保障制度落实情况尚不理想，农村居民重大疾病保障、农村医疗救助、分级诊疗制度、家庭医生签约服务等在实践中还存在实际困难。

（四）农村人居环境建设欠账较多

近年来，我国农村整体环境面貌发生了显著改变，但由于投资不足、管理不善、治理不力，还有不少村庄存在着居住环境脏、村庄管理乱、设施配套差等问题，与美丽乡村建设和小康社会发展的要求相比，差距明显。从污染物排放看，第一次全国污染源普查结果显示，我国农业化学需氧量排放量为1 324.09万吨，占化学需氧量排放总量的43.7%；农业总氮、总磷排放量分别为270.46万吨和28.47万吨，分别占排放总量的57.2%和67.4%。对13个粮食主产省而言，从“九五”期间到“十二五”期间，农作物播种面积仅增长7.57%，而化肥施用强度却增长31.26%。这对地下水体、耕地土壤等造成一定的污染。从垃圾污水处理看，第二次农业普查以及住房和城乡建设部（以下简称住建部）的资料显示，2016年农村实现垃圾集中处理的村仅占15.8%，40%的行政村没有垃圾收集处理设施；78%的行政村未建设污水处理设施，40%的畜禽养殖废弃物未得到资源化利用或无害化处理，农村污水处理率仅为22%，部分地区排水系统不完整，工业企业和畜禽养殖业污水不经处理违法排放，农民饮用水和农村耕地都不同程度受到污染。从生活设施看，农村卫生厕所普及率达到80.3%，但粪便无害化处理率只有60.5%，“如厕难、排污难、垃圾粪便处理难”的“三难”问题未得到彻底解决，我国农村地区有80%的传染病是由厕所粪便污染和饮水不卫生引起，其中与粪便有关的传染病达30余种。从生产生活方式上，围湖造田、乱挖乱采、盲目开发山区、乱砍滥伐现象屡禁不止，一定程度上破坏了土壤、空气、水源、森林植被，对农业生态系统造成极大威胁。2016 年，新增水土流失治理面积 562 万公顷，比 2012 年增长 28.6%。农村环保工作机制不顺，多头管理，权责不清，既不利于提高工作效率，也不利于形成工作合力。对于秸秆、粪便以及其他污染物进行无害化处理和循环利用的企业、组织缺乏必要的税收、财政、用地、用电等政策支持，不利于调动有关主体的积极性。

（五）农村社会保障体系亟待完善

当前，我国农村社会保障还存在保障范围不全、保障水平较低、管理不到位、激励约束机制不健全等问题，社会保障的公平性、可达性、持续性等方面均有待加强。在医疗保险方面，仍然是职工、城镇居民、农村居民分割，一些地方虽然整合了城乡居民医疗保险制度，但筹资与待遇差距仍然存在。制度分割使处于流动状态的人口特别是农民工无所适从，或重复参保，或出现漏保。例如，一部分农民工在输出地被算成农民参加新型合作医疗，在工作地又被算成城镇职工或居民参加当地的职工或居民医疗保险，同时也有一部分农民工则两地均未参保。据估算，作为我国产业工人的主力军，农民工中还有 1 亿多未参加职工基本养老保险。在参加城乡居民养老保险的 5 亿多人中，大多数选择的是年缴费 100 元的低档标准，年老后难以获得足够维持生活的养老金。在保障产品供应上，政府主导的法定基本保障一家独大，市场化的补充保障品种和供应商发展不足，居民选择余地小、参保渠道少。不少地区社保基金征缴、管理与使用一家统揽的管理体制，容易出现资金挤占、挪用、流失等问题，致使基金的使用及保值增值等面临诸多风险，严重影响保障基金的正常运转，建立激励约束有效、分工合理的管理体制以及保障水平适度的待遇确定和基础养老金正常调整机制迫在眉睫。

（六）脱贫攻坚面临更大压力

我国脱贫攻坚已进入关键阶段，越往后脱贫工作成本越高、困难越大。截至 2016 年底，全国农村贫困人口还有 4 335 万人，贫困人口中因病致贫比例从 2015 年的 42%上升到 2016 年的 44%，到 2020 年平均每年需减少贫困人口近 1 100 万人。西藏和四省藏区、南疆四地州、四川凉山、云南怒江、甘肃临夏等深度贫困地区，生存环境恶劣，交通等基础设施和教育、医疗公共服务缺口大，贫困发生率高，脱贫难度大。12.8 万个建档立卡贫困村也是难啃的硬骨头，这些村居住着 60%的贫困人口。部分地区脱贫工作仍存在不严不实不精准的问题，政策落实不到位、人员力量不到位、脱贫措施不到位的问题依然存在。在扶贫资金管理上，资金使用公开透明不够、资金闲置滞留等新问题逐步显现，扶贫工作中的形式主义、官僚主义、懒政怠政现象时有发生。部分贫困群众安于现状，脱贫的信心和动力不足，有依靠外界帮扶被动脱贫的思想依赖，部分脱贫户自我发展能力较弱，脱贫质量不高、稳定性不强，在扶持政策减少、帮扶力量减弱的情况下极易返贫，有效脱贫和防止返贫的路径措施还不足。

三、新时代中国农村社会事业发展的重点任务

中共十九大报告提出，中国特色社会主义进入新时代，我国社会主要矛盾转化为人民日益增

长的美好生活需要和不平衡不充分的发展之间的矛盾。不平衡不充分的问题在农村社会事业领域最为突出，与农村居民对美好生活的需要相去甚远。应紧密结合新时代的条件和实践要求，按照实施乡村振兴战略的部署，坚持农业农村优先发展，促进公共教育、医疗卫生、社会保障等资源向农村倾斜，加大政策、资金和人才投入，逐步建立健全全民覆盖、普惠共享、城乡一体的基本公共服务体系，显著提升农村社会事业发展水平。

（一）优先发展农村教育事业

按照补短板、优机制、强管理的思路，针对农村教育发展最现实、最迫切的需求，加快建立以城带乡、整体推进、城乡一体、均衡发展的义务教育发展体制机制，使教育资源优先向农村配置，加大财政支持农业教育、发展农村教育和补助农民教育的力度，切实提高供给水平和供给效率，达到城乡均衡发展的目标。发展农村学前教育，推动每个乡镇至少办好 1 所公办中心幼儿园，完善县乡村学前教育服务体系。推进农村普及高中阶段教育，提高高中阶段教育普及水平。大力发展面向农村的职业教育，推进职业院校布局调整，加强县级职业教育中心建设，推进专业、课程和师资更好地与实践相衔接，与农村人才培养需求相对应。积极发展“互联网＋教育”，推进乡村学校信息化基础设施建设，优化数字教育资源公共服务体系。推进义务教育公办学校标准化建设，加强寄宿制学校建设，推动县域校际资源均衡配置。以市县为单位，推动优质学校辐射农村薄弱学校。改善薄弱学校基本办学条件，支持教育基础薄弱县普通高中建设。统筹配置城乡师资，并向乡村倾斜，加强城乡教师交流轮岗，落实好乡村教师支持计划，继续实施农村义务教育学校教师特设岗位计划，建好配强乡村教师队伍。落实乡村教师生活补助政策，健全学生资助制度，使绝大多数农村新增人口接受高中阶段教育、更多接受高等教育。逐步推进中等职业教育免除学杂费。

（二）推进健康乡村建设

加强基层医疗卫生服务体系建设，重点是办好县级医院，推动每个乡镇都建有 1 所政府举办的乡镇卫生院，每个乡镇卫生院都配备有全科医生，每个行政村都建有 1 所卫生室。推进县域医共体建设，形成与当地卫生发展、人口分布、区域环境相协调的服务共同体。支持乡镇卫生院和村卫生室改善条件，开展标准化建设和设备提档升级。加强基层医疗卫生服务体系能力建设，建立基层医疗卫生服务人才队伍补充机制，解决基层医疗卫生机构“招人难”的问题。加大基层医疗卫生服务人才队伍培养力度，重点加强全科医生培养，支持基层在岗医生提升学历层次、接受拓展培训。支持县乡医院开展中医馆建设，丰富中医服务内容。加强中医药人才培养与使用，开展基层名老中医药专家传承工作室建设、基层卫生技术人员中医药知识与技能培训等项目，满足农民群众对中医药的需求。努力增加基本公共卫生服务资金，开展农村居民健康档案管理、健康教育、预防接种、儿童健康管理、孕产妇健康管理、老年人健康管理等服务，加强慢性病、地方病综合防控，推进农村精神卫生、职业病和重大传染病防治。开展和规范家庭医生签约服务。深入开展乡村爱国卫生运动。树立大卫生大健康理念，开展健康教育活动，倡导科学文明健康的生活方式，培养良好卫生习惯，提升农村居民文明卫生素质。

（三）加强农村社会保障体系建设

按照保底线、织密网、建机制的要求，建立覆盖全民、城乡统筹、权责清晰、保障适度、持续有效的多层次社会保障体系。全面实施全民参保计划。进一步完善城乡居民基本养老保险制度，加快建立城乡居民基本养老保险待遇确定和基础养老金标准正常调整机制。完善统一的城乡居民基本医疗保险制度和大病保险制度，做好农民重特大疾病救助工作，健全医疗救助与基本医疗保险、城乡居民大病保险及相关保障制度的衔接机制，巩固城乡居民医保全国异地就医联网直接结算。推进低保制度城乡统筹发展，健全低保标准动态调整机制。全面实施特困人员救助供养制度，提升托底保障能力和服务质量。推动各地通过政府购买服务、设置基层公共管理和社会服务岗位、引入社会工作专业人才和志愿者等方式，为农村留守儿童和妇女、老年人以及困境儿童提供关爱服务。加强农村残疾人服务，将残疾人普遍纳入社会保障体系予以保障和扶持。

（四）大力发展乡村文化体育事业

按照有标准、有网络、有内容、有人才的要求，推动乡村公共文化服务体系建设，培育文明乡风、良好家风、淳朴民风。充分发挥县级公共文化机构辐射作用，推动基层综合性文化服务中心建设，实现乡村两级公共文化服务全覆盖。推动公共文化资源向乡村延伸覆盖，为农村提供更多更好的文化产品和服务。深化农家书屋延伸服务，加强农家书屋维护使用，推进农家书屋提质增效。着力加大"三农"题材文艺创作的支持，引导鼓励文艺工作者推出反映农民生产生活的优秀文艺作品，展示新时代农村农民精神风貌。做好乡村优秀农耕文化遗产挖掘、保护、传承、利用工作，发挥优秀农耕文化在凝聚人心、教化群众、淳化民风中的重要作用。支持农村优秀戏曲曲艺、少数民族文化、民间文化等传承发展。开展移风易俗行动，广泛组织开展文明村镇、星级文明户、文明家庭等群众性精神文明创建活动，推进社会公德、职业道德、家庭美德、个人品德建设，遏制大操大办、厚葬薄养、人情攀比等陈规陋习，抵制封建迷信活动。加强爱国主义、集体主义、社会主义教育，加大农村科普工作力度，丰富农民群众精神文化生活，提高农民科学文化素养。逐步完善乡村公共体育服务体系，健全由政府牵头的全民健身领导协调机制，推动公共体育资源向基层延伸、向农村覆盖，加强农民健康养身教育，丰富和拓展农村体育的形式与内容，传承和发展民族民间传统体育，开发具有地域和人群特色的体育运动项目，丰富农民群众性体育活动的形式，推动农村群众文化体育事业蓬勃发展。

（五）持续改善农村人居环境

实施农村人居环境整治三年行动计划，以建设美丽宜居村庄为目标，以农村垃圾、污水治理和村容村貌提升为主攻方向，治理农村人居环境突出问题，全面提升农村人居环境质量。建立健全符合农村实际、方式多样的生活垃圾收运处置体系，有条件的地区推行垃圾就地分类和资源化利用。推进农村"厕所革命"，大力开展农村户用卫生厕所建设和改造，结合各地实际普及不同类型的卫生厕所，推进厕所粪污无害化处理和资源化利用，加快实现农村无害化卫生厕所全覆盖。推进农村生活污水治理，推动有条件的地区城镇污水管网向农村延伸。加强技术指导，总结推广适用不同地区的农村污水治理模式。加快推进通村组道路、入户道路建设，解决村内道路泥泞、村民出行不便等问题。推进乡村绿化，建设具有乡村特色的绿化景观；完善村庄公共照明设施，整治公共空间和庭院环境，消除私搭乱建、乱堆乱放；推进城乡环境卫生整洁行动，加大卫生乡镇创建力度。推动生态宜居美丽乡村建设，提升村容村貌。以资源节约利用和生态环境友好为导向，唱响绿色兴农主旋律，推动农业投入品减量化使用、生产废弃物资源化利用、产业模式生态化循环，实现农业绿色发展。

（六）坚决打赢精准脱贫攻坚战

深入实施精准扶贫精准脱贫，确保到2020年我国现行标准下农村贫困人口实现脱贫，贫困县全部摘帽，解决区域性整体贫困。瞄准贫困人口精准帮扶，对有劳动能力的贫困人口，强化产业和就业扶持，着力做好产销衔接、劳务对接，实现稳定脱贫；对完全或部分丧失劳动能力的特殊贫困人口，综合实施保障性扶贫政策，确保病有所医、残有所助、生活有兜底。聚焦深度贫困地区集中发力，以解决突出制约问题为重点，以重大扶贫工程和到村到户帮扶为抓手，加大政策倾斜和扶贫资金整合力度，推动新增脱贫攻坚项目资金重点投向深度贫困地区，改善深度贫困地区发展条件，攻克深度贫困地区脱贫任务。把扶贫同扶志、扶智结合起来，把救急纾困和内生脱贫结合起来，激发贫困人口内生动力，提升贫困群众发展生产和务工经商的基本技能，实现可持续稳固脱贫。改进帮扶方式方法，更多采用生产奖补、劳务补助、以工代赈等机制，推动贫困群众通过自己的辛勤劳动脱贫致富。加大金融扶贫力度，引导激励社会各界更加关注、支持和参与脱贫攻坚。坚持中央统筹、省负总责、市县抓落实的工作机制，强化党政一把手负总责的责任制。完善扶贫督查巡查、考核评估办法，确保按时完成脱贫攻坚任务，使贫困群众同全国人民一道进入全面小康社会。

推动新时代中国农村社会事业发展，是学习实践习近平总书记关于做好“三农”工作重要论述，深入贯彻中央决策部署的必然要求和重要内容，要牢牢把握乡村振兴战略这个新时代“三农”工作的总抓手，牢牢把握农业农村现代化这个实施乡村振兴战略的总目标，牢牢把握坚持农业农村优先发展这个总方针，牢牢把握“产业兴旺、生态宜居、乡风文明、治理有效、生活富裕”这个总要求，在建立健全城乡融合发展体制机制和政策体系上着力。要加强农村基层组织建设，促进农村治理水平和治理能力现代化。以提升组织力为重点，突出政治功能，把农村基层党组织建设成为贯彻党的政策、领导基层治理、团结动员群众、推动改革发展的坚强战斗堡垒；要从全局出发，对农村社会事业发展的各方面、各层次、各要素进行统筹规划，制定符合实际行之有效的发展规划、健全基本公共服务体系、加大资金投入和政策保障，优化资源配置，提高管理效能；要明确政府角色定位，理顺财权与事权关系，不断优化财政支出结构，强化财政在农村社会事业发展中的引导功能，提高财政资金的使用效益。不断创新优化管理体制机制，最大限度鼓励和支持各类主体参与农村社会事业发展，用多种方式加快完善农村基础设施和社会服务，使更多的农民在更短的时间内享受到更加全面、更高质量的社会事业供给与服务；要大力加强农村人才队伍建设，一手抓新型职业农民培育，壮大新型农业经营主体，一手抓“招才引凤”，吸引各类人才到农村创业发展；要坚持不懈推进农村改革和制度创新，不断解放和发展农村生产力，持续激发农村社会发展活力和管理效能，提升农村社会事业发展水平。

第二篇

专 题 篇

第一章　农村教育事业

教育是民族振兴、社会进步的基石，是提高国民素质、促进人的全面发展的根本途径，是中华民族最根本的事业。中共十八大以来，我国农村教育事业发展取得了长足进步，不同层次的教育都得到了较快发展：学前教育事业一路爬坡过坎，实现了跨越式发展，取得了历史性成就，一步步向中共十九大提出的“幼有所育”目标迈进；基础教育规模不断扩大，基础教育阶段改革发展任务不断取得突破，“普九”“均衡”“优质”“素质教育”“中高考制度改革”等任务，已经一步步落地；职业教育战略地位更加突出，培养质量不断提升。教育改革发展取得的历史性成就，为进一步推进教育现代化、实现建设教育强国的战略目标，打下了坚实的基础。

一、农村教育事业的新进展

（一）学前教育稳步发展

2010年，由国务院常务会议审议通过的《国家中长期教育改革和发展规划纲要（2010—2020年）》中提出到2020年实现“基本普及学前教育”的发展目标，同时指出要“重点发展农村学前教育”。

农村学前教育事业取得重大进展。2017年学前教育在园幼儿4 600万人，比2016年增长186万人（图2-1-1）；2017年我国学前3年毛入园率达79.6%，比2016年增长2.2%（图2-1-2），超过《国家中长期教育改革和发展规划纲要（2010—2020年）》提出的2020年达到70%的发展目标，达到中高收入国家的平均水平。

从城乡分布上看，镇区及农村幼儿园数量占到69.03%，依旧是学前教育的大头，其中农村幼儿园有90 182所，占比达到35.4%。从幼儿园数量上看，2017年全国有教育部门办幼儿园75 553所，占幼儿园总数的29.63%。与2016年相比，教育部门所办的幼儿园中，城区增长9.6%，镇区增长9.7%，农村增长18.3%，农村增速最快。

从地区分布看，全国有幼儿园、托儿所的村平均占比达到32.3%，其中中部地区比例最高，达到36.5%，中、西部地区有幼儿园、托儿所的村占比均超过30%（图2-1-3）。

幼儿园教师规模和学历层次不断提高。2017年专任教师规模较2016年增加20万人，农村幼儿专任教师总体规模增幅达到9.2%。此外，我国学前教育总经费近年来显著增长，2017年全

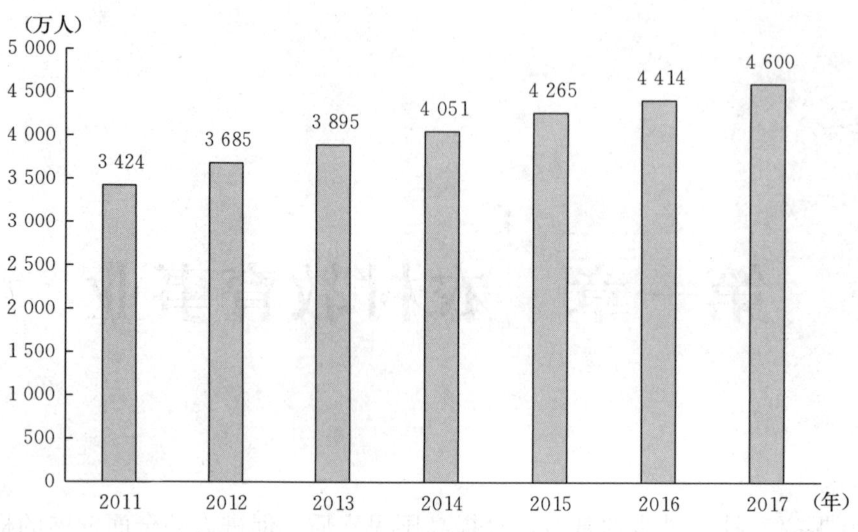

图 2-1-1　2011—2017 年全国幼儿园在园人数

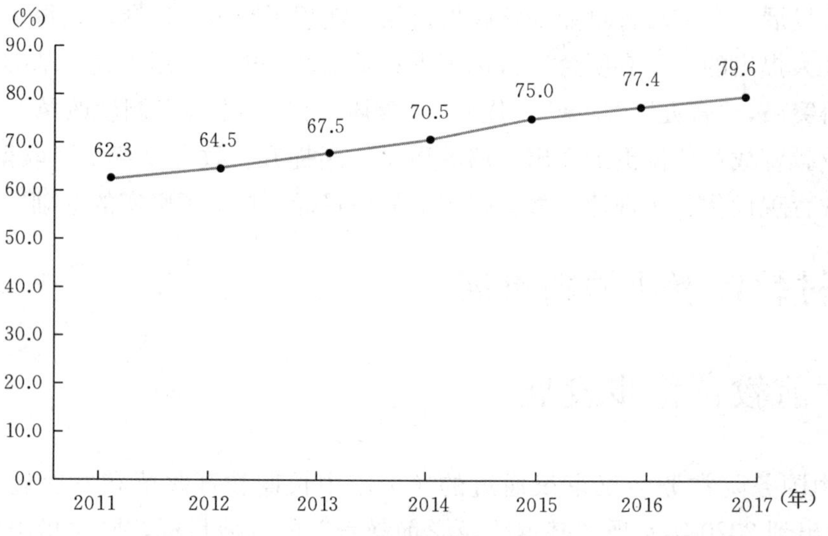

图 2-1-2　2011—2017 年全国学前 3 年毛入园率

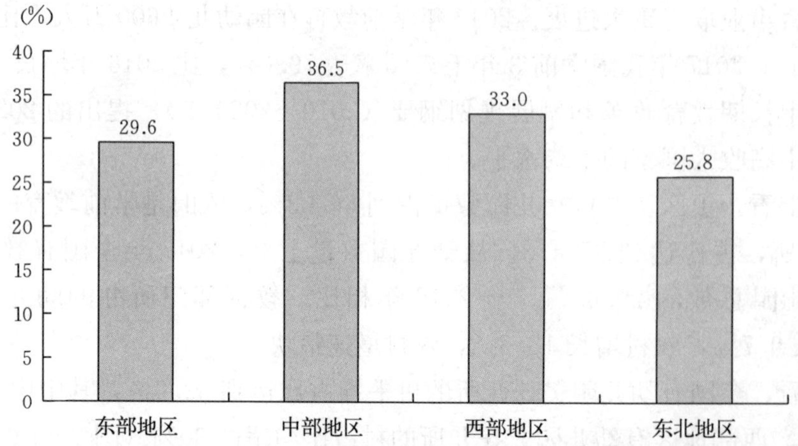

图 2-1-3　分地区有幼儿园、托儿所的村数量占比

数据来源：第三次农业普查公报。

国学前教育经费总投入 3 255 亿元，比上年增长 16.11%，用于农村地区的财政性教育经费增幅超过城市，2015 年起超过一半的学前教育财政性教育经费投入到农村地区。

（二）义务教育成绩斐然

义务教育作为教育事业发展的重要组成部分，一直是教育工作的重点，义务教育发展既是国计又是民生。《国家中长期教育改革和发展规划纲要（2010—2020 年）》发布以来，我国义务教育取得了令人瞩目的成绩，实现了从基本普及九年义务教育到全面普及九年义务教育的跨越，并在实现义务教育均衡发展的方向上实现不断迈进。中共十八大以来，我国加快推进以“三通两平台”为核心的教育信息化建设，顺利完成“教学点数字教育资源全覆盖”项目。中国教育卫星宽带传输网直接服务近 1 亿名农村中小学师生，全国 6.4 万个教学点实现数字教育资源全覆盖，解决了边远地区教学点开不齐、开不好课的问题。

1. 义务教育均衡化进程不断推进

中共十九大报告中提出，推动城乡义务教育一体化发展，高度重视农村义务教育。国务院同步落实推进多项政策措施：推动城乡学校建设、教师编制、生均公用经费基准定额、“两免一补”政策、基本装备配置统一。同时，全面改善贫困地区义务教育薄弱学校基本办学条件，义务教育学校建设的财政投资覆盖全国 2 600 多个县近 22 万所学校。从 2017 年春季学期开始，中央财政对全国城市和农村地区义务教育阶段学生免费提供国家课程的教科书。此外，农村义务教育学生营养改善计划各项工作扎实推进，取得显著成效。全国有 2 379 个县（市、区）通过义务教育发展基本均衡督导评估，约占全国总数的 81%，11 个省份整体通过。精准控辍，推动辍学高发区（县）“一县一策”完成控辍保学的工作方案稳步进行。

2. 农村义务教育经费保障更加稳固

“十二五”以来，全国教育经费总投入不断增加，到 2017 年规模达到 42 557 亿元，比上年增长 9.43%。2017 年全国普通小学生均公共财政预算教育事业费支出为 1.22 万元，农村为 1.14 万元，比上年增长 23.3%。全国普通初中生均公共财政预算教育事业费支出为 1.75 万元，农村为 1.55 万元，比上年增长 24.2%。从图 2-1-4 可以看出，2011—2017 年农村义务教育阶段的公共财政预算教育事业费支出不断增加。

3. 义务教育教师质量提高，职称制度不断完善

农村教师补充渠道日趋多元，“义务教育阶段教师特岗计划”广泛实施，鼓励引导高校毕业生到基层就业，吸引更多优秀人才到农村学校从教，提高农村义务教育质量。教师学历持续提升，2016 年全国农村小学专科及以上学历教师比例为 91.8%，初中本科及以上学历教师比例为 78.6%，城乡差距不断缩小。农村教师生活补助政策范围不断扩大、补助标准逐年提高、收入不断增加。乡村教师支持计划深入落实，多个省份通过同一岗位结构比例、单独评审、特设岗位、取消名额和比例限制等形式扩大农村教师评聘机会。2018 年 3 月，教育部发布《教师教育振兴行动计划（2018—2020 年）》文件，提出要“经过 5 年左右努力，办好一批高水平、有特色的教

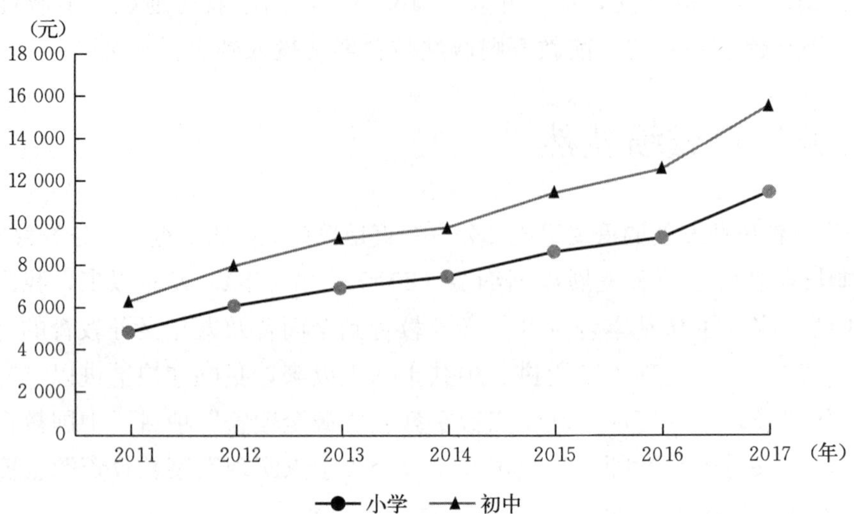

图2-1-4　2011—2017年农村小学及初中生均公共财政预算教育事业费支出

数据来源：教育部网站。

师教育院校和师范类专业，教师培养培训体系基本健全，为我国教师教育的长期可持续发展奠定坚实基础”。

（三）高中教育继续稳步发展

高中阶段教育是国民教育体系的重要环节，是学生从未成年走向成年、个性形成、自主发展的关键时期，肩负着为各类人才成长奠基、培养高素质技术技能型人才的使命。2017年4月，教育部等四部门印发《高中阶段教育普及攻坚计划（2017—2020年）》提出要扩大教育资源，为薄弱学校配齐必要的教育教学和生活设施设备，完善经费投入机制，建立合理的成本分担机制，同时继续实施高中阶段学校家庭经济困难学生国家资助政策，并提出推动学校多样化有特色的发展。制定到2020年目标，全国各省（自治区、直辖市）毛入学率达到90%以上，中西部贫困地区毛入学率显著提升。

截至2017年，全国高中阶段在校生3 971万人，高中阶段毛入学率88.3%，比上年提高0.8个百分点，普通高中教育普及水平稳步提高。2017年全国普通高中共计13 555所，校均规模为1 752人，其中农村普通高中675所，校均规模为1 155人，远低于全国平均水平。全国普通高中平均班额位52人，农村普通高中平均班额位51人，与平均水平基本持平，中西部多个省份均超过全国平均水平，说明中西部省份尤其是贫困地区普通高中教育仍有较大发展空间。

高中阶段教育资助政策和招生管理方式进一步完善。建立了国家助学金、建档立卡等家庭经济困难学生免学杂费、地方政府资助项目等方式为主，学校和社会相结合的资助政策体系。2016年，全国有489.34万普通高中学生享受国家助学金政策，143.77万学生享受建档立卡等家庭经济困难学生免学杂费政策，资助资金达到9.24亿元。招生管理方式实行优质高中阶段学校招生名额合理分配到区域内初中的办法，且招生名额适当向区域内农村学校倾斜。

此外，中等职业教育学校规模不断减少，2011—2017年学校数量从13 093所减少到10 671

所，专任教师人数从 88.19 万人减少到 83.91 万人，从图 2-1-5 中可以看出，专任教师数量减少速度高于学校数量减少速度。这一变化一方面可能与普通高中教育进一步普及有关，另一方面也受中等职业学校课程设置与发展存在脱节、教师队伍建设滞后等因素影响。

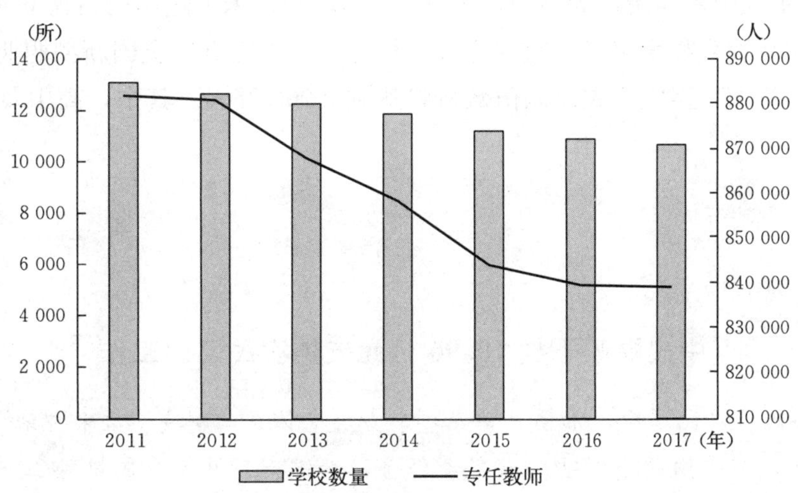

图 2-1-5　2011—2017 年全国中等职业学校数量及专任教师变化图

数据来源：教育部网站。

（四）新型职业农民培育全面铺开

我国的职业农民主要由三类人员构成：第一类是专业服务型人才，第二类是技能服务型人才，第三类是生产经营型人才。2012 年，中央 1 号文件首次提出大力培育新型职业农民，之后中央连发的 5 个 1 号文件都对新型职业农民培育工作作出全面部署。2017 年两会期间，习近平总书记对新型职业农民提出“要培养更多爱农业、懂技术、善经营的新型职业农民”的期望和要求。新型职业农民在农业现代化中具有重要作用，各级政府高度重视职业农民的培育进程和教育工作。职业农民培育工作发展迅速，全面铺开。

2012 年，农业部在全国 100 个县启动新型职业农民培育试点工作。2014 年，农业部联合财政部启动实施新型职业农民培育工程，在全国遴选 2 个示范省、4 个示范市和 300 个示范县。截至 2017 年，中央财政对新型职业农民培育工程支持资金增加至 15 亿元，全国共有 2 452 所农业广播电视学校、541 所涉农职业院校、15.1 万个农机推广机构、7 万名培育教师。2017 年培训新型职业农民超过 100 万人，认定新型农民 17.19 万人。目前，新型职业农民规模已超过 1 400 万人，这其中不仅包括过去的老农民，他们通过培训转变观念，变成新型农业经营主体，成为稳粮增收的基础力量，还包括返乡从事农业的大学生，成为现代农业发展的新生力量。新型职业农民正逐渐成为推动现代农业发展的核心力量。经过 5 年的努力，初步形成了政府推动、部门联动、产业带动、农民主动的新型职业农民培育工作格局，基本确立教育培训、规范管理、政策扶持“三位一体”，生产经营型、专业技能型、专业服务型“三类协同”，初级、中级、高级“三级贯通”的新型职业农民培育制度框架。截至 2017 年，70%以上的新型职业农民培育工程示范县基本建立起完整的培育制度。辽宁、陕西、山东等多个省市出台多样化政策措施扶持职业农民，其中陕西省依托西北农林科技大学成立职业农民培训学院，搭建理论研究和模式创新平台。

第三次农业普查数据显示，我国农业生产经营人员中，37%只接受了小学教育，48.4%为初中学历，7%为高中或中专学历，大专及以上学历仅1.2%，未上过学的占比6.4%，提高农业生产经营人员的整体受教育程度仍具有重要意义。根据《“十三五”全国新型职业农民培育发展规划》，到2020年，我国新型职业农民队伍数量将达到2 000万人。其中，高中及以上文化程度占比超过35%。

专栏一：

中央财政下拨10.96亿元支持农民培训工作

为支持新型职业农民培育，加快构建新型农业经营体系，解决“谁来种地”“如何种好地”的问题，2015年，中央财政下拨10.96亿元资金，继续支持开展农民培训工作。

近年来，中央财政根据农业农村社会经济发展新形势，将农民培训工作由偏重服务城市发展转向注重支撑农村经济社会发展，重点培育生产经营型职业农民，适当兼顾专业技能型和社会服务型农民。截至2014年底，全国培育各类型职业农民超过100万人，培养了一批有文化、懂技术、会经营的新型职业农民，为实现农业现代化和建设新农村提供了有力的人才支撑。

自2004年农民培训政策实施以来，中央财政不断加大支持力度，截至2015年，已累计安排109.46亿元。下一步，中央财政将不断调整支出结构，继续支持农民培训工作。

作者：简承渊，《农民日报》记者。

二、农村教育事业存在的主要问题

（一）学前教育发展仍面临艰巨挑战

尽管学前教育发展成效显著，但从现阶段我国教育整体发展情况看，学前教育仍是教育现代化发展进程中的最薄弱环节。在农村贫困地区，学前教育是教育均衡发展中的“最短板”。

1. 农村幼儿园覆盖率仍待提高

两期“三年行动计划”实施过后，我国农村学前教育事业得到快速发展，但仍有很多贫困村的适龄幼儿因为没有符合国家要求的学前教育机构而被送到非正规托管场所。根据第三次农业普查公报数据，东北地区有幼儿园、托儿所的村占比25.8%，远低于全国32.3%的平均水平。目前，农村学前教育承载力依然不足，符合要求的学前教育机构覆盖率不够，规模无法满足就近入园的需要。另外，全国学前入园率的增速放缓，说明农村学前教育资源进一步扩大存在困难，解决农村幼儿“入园难”的任务依旧艰巨。

2. 办园质量亟待提高

农村地区幼儿园数量规模不断增加，但办园质量整体偏低。主要体现在班级规模大、园所环境差、设施欠缺等问题。具体表现在与城区幼儿园相比，生师比差距明显，“大班额”“超大班额”现象普遍。园舍破旧，室内外环境及卫生较差。基础设施落后，户外体育活动器械极度缺乏，图书数量和种类少，农村幼儿园图书数量仅为城区幼儿园的40%。

（二）城乡教育多方面差距明显

1. 经费投入仍有差距

据中国疾病预防控制中心的跟踪监测显示，项目地区学生的营养健康状况逐步改善，身体素质明显提高。虽然国家对于城市和农村的学生人均教育支出在不断增加，但城乡之间仍存在一定差距。从图2-1-6和图2-1-7可以看出，2011—2017年小学和初中的生均公共财政预算教育事业费支出在不断增长，农村低于全国平均水平，说明城乡之间的经费投入有差别。对于农村的经费投入虽然在增加但是仍旧不足，经费投入也是城乡之间教育存在差距的一个重要原因。

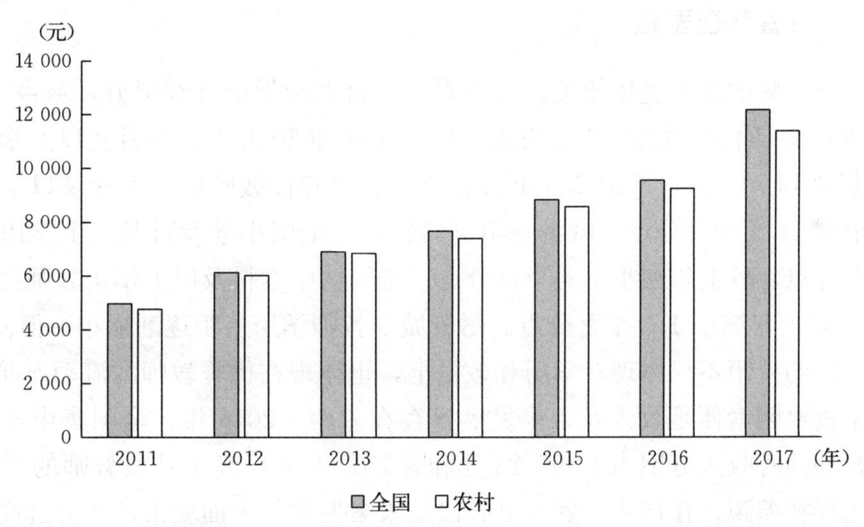

图2-1-6 2011—2017年城乡小学生均公共财政预算教育事业费支出

数据来源：教育部网站。

2. 资源配置存在明显差距

农村学校数量增加的同时，办学条件不断改善，但与城镇地区相比仍存在明显差距。在校园环境、基础设施、运动场馆、体育器械、音乐器械、美术器械、自然实验仪器等方面或缺失或达标率低于城镇地区。2016年全国小学生均仪器设备值为1 201元，比上年增加156元，增长15.0%，农村小学相当于城市小学的65.7%；全国初中生均仪器设备值为2 010元，比上年增加264元，增长15.1%，农村初中仅相当于城市初中的72.3%。在信息化设备方面，2016年农村小学建立校园网、接入互联网的学校比例分别为46.66%和89.45%，初中分别为65.55%和

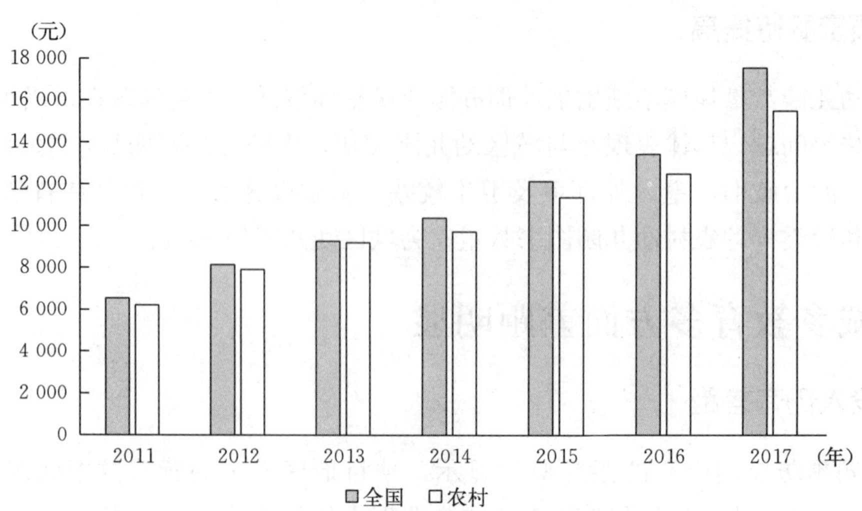

图 2-1-7　2011—2017 年城乡初中生均公共财政预算教育事业费支出

数据来源：教育部网站。

98.10%，虽较上一年大幅增长，但建立校园网比例农村小学和初中分别比城市低 33.59 个百分点和 20.23 个百分点，差距十分明显。

3. 城乡教师质量存在差距

教育的质量与教师的能力直接相关。近年来，农村教师学历继续提升，城乡差距不断缩小，2017 年全国幼儿园专任教师数为 243.2 万人，比上年增加 20 万人，专科及以上学历教师比例由上年的 76.5%提高到 79.1%，增加 2.6 个百分点。农村专任教师中，大专及以上学历的比例为 65.9%，比城市低 11.9 个百分点，城乡差距仍然较大；全国小学专科及以上学历教师比例城乡差距为 6.2 个百分点，较上年缩小 1.4 个百分点；全国初中本科及以上学历教师比例城乡差距为 11.7 个百分点，较上年缩小 1.3 个百分点。尽管城乡教师学历差距逐渐缩小，但差距依旧较大。

城乡教师之间的差距不仅体现在学历和数量上，也体现在优秀教师的流动方向上。造成农村教师流失的一个重要因素便是收入及未来发展等存在差距。2016 年，全国集中连片特区地区乡镇教师、乡村教师的月收入分别为 3 965.23 元和 3 550.38 元，高于县城教师的 3 446.37 元，但与城市教师相比存在差距。在环境、资源设施以及未来发展等方面城市的优势远高于农村，因而城市地区对于优秀教师的吸引力更大，更多的教师愿意投身于城市教育系统。相比之下，农村教师负担的课程门类多、任务重，个人发展会受到限制，因而尽管多样化政策不断普及，农村教师流失依旧严重。

4. 教育观念差距影响教育质量

教育观念也是影响教育质量的重要因素，城乡之间教育理念的差距主要体现在学校、教师和家长 3 个方面。学校方面，农村学校相比于城市学校，由于自身资源条件等差距会“自降身段”，从而在自身教学方式创新及改革等方面产生懈怠。教师方面，一些教师教育观念落后，没有形成“以学生发展为中心”的现代教育观念，只注重知识的灌输，缺乏培养青少年德智体美全面发展的意识。家长方面，一些家长追求优质教育的意识不断增强，但在早期儿童营养、习惯养成以及与儿童的交流方面重视不足，尚未形成全面的教育观念。种种因素导致农村与城市教育观念差别甚大，使得农村地区的青少年受教育的质量受到影响。

（三）留守儿童教育失位

留守儿童是指父母双方外出务工或一方外出务工另一方无监护能力、不满16周岁的未成年人。我国劳动力人口流动性高、数量多，农村留守儿童数量规模较大。2016年，国务院制定了《关于加强农村留守儿童关爱保护的意见》（国发〔2016〕13号），建立了民政部牵头、27个部门参与的留守儿童关爱保护联席会议制度，健全家庭、政府、学校尽职尽责，社会力量积极参与的农村留守儿童关爱保护工作体系。组织开展留守儿童摸底排查，建立了信息管理系统，全国共摸排农村留守儿童902万人，其中义务教育阶段留守儿童589万人。留守儿童关爱保护工作虽取得一定进展，但在减小留守儿童规模、学校关注及关爱措施、留守儿童心理问题等方面仍存在较大改善空间。众多留守儿童因父母关爱缺失导致缺乏学习动力，出现课程掉队甚至无法完成义务阶段教育的情况。2017年，全国共批评教育失职父母9.1万人、治安管理处罚282人、依法追究失职父母刑事责任16人、依法撤销失职父母监护权案例17个，帮助76万名存在家庭监护问题的儿童得到有效监护，劝返1.77万名辍学留守儿童复学就读。

三、农村教育事业发展的重点任务

（一）继续缩小城乡教育差距

教育作为提高劳动力能力的重要方式对一个地区的长远发展意义重大，缩小城乡教育差距既是为了提高教育资源均衡化水平，也为农村发展奠定动力基础。缩小城乡教育差距需要从多个方面着手推进，不仅要注重义务教育的覆盖面、高中教育的普及率，也要注重教育的质量。进一步缩小教育经费投入差距，提高农村教育资源配置和利用率。通过提高农村教师能力、加强城乡教师交流等方式缩小城乡教育质量差距，提高城乡之间教育资源均衡水平。

专栏二：

城乡教育一体化迈出“武安步伐”

——河北武安打造城乡学校发展共同体纪实

偏居河北省武安市东南部山区的白沙小学2014年建校，基础差、底子薄。短短两年，在城区优质校武安市实验小学的帮扶下，该校跃居名校行列。2016年，该校兼并周边北三乡、北大社等4个教学点，组建了白沙教育集团。

白沙小学的发展壮大，是武安城乡教育一体化发展的成功范例之一。为解决县域内义务教育发展不平衡、不充分问题，近年来，河北省武安市创新实施了城乡教育发展共同体战略，设立11个城乡学校发展共同体，基本涵盖所有城乡学校、教学点，在推动城乡义务教育一体化、均衡化、优质化发展上迈出坚实步伐。

优化顶层设计：一张蓝图覆盖每所学校

武安市位于河北省南部、太行山东麓，县域教育具有地域面积广、学校布局分散、小规模学校和教学点多的山区县特点。

“过去，武安义务教育发展的痛点在于山区农村学校基础薄弱，出现‘城区挤、农村弱’问题在于优质教育资源过于集中城区。找准痛点，利于我们对症下药。”武安市教育局党委书记、局长郭利民说。为此，武安市针对性地提出了创建城乡学校发展共同体的解决方案。

2016年初，由城区现有的11所学校牵头，武安市教育局在全市成立了11个城乡学校发展共同体。每一个共同体由一所城区优质学校引领带动2～3所农村中心校，再由农村中心校向下延伸、辐射到一般小学、教学点。

“目前，全市11个城乡学校发展共同体已经实现城乡学校的全覆盖。我们的目的就是要通过城区强校、名校引领，实现资源共享、优势互补、共同发展，把山区农村老百姓家门口的每所学校全部办成优质校。”郭利民说。

具体实施过程中，武安市坚持外延、内涵并举，将以往探索开展的集团化办学从城区向农村拓展延伸，并实现“三化五统一”。“三化”，即共同体硬件建设一体化、师资交流常态化、教育科研网络化；“五统一”，即共同体管理上统一组织、统一计划、统一研修、统一考核、统一奖惩。

西苑小学共同体是武安11个城乡学校发展共同体之一，城区优质校西苑小学为牵头学校，对口带动山区学校贺进小学等5所学校。

“通过共同体这个桥梁，城区学校的先进经验、优秀师资源源不断地流入我们山区学校。比过去简单的送教下乡更加对口、更加精准。”尝到甜头的贺进小学校长贺旭军高兴地说。

为防止共同体学校发展“两张皮”，武安市教育局从教育质量、校园文化、队伍建设、教育科研、校园安全、发展潜力等方面，对全市11个城乡学校发展共同体进行综合性整体评价。每学年评比一次，每次拿出20万元进行奖励。

“通过捆绑考核，城乡共同体一荣俱荣，一损俱损，实现了‘五个互助’，即学校管理互助、教学研究互助、教师素质提升互助、课堂教学互助、学生素质提高互助。”郭利民说。

瞄准师资关键：一套机制推动深度均衡

通过近年来的建设，武安农村学校的校舍和设施已经与城区学校相差无几。城乡教育最大的差距不是硬件而是软件，其中教师队伍素质是关键。武安市牵住这个“牛鼻子”，依托共同体建立实施了加强师资建设的一整套机制，即“定向补充、内部互动、挂职提升、全市交流”。

定向补充，就是针对共同体内农村校师资不足、结构性缺员等问题，建立常态师资补充机制。每年初，武安市教育局根据教师短缺情况进行全市统筹调配。仅2017年，武安就向农村校补充新教师253人，调配交流教师180人。

内部互动，就是通过共同体中心教研组、名师工作室、送课下乡、教研活动、跟岗培训等形式，共同体内部进行师资互动、教研互动。11个城乡学校发展共同体各自整合所属学校的骨干教师、学科带头人、名师资源成立共同体中心教研组，制订统一的教研活动方案、学年教学计划、联考联测机制，实现教学进度、教学监测同步。各共同体还成立了自己的名师工作室，通过送课、听课、观摩课，共同研讨、交流切磋，整体提升。

“我们东关共同体一共有东关、邑城、赵店、新华、康二城矿5所学校。每月由一所学校主持，开展一次大型教研活动，每次一个主题。2017年，我们通过本校5个市级名师学科工作室帮助农村校培养骨干教师。”龙头校东关小学校长孙海波说。

挂职提升，就是为提高农村学校校长、中层能力素质。武安市积极实施农村教育干部影子培训计划，依托共同体，农村学校教育干部分期分批到城区学校挂职锻炼、跟岗学习，每学期一次，每次时间从一周至一个月不等。

同时，武安市还建立了全市教师校长交流制度，实行“县管校用”“全市统筹”，变“学校人”为“系统人”。每年交流教育干部140余人次，交流教师近200人。

通过共同体，武安农村学校培养出一大批青年骨干教师、学科带头人。新华小学原是一所地处偏远的厂矿学校，在纳入东关学校为龙头的共同体学校后焕发了生机，2017年终排名逼近城区老牌名校，校长宋文学也成长为市级骨干校长。

夯实资源共享：一根网线激活“神经末梢”

武安市从主城区到西部山区的活水乡，最远有70多公里。远在太行深处的微小规模学校和教学点，成为全市基础教育的“神经末梢”。

近年来，武安先后投入2.6亿元，以创建智慧教育、智慧校园和智慧课堂为目标，不断加强现代教育信息化建设。目前，该市已安装电子白板、互动一体机2 400套，建成微格教室50个，安装“智慧教室”200套，并创建了电子政务、视频会议系统等公共服务平台。

如今，从城区到山区，从规模校到教学点，武安市城乡所有学校都实现了“独立外网、教育内网、无线网络、IP网络电视、视频会议”5个全覆盖。在一个共同体的学校之间，山区孩子可以通过直播课堂与武安市甚至邯郸市城区优质校的孩子进行互动，山区教师可以通过网络教室与名师在线交流。

武安西部的活水、贺进两个乡镇位于深山区，两个乡镇的面积相加等于一个小规模县的面积。这里分布着大大小小50多个教学点。为保证和提高教学点的教育质量，武安市教育局积极推进专递课堂的建设和运用。针对教学点多为一、二年级的情况，市教研室安排贺进小学、活水小学两所区域优质校作为牵头校。活水小学负责两个乡镇一年级的示范课，贺进小学负责两个乡镇二年级的示范课。通过专递课堂，两个乡镇的教学点实现优质课堂全覆盖，确保开全课、开好课。

“我们贺进小学在共同体中起到承上启下的作用。对上，可以通过网络平台跟城区优质校甚至邯郸名校进行交流、互动；对下，可以通过专递课堂辐射带动周边的教学点。”贺旭军告诉记者。

直播课堂、专递课堂等云课堂系统的广泛应用，为武安城乡教育共同体发展插上了信息化、现代化的翅膀，有效激活了全市教育的“神经末梢”。

自11个城乡学校发展共同体成立以来，武安市城乡教育差距不断缩小，部分农村学校教育质量接近甚至超过城区水平。2017年，武安市前30名学校中，农村学校占了七成。

资料来源：《中国教育报》。

（二）大力改善农村学校设施环境

改善农村地区幼儿园办园环境，减少“大班额”“超大班额”现象，提高农村幼儿园等学前教育机构卫生环境。将户外体育活动器械、图书种类及数量等纳入幼儿园办园条件。对于农村中小学学校在提升校舍面积、水电设施条件、卫生条件的基础上注重提高多样化教学设施的配置，如图书馆的建立、体育器械的配置及定期检查、自然科学实验教学设施的配置、多媒体教室的建立等，关注农村学校信息化资源配置情况，满足农村学校计算机、互联网教育的设施需求，进一步提高农村中小学校建立校园网的比例等。

专栏三：

河南乡村小规模学校、乡镇寄宿制学校焕发蓬勃生机

——激活基础教育“神经末梢”

2017年秋季开学典礼那天，在拔地而起的河南省洛阳市新安县铁门镇高沟小学，当着100多名学生家长的面，校长朱雪军哭了。

“新学校修起来了。我一定把你们的孩子教好，这是我对你们的承诺。”短短一句话，朱雪军数次哽咽。

此前多年，他和5名教师、80多名学生在200多米外的一栋老式两层教学楼和几孔破窑洞上课、办公。站在老校区的院子里，新学校每天的建设一览无遗。

“我看着新学校一砖一瓦起来，那是激动啊，盼了多少年了。”朱雪军说。

帮助朱雪军实现梦想的，是河南近年来大力推进的乡村小规模学校和乡镇寄宿制学校建设项目。这两类学校是教育体系的“神经末梢”。2014—2017年，河南集中资金259.45亿元，对这两类学校进行改造。仅2017年，河南便改扩建或新建寄宿制学校600多所。2018年，全省将改扩建或新建900所寄宿制学校，每个县至少有一半的乡镇要完成改扩建或新建一所寄宿制小学。

铁门镇北部山区，分散着好几个村庄。

曾经，这些村庄村村有学校。这些学校虽然在当时解决了村民子女上学的问题，但受制于种种原因，师资力量薄弱，基础设施极差，教学质量长期低下。近年来，很多学校更是面临生源流失的难题，一些学校的办学已经到了难以维系的地步。

河南省启动加强乡村小规模学校和乡镇寄宿制学校建设后，当地政府多方论证，选定交通条件便利的高沟村，决定在此建立新校。按照规划，高沟小学将容纳近600名学生读书，可供100多名学生寄宿，大大改善附近7个村孩子的就学条件。

从得知新学校即将开建的那天起，朱雪军就充满期待。

他常年在乡村小规模学校摸爬滚打，对这些学校的艰苦有着深刻感受。

“生活上的苦，忍忍也就过去了。最主要的是限制条件太多了，新教师不愿来，课程开不

齐，教不好，耽误人家孩子一辈子。”朱雪军说。

他一直有个梦想，希望农村的学校和城里的学校一样，有窗明几净的教室，有功能齐全的设备。孩子们在学校里又唱又跳，既学知识又长身体。

2017年夏天，新高沟小学建成交付。新学校里，塑胶场地和跑道一应俱全，图书室、音乐教室、美术教室、手工坊、计算机教室设施齐备，宿舍整洁舒适，餐厅干净卫生、三餐丰富。梦想成真的朱雪军在开学典礼上激动落泪。

感到兴奋的还有杨沟村村民段小伟。杨沟村距高沟村4里*地，新学校建成后，他的儿子转入就读，还成为一名住宿生。身为家里唯一的壮劳力，段小伟非常高兴，“以前每天都要接送孩子、管吃喝，想去县里打工都抽不开身”。

尽管如此，他还是怕儿子在学校吃不好。第一个周末，他在校门口接到儿子，问：“老师说天天有肉，是不是真的?”儿子点头。他又问：“你吃饱吃不饱?”儿子又点头。

段小伟还是有点不放心。他捏捏儿子的胳膊、大腿，没掉肉，好像还长了点儿。这下，他放心了。

读书，不花钱；住宿，不花钱；政府每个月还给住宿生伙食补贴，段小伟需要自掏腰包的伙食费才100多块钱。看着孩子们住得好、吃得好、学得好，段小伟和村民们打心眼里高兴。

变化不只发生在高沟小学一所学校。两年前转入青要山镇中心小学后，三年级的樊佳静第一次见到了电子白板，语文课上老师放的鲸鱼图片让她记忆犹新。新学校还有了可以踢球的草坪、计算机教室和书法社团，一切都让她觉得既新奇又兴奋。

2016年搬入新校后，正村镇白墙小学终于有了自己的操场，不用再跟别的学校合用一个操场了。今年，学校的新宿舍楼和教师周转房开工，以后孩子们就可以在学校洗澡了。

这些学校的变化是河南全省加快推进两类学校建设的缩影。“十三五”期间，河南省内凡是无寄宿制小学或不能满足寄宿需求的乡镇，将至少改扩建或新建1～3所农村标准化的寄宿制学校。整个“十三五”期间，拥有1.5万所农村学校的河南，将改扩建或新建4700多所标准化农村寄宿制学校。

作者：高毅哲、王家源，《中国教育报》记者。

（三）多方面提高农村教育质量

在课程建设方面，通过课程改革推进学习变革的进程。进一步调整课程框架，提升农村教育教学体系的完整性，助力农村地区教育工作向培养能力、提高学生综合素养方向迈进。深入落实乡村校园长“三段式”培训、“送培进校”诊断式培训和工作坊研修，提升乡村校园长培训针对性和实效性。

在队伍建设方面，重点调整农村教师师资队伍，加强对农村教师的培养，进一步提高农村教师工资福利待遇和补贴，缩小城乡教师收入差距。在引导高学历教师投身农村教育事业的同时给予农村教师不断提升自身能力的机会，完善交流机制，推动实现教育资源发达地区与欠发达地区

* 里为非法定计量单位。1里=500米。

之间资源的交流沟通。

健全留守儿童关爱保护体系，加强留守儿童关爱保护，认真落实联保联控责任。鼓励当地学校发挥桥梁作用，关爱留守儿童心理健康，引导其融入校园氛围。因地、因家、因人施策，加强对辍学高发区的监测，做好劝返复学工作。

专栏四：

提高质量：义务教育均衡发展的主题

《国家中长期教育改革和发展规划纲要（2010—2020年）》颁行5年来，我国义务教育取得了令世人瞩目的伟大成就，实现了从基本普及九年义务教育到全面普及九年义务教育的跨越，并从普及义务教育向实现义务教育均衡发展迈出了有力的步伐。

在20世纪末，我国大多数地区均已通过国家的“两基”达标验收，因此全国范围内基本普及九年义务教育。而在规划纲要实施一年后，即在2011年，全国所有地区都已通过“两基”达标验收，从而在全国范围内全面普及了九年义务教育。这是一项伟大的历史性成就，一个13亿人口的大国在全球9个发展中人口大国中率先实现联合国提出的千年发展目标和2000年《达喀尔行动纲领》中提出的全民教育目标，使所有适龄少年儿童都有了受教育的机会。在此基础上，以落实规划纲要确立的基本实现义务教育均衡发展为目标作出了不懈的努力，进一步缩小了义务教育阶段存在的多种差距。

地区差距在缩小。国家针对东中西部教育差别，加大财政投入向中西部倾斜力度，实施中西部农村初中校舍改造等系列工程，同时全面提高了少数民族和民族地区教育水平。城乡差距在缩小。国家大力发展农村教育、实施农村义务教育薄弱学校改造计划和乡村教育支持计划、农村学生的营养改善计划、面向贫困地区定向招生计划，各级政府切实办好农村教育，进一步缩小了城乡差距。校际差距在缩小。在全面推进义务教育均衡发展的进程中，通过推行学区制和集团化办学，充分发挥优质教育资源的辐射作用，努力提高薄弱学校的办学水平，从而加快了县域内义务教育均衡发展的步伐。群体差距也在缩小。对贫困家庭子女，国家健全家庭经济困难学生资助体系，全面覆盖从学前教育到研究生教育；对残疾儿童，实行“特教特办”，特殊教育体系基本完善，残疾人受教育机会显著增加；对进城务工人员的随迁子女，推动各地将常住人口纳入区域教育发展规划、将随迁子女教育纳入财政保障范围；对农村留守儿童，关爱服务体系已初步建立，不断完善政府主导、多部门参加、全社会共同参与的关爱服务体系。

随着义务教育均衡发展取得进展，部分社会关注的热点问题也有所缓解。一是部分城市地区的择校过热得到缓解。由于缩小了校际差距和规范了义务教育阶段的入学行为，使得许多城市的择校过热得到部分缓解。二是小学生学习负担过重得到缓解。由于各级政府严格落实义务教育免试就近入学法律规定，对口招生，合理划定招生范围，实行阳光招生，小学生开始摆脱应试教育的束缚，学校内部的学生课业负担过重现象得到有效缓解。

义务教育发展既是国计又是民生。提高国民素质，提高人力资源的创业和创新能力是迈向人力资源强国的最重要的条件，而接受保证质量教育又成为广大群众防止和改变代际贫困传递的重要途径。在我国，教育公平已经从入学机会的公平转化为接受保证质量教育的机会的公平。因此，在义务教育已经全面普及以后，提高教育质量就成为义务教育的主题。均衡发展的实质就是全面提高教育质量。

只有提高质量才能适应社会需求。2015年联合国可持续发展峰会通过的由193个会员国共同达成的成果文件《改变我们的世界——2030年可持续发展议程》以及联合国教科文组织第38次大会确定的“教育2030框架行动”计划，都明确地提出了以提高教育质量为主题的教育目标。中共十八届五中全会通过的《中共中央关于制定国民经济和社会发展第十三个五年规划的建议》更以提高教育质量为主题引领教育事业改革和发展。我国正在倡导大众创业、万众创新，以实现国家全面小康社会的建设目标。对于创新人才和国民素质的高要求必然把提高教育质量放在制定一切教育政策的首要地位。义务教育是基础教育，是终身教育最为重要的时段。因此，必须将提高教育质量作为普及后的最重要的教育目标。

只有提高质量才能巩固普及成果。我国虽然已经提供了所有少年儿童接受九年义务教育的机会，但是能上学不等于都上学，还有部分地区存在学生辍学现象，有的地区九年义务教育的完成率还不高。经过调查，只有极少数是因为家境或者疾病的原因而辍学，相当一部分是由于家长和学生感到学校教育质量不高，学了没有用，不如早点回家干活或进城务工。因此，全面普及义务教育成果来之不易，如果不努力提高质量，就难以真正巩固。

只有提高质量才能推动均衡发展。义务教育的均衡发展，归根结底是质量的相对均衡。而学校的差距主要是教育质量的差距。目前采取了学区制、集团化等方式从体制上扩大了优质资源的覆盖面，这可以在一定程度上发挥优质教育资源的辐射作用。但是，如果不全面提高所有学校的教育质量，在同一学区内、在同一集团内的学校仍然会存在较大差距。冠以优质学校名称或其光环并不就是优质学校，均衡发展不是降低水平以求均衡，更不是稀释原有优质教育资源，其根本途径在于切实提高所有学校的教育质量。择校热源于家长对心目中高质量学校的追求，即使以严格划定就近入学范围和条件等规定从制度上保证了择校问题的缓解，如果质量上不去，仍然难以让群众真正满意。

只有提高质量才能实现精准扶贫。习近平总书记指出：“到2020年全面建成小康社会，最艰巨的任务在贫困地区，我们必须补上这个短板。扶贫必扶智。让贫困地区的孩子们接受良好教育，是扶贫开发的重要任务，也是阻断贫困代际传递的重要途径。”我国尚有部分老、少、边、贫、岛特别是连片贫困地区存在，多年来，在推动普及九年义务教育的过程中，我们关注多数，努力扩大义务教育的覆盖面，是必要的。但是，在全面建成小康社会的进程中，必须树立从全面着眼、向少数倾斜的观点。而少数贫困地区的教育薄弱就在于教育质量低，这是由多个因素造成的。因此，所有改善贫困地区教育的努力，都应当坚定地立足于教育质量的提高，否则我们的扶贫投入和慈善捐助都难以取得实效，精准的教育扶贫就难以真正实现。

我国义务教育应当以国家的教育方针和培养目标为依据，进一步明确义务教育的质量标准，并以此作为深化教育改革的依据。

在教育理念上，要进一步全面贯彻党的教育方针，落实立德树人根本任务，加强社会主义核心价值观教育，培养德智体美全面发展的社会主义建设者和接班人，把增强学生社会责任感、创新精神、实践能力作为重点任务贯彻到深化教育改革的全过程。学校教育理念固然与教育体系自身的信念、定力与担当有关，但相当程度受制于各级党委、政府领导者的价值观和政绩观。必须加强各级领导观念的转变，使他们坚定不移地与中央的教育方针和培养目标保持高度一致，从而保持本地区教育理念的时代性、科学性与先进性，使教育质量的提高有着正确的方向。

在课程建设上，要进一步认识课程对实现教育的总体目标起着极大推动作用，发挥课程培育健全人格的功能。课程应当明确体现教育目标，兼顾社会与个人学习发展的需求，应当是社会广泛参与集体建构的产物，通过课程改革推进学习变革的进程。要改变单纯知识传授的传统方式，使培养能力成为课程改革的主题，教和学齐头并进，将学习者置于中心地位。要进一步调整课程框架，逐步走向整体设计，防止各学段之间存在主题、方式、学习环境和课程设置上的分裂，而破坏教育体系的完整性。

在队伍建设上，要加大师资来源、师资水平、师资结构、教师待遇的改革。优秀的教师队伍是提高质量的根本保证。习近平总书记指出："国家繁荣、民族振兴、教育发展，需要我们大力培养造就一支师德高尚、业务精湛、结构合理、充满活力的高素质专业化教师队伍，需要涌现一大批好老师。"要进一步推动师范教育的改革，一方面，吸引优秀学生进入师范院校学习，加强向薄弱地区定向招生的倾斜；另一方面，要改进师范教育，加强理论与实践的结合，特别是要培养愿意从事教育，愿意到边远地区从事教育工作的人。要形成与基础教育课程改革相适应的教师职前职后相衔接的培养体系，不断提高教师队伍的专业发展水平。要进一步提高教师的社会地位和待遇，使教师编制与结构合理、待遇与生活改善，特别是边远地区小规模学校和教学点的教师队伍能够得到保证。

在教育评价上，要借鉴发达国家政府通过制定标准、实施绩效问责制、运用评估手段来促进教育质量全面提高的经验，加强对教育质量监测与评估的研究与实践。标准是对重复性事物和概念所作的统一规定，教育质量标准是教育质量监测框架构建的前提和尺度。我国已经开始建立义务教育阶段质量监测制度，应当进一步在实践中完善。实现国家教育质量标准的主途径在学校，要重视对学校教育工作的评价，并使之成为学校自主提高教育质量的听诊器。OECD（经济合作与发展组织）认为，教育成功不仅要满足教育卓越标准，还应满足教育公平和教育包容的标准，亦即不仅使学校教育质量的总体水平提高，而且使贫困家庭学生的教育水平不断提高以体现公平，有特殊困难的学生群体包括残疾学生水平不断提高以体现包容，从而发挥教育的社会补偿器作用。

到2020年全面建成小康社会，以提高教育质量为主题的义务教育还面临新的挑战。在教育规划纲要的指引下，在总结前5年经验的基础上，通过进一步深化教育综合改革，在推进义务教育均衡发展和提高义务教育质量的道路上一定会迈出更加坚实的步伐，取得更加令世人瞩目的成就。

作者：陶西平，国家教育咨询委员会委员。

资料来源：《光明日报》。

（四）推动农民职业教育工作改革

继续深入推动新型职业农民培育工作，引导传统农民向新型职业农民发展，通过线下职业学校、线上教育平台等资源学习职业技能。鼓励农民职业教育学校紧扣实际需求进行教学内容改革，加强职业教育内容与实际生产生活的联系，满足农民需求。提高农民个人能力，扩展职业农民的发展渠道。加强宣传力度，鼓励更多农民自我学习、提升能力。落实政策要求，给予新型职业农民优惠政策，鼓励新兴农业产业发展，助力现代化农业进程。

专栏五：

张敏：职业教育要扶智又扶贫

3月3日，全国政协十三届一次会议在北京人民大会堂开幕。在会议前的“委员通道”上，全国政协委员、云南省西双版纳傣族自治州勐腊县职业高级中学教研组组长张敏委员接受了中外媒体的采访。

张敏在回答记者提问时说，智力扶贫和技术扶贫最有效，贫困地区的发展需要职业教育，需要智力扶贫和教育扶贫。

张敏所在的勐腊县是国家级重点贫困县。她介绍，这些年西双版纳州的职业学校本着“职业教育为区域经济发展服务”的宗旨推进产教融合、校企合作，积极深入农村了解农民需要什么，为服务“三农”、培养新型农民做了很多努力。例如，职业学校的一个学生利用自己所学技术，指导家里人创办茶叶品牌致富后，带领附近村寨的村民开办了茶农联盟合作社，带动茶农共同致富。

张敏表示，国家对贫困地区的教育一直非常关心和关注，少数民族贫困地区也开始享受来自内地最优质的教育资源。但相对于全国的教育水平，少数民族贫困地区的职业教育现在还非常薄弱，师资力量非常紧缺，希望国家能够继续加大对少数民族贫困地区职业教育的扶持，让更多的贫困孩子、贫困群众共享优质教育资源，让职业教育更好地助力经济发展、助力脱贫攻坚。

资料来源：《中国教育报》。

四、农村教育事业发展的政策建议

（一）完善城乡教师交流政策

充分利用线上线下教育平台等互联网资源，定期组织面向农村教师的教学工作培训、教学方法交流等活动。深入落实城乡教师交流政策，实行“点对点”的方式连接城市地区学校与农村学校，通过讲座、论坛、交流会议、教学案例展示等方式提高农村学校教育教学能力水平，促进教育资源在地区间流动，通过奖励、补贴等方式鼓励引导城市学校加入到缩小城乡教育差距的工作中。

（二）加强农村教育问责

教育问责机制的核心是要推动农村教育的切实发展。加强对农村教育质量检测与评估的研究与实践，重视对农村各个阶段学校教育工作的评价。将农村教育发展目标转为地方发展任务，细化落实到人员，实行“任务追责”的方式来增强执行力，紧密联系学校、教师、政府等多个角色深入投入农村教育发展工作。健全留守儿童关爱保护体系，继续开展关爱保护专项行动，帮助存在家庭监护问题的儿童得到有效监护。

（三）继续提高农村教育经费投入

继续加大对农村教育事业的经费投入，重点用于改善农村幼儿园、小学、初中和高中学校的办学条件。加强基础设施建设，增加农村学校教学所需设施器械、图书种类及数量等，加强寄宿制学校建设，保障农村地区尤其是偏远地区学生的上学条件。健全学生资助制度，让更多农村新增劳动力接受高中阶段教育和高等教育。加大提高农村地区尤其是偏远地区农村教师的工资福利待遇的资金投入，提高农村教师生活待遇，缩小城乡教师收入差距。增加农民职业教育经费投入，发挥县级职教中心作用，提升职业技能培训、人才测评与服务等服务内容，给予教学成果显著的职业教育机构资金奖励或其他优惠政策。

（四）加强农村教育思想引导

加强对农村地区学校、教师的思想教育及引导，鼓励农村地区学校主动进行教学改革，优化课程结构设计。提高农村教师的职业认同感和责任担当精神，引导教师学习先进教育理念并融入到日常教学活动中，延伸教学目的，不止停留于知识的讲授，将增强学生社会责任感、创新精神、实践能力作为教学改进目标，注重培养学生的综合素质能力。继续加强宣传教育的重要性，进一步降低义务阶段学生辍学率。加强职业教育宣传，健全以职业农民为主体的农村实用人才评价制度，培育更多爱农业、懂技术、善经营的新型职业农民。

参考文献

白云丽，等，2017. 城乡教育差距与扶贫挑战 [J]. 科技促进发展（6）：418-425.

高飞，2017. 新型职业农民培育的职业教育责任及行动策略 [J]. 南方农业，11（15）：102-103.

虎文华，2017. 中等职业学校在职业教育精准扶贫中应如何作为 [J]. 职业教育研究（11）：40-44.

李梦莹，吴锦程，2017. 2015—2016 年新型职业农民教育研究综述 [J]. 河北大学成人教育学院学报，19（1）：67-72.

秦玉友，邬志辉，2017. 中国农村教育发展状况与未来发展思路 [J]. 东北师大学报（哲学社会科学版）（3）：1-8.

王亚莉，2016. 义务教育政策下的教育公平性研究 [J]. 发展（10）：65.

邬志辉，2017. 中国农村教育发展报告 2017 [N]. 中国教师报，12-27（11）.

肖称萍，徐文新，2017. 新时期农民工职业教育城乡一体化发展策略研究 [J]. 教育发展研究（11）：55-62.

张亚楠，卢东宁，2017. 教育资源公平配置视阈下农村义务教育发展研究 [J]. 华北理工大学学报（社会科学版），17（3）：65-70.

第二章　农村文化事业

现代公共文化服务体系建设已成为全面建成小康社会的重要内容，我国已建成了包括中央、省、地市、县、乡（镇、街道办事处）、村（城市社区）在内的六级公共文化服务网络，城乡公共文化服务能力大大提升，公共文化服务活力进一步增强，老百姓有了越来越多的、实实在在的文化获得感。

一、农村文化事业的新进展

改革开放以来，农民的生活水平普遍提高，物质生活大为改善，但文化和精神生活却十分贫乏。近年来，国家从政策、制度到具体实施等多个方面将农村文化事业发展放在了突出的位置，各省（自治区、直辖市）相应出台了文化惠民政策，并逐步落实，如送文化下乡、送戏曲下乡、庄户剧团汇演、公共文化服务体系建设等。总体来看，从硬件到软件都受到群众喜欢，农村文化事业取得了新进展。

（一）农村文化事业资金投入增速加大

2012年以来，我国政府对文化领域的投入逐渐加大，呈总体增长的态势，尤其是2015年以来增速明显加快。统计数据显示，2016年中央对地方文化补助资金达到61.03亿元，比上年增长27.70%（图2-2-1）。

根据《2017年文化发展统计公报》，2017年全国文化事业费为855.80亿元，比上年增加85.11亿元，增长11.0%；全国人均文化事业费61.57元，比上年增加5.83元，增长10.5%；文化事业费占财政总支出的比重为0.42%，比上年略有提高。自中共十八大以来，全国文化事业费增速每年均超过10%。

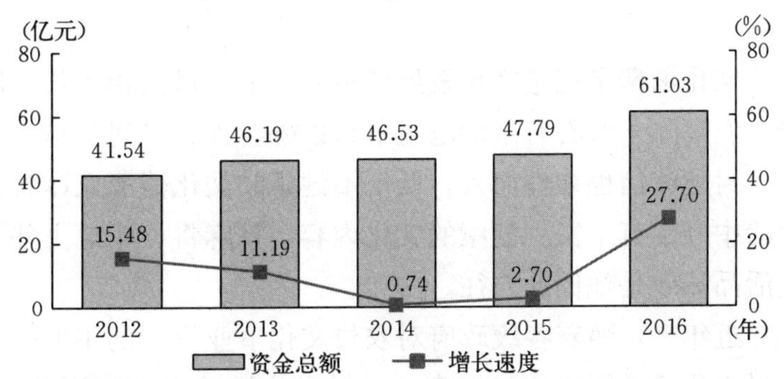

图2-2-1　2012—2016年中央对地方文化项目补助资金

数据来源：《中国文化发展报告（2018）》。

专栏一：

曲靖市沾益区财政三举措推动文化资源向农村倾斜

为加快构建沾益区现代公共文化服务体系，不断激发公共文化发展活力，2016—2017年，围绕构建现代公共文化服务体系标准化、均等化目标，坚持把公共文化建设摆在重要位置，推动文化资源向农村倾斜，按照结构合理、城乡均衡、网络健全、惠及全民的要求，沾益区财政共投入1 320万元大力推进各项惠民文化工程建设，不断丰富和满足城乡群众日益增长的文化生活需求。

一是抓好全区各乡（镇、街道办事处）、村（社区）农家书屋管理，有力地推进全区文化事业的繁荣发展。区公共图书馆举办图书漂流、图书进校园、送书下乡50多场次。

二是乡（镇、街道办事处）文化广播电视服务中心紧紧围绕基层农村文化建设，认真组织开展科普教育、文体活动、广播电视管理及各类培训等工作，有力地推动农村文化建设。沾益区“文化、科技、卫生、法律”四下乡、“综治维稳平安建设”宣传、廉政文化送戏下乡，开展文化惠民演出活动80多场次；乡（镇、街道办事处）文化广播电视服务中心和各村（社区）组织农村业余文艺队开展演出及体育活动1 000多场次，让群众在家门口就能享受便捷的公共文化服务，不断丰富了群众的精神文化生活。

三是乡（镇、街道办事处）公共文化服务站全面升级。目前，11个乡（镇、街道办事处）都专门设置了文化站，建有综合文化楼，面积均达300平方米；80个行政村（社区）建有功能完善的基层综合文化服务中心，面积不低于200平方米，配套建设群众文化活动广场59个，7个乡（镇、街道办事处）综合文化站建成乡级历史文化陈列馆。

资料来源：财政部网站。

尽管国家对地方文化事业发展的公共财政投入逐年增大，公共财政资金可以帮助农村文化发展“搭台子”“建馆子”“起步子”，但难以全包大揽，农村文化事业发展资金的实际需求缺口尚大，需要采取民间资本与公共财政相结合的资金投入模式逐步解决。

（二）农村文化消费支出比重上升

文化消费是促进文化发展的重要环节。过去相当长一段时间内，大部分农村的计算机网络不通，农民除了看看有限的电视节目以外，大多时间全是三五成群地打麻将、斗地主，赌博风气盛行，封建迷信也乘虚而入，低俗不健康的文化消费充斥着农村的文化市场。大部分的农民很渴望生活中经常有丰富、健康的文化内容，打麻将、斗地主并不是他们追求的生活方式，高雅文明的生活品味才是他们的向往。

近年来，随着各级政府对农村文化事业投入的不断增加，农村文化活动基础设施明显改善，农村文化活动团体逐步增多，农村文化活动也有序展开。农民购买服装、音响、教材等参加戏曲、舞蹈、培训活动已蔚然成风，以健康文化中心的消费结构崭露头角。

根据国家统计局数据，2016 年，全国农村居民人均消费支出为 10 129.8 元。其中，文教娱乐支出为 1 070.3 元，占比为 10.57%。2017 年，全国农村居民人均消费支出为 10 955.0 元。其中，文教娱乐支出为 1 171.0 元，占消费支出比重的 10.69%。可以看出，相比 2016 年，2017 年的文教娱乐支出占消费总支出比重略有提升（表 2-2-1）。近 5 年来，农村居民总消费支出与人均文化娱乐消费支出均处于不断增长的状态。

表 2-2-1 2013—2017 年全国农村人均文化娱乐消费状况

年份	农村居民总消费支出（元）	文教娱乐支出（元）	占比（%）
2013	7 485.1	754.6	10.08
2014	8 382.6	859.5	10.25
2015	9 222.6	969.3	10.51
2016	10 129.8	1 070.3	10.57
2017	10 955.0	1 171.0	10.69

数据来源：历年《中国统计年鉴》及国家统计局官方网站。

从文教娱乐支出占农村居民消费情况来看，近 5 年来这一比重均突破了 10%，总体呈现不断上升的趋势，2017 年高达到 10.69%（图 2-2-2）。

另一方面，近年来，县及县级以下单位文化事业费支出也呈上升趋势（表 2-2-2）。2017 年全国文化事业费中，县以上单位文化事业费支出为 398.35 亿元，占 46.5%，比上年降低了 1.6 个百分点；县及县级以下文化单位为 457.45 亿元，占 53.50%，比上年提高了 1.6 个百分点。历年县及县级以下单位文化事业费支出情况如表 2-2-2 所示，可以看出，县及县级以下单位文化事业费支出与占全国文化事业费比重均呈逐年增长趋势，且 2016 年文化事业费支出首次超过县以上单位文化事业费支出。

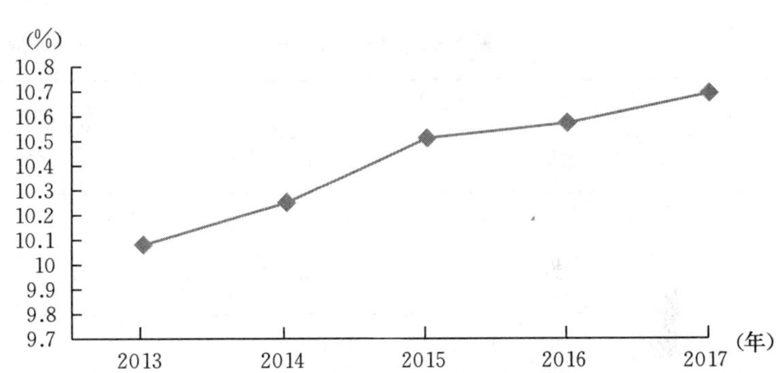

图 2-2-2 2013—2017 年文教娱乐支出占农村居民总消费情况

数据来源：历年《中国统计年鉴》及国家统计局官方网站。

表 2-2-2 1995—2017 年县及县级以下单位文化事业费支出情况

年份	1995	2000	2005	2010	2014	2015	2016	2017
总量（亿元）	8.95	16.87	35.70	116.41	291.32	330.13	399.68	457.45
占比（%）	26.80	26.70	26.70	36.00	49.90	48.30	51.90	53.50

数据来源：历年《中国统计年鉴》。

总体来看，随着国家对农村文化事业重视程度的增加，农村文化消费结构正在发生积极变化，消费支出也呈现出增长的态势，地方政府应该积极指导和引领，让农村文化消费成为扩大内需的一条新途径。

（三）文化基础设施建设渐趋完备

农村文化事业的发展离不开基础设施的支持，乡村振兴战略提出要推进基层综合性文化服务中心建设，实现乡村两级公共文化服务全覆盖。乡村两级公共文化服务既需要硬件方面的基础设施，解决文化事业的发展空间问题；也需要软件方面的基础设施，解决农村文化事业的发展时间问题。目前来看，全国范围内文化馆建设和互联网及广播电视普及工作等方面有较大的进展。

1. 乡（镇、街道办事处）文化馆数目逐年增加

按照“县县有图书馆文化馆、乡乡有综合文化站”的标准，国家在推进国家图书馆新馆、国家博物馆等一批高水平的大型公共文化设施建设的同时，也在统筹推进城乡基层公共文化设施网络建设，覆盖城乡的公共文化服务设施网络已初步形成。

2016 年全国共有文化馆 44 497 个，其中乡（镇、街道办事处）文化馆有 41 175 个，比 2015 年增加了 199 个，呈现出小幅提升的趋势（表 2－2－3）。可以看出，近 7 年来，乡（镇、街道办事处）文化馆数目占比均突破 92%，保持在一个较高的水平，于 2016 年达到 92.53%。

表 2－2－3　2010—2016 年乡（镇、街道办事处）文化馆情况

年份	全国总计（个）	乡（镇、街道办事处）文化馆数目（个）	占比（%）
2010	43 382	40 118	92.48
2011	43 675	40 390	92.48
2012	43 876	40 575	92.48
2013	44 260	40 945	92.51
2014	44 423	41 110	92.54
2015	44 291	40 976	92.52
2016	44 497	41 175	92.53

数据来源：历年《中国统计年鉴》。

2. 农村广播电视覆盖面持续扩大，互联网普及率上升

随着互联网技术的进步与普及，农村互联网的普及程度也在进一步提高。如表 2－2－4 所示，2012—2016 年 5 年间，农村每百户平均拥有彩电量、电视节目综合人口覆盖率、广播节目综合人口覆盖率、农村互联网普及率均处于不断增长的状态。截至 2016 年，每百户平均拥有彩电量已达 118.8 台，平均每户拥有 1 台电视，电视节目综合人口覆盖率已达 98.49%，广播节目综合人口覆盖率则高达 97.79%，农村互联网普及率为 33.1%，均呈增长态势。

表 2-2-4　2012—2016 年全国农村互联网及广播电视普及情况

年份	每百户平均拥有彩电量（台）	电视节目综合人口覆盖率（%）	广播节目综合人口覆盖率（%）	农村互联网普及率（%）
2012	116.9	97.55	96.60	24.2
2013	112.9	97.86	97.00	28.1
2014	115.6	98.11	97.29	28.8
2015	116.9	98.32	97.53	31.6
2016	118.8	98.49	97.79	33.1

数据来源：历年《中国统计年鉴》及《农村互联网发展状况报告》。

近 5 年来，电视节目综合人口覆盖率与广播节目综合人口覆盖率已经达到一个较高的水平，均在 96%以上，并且一直保持小幅稳定增长的态势（图 2-2-3）。2016 年电视节目综合人口覆盖率、广播节目综合人口覆盖率已达 98.49%、97.79%，基本实现完全覆盖。

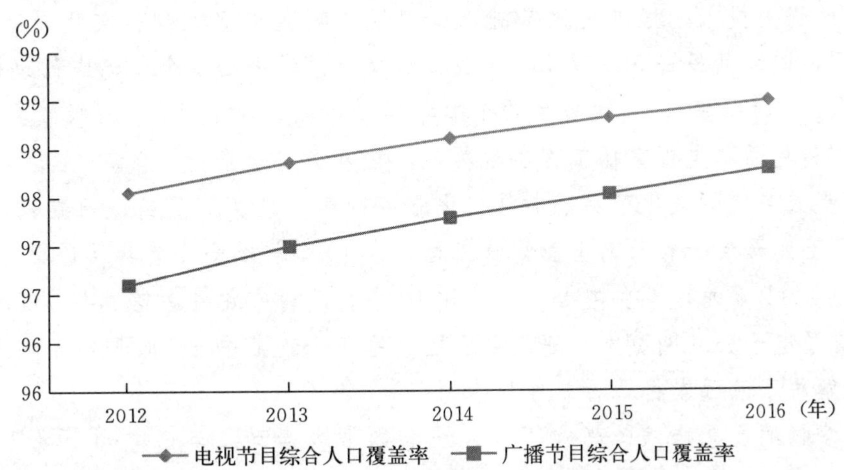

图 2-2-3　2012—2016 年全国农村广播电视普及情况

数据来源：历年《中国统计年鉴》。

从图 2-2-4 可以看出，近年来，虽然全国农村互联网普及率总体水平相对较低，但处于一个不断增长的状态。

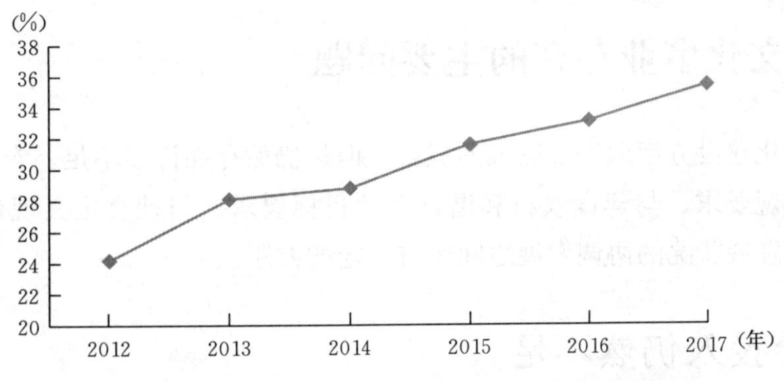

图 2-2-4　2012—2017 年全国农村互联网普及率

数据来源：历年《中国统计年鉴》及《农村互联网发展状况报告》。

3. 农村文化体育基础设施建设取得进步

据第三次全国农业普查公布的数据，截至2016年，全国有剧场、影剧院的乡镇比重为11.9%，有体育场馆的乡镇比重为16.6%，有体育健身场所的村比重为59.2%，有公园及休闲健身广场的乡镇比重为70.6%，有农民业余文化组织的村比重为41.3%。从世界范围来看，我国文化设施尤其是县乡图书馆数目与世界平均水平相比有着不小的差距。

专栏二：

宣威市双河乡农村文化事业建设有声有色

近年来，宣威市双河乡大力发展公共文化事业，采取一系列措施，推进文化工程建设，积极培育发展文化产品，提升文化服务内容，扩大文化服务供给，农村文化事业发展得有声有色。加大财政资金投入，推进文化基础设施建设，实现文化机构和文化网络在全乡覆盖。“十二五”期间，该乡共投资580万元，建成乡级文化活动中心1个、建成行政村文化活动室10个，实现了“一村一室”，建成全乡首个老年活动中心，建成10个村级农家书屋、2个文化活动场所，“村村通”电视直播工程实现覆盖，数万名群众受益。

积极培育形式多样的文化产品，丰富文化服务内容，切实满足群众日益增长的精神文化需求。投入30万元开展七彩云南全面健身工程，在10个村委会安装乒乓球桌20张，建设篮球场10块。投入11万元建设乡中心文化站和10个行政村文化资源信息共享工程，购置计算机19台，设置了电子公共阅览室。建成乡级图书室1个，藏书3 700册，实现了文化站免费开放，有效地解决了偏远农村“看书难”问题。

开展形式多样的文艺会演、送戏下乡、送电影下乡活动。年送电影下乡120场次以上，年观影上万人次。关爱老年人身心健康，投入13万元召开老年人运动会。坚持开展全民健身运动，充分发挥集镇文化活动场所及村级活动场所的阵地作用，开展广场舞、健身操等体育娱乐活动，丰富群众文化生活。

资料来源：宣威之窗。

二、农村文化事业存在的主要问题

我国在农村文化建设方面取得了巨大的成就，但是仍然存在许多不足。农村文化建设与全面建成小康社会的客观要求、与建设农村和谐社会的目标要求、与社会主义现代化建设的进程要求、与当地的经济发展状况的协调发展之间还有一定的差距。

（一）资金投入仍然不足

文化投入是文化建设领域的先导和基础，文化投入水平的高低直接影响到文化建设力度的大小。根据国家要求，各级政府的文化投入不能低于年度财政支出的15%，实际上基层政府很难做到。由于农村基层文化活动经费缺口较大，正常的文化活动难以开展，有些地方最基本的文化活动场地都没有，有些农村有场地无设施或有设施而无文化活动指导人员。一些文化馆、文化站也想把农村文化工作做深入、做扎实，但因为缺少资金，没有能力发挥其作用。虽然近年来我国加大了对农村文化事业发展的资金投入力度，建设了一大批繁荣乡村文化的基础设施，但由于乡村财力困难，后续管理跟不上，不少文化阵地存在建得起管不起的现象，也存在设施破旧、器材流失现象。资金困难成为当前制约农村精神文化发展的重要原因，农村文化建设的速度与人民群众的需求仍有很大差距。乡镇文化站作为最基层的文化辐射点，因为缺少资金，没有能力发挥其作用。文化站想开展一些活动，但是经费支持不足，活动就没法开展，这严重制约了精神文化活动的推广和发展。因此，需要研究建立资金投入的长效机制，提高农村文化建设水平。

（二）文化基础设施建设水平参差不齐

近年来，农村的文化设施数量不断增加，但基础设施建设依然落后，城乡差距依然明显，仍存在地区发展不平衡的问题。一是发达地区与不发达地区农村文化基础设施建设不平衡。在东部地区，由于财力足，在农村文化建设上投入多，农村互联网、有线电视、体育健身器材等都比较完善，能满足不同文化层次、不同文化需求的农村居民的文化需求。而在广大中西部地区，由于经济发展不足、投入不够，农村普遍缺乏文化活动场所，缺乏图书报刊，互联网和有线电视也没有全覆盖。二是县城与乡村文化基础设施建设不平衡。在不发达地区，虽然县城的图书馆、文化馆、书店、影剧院、市民活动中心等基本已建成或筹建之中，但广大乡村却只有简单的体育健身器材以及老旧的民间艺术器材，严重缺乏现代化的文化活动设施。

（三）农村文化活动场所没有得到合理利用

目前很多乡镇已经有了文化站，但是文化站的运营和管理却不容乐观。例如，一些乡镇的文化站有室无人，大门常年紧闭，或者沦为打牌场所，或者被肆意挤占挪用成仓库、办公场所；仅有的一些文化活动器材也无人问津，图书报刊陈旧。有的文化站甚至仅有几张桌子而已，形同虚设现象十分普遍，作用难以发挥出来。

（四）农村居民还没有形成健康向上的文化生活习惯

一方面，村级文化活动场所缺位，村民没有休闲娱乐的外部活动空间；另一方面，村民自身还没有形成健康向上的休闲观念。农忙时，村民几乎没有休闲娱乐活动；农闲时，不少地方村民多聚众打牌、赌博，由于村民法治观念淡薄，对违法行为的危害性和后果认识不够，再加上农村赌博场所隐蔽性强、流动性大，农民违法成本低，也导致部分农村聚众赌博之风盛行。此外，农村居民普遍喜欢用“锅”来接收卫星电视信号，而一些地方频道没有发挥文化引领的作用，反而全天候密集播放一些假药广告、电视购物节目、商业化的健康讲座，以及夸张的抗日神剧、玄幻穿越剧等，给农民休闲娱乐提供了粗制滥造的、品味不高的、毫无营养的消费品，不利于农村居民形成健康向上的文化生活习惯。

（五）农村文化事业专业人才比较短缺

公共文化的普及、文化事业管理各项政策的落实以及文化事业管理的进一步发展需要专业人才队伍的带领，然而，我国农村地区尤其是偏远地区的文化事业管理队伍存在不专业的问题。农村文化建设各方面人才明显不足，主要表现为管理人员学历偏低、专业技能差以及管理水平良莠不齐。很多文化事业管理人员仅仅经过短期的培训便走上了工作岗位，难以开展高水准的文化活动。

出现这个问题的主要原因有两点：第一，在如今着重发展经济的大环境下，开设文化事业管理专业的高校很少，即使专门学习这门专业的学生也因为对文化事业就业前景的担心，进而改变了就业方向；同时，由于农村文化建设工作困难，缺乏相应的激励机制，吸引人才难度较大，即便文化管理人才来到农村工作，很多也会因为看不到希望与未来，从而寻找新的出路，这就造成了文化管理中专业人才的流失。第二，在文化事业管理人员的业务培训上缺乏相应的资金投入，仅仅依靠短期培训，难以使管理人员真正掌握文化事业管理方面的专业知识和技能。

三、农村文化事业发展的重点任务

乡村振兴离不开文化振兴。中共十九大作出了实施乡村振兴战略的重大决策部署，把文化建设摆在了突出位置。全国两会期间，习近平总书记在参加山东代表团审议时强调：“要推动乡村文化振兴，加强农村思想道德建设和公共文化建设，以社会主义核心价值观为引领，深入挖掘优秀传统农耕文化蕴含的思想观念、人文精神、道德规范，培育挖掘乡土文化人才，弘扬主旋律和社会正气，培育文明乡风、良好家风、淳朴民风，改善农民精神风貌，提高乡村社会文明程度，焕发乡村文明新气象。”这充分体现了我们党对乡村文化建设的高度重视，为新时代振兴农村文化指明了方向、提供了遵循。

繁荣和发展农村文化事业绝非一朝一夕之事，还需从统一思想、完善公共设施、培养人才、传承发扬传统文化等方面作出努力，力求我国农村文化建设工作扎实推进，取得实效。总体来看，现阶段的重点任务有：

（一）以实施乡村振兴战略为契机促进乡风文明

实施乡村振兴战略的一项重要目标，就是要实现“乡风文明”。农村文化建设是乡村振兴事业中的重要方面，要用科学的理论教育农民、武装农民，通过给农民“充电”，让广大农民的脑袋“富”起来、思想“富”起来，使广大农民能够用科学的观点、科学的思维来观察、思考和解决问题，这也是阻断各类错误思想和不良文化泛滥的有效手段。要加强顶层制度设计，制定出台加强农民思想教育和乡风文明建设的具体指导意见，大力弘扬社会主义核心价值观，引导广大农民传承创新优秀传统文化和乡土文化，培育文明乡风、良好家风、淳朴民风，弘扬主旋律，凝聚正能量。通过坚持不懈地对农民进行社会主义核心价值观教育、中国优秀传统文化教育，促进新时代农村良好新风尚的形成。

（二）进一步健全农村公共文化服务体系

按照有标准、有网络、有内容、有人才的要求，健全农村公共文化服务体系。发挥县级公共文化机构辐射作用，推进基层综合性文化服务中心建设，实现农村两级公共文化服务全覆盖，提升服务效能。深入推进文化惠民，公共文化资源要重点向农村倾斜，提供更多、更好的农村公共文化产品和服务。支持“三农”题材文艺创作生产，鼓励文艺工作者不断推出反映农民生产生活尤其是乡村振兴实践的优秀文艺作品，充分展示新时代农村农民的精神面貌。培育挖掘乡土文化本土人才，开展文化结对帮扶，引导社会各界人士投身乡村文化建设。活跃繁荣农村文化市场，丰富农村文化业态，加强农村文化市场监管。

文化部门应积极向上争取文化政策性资金及器材，用于支持农村文化事业；各级财政部门应保证文化事业单位的办公经费；各村委会更应根据实际情况加大对当地娱乐设施如村文化活动室、室外健身场等硬件设施的建设，确保农村文化服务活动的顺利开展。力争构建出县有文化馆、乡有文化站、村有文化活动室、自然村有文化活动点的“四级文化活动网络”。

（三）高度重视农村文化事业专业人才的培养

加强农村文化建设，必须不断健全组织体系、培养专业人才。进一步提高基层组织的战斗力、凝聚力，充分发挥基层干部和老党员在乡村文化建设中的核心带头作用；鼓励各地创新政策，吸引选拔一批热爱乡村文化的文化能人、大学生、退伍军人等各方面人才加入到乡村文化建设中来，支持各方社会贤达投身乡村文化建设。要充分认识到农村文化专业人才建设的重要意义，要把农村文化专业人才建设纳入重要议事日程，要把文化专业人才培训工作同其他社会经济工作共同部署、共同推进。健全文化组织机构，尽快建立乡镇文化站，配足专业人员，落实编制，形成农村文化有专人管、专人抓的工作格局。

（四）加强农村的中华优秀传统文化教育

立足乡村文明，吸取城市文明及外来文化优秀成果，在保护传承的基础上，创造性转化、创新性发展，不断赋予时代内涵、丰富表现形式。切实保护好优秀农耕文化遗产，推动优秀农耕文化遗产合理适度利用。深入挖掘农耕文化蕴含的优秀思想观念、人文精神、道德规范，充分发挥其在凝聚人心、教化群众、淳化民风中的重要作用。划定农村建设的历史文化保护线，保护好文物古迹、传统村落、民族村寨、传统建筑、农业遗迹、灌溉工程遗产。支持农村地区优秀戏曲曲艺、少数民族文化、民间文化等传承发展。

四、农村文化事业发展的政策建议

（一）进一步加大财政资金投入力度

1. 继续增加公共财政资金投入

在公共财产保障水平不断提高的背景下，政府对农村文化建设方面的投入也逐年增加。但由于我国农村幅员辽阔，民族众多，对文化的需求很大，所以要进一步增加我国对文化事业的投入。重点加大对农村公共文化服务体系建设、农民的教育培训、农业文化遗产保护工作等方面的财政投入。

根据不同地区文化建设的发展情况，有针对性地投入。进一步加大乡村文化建设专项投入，重点向革命老区、民族地区、中西部贫困地区倾斜，改善建设过程中出现的不平衡不充分的问题。各地各级政府要提高文化事业投入占财政支出比例，不断增加农村公共文化服务支出总量，以政府向社会购买服务等方式丰富服务内容、提高服务效率，实现“送文化”与农民需求有效对接，把资金用在农民最渴望、最需要的农村公共文化服务上。

2. 建立多元化资金投入机制

政府应吸收多元化农村文化建设资金的投入，积极动员社会投入，创新文化投入机制，拓宽建设资金渠道；创新社会投入模式，采取文化建设基金的模式吸引小额社会投入资金，积少成多；建立稳定增长的公共文化服务财政保障机制，促进公共文化资源整合和共建共享；鼓励支持村民自筹资金，兴办农民演出团队、农家书屋等，使农民也成为乡村文化建设的投资主体。

（二）进一步明确各级政府的责任

各级政府尤其是基层政府应当转变只重视经济建设、不重视文化建设的陈旧思想，只有充分认识到加强社会文化建设的重要性，才能做好农村文化事业建设。基层干部要转变对于农村、农民群众的认识，不能只看经济建设不看文化建设，要始终坚持两手都要抓、两手都要硬的原则，真正服务于农村文化建设。在进行农村建设的总体规划中，把农村地区的经济发展和文化建设划为一个整体，纳入基层政府工作的重要日程，把农村文化建设情况纳入政绩考核标准，激励当地政府加快对农村文化的建设，积极建立一个良好的文化建设格局，促进文化事业积极发展。

（三）进一步完善农村文化建设管理机制

目前，不少地区农村文化事业基础设施建立之后，对于落实情况并没有一个良好的监督考核机制。农村文化建设是要真正服务于农民群众，提高农民群众的文化素质，丰富他们的业余生活。因此，各级政府需要明确责任，划定工作范围和要求，健全农村文化建设的考核体系，加大监督指导。政府应本着健全文化事业管理监管体系的原则，拓宽公众对文化事业管理发展的监督渠道，运用互联网将文化事业的政务进行公开，确保文化事业管理信息的公开性和及时性，进而消除监督的阻碍，并以沟通的方式与公众对话，及时了解公共的文化意愿，最大限度满足公众的文化需求。

（四）进一步加强农村文化队伍建设

首先，政府应当建立激励机制。以调动基层文化事业管理人员的积极性为目的，适当提高文化事业管理人员的工资待遇，加强对文化管理人员的工作考核，改变传统的以经济数据为主要指标的考核方式，将社会经济贡献率以量化的方式引入到考核体系中，与工资和奖金一起组成完整的薪酬体系。同时，提供各种福利待遇，从根本上防止人才的流失。其次，适当地选拔一些具备一定文化事业管理知识以及相关从业经验的高素质人才。最后，加强对文化事业管理在职人员的培训。加大资金投入力度，采取多种方式，对员工进行相关知识的培训，使其掌握先进的文化事业管理方法，激发管理人员的创新能力。

专栏三：

加强农村文化建设，江西出实招

近日，江西省文化厅印发《关于进一步加强全省农村文化建设的实施方案》，提出到2020年，江西省农村地区公共文化服务能力和水平有明显改善，群众基本文化权益得到有效保障，乡风文明水平明显提高，为决胜全面小康发挥积极作用。

方案提出四大总体目标：一是农村文化服务设施网络基本完善；二是农村文化服务效能显著提升；三是农村文化管理体制和运行机制建设取得突破；四是人民群众的获得感不断提升。

方案从5个方面部署了下一阶段重点工作。

一、加快完善农村公共文化设施网络

1. 完善补充乡（镇、街道办事处）综合性文化服务中心建设　乡（镇、街道办事处）综合性文化服务中心重在完善、补缺，对少数尚未建成的空白点进行集中建设，建筑面积要求不少于300平方米（新建站应在400平方米以上），房屋建筑功能达到“三室一厅”的标准：图书阅览室（包括电子阅览室、文化信息资源共享工程）、教育培训室、管理和辅助用室、多功能活动厅，配套建设文体广场，面积、功能达到相应标准；到2020年，实现全省80%以上的乡（镇、街道办事处）综合性文化服务中心达到国家三级以上评估标准。

2. 全面推进村级综合性文化服务中心建设　依托城市社区（工业园区）、行政村党组织活动场所、社区综合服务设施、废弃厂房、农村祠堂、新建住宅小区公共服务配套设施以及其他城乡综合公共服务设施，加快建设集书报阅览、影视播放、应急广播、文体活动、技术推广、教育培训、信息发布、事务公开、电子商务等多功能于一体的村级综合性文化服务中心，实现“五个一”建设标准：设有1间多功能文化活动室、1个文体广场、1套全民健身路径器材、1套简易音响设备、1套应急广播系统（含山洪等灾害预警功能）。文体广场面积不低于500平方米，要配备阅报栏（或电子阅报屏）、身边好人榜、公益广告牌、体育健身设施和灯光音响设备等，有条件的地方可搭建戏台舞台。

二、全面推进农村基本公共文化服务均衡发展

1. 丰富公共文化服务内容 实施阅读能力提升计划，深入开展以农民为主体的阅读工程，对接群众需求，完善农家书屋出版物补充更新工作，组织各级文化馆、图书馆、文艺院团、文博机构为乡镇、农村开展文化艺术知识普及和培训，以及送演出、展览、戏曲等服务。

2. 加强对特殊群体等开展文化服务 加强对农村留守儿童在阅读辅导、艺术培训、科学普及、文体活动等方面的文化服务。基层综合性文化服务中心要配备儿童康乐设施，增加儿童课外读物。支持公益性文化机构针对农村“五保户”、孤寡老人等开展送文化活动。提高面向农村残疾人的无障碍公共文化服务水平，为残疾人提供实用技术培训。鼓励有条件的地方为困难群众和农民工发放文化惠民卡、消费券，鼓励公共文化服务机构和社会力量为特殊群体提供针对性服务。将返乡农民工纳入本地区公共文化服务体系，帮助开展就业创业辅导和职业技能培训。

3. 分步推进全省县级公共图书馆、文化馆总分馆制建设 坚持政府主导，科学规划，由县级人民政府牵头，有关部门参与，统筹推进各县（市、区）公共图书馆、文化馆总分馆制试点工作。到2020年底，全省80%以上的县（市、区）建立以县（市、区）公共图书馆、文化馆为总馆，乡（镇、街道办事处）综合性文化服务中心为分馆，村级综合性文化服务中心为服务点的总分馆体系。

三、有效增强农村公共文化发展活力

1. 大力支持群众自主参与 命名一批民间文化艺术之乡，组织开展群众乐于参与、便于参与的节日民俗活动和形式多样的群众性文化体育活动，引导广场文化活动健康、规范、有序开展。积极开发具有民族传统和地域特色的非物质文化遗产项目，培育一批文化名镇、名村、名园、名人、名品。到2020年，在江西省初步形成“一县一特色”“一乡一品牌”“一村一团队”的发展格局，基本实现每个行政村至少建立一支人员比较稳定、经常开展活动的群众文艺团队。

2. 鼓励社会力量参与农村公共文化建设 运用政府与社会资本合作、公益创投、公益众筹等多种模式，鼓励和引导各类企业、社会组织和个人等社会力量投资或捐助农村地区公共文化设施设备、资助文化活动、提供公共文化产品和服务。

3. 深入开展文体志愿服务活动 依托各级文化馆、公共图书馆、博物馆、纪念馆、美术馆等公共文化设施成立学雷锋志愿服务组织，组建由专家学者、艺术家、青年学生、专业技术人才、退休人员和社会各界人士组成的为农村地区提供服务的文体志愿队伍，扎实推进“春雨工程”“阳光工程”等文化志愿服务项目，丰富农村精神文化生活，提高农村文化建设水平。

4. 深入推进生态文化建设 将农村文化建设纳入生态文明建设，贯彻节能、节地、节水、节材的文化建筑设计理念，充分利用广播、电视、报刊、微信、微博等媒体，深入宣传

保护生态环境的重要作用和意义，不断提高农村群众的节约意识、环保意识和生态意识。发挥文化活动潜移默化、以文化人的作用，营造全民参与环境保护和生态文明建设的良好风气，促进农村地区生态可持续发展。

四、不断加强农村公共文化人才队伍建设

1. 加强基层公共文化队伍建设　按照《江西省基本公共文化服务实施标准（2015—2020年）》要求，在现有编制总量内，乡（镇、街道办事处）综合性文化服务中心编制配备不少于1～2名的要求，规模较大的乡（镇、街道办事处）适当增加。政府购买村级综合性文化服务中心公益岗位每村不少于1名文化管理员（文化辅导员）。鼓励"三支一扶"大学毕业生、大学生"村官"、志愿者等专兼职从事村级综合性文化服务中心管理服务工作。定期开展培训工作，按照公开招募、自愿报名、组织选拔、集中派遣的方式，探索在村级综合性文化服务中心设置由政府购买的公益文化岗位。

2. 大力培育乡土文化人才　重视发现和培养扎根基层的乡土文化能人、非物质文化遗产项目传承人，大力营造有利于乡土人才成长的环境。通过实施"三区文化人才支持计划"、搭建交流平台、加强培训辅导等方式，鼓励和扶持乡土人才开展农村文化艺术、民族民间文化、文物和非物质文化遗产保护等乡土文化技能培训与传承、普及与推广，发挥他们在传统文化传承、手工技艺培训、文化遗产保护等方面的积极作用。

五、提升农村公共文化服务效能

1. 明确政府职责　各级政府应严格遵守《中华人民共和国公共文化服务保障法》规定，任何单位和个人不得擅自拆除基层综合性文化服务中心等公共文化设施，不得擅自改变其功能、用途或者妨碍其正常运行，不得侵占、挪用基层公共文化设施，不得将基层公共文化设施用于与公共文化服务无关的商业经营活动。因城乡建设需要拆除基层综合性文化服务中心等公共文化设施，或者改变其功能、用途的，应当依照有关法律、行政法规的规定重建、改建，并坚持先建设后拆除或者建设拆除同时进行的原则。重建、改建的公共文化设施的设施配置标准、建筑面积不得降低。

2. 开展督促抽查　建立健全基层综合性文化服务中心建设使用情况的督促抽查机制，及时协调解决工作中的各种问题。江西省文化厅负责组织指导全省的抽查工作，各设区市文化行政部门也要结合实际，参照制订本地抽查方案并组织实施，形成可持续开展、层层传导压力的联合抽查工作机制。县级文化行政部门具体负责本辖区内乡村综合性文化服务中心日常监测工作，要定期核查工作台账，对重点服务项目和活动开展巡查。

资料来源：江西省文化厅。

参考文献

丁辉，2017a. 现阶段我国农村文化建设存在的问题及对策研究［J］. 连云港职业技术学院学报，30（4）：43－45.

丁辉，2017b. 新时期农村文化建设面临的问题与对策［J］. 淮海工学院院报（人文社会科学版），15（12）.

杜倩，翟洁萍，2018. 新农村文化建设存在的问题分析与对策思考［J］. 大众文艺（15）.

高爱国，2016. 重视农村文化现状，加强农村精神文化建设［J］. 人文天下（12）：37－39.

黄雁，2017. 农村文化建设政府财政投入研究——以宿迁市为例［D］. 舟山：浙江海洋大学.
江畅，孙伟平，戴茂堂，2018. 中国文化发展报告（2018）［M］. 北京：社会科学文献出版社.
李祥娟，2014. 对农村文化现状的点滴思考［J］. 大众文艺（3）：5.
夏学禹，2010. 论中国农耕文化的价值及传承途径［J］. 古今农业（3）：88-98.
周余玲，2016. 农村精神文明建设问题研究——以苍南县为例［D］. 长沙：湖南农业大学.
朱为国，2016. 浙江省瑞安市农村精神文明建设现状与对策研究［D］. 南昌：江西农业大学.

第三章　农村医疗卫生事业

习近平总书记指出："没有全民健康，就没有全面小康。"《"健康中国 2030"规划纲要》强调，"未来 15 年，是推进健康中国建设的重要战略机遇期"。而健康中国战略的 4 个基本原则之一——公平公正，指出战略的总体布局要以农村和基层为重点，推动健康领域基本公共服务均等化，维护基本医疗卫生服务的公益性，逐步缩小城乡、地区、人群间基本健康服务和健康水平的差异，实现全民健康覆盖，促进社会公平。

中共十九大报告指明了医疗卫生事业发展的方向，"要完善国民健康政策，为人民群众提供全方位全周期健康服务。深化医药卫生体制改革，全面建立中国特色基本医疗卫生制度、医疗保障制度和优质高效的医疗卫生服务体系，健全现代医院管理制度。加强基层医疗卫生服务体系和全科医生队伍建设。全面取消以药养医，健全药品供应保障制度。坚持预防为主，深入开展爱国卫生运动，倡导健康文明生活方式，预防控制重大疾病。"

近年来，在中央的政策引导下，在各级政府的共同努力下，我国农村医疗卫生事业在各个方面都取得了较大的进展。但随着我国进入社会主义发展的新时代，我国的主要矛盾变成了人民日益增长的美好生活需要和不平衡不充分的发展之间的矛盾，这种不平衡不充分也体现在农村地区的医疗卫生服务远远跟不上城市的脚步，而且随着生活水平的提高和农村人口的进一步老龄化，农村居民医疗卫生服务需求变得越来越刚性，需要政府和社会给予更多的支持。同时，进一步深化的医疗改革在改革过程中也产生了许多问题，还面临着许多严峻的挑战。

一、农村医疗卫生事业的新进展

据国家卫生健康委员会统计，2017 年底，我国医疗卫生机构数量增加到 99 万个，医疗卫生人员达到 1 120 多万人，个人卫生支出占卫生总费用的比重从 34.3%下降到 28.8%。人均预期寿命提高到 76.5 岁，孕产妇死亡率降至 19.9/10 万，婴儿死亡率降至 7.5‰，居民主要健康指标总体优于中高收入国家平均水平，取得了较高的健康绩效。这说明医疗改革取得了较好的进展和成效。2017 年 5 月，期刊《柳叶刀》发布了 1990—2015 年全球 195 个国家和地区的"医疗服务可及性和质量指数"，中国进步幅度位居全球第三位。

（一）农村基层医疗卫生服务体系逐步完善

1. 农村卫生服务体系不断改进

中心卫生院和乡镇卫生院作为农村三级卫生服务网络的主体和中枢，在为农村居民提供基本卫生服务中承担重要责任。从2010年到2016年，随着行政机构的撤并，中心卫生院和乡镇卫生院总机构数平缓减少，由37 836个减少至36 795个，减少了1 041个。其中，乡镇卫生院机构数由27 463个减少至26 227个，减幅为4.5%；但是，比乡镇卫生院设施等条件更好的中心卫生院机构数由10 373个增加至10 568个，增长率为1.88%。当按主办单位分时，政府办的机构数只有轻度减少；而相反，非政府办的机构数减少幅度达27.8%（表2-3-1）。从该数据可以看出，我国中小城市卫生院正在逐步规范与整合，零散的乡镇卫生院数量正在逐步减少；与此同时，制度更加完善、设施更加健全的中心卫生院数目正在逐步增加，广大农村居民能够接受更为规范的治疗。

同期，中心卫生院的床位数由2010年的421 441张增加至2016年的539 026张，增加了117 585张，而乡镇卫生院的床位数由2010年的572 888张增加至2016年的684 865张，增加了111 977张（表2-3-1）。可以看出，中心卫生院的床位数量稳步增长，一方面与中心卫生院机构数的增加有关，另一方面也与每个中心卫生院规模的相对扩张有关；而乡镇卫生院尽管数量上略有下降，但是个体规模的扩张弥补了数量的不足，使得其床位数在7年以来仍然呈缓慢增加趋势。

医院人员数自2010年以来也呈缓慢上升趋势，7年间总共增加169 492人，平均年增长率为2.32%。执业（助理）医师及注册护士等人员的数量在稳步上升。其中，执业（助理）医师的数量增长稍缓，平均年增长率为1.24%；而注册护士的数量增长明显，平均年增长率为6.55%。这说明了仍有不少医护人才愿意去基层建设，农村的医疗卫生事业的吸引力在加强。但直到2016年，农村地区每千人只有0.77个执业（助理）医师、0.54个注册护士，农村地区专业医师和护士人才缺口仍较大。

表2-3-1　2010—2016年乡镇卫生院机构、床位、人员数

指标名称	2010年	2011年	2012年	2013年	2014年	2015年	2016年
机构数合计（个）	37 836	37 295	37 097	37 015	36 902	36 817	36 795
中心卫生院	10 373	10 590	10 590	10 538	10 540	10 579	10 568
乡镇卫生院	27 463	26 705	26 507	26 477	26 362	26 238	26 227
按主办单位分							
政府办	37 217	36 850	36 667	36 593	36 445	36 344	36 348
非政府办	619	445	430	422	457	473	447
按床位分							
无床	1 482	1 469	1 474	1 463	1 427	1 519	1 592
1～9张	7 075	6 447	5 965	5 848	5 515	5 358	5 240
10～49张	23 701	23 362	22 805	22 261	22 162	21 785	21 453
50～99张	4 637	4 913	5 530	5 990	6 214	6 486	6 780
100张及以上	941	1 104	1 323	1 453	1 584	1 669	1 730
床位数合计（张）	994 329	1 026 251	1 099 262	1 136 492	1 167 245	1 196 122	1 223 891

（续）

指标名称	2010 年	2011 年	2012 年	2013 年	2014 年	2015 年	2016 年
中心卫生院	421 441	444 726	477 898	497 944	511 732	528 268	539 026
乡镇卫生院	572 888	581 525	621 364	638 548	655 513	667 854	684 865
人员数合计（人）	1 151 349	1 165 996	1 204 996	1 233 858	1 247 299	1 277 697	1 320 841
卫生技术人员	973 059	981 227	1 017 096	1 043 441	1 053 348	1 078 532	1 115 921
内：执业（助理）医师	422 648	408 587	423 350	434 025	432 831	440 889	454 995
注册护士	217 693	230 339	247 355	270 210	281 864	298 881	318 609
其他技术人员	53 508	53 166	52 520	54 401	55 774	57 654	60 371
管理人员	43 983	43 775	42 669	41 709	41 677	42 202	42 553
工勤技能人员	80 799	87 828	92 711	94 307	96 500	99 309	101 996

数据来源：《2017 年中国卫生和计划生育统计年鉴》。

自 2010 年以来，乡镇卫生院为更多农村居民提供了医疗卫生服务，其诊疗次数由 2010 年的 8.74 亿人次增加至 2016 年的 10.82 亿人次，增加了 2.08 亿人次，6 年增长了 23.80%（表 2－3－2)。按人均诊疗次数来看，2010 年为 1.30 次，而到了 2016 年则上升为 1.83 次，城镇化导致农村居民人数持续减少，但农村居民的医疗卫生需求却稳步高速增长，这与农村人口老龄化加快不无关系。而病床周转次数从整体来看，呈逐步下降趋势，从 2010 年的 38.4 次下降至 2016 年的 32.2 次（表 2－3－2)，这一变动情况与乡镇卫生院的医疗条件改善情况逐步加强有着很大的关系。病床使用率的波动率在 60%上下轻微波动，但因为乡镇卫生院的床位数近年来稳步上升，说明农村居民对于医疗服务的需求其实是在增长的。而其平均住院日则由 2010 年的 5.2 天上升至 2016 年的 6.4 天（表 2－3－2)，这表明乡镇卫生院的医疗效益以及医疗质量技术水平仍有待提高。

表 2－3－2　2010—2016 年乡镇卫生院医疗服务情况

年份	诊疗次数（亿人次）	入院人数（万人）	病床周转次数（次）	病床使用率（%）	平均住院日（天）
2010	8.74	3 630	38.4	59	5.2
2011	8.66	3 449	35.2	58.1	5.6
2012	9.68	3 908	37.4	62.1	5.7
2013	10.07	3 937	36.1	62.8	5.9
2014	10.29	3 733	33.2	60.5	6.3
2015	10.55	3 676	32	59.9	6.4
2016	10.82	3 800	32.2	60.6	6.4

数据来源：《2017 年中国卫生和计划生育统计年鉴》。

近 3 年持续推进的农村医疗共同体（以下简称医共体）的组织建设，要求以“县医院为龙头，乡镇卫生院为枢纽，村卫生室为基础”的县乡一体化管理，并与乡村一体化有效衔接，充分发挥县医院的城乡纽带作用和县域龙头作用，形成县乡村医疗卫生机构分工协作机制，构建县乡村三级联动的县域医疗服务体系。作为我国 4 个综合医改试点县之一的安徽省天长市的医共体医改建设，通过医保的杠杆作用，实现了三级联动，使得居民可以用乡镇卫生院的医疗服务价格，享受县级医院的专家服务，助力当地的医疗卫生事业可持续发展。

面向基层、偏远和欠发达地区的远程医疗服务体系建设，鼓励了二级、三级医院向基层医疗卫生机构提供远程医疗服务，提升远程医疗服务能力，利用信息化手段促进医疗资源纵向流动，提高优质医疗资源可及性和医疗服务整体效率。医共体和远程医疗协作网的发展，进一步改进了农村卫生服务体系，提高了医疗服务能力。

2. 以药养医情况有所改善

以药养医是以医生的劳动来实现药品的高附加值，以药品的高利润拉动医院的经济效益，维持医院的正常运转。2010 年以来，以药养医情况有所改善，药品供应保障制度在逐步完善。2011 年 10 月，北京启动解决"以药养医"现状的大医院改革，试点进行医院药房"托管"的举措，以此切断"以药养医"。2012 年 1 月，时任卫生部部长陈竺表示，要在"十二五"期间全面取消以药补医。2015 年 6 月 1 日，国家发改委取消绝大部分药品政府定价，其中对麻醉、第一类精神药品仍暂时保留最高出厂价格和最高零售价格管理。2017 年 10 月 18 日，中共十九大报告指出，要全面取消以药养医，健全药品供应保障制度。

2010—2016 年，乡镇卫生院机构平均每院总收入明显增长，2016 年的平均总收入是 2010 年的 2.28 倍（表 2－3－3）。其中，医疗收入也在逐年增长，但增幅与总收入增幅相比有一定差距，而财政补助收入显著增加，2016 年的财政补助收入是 2010 年的 4.01 倍。可以看出，我国政府在长期大力支持乡镇卫生院的发展，乡镇卫生院医疗规模正在逐步扩大，设施也在逐步完善。

在病人的医药费方面，门诊病人次均医药费由 2010 年的 47.5 元增加至 2016 年的 63.0 元。其中，药费由 2010 年的 28.7 元增加至 2016 年的 34.5 元，但所占比重从 60.4%下降至 54.8%。住院病人中，人均医药费由 2010 年的 1 004.6 元增加至 2016 年的 1 616.8 元。其中，药费由 2010 年的 531.1 元增加至 2016 年的 711.3 元，但所占比重由 52.9%下降至 44.0%（表 2－3－3）。可以看出，无论是门诊病人的医疗费还是住院病人的医疗费，其药费所占比重均呈下降趋势；而相应地，其余费用则呈上升趋势。一方面，说明我国乡镇卫生院的设施以及技术水平在不断上升，间接使得药费占比下降；另一方面，基本药物制度在乡镇得到了非常有效的推广，各个地区普遍将实行一体化管理的乡镇卫生院纳入了基本药物制度实施范围，使得乡镇居民能够更加切实地感受到一体化带来的便利。

表 2－3－3　2010—2016 年乡镇卫生院收入、支出以及病人医药费用

指标名称	2010 年	2011 年	2012 年	2013 年	2014 年	2015 年	2016 年
机构数（个）	37 386	36 785	36 554	36 421	36 314	36 178	36 118
平均每院总收入（万元）	301.3	359.3	444.5	504.1	540.0	619.3	686.6
其中：医疗收入	208.7	210.1	252.2	282.1	302.5	325.5	357.9
内：药品收入	118.7	—	130.2	143.1	152.3	163.2	177.9
财政补助收入	76.0	131.4	174.0	202.7	217.9	272.3	304.9
上级补助收入	5.2	6.3	6.5	7.0	7.8	8.4	9.5
平均每个中心总支出（万元）	290.4	349.0	426.5	492.0	521.2	594.1	666.7
其中：医疗卫生支出	266.0	317.1	409.1	468.2	500.4	480.5	539.4
内：药品支出	77.1	—	118.3	134.4	140.9	150.8	165.0
平均每院人员经费（万元）	94.5	119.9	148.4	183.4	209.8	253.7	291.7

（续）

指标名称	2010年	2011年	2012年	2013年	2014年	2015年	2016年
职工人均年业务收入（万元）	7.2	7.0	8.0	8.7	9.2	9.6	10.2
医师人均年业务收入（万元）	19.5	—	22.8	24.7	26.4	27.8	29.6
门诊病人次均医药费（元）	47.5	47.5	49.2	52.7	56.9	60.1	63.0
其中：药费（元）	28.7	25.3	27.0	28.7	30.9	32.6	34.5
药费所占比重（%）	60.4	53.3	54.8	54.4	54.3	54.2	54.8
住院病人人均医药费（元）	1 004.6	1 051.3	1 140.7	1 267.0	1 382.9	1 487.4	1 616.8
其中：药费（元）	531.1	492.3	550.0	592.9	632.7	675.4	711.3
药费所占比重（%）	52.9	46.8	48.2	46.8	45.8	45.4	44.0

数据来源：《2017年中国卫生和计划生育统计年鉴》。

注：2010年医疗卫生支出为医疗支出，药品支出为药品费。

3. 中医药的作用被更加重视

《“健康中国2030”规划纲要》提出，“到2030年，中医药在治未病中的主导作用、在重大疾病治疗中的协同作用、在疾病康复中的核心作用得到充分发挥。”

2018年3月28日，全国中医药教育管理工作会议在陕西西安召开，会议提出，要认真抓好相关战略规划中人才任务的推进落实，做好规划中期评估；重点做好卓越医生（中医）教育培养计划、省部局共建中医药院校等工作，开创医教协同新局面；继续推进中医住院医师规范化培训，重点向中医全科等紧缺专业倾斜；推动中医药师承教育制度化常态化，强化中医药继续教育制度建设；深入实施中医药传承与创新“百千万”人才工程（岐黄工程），着力推动中医药人才能力建设。

长期以来，中医和中药在基础设施条件远不如大城市的农村地区发挥着重要作用，为广大农村居民提供基础的保健和医疗功能。中共十九大对中西医结合发展的强调，使得中医药的发展被提到了一个新的高度，应引起重视，进一步发展中医药事业，并设立相应的鼓励措施吸引中医药人才到广大的农村去建设。农村居民由于传统的传承和地理原因，对于中医药有着比城市居民更深的了解和更高的接受度，发展农村的中医药事业将有助于进一步完善农村的医疗服务体系和保护、传承我国的中医药文化。

自2008年到2016年，除了2015年因为中药材市场严重供过于求、市场交易额明显萎缩以外，整体呈良好发展趋势。中药材市场数量基本不变，但市场摊位数增长明显，市场营业面积也基本呈扩大趋势（表2-3-4），反映了我国的中药材市场在积极向上发展，为医疗卫生事业作出了更多的贡献。

表2-3-4 2008—2016年中药材市场发展情况

年份	中药材市场数量（个）	中药材市场摊位数（个）	中药材市场营业面积（万平方米）	中药材市场成交额（亿元）	中药材零售市场成交额（亿元）
2008	19	18 703	84.89	244.63	28.5
2009	22	20 968	107.25	334.28	43.46
2010	23	21 048	86.84	412.74	10.24
2011	25	25 329	123.25	790.68	25.26
2012	25	25 348	143.57	797.9	21.62

（续）

年份	中药材市场数量（个）	中药材市场摊位数（个）	中药材市场营业面积（万平方米）	中药材市场成交额（亿元）	中药材零售市场成交额（亿元）
2013	25	46 854	227.89	1 368.8	20.73
2014	25	47 178	257.9	1 507.11	23.23
2015	22	26 436	137.99	901.09	16.58
2016	23	49 010	265.27	1 228.99	22.06

数据来源：国家统计局。

中医在我国医疗卫生服务体系中承担重要角色，随着我国医疗卫生体制的进一步改革和完善，中医的作用越来越明显。从表 2-3-5 可以看出，中医医院数在逐年稳定增长，诊疗次数和入院人数也在逐年增长，其中 2016 年中医医院入院人数达到了 2008 年的 2.56 倍，病床使用率一直在一个较高的水平以上，说明中医为我国城乡居民提供了越来越多的医疗服务，城乡居民对于中医和中医医院的认可也在增加。

表 2-3-5　2008—2016 年中医医院的发展情况

年份	中医医院数（个）	中医医院床位数（万张）	中医医院诊疗次数（亿人次）	中医医院入院人数（万人）	中医医院病床使用率（%）
2008	2 688	35.03	2.75	888.69	77.3
2009	2 728	38.56	3.01	1 034.33	81.8
2010	2 778	42.42	3.28	1 167.72	84.1
2011	2 831	47.71	3.61	1 349.26	86.3
2012	2 889	—	4.07	1 641.68	88.6
2013	3 015	—	4.37	1 826.67	88.6
2014	3 115	—	4.72	2 010.57	87.3
2015	3 267	—	4.85	2 101.8	84.7
2016	3 462	—	5.08	2 279	87.1

数据来源：国家统计局。

4. “互联网＋医疗健康”全面发展

从 2001 年 1 月 3 日卫生部发布《关于印发〈互联网医疗卫生信息服务办法〉的通知》到 2009 年 7 月 1 日起施行的《互联网医疗保健信息服务管理办法》，互联网医疗事业经历了从无到有、一步步规范化的过程，但是准入门槛高，开放程度小，提供服务少，更多的是规范和约束性知识的传播，提供医疗保健信息。2018 年 4 月 28 日发布的《国务院办公厅关于促进“互联网＋医疗健康”发展的意见》则强调了运用互联网技术构建起一个更完善的医疗服务体系，把互联网技术引入医疗服务体系的各个方面，包括发展“互联网＋”医疗服务、创新“互联网＋”公共卫生服务、优化“互联网＋”家庭医生签约服务、完善“互联网＋”药品供应保障服务、推进“互联网＋”医疗保障结算服务、加强“互联网＋”医学教育和科普服务等，促进互联网医疗事业的健康发展。

近年来，医疗机构与互联网企业在优化医疗服务流程、提升医疗质量等方面广泛开展合作，很多项目从理论转化为现实，从设想发展成设备，将科技成果转化为具体的医疗服务。截至2017年底，很多医院都有了自己的服务APP，可为患者提供信息查询和推送服务的医院达到4 100余家，是3年前的4倍；可提供移动支付结算的医疗机构达到2 777家，是3年前的3倍。患者在很多医院就诊时，只需携带一部手机即可完成挂号、就诊、缴费、结果查询等，真正体会到了智慧医疗带来的便利。

（二）医疗保障制度全面覆盖

1. 新型农村合作医疗水平不断提高

随着新型农村合作医疗制度在全国范围内的展开，国家开始逐步重视新农合的发展。2017年，各级财政对新农合的人均补助标准在2016年的基础上提高30元，达到450元。其中，中央财政对新增部分按照西部地区80%、中部地区60%的比例进行补助，对东部地区各省份分别按一定比例补助。农民个人缴费标准在2016年的基础上提高30元，原则上全国平均在180元。这体现了在医疗发展方面要充分了解和重视区域之间的不平衡、不充分，要使农村居民尤其是中西部的农村居民能享受到更好的农村合作医疗服务，探索建立与经济社会发展水平、各方承受能力相适应的稳定可持续筹资机制。

我国新型农村合作医疗制度经过近10年的发展，基本上已实现全面覆盖，并且维持着较高的参与水平。其中，参合率从2010年的96%上升至2016年的99.36%，人均筹资从2010年的156.57元上升至2016年的559.0元，上涨了402.43元，涨幅达257.03%，保障水平有了非常大的提高（表2-3-6）。图2-3-1展示的是2010—2016年新农合参合人数与参合率变化情况。2016年1月发布的《国务院关于整合城乡居民基本医疗保险制度的意见》指出，要整合城镇居民基本医疗保险和新型农村合作医疗两项制度，建立统一的城乡居民基本医疗保险制度。所以，2016年与2015年参加新农合人数相比变化较大，但是不再归在新农合参保者的农民也在享受城乡居民医疗保险的保障。

表2-3-6 2010—2016年新型农村合作医疗情况

年份	参加新农合人数（亿人）	参合率（%）	人均筹资（元）	当年基金支出（亿元）	补偿受益人次（亿人次）
2010	8.36	96.00	156.57	1 187.84	10.87
2011	8.32	97.48	246.21	1 710.19	13.15
2012	8.05	98.26	308.50	2 408.00	17.45
2013	8.02	98.70	370.59	2 909.20	19.42
2014	7.36	98.90	410.89	2 890.40	16.52
2015	6.70	98.80	490.30	2 933.41	16.53
2016	2.75	99.36	559.0	1 363.64	6.57

数据来源：《2017年中国卫生和计划生育统计年鉴》。

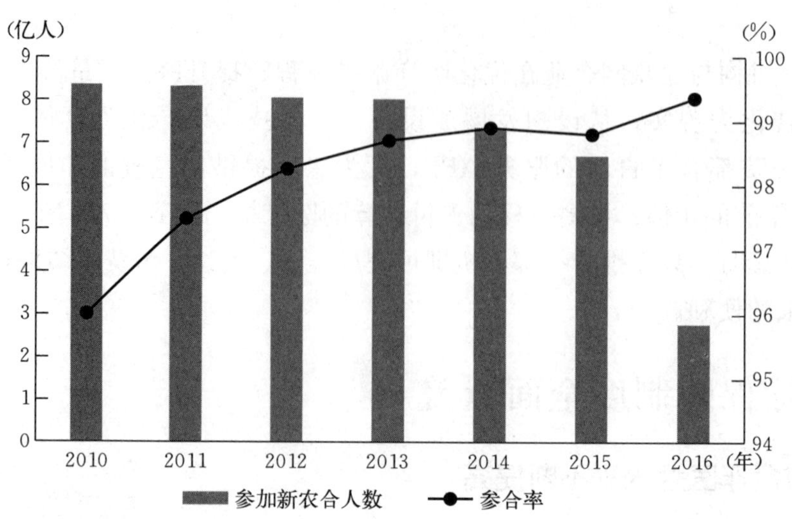

图 2-3-1　2010—2016 年新农合参合人数与参合率变化情况

2. 农村医疗救助帮扶力度加大

民政医疗救助政策主要针对农村“五保户”、城镇“三无人员”[无劳动能力、无经济收入来源、无法定赡（抚）扶养人]等低收入群体，为他们的生存和生活织就了一张“兜底网”，是我国医疗保障体系的重要组成，使得低收入者有大病也敢去治和治得起，促进了社会的和谐稳定。

2016 年 6 月 20 日印发的《关于实施健康扶贫工程的指导意见》提出，要提高农村贫困人口医疗保障水平：一是加快完善基本医保制度，对农村贫困人口实行政策倾斜。新型农村合作医疗和大病保险制度覆盖所有贫困人口，并实行政策倾斜。二是加大医疗救助、临时救助力度。将农村贫困人口全部纳入重特大疾病医疗救助范围，进一步减轻贫困患者大病造成的负担。三是将符合条件的残疾人医疗康复项目按规定纳入基本医疗保险支付范围，提高农村贫困残疾人医疗保障水平。

在农村医疗救助资助参加合作医疗方面，由 2007 年的 2 517.34 万人上升至 2015 年的 4 546.87万人，年平均增长率约为 10.07%。由表 2-3-7 可以看出，民政部门在医疗救助方面，用于农村医疗救助的支出明显高于城市医疗救助支出。这表明国家对民政医疗救助，尤其是农村医疗救助正在加大扶持力度。农村医疗救助的人次数也在逐年上升，表明民政医疗救助确实在一定程度上给予了农村越来越多的有需要的人以经济支持。同时，经过长时期的发展，我国初步建立起了多种方式的医疗救助体系，为进一步保障农村居民健康、有效避免农村居民大病致贫奠定了良好的基础。

表 2-3-7　2007—2015 年民政部门医疗救助情况

年份	城市医疗救助次数（万人次）	农村医疗救助次数（万人次）	城市医疗救助资助参加医疗保险（万人）	农村医疗救助资助参加合作医疗（万人）	城市医疗救助支出（万元）	农村医疗救助支出（万元）
2007	—	377.1	—	2 517.34	144 379	280 508
2008	443.6	759.5	642.6	3 432.4	297 000	383 000
2009	410.37	729.98	1 095.89	4 059.14	412 043	646 246
2010	460.08	1 019.24	1 461.25	4 615.42	495 203	834 810
2011	672.15	1 471.83	1 549.81	4 825.3	676 408	1 199 610

（续）

年份	城市医疗救助次数（万人次）	农村医疗救助次数（万人次）	城市医疗救助资助参加医疗保险（万人）	农村医疗救助资助参加合作医疗（万人）	城市医疗救助支出（万元）	农村医疗救助支出（万元）
2012	689.9	1 483.8	1 387.1	4 490.4	708 802	1 329 105
2013	—	—	1 490.09	4 868.74	—	—
2014	—	—	1 701.99	5 021.73	—	—
2015	—	—	1 666.14	4 546.87	—	—

数据来源：国家统计局。

3. 医疗卫生服务供给模式不断创新

《“健康中国2030”规划纲要》强调要实现医防结合，完善家庭医生签约服务，全面建立成熟完善的分级诊疗制度。在对分级诊疗制度的多年推广之下，农村居民的基层首诊率提高，对基层首诊的认识和接受程度在提高，形成了更合理的服务供给和消费模式。

2015年9月8日，国务院办公厅制定了《关于推进分级诊疗制度建设的指导意见》，确定了实施分级诊疗的路径、具体做法和目标。文件提出以“强基层”为重点完善我国的分级诊疗服务体系，其中包括加强基层人才队伍建设和提高基层医疗服务能力；首次提出把高血压、糖尿病等慢性病的诊疗作为实行分级诊疗制度的突破口，要求在公立医院改革试点城市和综合医改试点省份开展分级诊疗试点；并明确到2020年我国要基本建立分级诊疗制度，形成基层首诊、双向转诊、急慢分治、上下联动的分级诊疗模式。

在不同层级或类型的医院之间构建多种形式的医疗联合体，便于患者之间及时共享信息，促进不同层级医疗机构实现相互转诊，是提升基层医疗机构业务能力、推动建立居民便捷就诊体系、完善国民医疗卫生体系的重要举措。我国目前已构建了多种医疗联合体，常见的有区域协同医疗、横向整合、纵向整合、医院托管和医疗集团5种构建模式。

2018年3月20日，李克强总理在全国人大会议闭幕后的答记者问中谈到，“今年我们要在这方面继续加大力度，提高的财政对基本医保的补助资金，一半用于大病保险，至少要使2 000万人以上能够享受大病保险，而且扩大大病保险病种。同时，我们要通过发展‘互联网＋医疗’、医联体等，把优质医疗资源下沉，让更多的大病患者能够方便得到优质医疗资源的服务。”

县级医院在对口支援医院帮助下，管理水平和医疗服务能力不断提升，能开展神经外科、普外科等专科复杂手术的种类不断增加。与3年前相比，国家、省、市、县四级远程医疗服务体系初步建立，22个省份建立了省级远程医疗平台，覆盖1.3万家医疗机构、1 800多个县，其中国家级贫困县实现全覆盖。2017年，远程医疗服务总例次超过6 000万。

随着大数据时代的到来，互联网技术和云计算技术在近些年被逐渐引入医疗行业。通过云计算技术来支撑的信息共享平台已经可以实现健康信息档案的存储和共享，支持全国范围内的医保的实时结算，通过大规模地推广云计算技术可以显著降低成本和影响医疗机构，解决更多医疗难题。互联网技术在医疗方面的应用也越来越广，给患者提供了更多的医疗卫生服务形式，大大地简化了患者就医的流程。由于农村目前基本实现了网络全覆盖，云计算技术和互联网服务也在往农村地区推广，农村的医疗卫生机构开始享受云计算和“互联网＋”带来的便利。虽然因为经济水平的限制，带来的好处不如城市地区明显，但这是一种非常好的信号和趋势。

2018 年 2 月，国家卫生和计划生育委员会（以下简称卫计委）发布材料称，实时在线满意度调查的 587 万份有效问卷数据显示，我国三级医院门诊和住院患者的总体满意度达到 90.7 分和 93.9 分。对互联网上 2 883 万条医疗服务相关信息分析显示，网民对医疗服务的整体感受是正面的，充分反映出这 3 年改善医疗服务取得的积极成效。

（三）农村急救体系逐步建立

2012 年，国家发改委会同卫生部印发《农村急救体系建设方案（2011—2013 年）》。随着该方案的实施，在中央和地方的共同努力下，农村急救机构业务用房短缺、急救车辆不足等状况得以逐步改变。

农村地区交通状况差，医疗资源薄弱，急救力量缺乏，伤病员的死亡率和致残率较高，比城市更需要提高医疗急救条件。农村乡镇急救站建设是中国农村 120 急救体系的网底，是最基本最主要的急救保障。但光靠农村自己，在资金、设备、技术人员等方面都会面临较大困难，地方政府也难以承受政策规定的投资建设农村急救体系所需的高昂运行经费。但城乡一体化也带来了急救一体化、上下级医院联动，使得农村急救体系呈现新面貌。

随着城乡一体化的进行，以城市急救中心为中心、（区）县急救分中心（急救站）为纽带、乡镇急救站（急救分站）为基础，构筑市、县、乡镇三级新型的院前急救城乡全域覆盖的一体化急救网络体系，一体化的急救网的建立和逐步完善使得农村急救体系得到了一个质的飞跃。大城市的急救资源从城市边缘辐射到附近的农村地区，给农村居民带来看得见的急救保障。

山东省青岛市 2002 年在逐步完善市内六区院前急救网络建设的同时，积极推进郊县五市一区的农村基层院前急救网络体系建设，初步形成具有青岛特色的城乡一体化院前急救网络体系建设，初步形成具有青岛特色的城乡一体化院前急救网络体系；湖北省十堰市于 2007 年建立了市、县、乡三级城乡 120 医疗急救体系；2008 年江苏省常州市开始进行城乡一体化急救网络服务体系建设探索。近年来，大部分城市相继开展了院前急救城乡一体化建设探讨并付诸实践。

（四）农村妇幼保健状况显著改善

《“健康中国 2030”规划纲要》提出“推进健康中国建设，要坚持预防为主，推行健康文明的生活方式，营造绿色安全的健康环境，减少疾病发生。要调整优化健康服务体系，强化早诊断、早治疗、早康复，坚持保基本、强基层、建机制，更好满足人民群众健康需求。要坚持共建共享、全民健康，坚持政府主导，动员全社会参与，突出解决好妇女儿童等重点人群的健康问题。”

从表 2－3－8 中可以看出，监测地区农村 5 岁以下儿童死亡率由 2010 年的 20.1‰稳步下降到 2016 年的 12.4‰，下降了 7.7 个千分点，但与监测地区城市 2016 年 5 岁以下儿童死亡率为 5.2‰相比还是明显过高。这与有些农民不太注重环境卫生，卫生清洁意识不强有一定关系，但更重要的是改善农村的急救医疗体系和增加儿科医生。《“健康中国 2030”规划纲要》13 项主要指标中提到，5 岁以下儿童死亡率到 2020 年要降至 9.5‰，到 2030 年要降至 6.0‰，要完成这项指标任务，必须提高农村婴幼儿生存环境质量。

表 2-3-8 2010—2016 年监测地区 5 岁以下儿童和孕产妇死亡率

年份	5 岁以下儿童死亡率（‰）			孕产妇死亡率（1/10 万）		
	合计	城市	农村	合计	城市	农村
2010	16.4	7.3	20.1	30.0	29.7	30.1
2011	15.6	7.1	19.1	26.1	25.2	26.5
2012	13.2	5.9	16.2	24.5	22.2	25.6
2013	12.0	6.0	14.5	23.2	22.4	23.6
2014	11.7	5.9	14.2	21.7	20.5	22.2
2015	10.7	5.8	12.9	20.1	19.8	20.2
2016	10.2	5.2	12.4	19.9	19.5	20.0

数据来源：《2017 年中国卫生和计划生育统计年鉴》。

监测地区农村孕产妇死亡率由 2010 年的 30.1/10 万降至 2016 年的 20.0/10 万，下降了 33.55%，与监测地区城市孕产妇死亡率相比相差不大（表 2-3-8）。数据表明，随着农村医疗卫生状况的显著改善，妇幼保健工作也取得较大进展。

二、农村医疗卫生事业存在的主要问题

（一）基层医疗卫生服务供给不足

1. 中国西部农村医疗卫生发展相对滞后

卫生人力资源数量得到极大改善。每千人口卫生技术人员东西部差距逐步缩小，但西部总体仍低于全国平均水平，而且各省份间差异也较大，尤以贵州、云南、西藏和甘肃情况最为严峻。城乡分布和机构分布显示，西部地区卫生人力资源配置城乡差异始终显著，农村地区尤其是乡镇卫生院等机构护理人才更加缺乏。基层卫生技术人员年龄分布不理想，多机构存在断层现象；学历和职称分析显示，基层卫生人力质量素质仍较低。

供给预测发现，至 2020 年西部地区将有 375.68 万卫生人力供给量，但相对于需求预测数量，2016—2020 年卫生人力总体供需缺口依然逐步扩大，不过西部农村和偏远地区卫生缺口扩大速度在逐步降低。至 2020 年末，西部卫生人员数量缺口将达到约 71.6 万人，数量缺口在短期内将持续存在，专业结构和质量缺口也必须得到重视和解决。

西部欠发达地区卫生人力的吸引、保留问题显得更加严峻也更加重要。但工资待遇低、个人价值难体现、交通不便、工作环境差等担忧成为影响其行为选择的阻碍因素。

2. 农村卫生技术人员缺口较大，能力欠缺

农村地区的卫生技术人员尽管自 2010 年以来有着稳定的上升，但是农村的卫生技术人员尤其是执业医师和注册护士缺口相对较大，目前的农村卫生技术人员平均年龄偏大，而且大多数没有经历过专业系统的技术培训，技术水平较低。农村地区相对低下的生活水平以及不健全的管理和激励机制也是导致农村技术人员较为匮乏的主要原因之一。经过系统培训的年轻医生不愿来、来了也留不住，导致了农村卫生技术人员年龄断层现象。

尽管我国针对这一方面已经陆续出台了相关政策来提高基层卫生人员的待遇，但是起到的效果并不是很明显，与城镇相比，差异仍然较大。而且，人才缺口在不断增大，随着基层医院医生和其他技术人员的老龄化，基层医院对于新鲜血液的注入需求在加大。

由于乡镇地区资金匮乏等方面的原因，农村地区基础设施建设薄弱、医疗设备陈旧落后，而由此导致的医疗技术水平也较为低下。近年来，国家财政不断加大力度支持乡镇地区的医疗卫生的发展，乡镇卫生院的医疗收入也受益于此持续增长，但是增长的速度与财政支援增强的幅度还是不够匹配，乡镇卫生院的医疗技术水平仍要进一步发展。村卫生所大都为私人经营，大部分为赤脚医生，所掌握的医学知识也比较陈旧，亟须更新。

3. 互联网医疗和医联体发展困难重重

受制于中国医疗体系的复杂性和支付方的单一，互联网医疗发展面临很大的困境。长期以来，在医疗卫生事业的发展上，中国始终是服务方强势、支付方弱势，按照服务方自身的需求来发展，这就导致医疗体系内能赚钱的部分发展迅速，不能赚钱的则被弱化。在中国，最大的支付方——医保秉承着广覆盖、低水平的政策，是无法覆盖更多有价值的医疗服务的，只能覆盖问诊这一领域。挂号门诊价格又很低，医生缺乏动力去升级服务。

作为远程医疗在中国的变种，互联网医院无法背离远程医疗自身的特性，无论是针对大病的会诊还是针对慢病的复诊都只是一个非常小众的市场。针对小病的问诊虽然体量够大可以撑起一个市场，但问诊服务价格低廉，市场规模难以扩大。为了撑起估值，互联网医院被迫搭建线下平台或直接与线下医疗机构合作来拓展业务，但与大型公立医院相比，竞争力仍不足，互联网医院生存艰难。而且，互联网医疗服务大多布局在城市，偏远落后地区居民难以享受其便利。

医改要求加快医联体的建设，使得基层医院也能分享到专家资源。但在实际操作中存在两个问题：一是对基层医疗机构的服务能力的实质性推动有限；二是对病人下沉并控制费用的效果也很难体现出来。

在医生的多点执业中基层机构的确靠大医院的名医获取了一定客源，但是患者是奔着名医去的，名医到哪病人就会跟到哪，基层吸引病人的能力没有实质性提升。大医院去基层带教可以帮助他们发掘人才，但基层人才一旦获得去大医院培训或就业的机会，鲜有愿意留在基层的，这样反而加快了基层人才的流失。这也是分级诊疗制度推行多年但一直效果不够显著的原因之一。

（二）农村医疗保障制度有待健全

1. 农村居民重大疾病保障有待加强

患上重大疾病是农村居民因病致贫的重要原因，新型农村合作医疗制度在成立之初便是一种以大病统筹为主的农民互助共济制度。随着新农合覆盖面的扩大以及筹资水平的提高，大病保障病种以及地区覆盖已初具规模。但是，在实施过程中也出现了许多的问题亟须解决。

一是新农合大病保障费用的支付方式主要是按病种付费。这一点尽管能够有效地兼顾医疗质量与控制住院费用，但是并非所有的疾病均适合按病种付费。这就直接导致了中风瘫痪者、尿毒症患者等需要长期承担高额医疗费的人群不能很好地享受到新农合所带来的保障。

二是区域间的大病保障制度存在差异，保障受益面有待提高。从政策覆盖面来看，东部地区的大病参合要明显高于中部和西部地区，但是新农合作为一种基本的保障机制，政策覆盖应具有均衡性，中部和西部地区的覆盖水平有待进一步提高。

三是大病保障的可持续发展仍面临挑战。该挑战主要表现在筹资方面以及与其他医疗保障制度的整合方面。筹资方面，新农合大病保障如要实现全面的覆盖并达到相应的政策要求，需要更多的资金支持，而我国目前的资金支持还远远不够；同时，筹集的资金大部分存于银行或购买国债，统筹力度有待加强，金额巨大的医疗保障资金没有得到很好的增值操作。与其他医疗保障制度的整合方面，如果新农合大病保障在未来与城镇居民大病保险制度相整合，若按照城镇居民大病保险的“高额医疗费用”为依据，那么现行的新农合大病保险制度便要进行重大调整，增加了后续融合的难度。

四是对外出务工的农民的保障有待加强。外出务工的农民在我国是一个数量巨大但常常被忽视的特殊群体，他们一年中大部分时间在外务工，基本是在打工的城市进行医疗诊治，但这就没办法按程序办转诊报销。而且由于居住在城市，不少人同时交了城镇居民医疗保险和新农合，这加大了他们的医疗支出负担。

2. 农村医疗救助形式有待完善

大病医疗救助是针对患有重大疾病并造成医疗和家庭生活困难的城乡居民，给予限额资金救助，享受医疗优惠政策，减轻困难群众就医压力的办法。大病医疗救助主要有资助参合参保（参保费政府买单）、基本诊疗费用减免、特殊门诊定额救助、住院医疗救助、重病慈善救助 5 种方式，实行基本诊疗费减免、医疗保险补偿、医疗救助、个人自负“一单清”的同步结算服务。但是，在实施过程中，其在实施对象、实施方式方面存在着问题：

一是资助性医疗保险实施对象覆盖不全面。其实施对象一般包括向城市转移的农村剩余劳动力、低收入群体以及有意愿参与医保体系者，但参与渠道受限制于这三类，而在医疗资助实施过程中并没有很好地覆盖这些类型的实施对象，从而使得资助性医疗保险的实施效用不完善。

二是资助医疗的财政支出不平衡。由于各地的发展不均衡，导致地方的财政收入差异很大，分配在医疗方面的资助便存在了差异。这种情况下，不仅省际之间的医疗资助存在差异，省内县市之间的医疗资助也存在差异。经济越落后的地区，其地方财政收入也会很低，导致其分配在医疗方面的资助便极其有限。

三是筹资渠道狭窄，救助储备金不足。目前，我国大病医疗救助最主要的筹资方式还是依靠政府财政支持，但若财政收入略显紧张，国家财政拨款扶持遇到瓶颈，单纯依靠财政支持来进行大病医疗救助的运行，必然会增加财政支出负担，从而进一步导致财政拨款力度降低。这将直接影响大病医疗救助整个系统的运行效果，降低大病救助的整体水平。

3. 分级诊疗制度落实存在困难

乡村一体化、城镇一体化建设落后，各医疗机构的交流协作没有统一平台，无法实现基层首诊、双向转诊、急慢分治和上下联动，使有些本可在当地检查、治疗的患者不得不花费额外的费用和时间到县城诊治，增加患者经济负担，甚至耽误病情和抢救时间。此外，由于目前农村基层医疗设施条件不佳，医护工作人员专业能力不强，缺乏业务培训，公共卫生服务能力不强，使得病人对基层医疗缺乏信心，无论大病小病都往大医院跑，造成农村卫生室门可罗雀，而大医院却人满为患。

4. 新农合发展存在显著地区差异

我国新型农村合作医疗制度经过近10年的发展，基本上已实现全面覆盖。2016年新农合参保率达99.36%，人均筹资从2010年的156.57元上升至2016年的559.0元，上涨了402.43元，保障水平有了非常大的提高。但是对比分析，能发现不同地区之间新农合发挥的作用大小有显著差异。

结合表2-3-9和表2-3-10可以看出，各地区的新农合医疗补偿受益人次存在显著差异。随着时间的增长，最发达的华东地区的新农合医疗补偿受益人次是东北地区的将近10倍，但华东地区的农村人口只是东北地区的3倍多。农村人口相差不大的东北地区和西北地区相比较，两者的新农合医疗补偿受益人次也存在较大差距。

虽然各地区的新农合医疗补偿受益人次整体是在逐年增长，且不发达地区的增长速度比发达地区要高，但是地区之间的差异显著。绝大多数农民都已参保新农合，但是不同地区之间的新农合发挥的救助作用大小不同，跟各地区的财政实力以及报销政策有一定关系，也跟各地区农村居民素质存在差异有一定关系。偏远落后地区的农村居民对于新农合的认识和运用不如发达地区，对于报销范围和流程也可能不是很清楚，这方面的普及宣传工作仍待加强。

表2-3-9 2008—2016年我国各地区乡村人口

单位：万人

地 区	2008年	2009年	2010年	2011年	2012年	2013年	2014年	2015年	2016年
华北地区	7 647	7 503	7 491	7 367	7 236	7 112	7 004	6 821	6 637
东北地区	4 709	4 703	4 639	4 525	4 433	4 367	4 300	4 231	4 182
华东地区	18 876	18 549	17 736	17 337	16 890	16 518	16 168	15 783	15 335
中南地区	19 899	19 738	19 123	18 630	18 171	17 869	17 583	17 238	16 894
西南地区	12 335	12 128	11 707	11 413	11 110	10 908	10 667	10 438	10 177
西北地区	5 802	5 729	5 547	5 459	5 326	5 248	5 142	5 061	4 968

数据来源：国家统计局。

表2-3-10 2008—2014年我国新农合医疗补偿受益人次

单位：亿人次

地 区	2008年	2009年	2010年	2011年	2012年	2013年	2014年
华北地区	0.39	0.49	1.08	1.48	1.74	1.91	1.91
东北地区	0.25	0.28	0.32	0.39	0.52	0.57	0.61
华东地区	2.44	3.24	4	4.72	6.33	7.04	4.03
中南地区	1.08	1.51	2.88	3.11	4.56	5.43	5.28
西南地区	1.36	1.68	1.97	2.58	3.22	3.31	3.49
西北地区	0.32	0.43	0.61	0.87	1.09	1.17	1.2

数据来源：国家统计局。

5. 家庭医生签约服务基本流于形式

家庭医生签约服务作为推进分级诊疗制度建设的重要部分，被寄予深重的期待，希望通过签约服务，可以在基层解决绝大多数的医疗问题，将来通过个性化和精细化的签约服务，能够为患者提供疾病预防、健康教育，让群众少生病或者不得病，实现医和患双赢的结果。同时，帮助把大医院的常见病、多发病患者合理下沉到基层，大医院就能够集中精力解决疑难复杂和急危重症的患者问题。把家庭医生签约服务覆盖到重点人群如老年人、孕产妇、儿童、残疾人士和精神障碍者，可以实现医疗资源的更合理配置。

人才紧缺成发展瓶颈。现阶段家庭医生主要由以下人员承担：一是基层医疗卫生机构注册全科医生（含助理全科医生和中医类别全科医生）；二是具备能力的乡镇卫生院医师和农村医生；三是符合条件的公立医院医师和中级以上职称的退休临床医师，特别是内科、妇科、儿科、中医医师。国务院医改领导小组副组长、国家卫计委主任李斌指出，推进家庭医生签约服务，“人”是首要因素。但目前家庭医生数量严重不足、质量不高成为推进家庭医生签约服务的重大困难，有些农村一个镇只有两个符合条件的医生却要承包全镇的签约需求，患多医少，家庭医生无法顾及太多病人。

城乡供给差别大。截至 2016 年底，全国累计招收规范化培养全科医生 3.7 万人，培训合格的全科医生共有 20.9 万人，不足医生总数的 7%；而在欧美发达国家，这一比例约为 30%。原本就总量不足的全科医生中，约 80%分布在大中城市。除了供给数量上差别明显，供给质量也有差距，城市社区的家庭医生相比农村地区的，普遍更年轻，也拥有更高学历和掌握更高技术。而医生诊疗水平的高低又是签约者很关心的一件事，如果医生水平不高对于要付费的签约者来说会降低签约需求。这就导致这样一项很好的措施在农村发展缓慢，而受益于健康扶贫政策优惠签约家庭医生服务的贫困户也并没有对其多加信赖。

家庭签约服务缺少足够的正面宣传。家庭医生签约服务作为舶来品，政府和医疗机构等对它的宣传科普力度还不够大，不少人完全不知道它的存在，或者简单地将其等同于私人医生，认为是有钱人才能享受的医疗服务，而不予以支持。实际上，越是重大慢性疾病的患者或潜在患者签约家庭医生就越是有好处，但缺乏群众的理解基础。家庭医生签约服务推行起来困难重重，尤其是在农村地区，主动了解去签约者寥寥，被动签约的最后也只当是走个流程。

（三）农村基本公共卫生保障水平较低

1. 农村急救体系“供求错位”亟待解决

院前医疗急救是由政府主办的、非营利性的公益事业，是社会保障体系的重要组成部分，是基本医疗的提供者，在应对灾害事故、突发事件抢救急危重症患者生命中发挥极为重要的作用。

尽管近年来我国农村地区的急救体系得到了快速的发展，有更多人的生命得以挽救，各地政府也按照管理办法的要求，进一步加大对 120 急救体系的建设力度，但是随着我国老龄化人口的日益增加，农村地区急救需求日益攀升，而在一些比较偏远的农村地区，由于各个方面的矛盾使得农村地区的急救空诊率远远高于城市地区，农村地区“供求错位”亟待解决。

一是农村医疗资源匮乏、急救网络建设严重不足。以陕西省西安市为例，西安急救中心担负着西安市 9 区 4 县、每年 50 多万境外游客、2 000 多万国内游客的各类急危重症患者的现场急救、监护转运，承担着西安市突发灾害事故的现场紧急医疗救援。伴随城市的不断扩大以及农民群众生活水平的不断提高，对身体健康的要求也相应增加，而远郊区县的急救站设置仍然停留在往年的规划标准上，缺少足够的急救站点。这是造成目前农村急救医疗服务无法满足急救需求的主要原因之一。

二是农村地区的急救网络设置不合理，导致可操作性不强。急救资源向市中心高度集中，急救资源集中在城市，优质资源又多集中在大中型医院，各县和乡镇、农村急救资源缺乏，农村与城市、不同人群之间的急救医疗服务质量、水平和可及性差距巨大。以浙江省杭州市为例，杭州市区共有 19 个 120 急救站，但大多数均集中在老城区，而一些新兴地区的急救点则相对较少，有些地区甚至尚未纳入急救中心管理，使得城郊和大部分农村地区的急救渠道严重匮乏。

三是出车费用高于居民的预期，导致大多数地区的急救资源放空。一方面，许多突发状况需要逐项另外收费，这些费用的层层累加对于偏远地区的村民来说是个不小的负担；另一方面，由于资金方面的考虑往往延误了最佳的治疗时机，导致悲剧的发生。

四是农村地区医护队伍建设相对而言还较为滞后，导致其起到的作用非常有限。目前，农村地区急救人员队伍建设存在比较严重的“三高三低”的矛盾，即招聘门槛高、风险高、劳动强度高，收入低、晋升机会低、工作积极性低。这些矛盾的发生使得偏远地区急救医疗队伍建设明显落后，得不到健康发展。

五是急救知识普及和教育覆盖率低。仅有少部分农民选用急救车送到医院，更多的农民选择用村里的汽车送到医院，甚至有部分农民不知道医疗急救服务，即不知道可以拨打 120 急救。

结合表 2-3-11、表 2-3-12 和表 2-3-13 显示，调查对象（甘肃省 1 873 位农村居民）中有 28.73%的居民在工作、生活中遇到过险情与急症；95.89%的调查对象对院前急救知识有需求；所有调查对象对院前急救医疗服务有需求；98.88%的调查对象对院前急救医疗现状不满意，1.12%的调查对象认为一般，主要为郊区农民。

虽然这是针对甘肃省农村居民的院前急救知识和需求情况调查，但也在一定程度上反映了我国广大农村居民普遍缺乏正确的急救知识和积极的急救意识。农村居民急需急救医学科普，基层急救站的建设刻不容缓。

表 2-3-11　农村居民院前急救知识掌握情况

问　　题	回答正确人数（人）	正确率（%）
急救电话号码	1 417	75.65
院前急救纯粹是医务人员的职责	494	26.37
对现场重伤员的急救原则	83	4.43
触电抢救第一步该怎么办	613	32.73
火灾现场逃生办法	442	23.60
被食物塞噎喉咙如何处理	119	6.35
异物刺入大腿时是否拔出	348	18.58
高处坠落后的搬运	117	6.25

数据来源：段昌新，史淑霞，李进伟，2012. 甘肃省农村居民院前急救知识现状及需求调查分析 [J]. 中国初级卫生保健，26 (1)：77-78.

表 2-3-12　院前急救的需求与现状满意程度及经历

项　　目	人数（人）	百分比（%）
有无遇到过险情或急症		
有	538	28.73
无	1 335	71.27
对院前急救知识的需求		
有必要	1 796	95.89

（续）

项　　目	人数（人）	百分比（%）
无必要	77	4.11
对院前急救医疗的需求		
有必要	1 873	100.00
无必要	0	0.00
院前急救医疗现状满意		
不满意	1 852	98.88
一般	21	1.12
满意	0	0.00

数据来源：段昌新，史淑霞，李进伟，2012. 甘肃省农村居民院前急救知识现状及需求调查分析 [J]. 中国初级卫生保健，26 (1)：77-78.

表 2-3-13　家中出现急诊病人的处理意向

处理意向	人数（人）	百分比（%）
打急救电话	675	36.04
就近找村医	393	20.98
直接送乡镇卫生院	449	23.97
直接送县级医院	356	19.01

数据来源：段昌新，史淑霞，李进伟，2012. 甘肃省农村居民院前急救知识现状及需求调查分析 [J]. 中国初级卫生保健，26 (1)：77-78.

2. 农村三大类疾病死亡率居高不下

从表 2-3-14 可以看出，2010—2016 年，脑血管病、恶性肿瘤和心脏病是农村居民健康的三大杀手，占总死亡人数的比重基本都在 20%以上。这三类疾病在农村人群中的死亡率也在逐年上升，把心脑血管疾病的病死率合并之后，有将近一半的农村居民的死因为心脑血管疾病。但这种现象并没有得到足够的重视，农村地区的基层医院没有针对所在地区的医疗需求而作出相应的医疗保健宣传和提高相应的医疗技术水平，而大多数的农村老人的医疗保健意识较为淡漠，没有定期体检的习惯，等到发现的时候情况往往比较严重，最后给家庭带来沉重的负担。

表 2-3-14　2010—2016 年农村居民主要疾病死亡率

单位：%

指　　标	2010 年	2011 年	2012 年	2013 年	2014 年	2015 年	2016 年
农村脑血管病死亡人数占总死亡人数的比重	23.4	21.7	20.6	22.9	22.9	23.2	23.3
农村恶性肿瘤死亡人数占总死亡人数的比重	23.1	23.6	23.0	22.4	23.0	23.2	22.9
农村心脏病死亡人数占总死亡人数的比重	17.9	19.4	18.1	21.9	21.7	21.8	22.2
农村呼吸系统疾病死亡人数占总死亡人数的比重	14.2	13.3	15.8	11.5	12.1	12.1	12.0
农村损伤和中毒外部原因死亡人数占总死亡人数的比重	8.49	8.85	8.92	8.72	8.34	8.07	8.01
农村内分泌营养和代谢疾病死亡人数占总死亡人数的比重	1.66	1.65	1.62	1.79	1.98	2.15	2.31
农村消化系统疾病死亡人数占总死亡人数的比重	2.37	2.17	2.54	2.32	2.19	2.14	2.11
农村神经系统疾病死亡人数占总死亡人数的比重	0.62	0.76	0.95	1.04	1	0.98	1.11
农村泌尿生殖系统疾病死亡人数占总死亡人数的比重	1.01	1.02	1	1.06	1.07	1.09	1.09

数据来源：国家统计局。

3. 妇幼保健工作有待提高

尽管监测地区农村5岁以下儿童死亡率在逐年下降，但其比率仍为城市的2倍多，城乡差距明显，这与农村基础医疗卫生条件相对较差与卫生技术人员的水平较低有关，监测地区农村孕妇死亡率略高于城市，与其他国家相比还需进一步降低，妇幼保健工作还有待提高。

《“健康中国2030”规划纲要》提到，在2020年孕产妇死亡率要降低到18.0/10万，在2030年降到12.0/10万。2016年，全国合计的农村孕产妇死亡率为20.0/10万，离18.0/10万仍有一定差距。将这项指标放到全国各省份来看，可以发现东西部差距悬殊，东部和中部省份基本在18.0/10万以下，最低为江苏省，2016年农村孕产妇死亡率低至2.7/10万；但西部的情况不容乐观，尤其是西藏、青海和新疆，西藏2016年农村孕产妇死亡率达到124.9/10万。这说明西藏的孕产妇生存条件相对其他省份比较恶劣，应当引起重视（图2-3-2）。

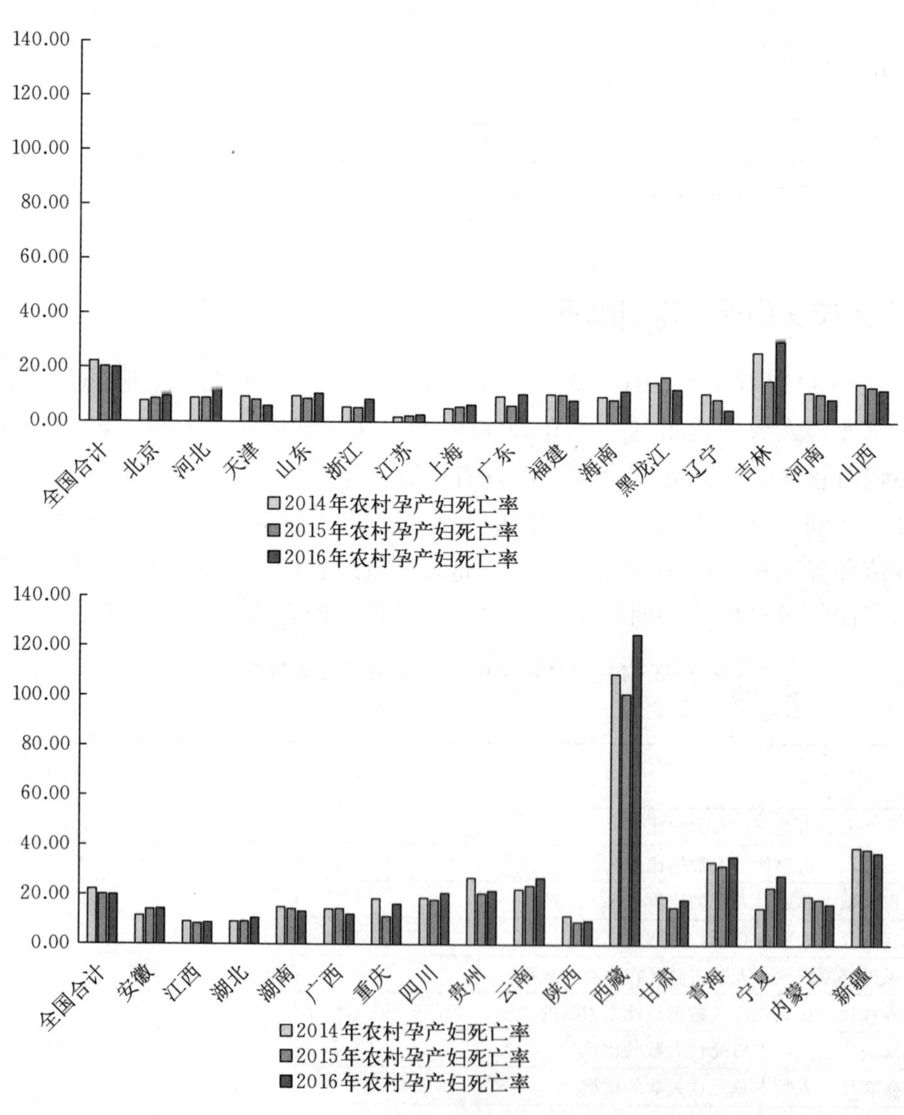

图2-3-2　2014—2016年全国及各省份农村孕产妇死亡率

三、农村医疗卫生事业发展的重点任务

（一）建立中国特色基本医疗保障制度

全面推进医疗体制改革，深化医药卫生体制改革，全面建立中国特色基本医疗卫生制度、医疗保障制度和优质高效的医疗卫生服务体系，健全现代医院管理制度。完善新型农村合作医疗制度，处理好新农合大病保障与一般保障的融合关系，进一步促进新农合大病保障的可持续发展，建立大病再保险制度，进一步转移和化解大病风险，保障新农合资金的安全、效率和可持续发展，逐步实现保大病和保小病相结合。采用多种方式提高新农合重大疾病保障水平，缩小区域差异，广泛开展新型农村合作医疗的宣传动员。在农村地区，政府要健全医疗救济制度，建立相关的农村医疗救助法律，保证全体农民享受到最基本的医疗保障。

农村医疗资助方式需要进一步完善提高，了解基层群众的真正需求，切实解决资助对象覆盖不全面问题。在财政支出方面，要考虑到地区差异、合理分配。

（二）提高基层医疗机构的医疗水平

充分发挥医联体的积极作用。争取更多的名医资源下沉，加强基层医院与大医院的交流合作，利用互联网开展远程医疗，把大医院的好医生、好技术也能带到基层医院，提高基层医院的诊治能力。

加强人才培养和提供更多技能培训。要解决现阶段乡镇医生数量少、老龄化、低技术的问题，输送更多新鲜血液，鼓励医科毕业生下基层就业，培养更多的全科医生。

加大财政支持力度，使乡镇卫生院等基层医疗机构能配备更多、更新的医疗设备，现在很多医学问诊要依靠先进医学仪器的检查结果才能作出判断，但医疗检查设备大多价格昂贵，边远农村地区的基层医院靠自身能力难以配备得起。

（三）加强全科医生队伍建设

政府应通过政策性扶持，多种渠道吸引更多人才，留住现有人才，适当提高农村基层医疗卫生机构的福利待遇，主动去各大高校招聘人才，并定期组织医务人员进行系统学习和培训，切实提高农村医疗人员的文化和技术素质，保障农村医疗保障制度的顺利实施和推进，重点培养全科医生，加强全科医生队伍建设。提高全科医生的质量，扩大全科医生的规模，使更多的全科医生能为更广大的农村居民提供更高效的服务，使患者的病情能够更早被发现，也能有效缓解大医院的负担。

（四）进一步推广家庭医生签约服务

现阶段，群众尤其是农村群众对于家庭医生了解不多，相关的宣传比较缺乏，家庭医生的培

养和签约服务也需进一步加强。一要完善政策，加强对基层卫生人员的培养培训；二要提升能力，合理设置签约服务内容，突出签约重点人群，开展分类指导；三要推广先进地区经验，提高居民参与的积极性。

四、农村医疗卫生事业发展的政策建议

（一）加强基层医疗卫生服务体系建设

1. 进一步提高农村基层卫生技术人员素质

积极引导高素质、高学历的毕业生投身农村基层卫生事业，政府部门可制定相关倾斜和配套政策，建立完善的激励机制，鼓励、引导医学院校的毕业生到广大农村基层医疗机构工作，保障基层卫生人员有一定的学历层次，对编外人员的业务素质和业务水平严格把关，并适当提高编外人员的福利待遇或者设立编外转正机制。

同时，对目前任职的基层技术人员开展职业培训，专门针对农村医生量身定制全科医生的培训，建立健全基层医务工作者的定期培训机制。通过专业性强、有针对性的培训，不断提高基层医务工作者的实际工作技能。卫生财政要给予基层医务人员培训大力支持，不断增加该项投入，建立有利于基层医务人员能力提升的培训机制。加强城乡医护人员交流，探索建立区级和地市级医院与县级和县级以下医务人员的双向流动机制，应当鼓励临床经验丰富、学历较高、职称较高的卫生带头人才定期支援人才匮乏地区，推动远程医疗、远程教育等应用普及，弥合城乡技术水平鸿沟，通过多种方式交流学习，开展一对一帮扶活动，进一步提高农村卫生人员整体素质水平，加强全科医生队伍建设，强化人才综合培养。

进一步发挥志愿者队伍的作用。大力提倡医疗卫生机构或医学院校学生和老师加入志愿者队伍，为农民提供医疗卫生服务。例如，农村三级医疗卫生服务网络，就可以通过发挥城乡志愿者，推动和鼓励具有医疗卫生专业知识背景的志愿者到农村提供义务医疗卫生服务项目。

2. 提高农村医疗基础设施水平

当前，新型农村合作医疗服务主要由县、乡、村三级医疗卫生服务网承担。县级医疗机构主要负责以住院为主的疾病诊治及危重急症病人的抢救，乡镇卫生院负责提供常见病、多发病的诊疗，村卫生室承担所在行政村的一般疾病的诊治工作。因此，提高其整体医疗基础设施水平则至关重要。

农村医疗卫生事业是纯公共产品，需要更多的政府支持。针对我国目前农村医疗卫生服务体系所存在的问题，政府要积极增加资金的投入量，用来加快基层医疗建设。国务院《关于进一步加强农村卫生工作的决定》及财政部、发改委、卫生部《关于印发关于卫生事业补助政策的意见的通知》都指出农村公共卫生经费的重要性，并强调一定要保障农村公共卫生服务所需经费，并进行统筹安排。

政府的经费投入一方面要加快农村医疗卫生设施建设，着力改善农村医疗卫生服务环境的滞后状况。要加大对我国村镇卫生机构基础设施建设的资金投入，整合农村地区医疗卫生资源、改善医疗基础设施、引进先进医疗设备，并有计划、有步骤地分批解决我国基层医疗房屋、医疗设

备不足的现状。为农村地区提供基本的医疗服务和公共卫生工作所需要的基础设施和条件。另一方面，政府应动员全社会参与到农村医疗卫生服务体系的建设中。鼓励和支持各类社会资本和投资主体参与到农村医疗卫生服务体系的建设中。在资金和设施投入方面，依据各个医院的规模大小和整体收支水平来进行集中配置，这样能够明晰资产的归属权，降低中间的不明资金去向，提高资金透明度。

3. 提高乡镇卫生院的福利待遇水平

医疗环境、晋升通道、薪酬制度是医生留任基层医疗机构的影响因素。地方政府可以根据国家相关政策，制定适合当地基层医疗机构发展的制度，合理分配财政投入，为基层医生提供优良的工作环境和科学的晋升通道，培养新的基层医生，留住现有的基层医生，以满足基层医疗机构对医生的需求。基层医疗机构缺乏对医务人员平时工作表现和医疗水平的考核，且薪资分配不合理，过于强调职位的高低，没有体现医护平等。因此，医疗评聘体制和晋升体制应逐步倾向于基层医护人员，为其提供职务晋升机会，从而提高其业务能力。

除了进一步落实乡镇卫生院卫生人员的福利待遇政策，还应该探索建立相关责任保险制度。由于乡镇卫生室在卫生条件方面存在不足，在大病治疗时医疗风险大并且无保障，因此应进一步探索建立农村医疗保险制度，缓解由于风险过大而带来的各种矛盾与压力。

4. 缩小东西部基层医疗水平的差距

重视和支持西部农村医疗卫生发展，给予政策支持，适当增加发展滞后的西部农村医疗财政补助，鼓励高校医学类专业毕业生前往西部支援，不断增加卫生人力供给数量和提高相应质量水平，努力吸引和保留足够的拥有相应资格的卫生人力到基层平衡缺口，适度增大医学教育培养规模，大力提升医学教育质量，加强基层卫生人力政策宣传和引导。按照卫生技术人员结构的合理目标来确定医学院校各专业医学生的招生规模。安排适当规模的农村和偏远地区生源的医学生，在医学教育教学中加强政策宣传和引导，并相应安排对应的教育和实践内容。

5. 合理调整现有卫生资源布局和结构，提高卫生资源利用效率

统筹规划、合理配置、综合利用卫生资源，以农村卫生组织开展基本卫生服务为基础，以农村卫生服务管理一体化为手段，鼓励县、乡、村卫生机构开展纵向业务合作，增强农村医疗卫生服务网络整体功能。要从过去单纯依赖资源开发，增加床位、人员、扩大规模以增加供给能力，转到以需求为导向调整优化医疗资源结构上来；要以方便、价廉、优质的医疗卫生服务，通过不断的竞争与协作，明确和调整服务的目标人群和服务功能，提高医疗卫生服务的整体效益。

（二）建立健全农村医疗保障制度

现行的新农合医疗保障制度在实施过程中，无论是在具体实施上还是在政策宣传方面均存在不同程度的问题。针对这些问题，需要进行相关的政策以及实施调整，才能使农村医疗保障制度更加完善。

1. 不断加强新农合重大疾病保障制度的完善

一是“建档立卡”。于城乡居民大病保险而言，建立重大疾病致贫返贫的基础数据库，对于城乡居民中的低保户、罹患重大疾病者、残疾人、慢性病重度患者建立档案，合理评估，纳入城乡居民大病保险，精准识别因大病致贫者，确保重大疾病发生时，能避免因大病产生的高额医疗费用致使其陷入贫困旋涡。大病保险可谓是一种“特惠型”保障制度，精准定位好因病致贫群众，大病保险把较为有限的资金补偿到最苦难、最需要的大病患者，不失为精准扶贫的一个有效措施。

二是加强大病保险和基本医保、大病医疗救助之间的衔接力度。由于两项制度的保障对象是同一群体，业务经办、报销额度等都高度相关，所以这样可避免重复管理、重复报销，最大限度地降低不合规医疗费用的支出，减少资源的浪费。从政策层面出发，有利于降低政策成本，提高政策效率，提高保障水平，也有利于未来制度的整合。从城乡居民的角度出发，这有助于简化报销流程，有助于城乡居民更好地享受各项福利。

三是适度向农民倾斜、实行分段报销政策。大病保险的保障内容是重大疾病，而重大疾病带来的是高额的医疗费用负担，如果保障水平过低，必不能实现保障效果，不能切实缓解城乡居民“大病致贫返贫风险”。我国目前实施大病保险的部分地区，存在起付线过高（山东、山西起付线10 000元）、报销率过低、封顶线过低（山东、福建封顶线20万元）等限制。根据商业保险大数法则规律，罹患大病是一个小概率事件，只要能够严格控制合规医疗费用，杜绝骗保行为和医疗浪费行为，那么提高保障待遇是完全不会对制度的可持续性造成实质性影响的。

四是简化报销流程。第一，报销手续过于烦琐，且很多地区的大病保险甚至连基本医保都不能实现跨区域报销，不能实现异地结算。这对于部分异地就医患者来说，造成较大困扰。因此，要加大信息化建设力度，进行统一联网，便于异地就医结算，切实为异地就医大病患者带来便利。第二，报销周期过长，医疗费用垫付比例过高。据调查显示，完成报销大病医疗费用在3～6个月的比例高达54.2%。这意味着城乡居民发生重大疾病就医住院时，需要提前筹集一笔高额的资金，这对贫困患者而言，困难很大。因此，简化报销流程，缩短报销间隔时间显得尤为重要。

五是加大制度宣传力度。村民只有深刻了解新农合，才能主动、自愿地参与新型农村合作医疗。政府应该在管办机构就特定的宣传解答方面加派人员，既可以减轻工作人员的压力，提高工作效率和改善服务态度，又可以做到政策的宣传，让更多的村民了解新农合。另外，村委会要加大宣传力度，不能仅仅局限在对新农合的初步了解，要让村民了解到新农合的意义及其各个方面，加大对基础的新农合的报销范围、报销比例、报销手续的宣传。

2. 农村医疗资助方式进一步完善提高

在覆盖对象方面，各个地区经济发展的差异导致区域之间资助对象的数量以及实际接受资助的数量方面存在差距。因此，针对资助对象覆盖不全面的问题，政府要进一步从基层出发，了解基层群众的真正需求，加大医疗资助的机制改革方式，使其能够更全面地惠及广大农村居民。

在财政支出方面，上级政府要根据各个地区的经济发展以及下放至医疗方面的真实水平来作为国家支出的标准，对一些经济欠发达、医疗资助又非常贫乏的地区，国家要加大扶持力度；而对于如沿海省市这些经济较为发达、医疗资助又比较完善的地区，国家可以适当地减少对其的资助。这样，再分配才能更加起到效用，实现效率公平。

3. 进一步落实分级诊疗制度

统筹构建分级诊疗平台、完善分级诊疗标准、进一步落实医保支付差别化政策等重点措施，积极推动建立城市医院与社区卫生服务机构、县级医院与农村医疗卫生机构、医疗联合体或医疗集团内部的分工协作机制，促进上下联合、合理分诊、有序转诊。充分利用信息通信技术，探索并完善基于互联网的分级诊疗制度；打破医院的"信息孤岛"，充分利用移动互联技术建立并完善个人电子健康档案制度，实现相关信息的可得性和互联互通。

不断完善现行的医疗保障政策，构建适宜的分级医疗补偿制度。科学划定疾病种类，实施疾病分类管理模式。按照疾病的种类、就诊医院的级别设定分类分级医疗补偿机制，提高疑难疾病在地级、区级医院就诊产生的医疗费用补偿的比例，大幅度降低常见病、多发病在地级、区级医院就诊产生的医疗费用补偿的比例，增加常见病、多发病在县级及县级以下医院就诊产生的医疗费用补偿的比例，从而通过不同级别医院报销数额的差异，也就是医疗保障制度的经济杠杆功能引导常见病、多发病患者走出大医院，走向基层医院，真正实现基本医疗服务向下分流的医疗体制改革目标。通过构建适宜的分类分级补偿医疗补偿制度有效控制医院医疗服务价格，有效缓解大医院过度拥挤的问题。

（三）加强农村基本公共卫生服务体系建设

1. 不断完善农村急救体系

针对上述农村偏远地区现行急救体系中存在的问题，各地政府要加大重视农村地区急救问题，完善院前急救体系建设。

一是尽快规范急救中心的建设标准，对急救中心分布的服务半径、覆盖人口、交通时间等相关指标给予明确的界定，使得各个地区能够统一按照标准进行规划建设，提高院前急救的救治力度。

二是打破当前急救相关服务费用的相关模式，建立政府制定与市场化相结合的定价机制，将相关费用纳入医疗保障体系，切实减轻居民负担。

三是加大急救人员的专业化、职业化建设力度。加大国家对急救体系的支持力度，完善考核奖励机制，因地制宜，根据地区水平适当放宽急救人员的考核标准，并加大对急救人员的激励制度，为建立相对稳定的院前急救队伍创造条件。

四是做好急救知识科普，定期开展急救知识宣传讲座。设立宣传专栏，增加基本急救技能如心肺复苏术的培训，尤其是在交通不便的地区要加大急救科普力度，提高居民的急救意识和能力。

2. 加强妇幼卫生保健工作

坚持以保健为中心，实行保健与临床相结合、面向群体、面向基层和预防为主的妇幼卫生工作方针；切实把妇幼卫生工作的重点放到农村和城市社区，积极推动城乡、区域妇幼卫生工作协调发展。加强妇幼卫生服务体系建设，妇幼保健机构应面向基层、以预防为主，依法为妇女儿童提供健康教育、预防保健、计划生育技术服务、妇女儿童常见病筛查、妇幼卫生信息管理等公共卫生服务，适当开展与妇女儿童健康密切相关的基本医疗服务。上级妇幼保健机构应对下级机构进行业务培训、技术指导、服务管理等。同时，充分利用综合医疗机构妇产科、儿科和其他相关科室的技术力量为辖区妇女儿童健康服务。

针对日益严重的农村留守儿童问题，应加强农村留守儿童的保健服务和疾病防治，做好农村留守儿童健康报告、医疗救治、评估帮扶等工作，强化农村留守儿童健康教育工作，注重农村留守儿童的身体与心理健康的教育工作，加强农村留守儿童信息采集和健康状况监测评估，加强对农村留守儿童身心健康问题的研究，为完善相关政策和措施提供支撑。

3. 继续推进家庭医生签约服务

目前，家庭医生签约服务还不够普及，很多重点人群还没有覆盖到。一方面，要加大对家庭医生签约服务的积极宣传，引导有需要的人群签约家庭医生，提高人群的医疗保健意识和预防意识，治已病，防未病，全面提高健康素质；另一方面，要加快培养全科医生，提高家庭医生的诊疗水平，给偏远落后地区的家庭医生设置适当的激励机制和提供更多的培训进修的机会，将资源更多倾斜于不发达的农村地区，以缓解城乡发展不平衡的矛盾。

4. 加强爱国卫生运动的开展和宣传

要提高农村居民认识，加强改厕的宣传教育，普及医学常识，增强定期体检意识。宣传教育能够让农村居民了解改厕工作的益处，明白医疗保健的作用，调动居民的积极性，利用各种措施提高农民对自身健康保护意识。可以通过发放宣传画，利用卫星电视、闭路电视等播放宣传片等各种方式来积极调动居民接受和学习医学保健常识的积极性，全面提升农村居民的医学素养和生活卫生质量，缓解医患矛盾，减少医闹事件的发生，预防慢性病、传染病、地方病，推动我国医疗卫生事业的发展。

参考文献

陈万青，郑荣寿，曾红梅，等，2015. 2011年中国恶性肿瘤发病和死亡分析［J］. 中国肿瘤，24（1）：1-10.

代涛，毛阿燕，谢莉琴，等，2013. 我国新农合重大疾病保障制度的政策分析［J］. 中国卫生政策研究，6（6）：9-15.

代志明，何洋，2005. 国外农村医疗保障制度的解读与借鉴［J］. 经济纵横（2）：62-65.

邓大松，杨红燕，2004. 新型农村合作医疗制度利益相关主体行为分析［J］. 中国卫生经济，23（8）：14-16.

段昌新，史淑霞，李进伟，2012. 甘肃省农村居民院前急救知识现状及需求调查分析［J］. 中国初级卫生保健，26（1）：77-78.

冯胜芳，李林贵，慕兴鹏，等，2013. 西部贫困地区卫生人员激励机制满意度研究［J］. 宁夏医科大学学报，35（6）：675-678.

龚秀全，2010. 我国医疗费用支出的公平性比较与财政资助政策研究［J］. 中国卫生经济，29（10）：5-7.

谷传军，2007. 我国新型农村合作医疗制度研究［D］. 成都：西南财经大学.

顾涛，蒋敏，2006. 我国新型农村合作医疗存在的问题及政策建议［J］. 卫生经济研究（7）：23-27.

胡振光，向德平，顾永红，2014. 资助型医疗保险项目在我国医疗保险领域的应用［J］. 中南民族大学学报（人文社会科学版)，34 (4)：86－91.

金振娅，2017. 签约家庭医生面临三大问题 [N]. 光明日报，04－29 (005) .

刘晓云，2012. 吸引和留住农村卫生人力的国际经验及启示 [J]. 中国卫生政策研究，5 (10)：33.

卢燊，2017. 城乡居民大病保险制度的脱贫效应及模式研究 [D]. 南京：南京大学.

马达飞，李晓燕，2014. 农村卫生人才吸引留用项目效果影响因素：基于“乡镇卫生院招聘执业医师项目”的实例分析 [J]. 中国初级卫生保健，28 (1)：1－4.

王晶，杨小科，2014. 中国农村基层医疗卫生改革的制度选择与发展反思 [J]. 东北师大学报（哲学社会科学版）(6)：68－73.

夏西超，黄建新，马瑜红，等，2018. 农村基层医疗现状分析及对策——以豫西南为例 [J]. 卫生职业教育，36 (3)：137－139.

辛英，饶克勤，徐玲，2010. 中国农村基层医疗卫生服务质量评价——需方角度 [J]. 中国初级卫生保健，24 (6)：3－4.

张奎力，2012. 农村基层医疗卫生机构运行中的新问题及政策建议 [J]. 中国社会科学院研究生院学报 (5)：141－144.

张杏通，王丽芝，2014. 基于综合激励视角的社区卫生人才流失问题与对策研究 [J]. 中国全科医学 (34)：4052－4055.

张耀华，雍永权，2015. 我国院前急救城乡一体化建设的思考 [J]. 中国卫生资源，18 (5)：349－351.

第四章　农村体育事业

习近平总书记在中共十九大报告中指出："广泛开展全民健身活动，加快推进体育强国建设。"这是决胜全面建成小康社会、夺取新时代中国特色社会主义伟大胜利的重要工程。习近平总书记又强调："全民健身是全体人民增强体魄、健康生活的基础和保障，人民身体健康是全面建成小康社会的重要内涵。"习总书记的重要讲话为发展农村体育事业指明了方向。

2016年国家修订的《全民健身条例》中制定了全民健身计划，要求地方各级人民政府应当依法保障公民参加全民健身活动的权利，工会、共青团、妇联、残联等社会团体应当结合自身特点，组织成员开展全民健身活动。农村体育事业、农民生活和健康状况、农民综合素质得到重视，各项促进农村体育事业建设的工程得到有效实施，各级农业、体育部门深入贯彻中共十九大精神，认真学习贯彻习近平总书记关于广泛开展全民健身活动的重要指示精神，结合农民特点，推动全民健身持续向农民覆盖和倾斜。然而，我国农村体育事业的发展仍处于欠发达水平，农村体育事业在发展过程中还面临着很多问题亟须解决。大力推动我国农村体育事业的发展，有利于不断提高农民群众的身体素质，满足农民群众对美好生活的需要，保障农民群众的身心健康。

一、农村体育事业的新进展

（一）体育基础设施得到改善

1. 人均体育场地面积不断扩大

社区人均体育场地面积是评价社区体育发展的基本指标之一，反映体育活动基础设施的完善程度。2017年，农业部、国家体育总局联合印发《关于进一步加强农民体育工作的指导意见》提出，到2020年，实现"农民体育健身工程"行政村全覆盖，农民人均体育健身场地面积达到1.8平方米。"十二五"期间，新型农村社区建设试点工作取得显著成效，公共服务设施得到较大改善。根据国家体育总局公布的信息，截至2015年底，全国体育场地数超过170万个，人均体育场地面积达到1.57平方米，比2014年增加0.07平方米，增长4.67%；全国50%以上的市（县、区）建有全民健身中心，50%以上的街道办事处、乡镇、社区、行政村建有体育健身设施，农民体育健身工程已覆盖全国74%的行政村。近年来，体育助推乡村振兴稳步开展，从农民最急需、最关心的事情着手，改善基础体育设施，扩大户外运动场地，为农民的体育生活提供了最切实的帮助。在上海市嘉定区华亭镇联一村，为了满足村民的健身需求，村里提供土地和一部分资金，将原来的芦苇荡改造成健身步道，并且2018年初还在规划建设第二条能够与7个健身苑点相结合的步道，以满足村民的多元化需求。数据显示，上海已形成市、涉农区、乡镇、村（居）四级网络架构，郊区1 672个行政村体育健身场地总面积达37.5万平方米。不仅是上海，全民健身的热潮已席卷全国各地的农村地区，农村居民对健身场地的需求日益增加，农村体育场地面积也在不断扩大。

2. 室内外体育设施建设问题得到重视

体育场地设施是社区居民开展体育活动必需的物质条件，是体育活动经常化的重要保证。《体育发展“十三五”规划》指出，在落实全民健身国家战略，加快推动群众体育发展方面，要加强健身场地设施建设与管理。自2006年开始，国家体育总局在全国范围启动了“农民体育健身工程”。这项工程是以行政村为主要实施对象，建设的基本标准为一块混凝土标准篮球场，配备一副标准篮球架和两张室外乒乓球台。这些年，国家体育总局每年都会安排数以亿计的彩票公益金用于资助行政村改善体育设施条件。以2017年为例，国家体育总局投入近4亿元人民币实施农民体育健身工程，在农民体育健身工程的帮助下，全国各地许许多多的行政村解决了开展体育活动所需的基本设施问题。与此同时，地方财政、社会力量的融入，再加上农民的自愿投工投劳，让体育场地设施等问题迎刃而解，各地体育活动正在蓬勃开展。

（二）农村体育公共服务能力不断强化

农村体育公共服务是农村体育事业发展的重要组成部分，也是政府公共服务职能之一。长期以来，由于众所周知的原因，我国农村和城市之间的公共服务水平差距较大。近年来，为实施《全民健身计划（2016—2020年）》，在基本公共体育服务方面，我国加快了建设水平较高、内容完备、惠及全民的基本公共体育服务体系，逐步推动基本公共体育服务在地域、城乡和人群间的均等化。推进基本公共体育服务示范区建设，制定了结构合理、内容明确、符合实际的基本公共体育服务标准体系。基本公共体育服务信息化建设得到加强，数据采集和监测体系正在建立；同时，落实目标任务和重大政策措施，创新全民健身组织方式、活动开展方式、服务模式，开展了实施效果评估和满意度调查，使农村体育公共服务能力不断强化。基本形成了政府主导、部门协同、社会参与的农民体育事业发展新格局。

（三）农村社区体育志愿组织呈现多元化趋势

1. 农村地区体育活动种类不断丰富

近几年，我国充分发挥社会组织，尤其是基层体育社会组织作为构建公共体育服务体系的重要力量。基层体育社会组织在组织群众开展活动、对群众进行科学健身辅导以及对群众身边体育设施维护都能发挥作用。全国各地因地制宜，摸索出许多成熟的经验做法。2016年，重庆市农民体育协会主动把农民体育工作融合到农业产业发展中，举办了全市的特色赛事活动；在运动会的项目设置上，改变以往单纯的竞技比赛，把赛场放到了田间地头。2016年，在永川区黄瓜山举行了全市农民水果采收运动会，2017 年在潼南区柏梓镇万亩柠檬基地举行了全市柠檬采收运动会。结合农业特色的健身活动受到了农民朋友的欢迎，得到了广泛认可。为进一步丰富广大农民群众健身活动内容，重庆市农民体育协会启动了农民体育特色项目的挖掘整理。通过深入挖掘整理乡村传统体育特色项目，推出了城口“钱棍舞”、巴南“帮鼓舞”等非物质文化遗产类特色项目，充分展现了农村人民体育活动的地区特色。

2. 农村社区体育志愿服务形式多样

近几年，体育志愿服务行为促进了全民健身的深入发展，倡导了农村健康文明的生活方式。农村流动人口思想更为活跃，见识较广，是开展农村社区体育的积极响应者和参与者，也是促进农村社区体育志愿组织发展的重要力量。因此，按城乡一体化发展起来的城市的农村地区社区体育志愿组织更具发展优势，能提供更多好的经验和借鉴。以江苏省江阴市为例，江阴市的新农村建设走在全国前列，农村居民人均可支配收入连续 17 年位列江苏省同类城市第一，农村“10 min 体育健身圈”已经实现全覆盖，全民健身活动广泛开展，涌现出一些优秀的体育志愿组织。截至 2016 年底，城市志愿组织有 500 多个，志愿者注册人数已达 92 400 人。江阴市农村社区体育志愿组织呈现多元化特点，表现在“以兴趣结社”的体育单项志愿服务形式、综合志愿服务组织中的体育志愿服务形式、体育俱乐部的体育志愿服务形式和专业的体育志愿服务等多种形式并存的现象。既有多种模式并存的民间体育志愿组织，也有多种模式并存的正规体育志愿组织，以“自下而上发起，自上而下推广”的模式为主，多种体育志愿模式有序发展。

专栏一：

李雪颖：农村生活新风尚

2017 年，在湖南常德柳叶湖举行的全运会群众比赛龙舟决赛上，55 岁的方金彩和队友们齐心协力斩获了多枚金牌，站在了全运会的最高领奖台上。方金彩是土生土长的广东佛山顺德乐从镇人，在她的记忆里，年轻时每天有很多农活要干，种田、种甘蔗、养蚕、养鱼……结婚生子后，又要兼顾孩子，生活变得愈发忙碌。然而，这种循规蹈矩的生活在她 40 岁时有了变化。在妹妹的牵线下，方金彩参加了村里的龙舟运动，还收获了好名次，这大大激发了方金彩参与比赛的热情。她不仅成为龙舟队的主力队员，还成了当地有名的“龙舟大妈”。“身经百战”的方金彩获得的金牌、奖牌多到自己都数不清。她感慨地说：“因为龙舟，我的人生变得精彩；因为全运会，我的龙舟运动生涯圆满结束，全运会金牌是我最好的退休礼物。”

体育赛事为农民朋友打开了一扇通往大千世界的门，为他们提供了在田间地头外，同样能够一展身手的舞台。参与体育比赛所收获的成就感、获得感甚至超过大丰收带来的喜悦。不只全运会、全国农运会等大型综合性运动会，中国各地因地制宜、各具特色的“农味儿”十足的体育活动让千千万万像方金彩一样的农民朋友感受到了竞技体育的魅力。几年来，方金彩代表广东队、国家队参加了多项国内外龙舟赛事，屡夺金牌。至今，她的手机上还保存着在2005年德国龙舟世锦赛上夺金时的照片，照片上方金彩在龙舟上兴奋地挥舞着五星红旗，“那是我第一次获得世界冠军，能为国争光，非常难忘。”挑玉米、背化肥、柠檬采收比赛等，平日里的农活儿也能趣味十足。即使胸前挂的不是“高大上”的奖牌，手拿牙膏、洗衣粉这样的小奖品也能带来运动的快乐。如今，在广大农村地区，体育运动成为农民朋友们茶余饭后及农闲时的娱乐新选择。体育运动把人们带离了酒桌、牌桌，邻里关系在广场舞的音乐声中、在篮球场上、在乒乓球台前变得更加融洽，和谐新农村有了新风貌。

二、农村体育事业存在的主要问题

（一）农村体育意识淡薄

当前我国的农村地区，尤其是经济欠发达的偏远农村地区，群众的体育健身意识淡薄，意识不到体育运动的重要性和积极影响，也没有养成体育运动的习惯，把体育锻炼视作一种负担，对体育运动的认识也不到位。一些农村地区的家长把关注点放在孩子的学习上面，重视“知识改变命运”，却忽视了孩子的个性化发展和体育活动的参与，体育锻炼不仅可以强身健体，还有利于个体心智的锻炼。部分农民认为由于他们经常做农活，所以不需要额外进行体育锻炼也能保持身体健康，并且这种观念已经根深蒂固，缺乏自觉投入体育锻炼的意识；由于缺乏对体育锻炼的重视，且农民的闲暇时间较少，支配时间的能力也十分有限，因此他们在闲暇时更愿意把时间花费在一些静态的娱乐消遣活动上，这类娱乐消遣活动显然不如体育锻炼更能给人带来身心上的益处；此外，许多农村群众对体育文化活动的认知程度较低，对体育文化节目创编以及赛事参与缺乏兴趣和热情。《2016年全民健身活动状况调查公报》数据显示，当前城镇人口中超过65%的人参与过体育文化活动，而农村中这一人口比例为38.7%。可见，当前农村体育文化活动开展与普及程度还与城镇有着较大的差距，依然任重道远。

（二）农村体育条件仍较落后

1. 体育公共产品配置不足，政府支持力度尚待提高

当前，我国大部分农村拥有一定数量的体育健身设施。这是因为大部分农民慢慢开始意识到加强体育锻炼对自己的身体健康有很大的帮助，对体育锻炼持“可有可无”态度的农民已经是少数，农民参与体育锻炼的积极性也在渐渐提高。但是，对应于农民群众对体育锻炼日益增长的需求，体育锻炼的场地、设施的供给依然呈现出一种“供不应求”的现状。由于目前农民普遍收入水平较低，要依靠农村群众自发地建设体育设施，无疑会大大影响到农村地区体育事业的发展。为此，就需要政府投入充足的资金用于支持农村地区的体育设施建设，这对于农村体育设施建设的全面落实具有重要作用。但实际的情况是，尽管近年来地方政府开展农村体育公共产品配置，并建立了一套服务机制，对不同规模村镇的体育公共产品供给情况作出了明确的规定，但随着时间推移，过去的服务机制与农民对体育公共产品的现有需求不匹配，农民对体育设施的需求量日益增大且需求多样化，加之政府配置体育公共产品的种类单一、质量较低、总

量不足，使得农村大部分地区体育公共产品配置严重不足，一定程度上也影响了农村居民体育锻炼的积极性。

2. 体育产品服务主体单一化

近年来，国家出台了多个法律法规鼓励企业、事业、社会团体、个人等社会力量进行体育设施建设，以便形成多元化的筹资渠道。但调查表明，在新型农村社区建设中，体育场地设施建设资金仍以社区自筹和体育彩票公益金为主，个人投资兴建体育设施仅占 6.67%。虽然有 16.67%的社区得到企业的资金支持，但这些社区均是“村-企”共建社区。这说明，市场及个人筹资建设体育场地设施的利益驱动性不足。访谈中了解到，导致这一现象的主要原因：一是农村社区居民健身需求和意愿较弱、经济收入不高或体育消费意识不强；二是国家缺乏完善的关于个人和单位投资公共体育设施的法律法规。

在农村地区，通常情况下，即便农民有进行体育锻炼的观念，希望通过运动使身体变得更健康，也较少有人愿意将收入的一部分花费在公共体育产品上，但对于政府投入资金购买的公共体育产品，他们是十分乐于使用的。这是由于在宏观经济学中，消费行为常常搭上免费公共产品或服务的便车，存在免费公共产品、服务，就存在消费行为；反之，消费行为就不会发生，这种“搭便车现象”在农村体育公共产品的使用需求上表现得愈加明显。例如，由政府投资修建的健身公园、体育广场以及多媒体传播平台等，在建成以后，当地居民对这些设施的使用大大增加，但在修建之前很少会有人愿意为这些设施投入资金，即便这些设施今后可以投入使用并为自己带来益处。提供公共产品具有外部效应，在管理和成本控制上，实现最佳的边际成本是极为困难的，较难通过市场实现资源的良好配置，这导致了体育服务公共产品的供给方只有政府，而政府的配置方式采取的是自上而下的强制性配置决策机制；加之农村体育公共产品配置权责不明确，在配置过程中，责任的推诿情况较为普遍，配置任务自上向下传递，但财权没有做到有效的下放，导致体育公共产品的配置在农村地区落实不到位，剥夺了农民本应享受到的国家提供的体育公共产品和公共服务，新农村体育公共产品的供给陷入了质与量上的不匹配以及市场功能空白的困境。

（三）农村体育人才队伍不足

对于农村体育运动的开展，往往存在着技术性上的要求，而在农村地区，由于教育条件有限和知识水平的限制，导致在农村地区对专业性运动的专业知识较少，掌握程度较低，缺乏专业的体育教学人员，容易造成身体上的损伤和物质上的缺乏，对农村体育文化建设的开展造成了一定的困难。此外，农村教学条件较为落后，体育设施、器材配备不够完善，农村体育教师专业发展缺乏硬件保证，导致农村地区师资匮乏。科学合理的评价机制能够促进体育教师进行自我反思，改进工作，从而提高学校体育教学质量。但当下农村体育教师的评价机制尚不够科学合理，对农村体育老师的社会认同也不够合理，大部分农村体育教师自我认同感偏低，导致农村体育教师这个职业的吸引力度较低，体育教师的进取心及工作积极性也会受到损害，不利于农村体育事业的长期发展。

（四）农村社区体育场地设施供给存在局限

1. 轻视农村体育场地设施现象依然存在

从查阅试点新型农村社区建设规划设计图来看，规划项目组均制作了土地利用图、总平面规划图，并对各种图件的建设要求制作了各项专题规划图件。有调查表明，规划、建设人员能将体育场地设施建设与水电网等其他基础设施建设看作同等重要的仅占21.74%；有65.22%的被调查者认为，体育场地设施规划建设的重视程度比水电网等其他基础设施的重视程度要低。有学者深入社区实地访谈也了解到，新型农村社区体育场地设施建设均滞后于其他基础设施建设，有的社区由于受资金不足的制约，体育场地设施建设成了“可有可无”的扫尾工程。

2. 社区体育场地设施未能与学校体育场地设施建设有机融合

各省市新型农村社区规划建设导则均将小学甚至初级中学列入社区建设的重要内容。但有调查表明，由于投入主体的不同，社区体育场地设施建设未能与辖区内学校体育场地设施建设有机融合，不仅造成资源的极大浪费，也不利于提高体育健身资源的利用率。新型农村社区规划中的学校建设资金是由当地教育部门投资建设，而新型农村社区建设是由当地民政部牵头、社区居委会筹资建设。由于受资金不足制约，又缺乏宏观的组织协调，难以达成共建共享。

三、农村体育事业发展的重点任务

（一）健全农民群众身边的健身组织

中国农民体育协会要积极发挥全国性体育社会组织在开展全民健身活动和提供专业指导服务等方面的龙头带动作用，不断提高承接农民体育公共服务的能力和质量。县级以上农业和体育部门要积极创造条件，推动农民体育协会等社会组织建设，努力做到组织领导有力、机构人员齐全、经费保障落实、活动开展有序。充分发挥各级农民体育协会在参与全民健身公共服务体系建设方面的重要辅助作用，积极引导其承办和参与农民体育赛事活动、社会体育指导员培训、农民体质监测等工作。各级农民体育协会等社会组织要与乡村文化站（中心）和老年体育协会等协同联动，共同做好农村体育工作。要在乡村着力培育发展农村基层文化体育组织，逐步形成并完善农民体育社会组织网络。各级体育部门和农业部门要积极支持指导农民体育协会和农村体育社会组织的发展，鼓励具备条件的各类农业企业、农业园区成立基层农民体育组织，调动各方面积极性，推进资源整合利用，共同解决基层农民体育组织在人、财、物和科学健身指导等方面的问题。

（二）建设和利用农民群众身边的场地设施

结合农村社区综合服务设施建设和乡村文化站（中心）资源整合，继续加大“农民体育健身工程”实施力度，有条件的地方要积极探索农民体育健身工程向人口相对集中的自然村屯延伸，选择部分有代表性的村屯开展农村体育设施整村全覆盖试点工作，为农民体育健身工程升级版积累经验和探索途径。结合实施扶贫攻坚项目，优先扶持贫困农村体育健身场地设施建设。

按照“十三五”全国体育场地人均面积要求，以多种方式留足农村体育健身用地，提倡利用农村闲置房屋、集体建设用地、“四荒地”等资产资源，并注意与土地利用总体规划和休闲农业及乡村旅游等项目相衔接。积极探索农村体育场地设施更新和维护管理长效机制，体育、农业部门要建立定期巡检制度，做好已建成场地设施的使用、管理和提档升级。鼓励有条件的乡村企事业单位和学校向农民免费或低收费开放体育场地设施。

按照实施乡村振兴战略总要求和“因地制宜、整合资源、乡土特色、方便实用、安全合理”原则，紧密结合美丽宜居乡村、运动休闲特色小镇建设，科学规划和统筹建设农村体育场地设施，促进农民体育与乡村旅游、休闲农业融合发展，充分利用好农业多功能特点，鼓励创建休闲健身区、功能区和田园景区，探索创建乡村健身休闲产业和运动休闲特色乡村。

（三）丰富农民群众身边的健身活动

各级体育和农业部门向农民大力推广普及乡村趣味健身、广场舞（健身操舞）、健身跑、健步走、登山、徒步、骑行、游泳、钓鱼、棋类、球类、踢毽、跳绳、风筝、太极拳、龙舟、舞龙舞狮、斗羊赛马等农民群众喜闻乐见的体育项目，充分利用元旦、春节、全民健身日、国庆节等节假日和农闲时间，面向农村农民，以比赛、联赛、巡回赛、活动展示等形式，广泛开展各类群众喜爱、有特色、易普及推广的体育健身活动，介绍健身方法、传授健身技能，培养其健身兴趣，使体育健身成为农民的好习惯、农村的新时尚。

利用筹备和举办 2022 年冬奥会的契机，积极实施《群众冬季运动推广普及计划（2016—2020 年）》，在农村推广普及冰雪健身项目。传承推广民族、民俗、民间传统体育项目，重点挖掘整理列入乡村非物质文化遗产的传统体育项目。结合农业生产和农家生活创新编排一批充满乡村气息、具有农味农趣、体现农耕文化内涵，融健身娱乐、表演观赏和比赛活动于一体，农民愿参与、能参与、乐参与的体育健身项目。把农民体育纳入“三下乡”活动内容，结合冬春农民科技大培训，将体育健身科学知识、器材用品、健身项目、赛事活动送到乡镇、送入村屯。

（四）积极组织开展农民群众身边的赛事活动

继续深入开展“亿万农民健身活动”，因时、因地、因需举办不同层次和类型的农民体育赛事活动，充分发挥体育赛事活动对农民参加体育活动的宣传引导、技能训练和素质提升作用。开展赛事活动要紧密结合农业农村经济发展和农民日常生活，倡导和鼓励农村基层发挥历史传统、农耕文化、产业特色、休闲农业和乡村旅游等资源优势，结合新农村建设和农时季节，按照“就地就近、业余自愿、小型多样”的原则，经常性举办农味农趣运动会、美丽乡村健步走、快乐农家广场舞等丰富多彩的基层赛事活动，形成“一地一品”，推进农民体育健身常态化、制度化和生活化。积极组织农民参加中国农民体育协会举办的多样的赛事和培训活动，如 2017 年 5 月于江苏省举办“激情领跑”全国农民体育健身大赛，8 月于山东省举办“舞动乡村”全国农民健身操（舞）大赛，9 月于武陵山区举办农民健身操（舞）教练员培训班，10 月于广东省举办“放飞梦想”全国农民风筝大赛，以及国际（全国）龙舟或风筝大赛等。

充分发挥中国农民体育协会优势和地方政府积极性，重点支持和打造体现“三农”特色、影响力大、可持续性强、具有乡村特征和传统文化底蕴的农民体育特色品牌赛事活动。在此基础上提炼总结、提升发展为具有广泛群众性、参与性、普及性的全国性农民体育赛事活动，重点办好全国性的农民体育健身大赛、乡村农耕农趣农味健身交流活动和农民体育骨干健身技能提升暨展示等具有示范带动作用的品牌赛事活动。同时，积极探索构建农民群众广泛参与的健身项目赛事体系，以联组、联办、联赛形式为主，村（社区）、乡镇、市县、省、全国层层联动，社团组织、企业园区多方合力，让广大农民广泛参与体育健身赛事活动，形成“农民健身，赛事同行”。积极推进由中国农民体育协会组织开展的创建“亿万农民健身活动”示范基地工作，为农民体育工作搭建激励平台，广泛调动农村基层和农业园区、企业等积极性，充分发挥典型示范带动作用。

专栏二：

李琛：送体育下乡，为建设“美丽乡村”出谋划策

2018年杭州“联百乡结千村访万户”蹲点调研活动启动后，杭州市体育局结合系统“全局动员、全力以赴、决胜省运会、决战世锦赛、打造新铁军”工作主题，制订“10+1”任务清单，迅速开展“百千万”蹲点调研活动。

3月中旬以来，市体育局16个党支部共93名干部组成16个蹲点调研小组，分3批赴临安区岛石镇，共走访农户3700家，收集各类问题15个，宣讲中共十九大精神16次。调研组发挥体育优势，结合农村百姓需求，开展科技体育、体育教学、健康体育运动进农村16场次，深受百姓称赞。

4月10日中午时分，岛石镇中心学校的阶梯教室内，200多名师生兴致勃勃地聆听着市体育局航模中心教练讲授的“电动纸飞机”的原理和制作。一双双稚嫩的小手早已按捺不住了，把课前摆放在课桌上的纸飞机原材料拿了出来，边听着讲解边动手随着教练讲授的步骤而制作，一颗颗童心早已被调动。

在与岛石镇中心学校帅副校长的攀谈中，市体育局航模中心王天蓉主任说：“我们航模中心除了模型专业外，还有攀岩、轮滑、自行车等体育专业项目，对‘百千万’结对村的适龄学生，我们都持开放的态度，说不定下一个世界冠军就是从岛石镇产生的。”

4月11日上午，新桥小学迎来了市体育局体育中心蹲点调研组，体育中心沈主任透露，“我们昨天送乒乓球桌到村里的文化礼堂，今天与新桥小学互动一下，今年‘百千万’活动要在这里选几朵铿锵玫瑰。”调研组来了女足教练选队员，沈主任说：“农村的孩子相对能吃苦，也更容易培养出好的苗子。”

从今年“百千万”活动开始以来，市体育局按照活动方案部署，体察民情，了解民意，将问民生冷暖同体育局自身资源紧密结合。每一名带队市管领导干部在讲好党课的同时，结合蹲点调研村的实际情况，与结对村“两委”心连心，为建设“美丽乡村”出谋划策，尤其是在如何送体育下乡、送体育器材下乡、招揽农村体育人才等方面动足脑筋。

（五）加强农民群众身边的健身指导

各地体育和农业部门要研究制订并推广普及适合农民的健身指导计划，在有条件的乡镇开展体质监测和健康促进服务试点。编制符合农村实际、适合农民阅读的“亿万农民健身活动”系列丛书和《农民健身手册》，指导农民开展科学健身。充分发挥乡村干部、农村社会体育指导员、农民体育骨干、新型农业经营主体带头人和新型职业农民的指导与示范带头作用。运用移动互联等现代信息技术手段，建设运行农民体育管理资源库、服务资源库和公共服务信息平台，使农民体育服务更加便捷、高效、精准。探索开展农民体质监测有效方式，依托体质健康数据库，研究制订适合农民的运动处方库、健身指导方案和健身活动指南，开展农民科学健身指导，提高农民科学健身的意识和能力。

（六）营造农民身边的健身文化氛围

各级农业和体育部门要充分利用各类媒体，全方位、多角度、深层次宣传农民体育工作，在全社会营造党和政府重视农民健康，以健身促健康、奔小康的浓厚氛围。大力宣传开展农民体育健身是实施乡村振兴战略不可或缺的重要组成部分和重要基础工作，积极推广先进的健身理念、活动项目、经验做法，合力唱响人人爱锻炼、会锻炼、勤锻炼的健康生活时代强音。深入广大农村普及健身知识，宣传健身意义，树立健身榜样，讲述健身故事，围绕弘扬健康新理念开展喜闻乐见的宣传活动。中国农民体育协会要创办“亿万农民健身网站”，制作农民体育健身活动音视频作品，开发应用适应农民群众实际需要的手机 APP 等，为农民体育提供信息化综合平台和伴随服务。

四、农村体育事业发展的政策建议

（一）积极宣传，提高农民体育意识

地方政府需加强开展体育文化活动宣传工作，可以面向农村开展“体育科普知识”“体育三下乡”等主题活动，提升农民体育文化活动认知与参与意识。首先，应当加强体育文化宣传，展开对农民的现代体育意识与现代体育行为教育，有效改变其落后体育文化观念认知；推动体育生活化理念实践，将体育文化活动渗透于农民的日常生活当中，使体育逐渐成为其普遍接受与习惯的生活方式，引导农民降低体育锻炼门槛，组织体育团体，利用身边各类体育资源与设施开展体育活动。同时，基于“健康中国”与“全民健身”国家战略背景，建立起生态文明的可持续体育文化发展观念。针对农村实际情况，规划好体育文化活动项目，固定场所，丰富内容，充分利用农村体育文化资源优势，形成有地方特色的体育休闲文化项目；充分利用民族传统体育项目吸引农村群众积极参与，在自有资源的基础上，充分挖掘地方农民喜闻乐见的体育项目，形成特色体育文化休闲内容，提升地方农民体育文化活动参与和锻炼的积极性。例如，东北秧歌、毽子、秋千、传统武术等的开发与应用，促进农村体育文化活动乡土化、项目多样化、形式分散化发展。既有时尚的现代体育文化活动，也有传统的民族体育文化活动，使农民群众逐渐感受到体育文化活动的独特魅力。

（二）加大政府配置投入，补齐农村资源短板

政府应该建立统一合理的投入政策，改变原有城乡体育投入差别对待的情况。在“健康中国”战略与全民健身发展的推动之下，应进一步加强城乡统筹，促进农村体育文化事业发展，逐渐缩小城乡体育资源分配差异，构建起覆盖面广、系统性强的公共体育服务体系。例如，地方政府可将城市休闲体育、户外体育等赛事引入农村，如徒步比赛、自行车赛、越野比赛等，以城市体育带领农村体育活动热情，让体育走进更多农村人民的生活，使城市体育团体与组织带动农村体育文化事业共同发展；同时，积极引导社会力量参与农村体育文化设施规划、建设以及运营。另外，应进一步强化政府对农村体育文化活动的服务意识，加大农村体育基础设施投入力度，加大农村体育经费投入，缩小城乡体育设施条件差距，改造、兴建农村体育基础设施，通过企业赞助、体育彩票等扩大农村体育经费来源，结合政府财政拨款以及公益机构捐赠，将城市体育健身器材的运营与投资、维护向农村地区延伸。

（三）转变配置决策模式，加强民主参与

发展农村体育，强化农民健身意识，政府就必须转变角色，用服务的理念为农民提供体育公共产品和服务，包括各类公共体育设施和健身咨询等。为了更加科学、民主地配置农村体育公共产品，政府应当从宏观角度对农村体育发展现状进行调查和评估，了解农民对体育产品的需求情况，以制定更符合农民需求的、科学合理的配置制度，更加有效地配置现有的体育资源。政府免费为农村配置体育公共产品等设施，一来有助于提升农民的体育意识，二来能够满足农村居民参与体育锻炼时对基础设施的需要，让农民运动形成一种习惯性概念，并通过体育公共产品实现。公共产品和服务中的“搭便车现象”决定了政府在农村提供产品配置时所处的主导地位，政府通过财政制度运作，确保体育公共产品在农村普及，推动新农村建设。在新时期，政府的管理者角色应弱化，服务角色应增强，在制定农村体育决策时应以农民实际需要为前提，结合政府财政情况，制定合理科学的决策机制。农村体育产品最终的使用人和受益人都是农民，政府要始终以人为本，以农民需求为中心，让科学和民主渗透到配置决策制定过程中。

（四）鼓励市场介入，实现农村体育资源供给多元化

随着农民体育意识逐渐增强，农村体育消费需求也日益增长，仅仅依靠政府单一供给将会导致供给的不充分，也将给财政带来巨大压力，农民对体育产品的多种需求无法得到满足。在具体实施中，一方面，发挥政府主导作用，参照发达国家的成功经验，通过立法完善中央、省、市、县各级政府财政投资体制，合理划分社区体育场地设施建设资金由相应层级政府承担的比例；另一方面，政府要制定优惠政策，通过贴息、担保、保险、民办公助等方式，引导社会资金投入农村社区体育场地设施建设。政府作为连接市场和农村的角色，负责对农村体育公共产品的产权进行界定，对政府投入的公益性农村体育公共产品定义为集体所有，对市场主体投资配置的农村体育公共产品定义为投资者所有。

（五）强化农村体育事业组织管理

基于农村体育设施建设的工作基础，应当对农村体育文化活动开展必要的扶持和引导工作，加强农村体育事业的组织管理。首先，应当加强建设体育管理队伍，推动农村体育协会等组织的建设，充分吸纳农村地区的体育爱好者，强化农村体育队伍的建设培养，构建一批专业性更强的农村体育人才队伍。其次，应加强农村体育活动服务监督工作，搭建服务监督队伍，强化农村体育设施的管理和维护，提高体育设施及场地的使用率。最后，应继续推进农村青少年体育活动开展工作，充分利用农村中小学体育文化活动资源，构建出一批以培养农村体育后备人才为目标的体育训练基地等，为农村体育的后备力量提供更有力的保证。

（六）建立社区与学校体育场地设施共建共享机制

在新型农村社区建设中，地方政府应整合资源，并制定相关政策，解决社区与学校体育场地设施的资金投入问题，建立共建共享机制，使体育资源既能满足学校教学需要，又能为社区居民健身服务，从源头上解决学校体育资源不能对社会开放的矛盾。当然，在具体的实施中要发挥政府的主导作用。首先，地方政府要做好社区与学校体育场地设施建设规划；其次，要协调体育局在为社区配备体育器材设备的同时，也为学校添置部分运动器材设备；最后，地方政府要制定有关政策保障，规定学校与社区各自的权利与义务。一方面，社区要定期为学校建设增加一定的资金投入，保障学校体育场地设施的后期维修；另一方面，学校要加强场地器械维护与管理，确保各种运动器械设备功能完好地面向社区居民开放。通过制定切实可行的措施，实现社区与学校体育资源共建共享的“双赢”局面。

参考文献

曾爱明，2017. 浅谈农村体育设施建设现状 [J]. 体育时空（12）.

陈茂春，2017. 构建社会主义新农村中农村体育文化问题研究 [J]. 运动（4）：135-136.

陈晓军，陈娟，2018. 中老年人体育健身活动现状调查的研究 [J]. 体育科技文献通报（3）.

高中玲，2017. “健康中国”背景下农村体育文化活动的研究 [J]. 农村经济与科技（24）.

韩秋红，2015. 新型城镇化背景下农村体育发展路径与模型构建 [N]. 湖州师范学院学报（1）：7-14.

刘涛，2017. 试论新型城镇化背景下农村体育发展现状分析 [J]. 宏观经济管理（s1）.

马书彬，2017. 合理配置乡村体育教师队伍建设研究 [J]. 科技资讯，15（3）：249-250.

许彩明，关山，武传玺，2017. 我国新型城镇化背景下农村公共体育服务发展战略环境分析 [J]. 西安体育学院学报（6）：676-681.

许晓琴，谭震皖，王春，2018. 江阴市农村社区体育志愿组织的实地调查研究 [J]. 运动（6）.

杨凯，2017. 探究农村体育的问题与发展出路 [J]. 科学咨询（体育科研）（9）：10.

杨涛，2018. 新型农村社区体育场地设施供给现状与问题研究 [J]. 西安体育学院学报（3）.

杨涛，杜志娟，卓磊，2017. 新型农村社区体育场地设施建设中的问题与改进措施研究 [J]. 北京体育大学学报，40（8）：14-20.

张丹，王健，2017. 基于科学知识图谱的我国农村体育研究现状、特征与趋势 [J]. 武汉体育学院学报，51 (2)：17-23.

张玲燕，朱良洪，马春银，等，2017. 农村公共体育场地供需矛盾与究因分析 [J]. 体育科技文献通报，25 (1)：8-10.

周鹏，2017. 新型城镇化背景下农村体育公共产品配置现状与发展对策研究 [J]. 农业经济 (4)：59-61.

第五章　农村人居环境事业

农村人居环境是指农村居民赖以生存、生活的基本场所，是农村居民生产生活所需物质和非物质的有机结合体。近年来，随着中央和各地对改善农村人居环境力度的不断加大，农村人居环境取得了显著的成绩。

一、农村人居环境事业的新进展

（一）饮水安全进一步改善

水是生命之源，健康之本。饮水安全更是民生之要，事关人类生存、经济发展、社会进步，是治国安邦的大事。为解决我国农村地区饮水问题，国家发改委、水利部从2000年开始实施饮水解困，“十一五”“十二五”期间实施农村饮水安全工程建设，到2015年底，累计解决了5.2亿农村居民和4 700多万农村学校师生的饮水安全问题。“十三五”期间，国家发改委、水利部开始实施农村饮水安全巩固提升工程，大力发展规模化集中供水，到2017年底，巩固提升了9 400多万农村居民的饮水安全；农村自来水普及率达到80%，千人以上供水工程覆盖人口比例达到73%，农村饮水安全问题得到了明显的改善，农村饮水安全保障水平显著提高，不少农村地区解决了祖祖辈辈、世世代代喝水难的问题，大部分农村居民像城市居民一样，喝上了自来水。但是，农村饮水安全涉及人口多，工程点多、量大、面广，发展起步晚、历程短，投资标准低，总体来说还处于初级发展阶段，与农村居民对美好生活向往的需要还有不小差距，需要持之以恒、坚持不懈地实施下去。

（二）危房改造和传统村落保护迈上新台阶

在农村危房改造方面，自2017年起，集中支持建档立卡贫困户等重点对象，下达改造任务190万户，补助标准从户均8 500元提高到1.4万元。在传统村落保护方面，加大传统村落保护力度，新安排54亿元中央补助资金，启动第五批传统村落调查，建设传统村落数字博物馆，筹备传统村落保护发展国际大会。

（三）垃圾污水治理步伐加快

根据住建部的统计，2016 年全国农村生活垃圾处理率超过 60%，2 年增长了 20 个百分点、约 12 万个行政村，相当于过去 10 多年的进展，有 8 个省通过 10 部委组织的全面治理验收。开展农村生活污水治理百县示范，带动 190 多个县开展全面治理；在山东省召开现场会，大力推动农村厕所污水治理；2016—2017 年全国农村生活污水处理率增速是“十二五”时期的 3 倍。

（四）建设实用性规划和特色小镇建设稳步推进

在乡村建设规划方面，大力推进县域乡村建设规划和实用性村庄规划编制，组织全国检查，通报检查结果。截至 2017 年，指导并遴选 44 个优秀县域乡村建设规划示范和 129 个优秀村庄规划示范。加快培育特色小镇，住建部会同国家发改委、财政部印发培育特色小镇指导意见，印发保持和彰显小镇特色的通知，切实防止贪大求洋、大拆大建、破坏环境和传统文化。

此外，2016 年全国通公路的行政村比例为 99.7%，2017 年无电人口基本消除。目前，住建部启动了农村人居环境普查，连续 3 年开展全国普查，覆盖所有行政村，涵盖 30 多项指标。

经过多年来的治理，农村人居环境改善已取得很大成绩，尤其浙江等省已经建设成了一大批美丽乡村。但是，我国幅员辽阔，各地区情况不同，总体来看，农村人居环境还远不能满足广大人民的需求，改善农村人居环境、建设美丽乡村任重而道远。

二、农村人居环境事业存在的主要问题

由于历史欠账太多等原因，我国农村人居环境仍然存在不少突出问题：农村安全饮水形势不容乐观，农村危房改造任务依然繁重，农村垃圾污水治理任务艰巨，农村道路建设有待完善，农业面源污染比较严重。

（一）农村饮水工作依然任重道远

虽然近年来我国农村饮水安全保障水平不断提高，但一些地区农村饮水安全成果还不够牢固、容易反复，在水量和水质保障、长效运行等方面还存在一些薄弱环节。如全国仍有部分贫困人口的饮水问题尚未解决，主要集中在“三区三州”等深度贫困地区，工程建设难度较大，成本高，急需加大投入力度，在 3 年内全面解决。部分地区受水源分散、不稳定、本底条件差等因素影响，加上水处理、消毒、水质检测专业技术性较强，农村地区经济条件差，吸引不了技术人才等原因，水质存在微生物超标等情况。部分工程尤其是中西部贫困地区，农村人口居住偏远分散，农村饮水工程点多、量大、面广，处理难度大，基层管理能力较为薄弱，供水成本高，执行水价偏低，仅靠收费难以满足工程正常运行需求。

（二）危房改造任务依然繁重

虽然改革开放以来，我国农村地区住房建设得到了较大提高，但是，由于农村社会经济发展相对较慢，缺乏基本住房保障制度，在广大偏远农村地区，尤其是集中连片的特困地区，仍然有相当数量的困难群众无力改善居住条件，长期居住在危险房屋之中。甚至有一部分农村贫困群众仍然居住在20世纪六七十年代修建的泥草房、土坯房中。这些建筑粗糙、结构简单的老房子在多年风霜雨雪的侵蚀下大部分出现房屋结构受损的情况，常见的损坏问题有地基下沉，墙体开裂、倾斜，屋顶、墙面漏雨渗水，房梁屋柱朽化等。一些损坏严重的老旧危险房屋如果遇到夏秋强降雨、冬天冰雪等自然灾害，极易发生坍塌事故，时刻威胁着农村居民的生命财产安全。

当前，各级政府都十分重视农村危房改造工作，给予了农村危房改造较大的扶持力度。但补助资金缺乏仍是一个十分突出的问题。作为危房户，自身经济基础较差，很难自筹到房屋改造资金，往往因为改造住房而加剧了自身的贫困程度。还有当前农村危房改造过程中施工人员多为农村周边劳动力，缺乏施工经验，在资金和专业技术人员普遍不足的情况下，农村危房改造的质量很难得到保障。根据相关规定，我国农村危房改造的补助对象必须达到两个标准，即经济最困难和住房最危险。但在实际推行农村危房改造项目的过程中，这一标准几乎很难完全实现。一方面，在部分农村地区存在不符合危房改造标准的农民，通过送人情或贿赂负责人来取得住房改造名额，这使得相应的真正需要住房改造的农户却没能享受这一待遇；另一方面，农村最弱势困难农民往往严重缺失教育和劳动技能，难以筹集资金而无法实施危房改造，这样名额就只能给相对困难的农户，使得最困难、最需要住房救助户的权利被剥夺了。

（三）农村垃圾污水治理任务艰巨

在过去的30年里，我国环保工作的重心主要放在城市工业环境污染，但随着我国城乡一体化进程的不断推进，农村生活条件与经济发展得到很大提高，与此同时环境污染问题也接踵而来。然而，由于农村环境基础设施配套不到位，农民环保意识不强，环境保护工作一直迟滞不前。

第二次农业普查显示，2016年农村实现垃圾集中处理的村仅占15.8%；住建部的公开资料显示，2016年我国农村污水处理率仅为22%。40%的行政村没有垃圾收集处理设施，78%的行政村未建设污水处理设施，40%的畜禽养殖废弃物未得到资源化利用或无害化处理。目前，大部分农村没有建立相应的污水和垃圾的处理设施，农民还是采用传统的处理方式，将生活污水洒在房前屋后或是自家院中，道路两旁成了没有覆土的垃圾填埋场，自然低洼地成了天然垃圾箱，造成村内晴天蚊蝇滋生、臭气熏天，下雨天污水中带着生活垃圾四溢。尽管我国农村生活垃圾处理能力已有大幅提高，但仍有一半以上农村生活垃圾未得到有效处理，"垃圾围村"现象仍然比较普遍，而且每天的日常生活中所产生的污水量可以达到数千万吨。因此，在治理农村地区的环境污染所需要的资金投入十分巨大。从一般的情况分析，生活污水、生活垃圾在处理设施建设以及维护工作中的费用就是一笔不小的开支，而这些支出仅仅依靠地方的财政支出是难以满足的，并且不同地区中所需要治理方式具有较大的差异性，由此导致了农村地区的环境污染处理方面没有取得显著的成效。

（四）农村道路建设有待完善

尽管在新农村建设过程中，农村道路建设取得了好成绩，但从当前实际情况来看，我国农村道路建设情况，仍无法满足农村实际发展需求。存在的比较突出问题有两个：一是农村道路实际建设质量无法达到国家相应标准，资源、资金出现大量浪费。道路建设过程中，仅有少部分城乡政府设立监督部门，并留有相应资金与人力，而其他一些地区忽略了管理机制的重要性，缺少规范化管理，施工现场过于混乱，质量难以保证。二是重视建设、忽视养护，致使建养关系缺少协调性。在对农村公路进行养护与管理时，普遍缺少相应资金扶持，甚至无法达到养护标准；公路养护、管理体系存在漏洞，多数公路没有开展养护工作，仅由乡政府、村委会安排居民简单进行养护，无法满足道路养护标准；养护技术过于落后，即铁锹与扫帚为主要工具，且工艺粗放，使养护质量不断下降。

（五）农村农业面源污染比较严重

由于农村面源污染具有分散性、隐蔽性、随机性、不易监测、难以量化等特征，同时又与农业生产紧密结合，人们对农村面源污染认识不足，特别是农业生产者没有防治意识，没有成为面源污染防治的主力军，致使面源污染依然存在。一些地区缺乏对农村面源污染长期的基础性监测调查与研究，系统的基础数据不完善，导致有效的防控技术标准和措施无法制定，可选用的实用技术少，多数还是借用点源污染控制的工程技术，但以末端治理为主的工程技术难以达到综合治理的效果。以牺牲环境为代价的产业发展导向仍然存在，如对化肥的扶持政策抑制了有机肥市场的发展；因为农业生产的特殊性，环保法律法规执行力度不够；一些强制性、引导性技术标准和规范缺乏，农民掌握使用的技术规范更少；在政策层面支持农业废弃物资源化利用的优惠措施不明确。长期以来，环境保护实现“谁污染、谁治理”，环保投入的主体是业主，因而农村面源污染防治投入很难落实；而政府有限的财政投入，也主要集中在城市和工业上，对农村环保投入甚少。历史欠账多，落后的基础设施与日益加大的污染负荷之间的矛盾日益突出，直接导致了农村环境污染的加剧。

三、农村人居环境事业发展的重点任务

（一）农村产业发展与引领

农村产业是农民赖以生存和发展的基础，农村的人居环境很大程度上要受农村产业发展的影响，改善农村人居环境的前提是搞清农村产业的发展需求，推动农村产业良性发展并使人居环境与产业发展相适应。

推进农村产业发展，要与实施乡村振兴战略的大目标结合起来，围绕推进农业供给侧结构性改革这个主线开展。要坚持以市场需求为导向，结合当地资源和自身优势，主动对接农村一二三产业融合发展，接二连三、三产互动，形成良好的产业分工和利益分配关系，让农民参与产业发

展并分享二三产业增值收益。在实际工作中，要引导农民做到“三个对接”：主动对接新一轮优势农产品区域布局规划和特色农产品优势区建设，积极发展规模种养业、特色农业和设施农业；发展农产品烘干、储藏、保鲜、净化、分等分级、包装、营销等农产品加工流通业，引导开发营养安全、美味健康、方便实惠的加工食品。主动对接农业新产业新业态，发展升级版“农家乐”、采摘园和休闲农业聚集村，提升休闲农业和乡村旅游的产品与服务档次，把农业打造成养眼洗肺、健康养生的幸福产业；发展农村电商、文化创意、养生养老、中央厨房、农村绿化美化等生产性生活性服务业和各类新产业新业态新模式。

要深入研究新的产业模式对农村人居环境可能产生的不利影响和有利因素，按照可持续发展的策略，一是大力治理农村产业化过程中形成的各种类型的环境污染，保障农村人居环境的干净整洁、美观宜居；二是要引导村民合理设计和建造房屋、街道等居住生活设施，使其具有部分的产业发展承接功能，既宜居又能为产业发展服务。

专栏一：

生态旅游产业引领美丽乡村建设

浙江省安吉县是中国唯一一个获得联合国人居奖的县级行政区划，是中国首个生态县。安吉从1996年开始发展乡村旅游，经过了十余年的探索，已经取得了傲人的成就。2009年，安吉县被农业部和国家旅游局命名为全国首个休闲农业与乡村旅游示范县，是全国著名的竹乡，安吉县政府编制了《安吉县休闲旅游业规划（2011—2020）》《安吉县旅游业“十二五”发展规划暨旅游目的地建设行的方案》，将乡村旅游产业发展纳入休闲旅游业总体规划，打造“中国美丽乡村”第一示范区。2012年，安吉获评“2012浙江年度旅游发展十佳县”。

浙江省安吉县高家堂村位于全国首个环境优美乡——山川乡境内，全村区域面积7平方公里，其中山林面积9 729亩，水田面积386亩，是一个竹林资源丰富、自然环境保护良好的浙北山区村。高家堂是安吉生态建设的一个缩影，以生态建设为载体，进一步提升了环境品位。

高家堂村将自然生态与美丽乡村完美结合，围绕“生态立村——生态经济村”这一核心，在保护生态环境的基础上，充分利用环境优势，把生态环境优势转变为经济优势。现如今，高家堂村生态经济快速发展，以生态农业、生态旅游为特色的生态经济呈现良好的发展势头。全村已形成竹产业生态、生态型观光型高效竹林基地、竹林鸡养殖规模，富有浓厚乡村气息的农家生态旅游等生态经济对财政的贡献率达到50%以上，成为经济增长支柱。高家堂村把发展重点放在做好改造和提升笋竹产业，形成特色鲜明、功能突出的高效生态农业产业布局，让农民真正得到实惠。从1998年开始，对3 000余亩的山林实施封山育林，禁止砍伐。并于2003年投资130万元修建了环境水库——仙龙湖，对生态公益林水源涵养起到了很大的作用，还配套建设了休闲健身公园、观景亭、生态文化长廊等。新建林道5.2公里，极大方便了农民生产、生活。同时，着重搞好竹产品开发，如将竹材经脱氧、防腐处理后应用到住宅的建筑和装修中，开发竹围廊、竹地板、竹层面、竹灯罩、竹栏栅等产品，取得了一定的效益。并积极为农户提供信息、技术、流通方面的服务。同时，积极鼓励农户进行竹林培育、生态养殖、开办“农家乐”，并将这三块内容有机地结合起来，特别是“农家乐”乡村旅店，接待来自沪、杭、苏等大中城市的观光旅游者，并让游客自己上山挖笋、捕鸡，使得旅客亲身感受到看生态、住农家、品山珍、干农活的一系列乐趣，亲近自然环境，体验农家生活，又不失休闲、度假的本色。此项活动深受旅客的喜爱，得到一致好评，而农户本身也得到了实惠，增加了收入。

（二）农村生活垃圾、污水和厕所治理

在垃圾方面，首先要做好源头减量，多鼓励绿色生活方式，减少垃圾产生；明确垃圾产生责任，谁的垃圾谁负责，通过责任制的建立，降低垃圾的产生；限制过度包装，提高塑料使用成本（提价、加税），限制塑料制品的使用，鼓励使用可降解的材料；生产厂家要征收垃圾处理税费，一些电器要预收处理的费用；垃圾的收集便捷性和频次要适度，宣传鼓励自家卫生自己做，同时把市县用于处理农村生活垃圾的费用部分奖励给农村，以小利驱大利。

污水方面，首先要提高重视程度，加强投入；统一规划，针对不同地区，如水源地、河网地区、人口密集地区、旅游景点、山地、地广人稀等地区，分区分类施策；推广分户式处理；研发便捷实用的农村粪尿资源化利用设备；鼓励多采用分户净化槽、化粪池、生态湿地等适合农村特点的处理方式。

“厕所革命”方面，厕所是农村人居环境最后的环节，用革命的方式把最差的地方处理好，倒逼农村人居环境的全面提升；研发便捷清洁实用的设备，把农村的粪便资源化利用，改善土壤污染；循化利用污水，通过处理后的水冲洗厕所；厕所的标准适当超前；加强通风，完善厕所的各种配套功能；新建厕所位置的选择要远近适宜，可以改造利用现有的设施。

专栏二：

农村改厕，福建省宁德市这样做

眼下，一场轰轰烈烈的“厕所革命”在闽东大地全面推开，村民也将像城里人一样拥有干净整洁的卫生间。

把群众的小事当大事，化民生的期盼为目标

从2016年起，宁德率先推行农村改厕改水行动，并将其作为“两学一做”学习教育的重要内容，认真加以落实，取得明显实效。

记者在闽东乡村采访时发现，许多农家都已经把昔日脏乱的旱厕改造成干净整洁的卫生间。看着修缮一新的厕所，今年65岁的屏南县代溪镇恩洋村村民韦宝珠高兴地说：“这个冬天，再也不用跑出户外如厕了，我们也有像城里一样干净整洁的卫生间了。”

韦宝珠只是宁德推行农村改厕改水的受益者之一。

2016年，宁德选择屏南、周宁、寿宁、福安、福鼎5个县（市）16个村开展改厕治污试点。之后，农村改厕改水全面推开，3年内全市将投入9亿元，帮助2 135个行政村完成农村改厕改水，受益人口将达104万人。

小厕所，大民生

宁德成立市级改厕治污工作领导小组，明确农村改厕责任人、完成时限和相关工作机制，市、县、乡（镇）、村层层签订目标责任书。

同时，按“一县一个实施方案、一县一套建设模式、一县一种补助办法”思路，推进改厕改水工作取得突破，如屏南县推广“四统一分”工作机制，即在规划建设过程中，全村统筹考虑、统一设计方案、统一安排施工、统一采购建材；对改厕受益户分户登记，完善电子档案。

从“要我改”到“我要改”

“农村改厕，有政府补助，还能改善我们的生活环境，好事一桩哪!”陈宗发是周宁县李墩镇际头村第一个改厕示范户。在他带领下，全村42户村民逐渐实现从“要我改”到“我要改”的思想转变。在古田县凤埔乡平沙村，以党员为骨干的服务先锋队、卫生劝导队、巾帼行动队活跃于乡村。他们每月开展一次改厕改水大检查、大整治，评选出党员示范户、星级家庭等，激发大伙儿改厕改水的热情。

农村改厕，钱从何处筹？宁德按每户厕所改造，财政投入资金不低于50%的要求，以县（市、区）财政投入为主，市级财政安排4 000万元奖补资金，整合省、市、县、乡各级各部门惠农、支农资金，形成资金合力，推动农村户厕改造和污水处理。

“农厕改造，每户可获得补贴2 400元，由村里统一购置建设材料，统一施工、统一结算，降低了两三成的建设成本。”柘荣县乍洋乡南洋村村支书许瑞平说，农村改厕改到了百姓的心坎上，全村132户积极响应。

“改厕的关键是改水，宁德创造性地将改厕工作与污水治理、新村环境整治、美丽乡村建设等工作结合起来。”宁德市住建局局长何必良说，市、县住建部门组建技术指导分队，因地制宜指导改厕治污。

改水改厕还被宁德市农村基层党组织列为“两学一做”学习教育制度化常态化的实践内容。福鼎市白琳镇白岩村党支部积极争创改厕改水试点，投入188万元完成全村污水管道等设施建设，实现全村450户污水全部收集，村庄变得更美丽。

督促检查与奖惩激励并重

“厕所革命”，不仅改变乡村面貌，还大大提升了乡村内在美。

为全面推开农村改厕改水，宁德将农村改厕工作纳入各县（市、区）政府年度绩效考核，党委组织部门把这项工作纳入考察、识别干部的内容，并建立科学的督查考核机制，调动干群工作积极性。如果发现农村改厕进度慢的县（市），就会约谈相关的县级有关领导。

同时，制订由组织部和住建部门负责的督查考核办法，每个县随机抽查2个乡镇，每个乡镇抽查2个村，在这样的双随机方式下开展督查考核，最后对各县（市、区）进行绩效排名，排名靠前的县（市）有额外奖励。

此外，宁德建立改厕奖励补助机制，政府出资为建档立卡贫困户、低保户、五保户进行改厕；对一般村民采用一体化粪池的，平均每户给予2 000元补助。

农村厕所建好了，如何管才是关键

“对一般农户采取自用自管，对集体厕所采用‘农户＋专业’管理模式。”宁德市住建局村建站站长潘建说，市住建部门编制了《卫生厕所使用指南》，建立化粪池定期清掏、人工湿地及时清理、有机肥充分还田的清运机制。

（三）农村农业面源污染整治

推进农业面源污染治理与控制，是建设美丽乡村的必要工作，也是推进生态建设的必要举措，它关系到整个农村人口健康、农产品质量安全。为此，地方政府应高度重视农业面源污染治理与控制，将其作为各级党委、政府的重大工作任务，健全法律制度，创新体制机制，切实维护和保障广大人民群众的切身利益，牢牢稳步推进“生态农业发展，面源污染防治”。

农业面源污染防治是一项重大、系统工程，需要政府、社会、农户的全面配合。在此过程中，应加大可持续发展的观念与生态环保理念的宣传。开展多形式、多层次、多渠道的生态环保理念宣传，让更多的村民了解面源污染的危害，逐渐提高村民对生态环保的重视。

为控制化肥农药带来的污染问题，应推广国际上先进的精量施肥技术与测土配方施肥技术，并根据农田施肥的方式、用量、农作物品种、施肥时间等参数，针对性地制定合适的生产技术规范，进一步指导农民根据作物需求以及土壤情况制订合理的施肥计划，优化化肥的使用结构配比。同时，还应大力推广无害防治技术，减少化学农药的使用，选择对环境更加友好的物理防治、农业防治、生物防治技术；推广生物肥、有机肥的使用，以减少化学肥料的使用。

在禽畜养殖污染防治方面，要以“预防为主、防治结合”为原则，在保持经济性的前提下，提高防治技术的实用性，在贯彻落实技术措施的同时，提高管理措施的水平，提高资源利用水平，实现污染全面处理。在技术路线上，应从源头上削减污染来源，优化资源配置与利用，实现清洁生产，杜绝二次污染，因地制宜地根据生产工艺及环境特点选择污染防治措施。

在农膜污染防治方面，应尽可能选择目前对环境危害较小的可降解农膜产品，包括生物降解农膜、光降解农膜等。同时，还应大力开发能够替代农膜产品的先进技术，如加大天然纤维产品生产技术的研发力度，以代替塑料农膜。

专栏三：

甘肃天水农业面源污染治理有好招

天水市位于甘肃省东南部，山多川少，90％以上耕地为山旱地，地形地势复杂，其地貌在我国西北地区具有代表性。2014年，全市农业增加值90.65亿元，较2010年增加30.47亿元，增长50.6%；农民人均纯收入达到4 982元，较2010年增加2 157元，增长76.4%；粮食总产量达到123.8万吨，较2010年增长13.5%，农业可持续发展态势良好。

但是，面对当地农业基础条件差、抵御自然灾害能力弱、水资源稀缺的情况，农业生产的方式只能靠“增产靠化肥、治病虫靠农药”，致使农业面源污染治理压力增大，耕地质量下降趋势仍然存在，农产品质量安全保障存在压力。对于天水市这样一个农业大市，农业资源趋紧、农业环境污染日益加剧，加强农业面源污染防控是转变农业经济发展方式，全面实现农业农村部提出的“一减、二控、三基本”的农业面源污染治理目标，也是该市循环经济发展的一个重要方面。

农业面源污染的主要情况

该市农业面源污染主要来自化肥、农药过量使用，农膜残留，造成土壤污染；畜禽养殖业粪便、尿液、污水污染土壤及地下水；水产养殖业鱼类粪便和防治药物随水流动污染土壤及地下水。

种植业面源污染：一是全市化肥施用种类主要为尿素、过磷酸钙、氯化钾、复合肥等。据统计，全市种植业全年大宗化肥使用量（折纯）约19.1万吨。其中，过磷酸钙5.86万吨，氮肥13.27万吨。相对而言，秦州、麦积、秦安3县区使用量大，因过量施肥，地表径流总氮约329吨、总磷约97吨、地下淋溶总氮约298吨。二是全市农药施用种类主要为毒死蜱、阿特拉津、2.4-滴丁酯、丁草胺、乙草胺、涕灭威、氟虫腈、克百威、吡虫啉、三环唑、锐劲特等，全年农药使用量折算为50.38吨，喷施到农作物上的农药利用率大体上达35%左右，其他部分都流失到非靶标作物、土壤或水域中。三是据2012年调查，全市秸秆产生量128.87万吨。其中，转化为肥料4.51万吨、饲料41.24万吨、燃料51.55万吨，综合利用率达到75.5%。四是废旧农膜回收利用率不高。

畜禽养殖业面源污染：近年来，该市畜牧业得到较快发展，数量、规模不断增加，畜禽养殖场和养殖小区所产生的粪便、污水已成为环境污染的主要来源。据普查结果，全市畜禽养殖业粪便年产生量16.61万吨，尿液产生量14.63万吨，利用率相对低下。

水产养殖业污染：全市水产养殖专业户共63家，养殖模式均为池塘养殖。养殖废水直排问题突出，年排入水体量为136万立方米，排入农田量2万立方米。每年饲料使用量为1 678吨，药物使用量为944吨，肥料使用量为169吨。

农业面源污染综合防控情况

以农村沼气建设为纽带，大力示范推广“畜-沼-菜（果、粮）”循环农业模式，实现种植业、养殖业废弃物资源化利用。自2003年沼气国债建设项目启动实施以来，通过大力发展“畜-沼-果、畜-沼-菜、畜-沼-粮”等循环模式，初步实现了资源—产品—废弃物—再生资源的循环利用。截至2014年底，全市累计建成农村户用沼气14.6万户，联户沼气工程11处，养殖小区沼气工程5处，大中型沼气工程4处，县级服务站3处，乡村服务网点526处。项目受益范围涉及1 659个行政村，达67.5万人。在加大沼气建设的过程中，也加快了“三沼”综合利用步伐。通过种植、养殖、林果三大产业升级配套，大力发展“畜-

沼-果、畜-沼-菜、畜-沼-粮、畜-沼-药”等循环利用，实现资源—产品—废弃物—再生资源的循环农业。形成了以麦积区社棠镇下曲村为代表的“五配套”（“沼气＋改厕＋畜禽圈＋水窖＋果园”）生态模式；以麦积区石佛镇海丰果蔬农民专业合作社积极发展“四位一体”（“沼气池＋日光温室＋畜禽舍＋太阳能热水器”）循环农业模式；以麦积区琥珀乡方家村为代表的1口沼气池、2眼水窖、1个集雨场、年出栏4头猪、5亩果园的“12145”生态模式及以天水润德沼气开发工程有限公司为代表的“畜-沼-果（菜）”循环农业发展模式。

农村沼气在该市的推广，不仅实现了节能减排、变废为宝，而且通过对粪污及废弃物的无害化处理，消除了养殖场粪便对园区及周边环境的污染，改善了农业生态环境。

突出特色产业，示范推广“种-养-加”循环模式，延伸产业链条，提升农业资源循环利用水平。2014年，在渭河、藉河、葫芦河、大南河流域的川道区及浅山区，示范推广“种-养-加”循环农业生产模式26.2万亩。

主要模式有2种：一是在渭河、藉河、葫芦河、大南河流域的川道区及浅山区，依托天水长城果汁饮料有限公司、甘谷县黄土地工贸有限公司等农产品加工龙头企业，发展“果树（马铃薯）种植-果品（淀粉）加工-果（淀粉）渣养殖-有机肥”循环农业模式。天水长城果汁饮料有限公司投资建成了天水家园生物饲料有限公司，利用加工过程中产生的废渣和下线果为原料，配以玉米粉、苜蓿粉等原料，年生产配合饲料5 000吨，实现了资源循环利用、变废为宝。不但解决了生产过程中大量果渣的再利用问题，而且带动了周边地区养殖业的发展，增加了效益。

二是依托天水昌盛食品有限公司等农产品加工龙头企业，在秦州、清水、甘谷、武山等县区，充分利用养殖企业产出的有机肥发展蔬菜生产，蔬菜产品由农产品加工企业收购进行深加工，加工企业的一些副产品制成饲料，发展养殖业，形成了“养殖-蔬菜种植-加工”循环模式。同时，通过“公司＋基地＋农户”的模式，在秦州、麦积、清水、张家川等发展“甜玉米（芦笋）种植-养殖-加工”循环模式。

立足旱作农业技术，示范推广资源节约型循环农业模式，减少化肥、农药对环境的污染。以绿色粮油、蔬菜、中药材、林果基地建设为重点，在全面推广旱作农业技术的基础上，大力推广以测土配方施肥、新型农药为主的节肥、节药等节约型农业技术，提高资源利用率和产品质量，减少化肥、农药等农业投入品对农田的污染。

2014年，全市完成测土配方施肥524.8万亩，亩增产粮食30千克以上、节本增效35元以上。引进推广高效、低毒、低残留农药及生物农药品种18个，无公害农药推广使用面积175万亩次（其中生物农药58.3万亩次），注册专业化防治组织66个，提高了防治效果，减少了农药污染。

推广秸秆还田技术，提高农作物秸秆综合利用。全市常年粮食作物种植面积470万亩左右，秸秆年产量100多万吨。近年来，该市围绕农业可持续发展，按照循环再利用的要求，积极推广小麦机械收割留茬还田、秸秆粉碎还田、秸秆青贮氨化养畜过腹还田、秸秆栽培食用菌技术，取得了十分明显的效果。天水众兴菌业公司采用生物技术，以园区和周边农户剩余的秸秆废弃物为原料生产食用菌，产生的废渣加工成有机肥，菌渣通过生物质燃烧后产生的饱和蒸汽用于食用菌灭菌，每天可节省燃煤10吨左右。

积极开展废旧农膜回收利用，严防农膜污染。近年来，随着地膜覆盖面积的逐年扩大，在增产增收的同时，废旧农膜对生态环境的污染明显加重。对此，省、市高度重视。2011年9月，当地市政府办公室出台了《关于加强废旧农膜回收利用推进农业面源污染治理工作的实施意见》，要求市、县加大政策扶持力度，推进废旧农膜回收利用体系建设；建立了市、县（区）、乡的责任考核制度，确定各级政府为废旧农膜回收利用的责任主体。市财政设立废旧农膜回收利用专项资金60万元，重点扶持废旧农膜回收加工企业和废旧农膜回收利用专业合作社。2013年，全市废旧农膜回收利用达到了68.13%，回收废旧农膜9 947吨。2014年，全市回收废旧农膜1.13万吨，废旧农膜回收利用率达到了75.8%。

扎实开展尾菜污染处理，促进资源化利用。根据甘肃省人民政府关于加强尾菜处理利用工作的意见，该市积极开展了尾菜处理利用工作。在秦州、麦积、武山等县（区）的主要生产基地和示范区，积极开展了尾菜田间堆肥、挖简易坑沤肥和直接还田等技术推广。2013年，全市共完成尾菜处理利用技术推广面积6.46万亩；2014年，全市尾菜处理利用技术推广面积7.5万亩。尾菜处理利用率年均达到26.3%，有效防止了尾菜污染。

积极实施农村清洁工程，改善农村生态环境。农村清洁工程示范村建设是改善当前农村环境脏、乱、差面貌，防治农业面源污染的重要手段之一。目前，在全市6个示范村的带动下，通过对生活垃圾、农作物秸秆、人畜粪便综合治理和转化利用，生活垃圾、污水无害化处理率达到80%以上，农作物秸秆资源化利用率达到90%以上，农业投入品包装袋（瓶）等废弃物回收利用率达到80%以上，实现了家园、田园、水源清洁，农家清爽卫生，村容整洁文明，田间无公害生产，农业面源污染得到明显治理。

四、农村人居环境事业发展的政策建议

农村人居环境的改善是一个涉及面极广且极具系统性的工作，其终极目的是建设环境优美的可持续发展村庄，结合乡村振兴战略意见，提出以下农村人居环境改善策略：

（一）加强农村人居环境规划设计

把科学编制村庄布局和建设规划放在美丽宜居乡村建设的首要位置，以科学的规划引领建设实践。大力推进县（市）域乡村建设规划编制全覆盖，并与美丽乡村建设规划、土地利用规划等“多规合一”。顺应城乡居民消费拓展升级趋势开展村庄设计，结合各地资源禀赋，深入发掘农业农村的生态涵养、休闲观光、文化体验、健康养老等多种功能和多重价值，打造田园综合体，拓展落地试点类型，加快特色民居建设。村庄规划要符合农村实际，满足村民需求，体现乡村特色。规划内容要明确生活污水处理、生活垃圾处理、饮用水源地保护等环境保护项目的实施方案，提出加强村庄风貌管控要求，合理区分生产生活区域，统筹生产生活项目建设。根据不同村庄人居环境现状，规划编制要兼顾中长期发展需要，分类确定整治重点，分步实施，以农村人居环境整治为重点，全面提升人居环境质量，充分发挥其保护和改善农村人居环境的指导作用。

（二）注重农村生态环境建设

坚持走生态文明之路，保护乡情美景，把绿色惠民要求贯穿人居环境建设全过程，满足人民对优美生态环境日益增长的需要。第一，要重视生态环境的保护，严守生态保护、永久基本农田保护、城镇开发边界三条红线，坚持系统保护山水林田湖草生态环境，加快推进自然保护区、森林公园、湿地公园建设，体现生物多样性，增加区域生态底色。第二，加大生态环境的治理，着力破解畜禽养殖场污染和病死动物无害化处理等农村种植养殖业污染治理难题，加强农村环境监管能力建设，推行主要污染物排放财政收费制度，以及与出境水质和森林质量挂钩的财政奖惩制度，严禁工业和城镇污染向农业农村转移。

（三）力推农村基础设施建设

村庄基础设施建设是改善村庄人居环境的核心内容。第一，立足长远、因地制宜，不断完善农村“四好”公路、电网、通信、防洪、邮政、公共照明、电子商务等生活设施，优化承接教育、医疗、商业等公共服务能力，提高农村环境的承载力和生活宜居度。第二，全力抓好农村“厕所革命”，加强农村公厕管理服务，同时推进农村生活污水治理设施建设和垃圾分类回收利用设施建设，提高农村环境的卫生程度和农村生活的舒适度。第三，建立健全城乡基础设施共建共享模式，推动城镇基础设施向乡村延伸，促进城乡道路互联互通、供水管网无缝对接、污水管网向农村延伸、垃圾统一收运处理、公交一体化经营，提升乡村地区基础设施的水平和建设效益。建立城乡公共服务均等化配置模式，推动城镇医疗、教育、体育、文化、社会保障等公共服务向乡村地区覆盖延伸，促进城乡基本公共服务均等化。

（四）抓紧村庄风貌改善

村庄风貌主要从民族文化特征着手，加强技术指导，加快历史建筑和传统民居抢救性保护，协调村落、传统民居周边建筑景观环境，彰显村落整体风貌。注重健全预警和退出机制，防止损害文化遗产保护价值。

充分利用当地资源，因地制宜选择技术标准和路面结构类型建设农村公路。整治公共空间和庭院环境，治理私搭乱建、乱堆乱放，开展美丽乡村和干净人家评选。加强农村建筑风貌管控。加大历史文化名村名镇和传统村落保护力度，推进少数民族特色村寨建设。开展湿地恢复，推进村庄绿化，建设绿色生态村庄。完善村庄公共照明设施。深入开展城乡环境卫生整洁行动，推进卫生县城、卫生乡镇等卫生创建工作。

（五）完善投入机制

建立多元化投融资机制，拓宽村庄污染物治理资金的筹措渠道。农村污染治理投入需求较大而财政保障不足，一些地方存在污染治理设施建设不充分，或者建成后运行维护资金未落实、运行管护人员不足等问题，导致部分设施不能正常运行，影响农村环境整治成效。为此，亟须建立健全资金投入保障机制，推动环保基础设施建设向农村倾斜。国家投资要重点向贫困地区倾斜。要以县级为主加强涉农资金整合，统筹安排、形成合力。同时，制定税收、金融、土地等优惠政策，引导社会资本参与农村垃圾污染治理设施建设。

参考文献

李慧，2018. 让广大农民在乡村振兴中有更多获得感幸福感——农业农村部部长韩长赋谈农村人居环境整治［J]. 农村．农业．农民（B版）(5)．

林安，陈卫平，2017. 住建部：改善农村人居环境取得新进展［J]. 就业与保障（10)．

罗正燕，2018. 浅谈乡村振兴背景下的农村人居环境改善规划策略——以毕节市纳雍县董地乡新华村石关寨为例[J]. 居舍（1)．

王旭东，2018. 改善农村人居环境工作情况［J]. 中国机构改革与管理（6)．

许达哲，2018. 齐心协力抓好农村人居环境改善工作［J]. 湖南农业（9)．

第六章　农村社会保障事业

社会保障制度是社会的“安全网”和“减震器”，它关系到一个社会是否可以稳定、健康地发展。近年来，我国加快了农村社会保障的建设步伐。2017 年 10 月，中国共产党第十九次全国代表大会在北京召开，习近平总书记发表了重要讲话，强调“农业农村农民问题是关系国计民生的根本性问题，必须始终把解决好‘三农’问题作为全党工作重中之重”，说明了党和国家对农村发展问题的高度重视。而加强农村社会保障工作，推进农村社会保障事业发展，更是保障农村居民基本生活、保障农村社会稳定以及实现农村经济社会全面发展的现实需要；是进一步缩小城乡差距，推进城乡共同发展，实现社会文明整体进步的现实需要；是维护人民群众根本利益，逐步提高社会困难群体的生活质量，带领他们共同迈进小康社会的现实需要。

经过近几年的努力，我国在农村社会保障事业发展方面取得了阶段性的成绩：统一的城乡居民养老保险制度已在全国范围建立，农村最低生活保障制度快速发展，低保资金投入增加，平均低保标准逐年增加。截至 2018 年 2 月底，全国有农村低保对象 3 940.6 万人。农村低保标准提高到每人每年 4 301 元，比 2016 年增长 14.9%。农民工和失地农民社会保障逐渐完善，农村住房保障稳步推进。然而，农村社会保障事业在取得显著成效的同时，也面临着许多棘手问题有待进一步研究解决。

一、农村社会保障事业的新进展

（一）城乡居民基本养老保险覆盖范围持续扩大

我国 2009 年启动新型农村社会养老保险试点，2011 年启动城镇居民养老保险试点，2012 年实现两项制度全覆盖。2014 年开始建立统一的城乡居民养老保险制度，成为世界上参保人数最多、受益最广的单项基本养老保险制度。

近年来，参加城乡居民基本养老保险的人数及实际领取待遇人数均逐年增长（图 2－6－1）。2016 年，共有 50 847.1 万人参加了养老保险，比上年增长 374.9 万人。其中，实际领取待遇人数为 15 270.3 万人，比上年增长 470 万人。2017 年，共有 51 255 万人参加了养老保险，比上年增加 407.9 万人。其中，实际领取待遇人数为 15 598 万人，比上年增长 327.7 万人。

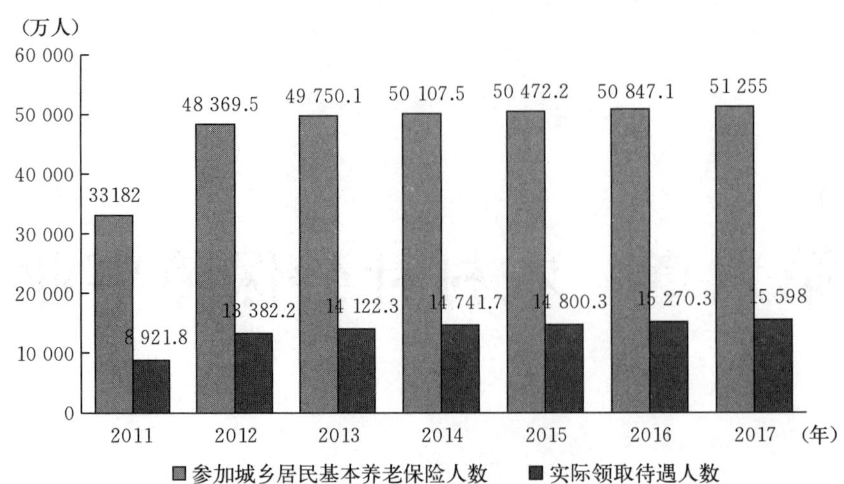

图 2-6-1　2011—2017 年城乡居民基本养老保险人数

数据来源：《2017 年中国统计年鉴》。

（二）农村贫困人口进一步下降

由图 2-6-2 可以看出，2017 年末，全国农村贫困人口 3 046 万人，比上年末减少 1 289 万人；贫困发生率 3.1%，比上年末下降 1.4 个百分点。中共十八大以来，全国农村贫困人口累计减少 6 853 万人；贫困发生率从 2012 年末的 10.2%下降至 3.1%，累计下降 7.1 个百分点。

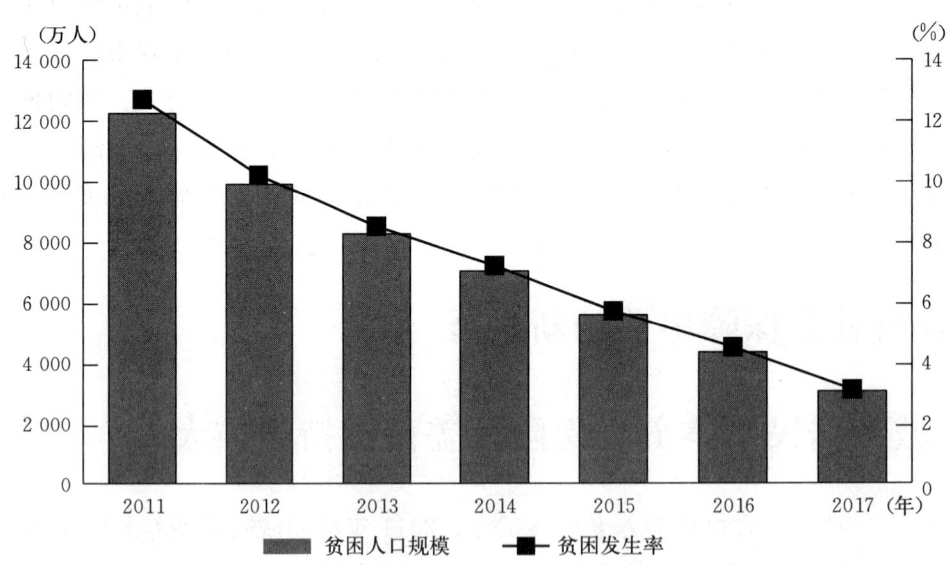

图 2-6-2　2011—2017 年我国贫困人口规模及贫困发生率

数据来源：《中国农村贫困监测报告 2017》。

分三大区域看，2017 年东、中、西部地区农村贫困人口全面减少。东部地区农村贫困人口 300 万人，比上年减少 190 万人；中部地区农村贫困人口 1 112 万人，比上年减少 482 万人；西部地区农村贫困人口 1 634 万人，比上年减少 617 万人。由此可见，我国农村的贫困人口数量进一步下降。

专栏一：

福建：及时发放救灾救助资金物资　确保困难群众温暖过冬

入冬以来，受冷空气影响，福建省多次出现雨雪、冰冻极端天气。省民政厅紧急调拨棉被、绒衣裤、羽绒服等救助物资共10万余件，总价值700余万元，紧急下拨“两节”期间困难群众救助慰问资金6 000万元，各市、县（区）民政局临时发放防寒救助资金4 400多万元。截至2月4日，全省各级共发放棉被6.76万床、棉衣1.66万件、毛毯8 743床、绒衣裤8 187套、衣裤1.03万件、电暖器1 080台，发放大米、面粉29.8万千克。

各地纷纷开展“心连心、手牵手”和“冬日暖阳、送爱到家”冬春救助物资发放活动。据初步统计，全省各级民政部门共走访困难群众9.7万多户，解决急难问题1 000余件。同时，各市、县（区）民政局组织工作人员到464个敬老院、34个社会福利中心、14个光荣院、151个养老院、19个养老康复机构开展安全检查，及时消除火灾等安全隐患，补充更新完善机构防寒防冻设施。

针对流浪乞讨人员，各级救助管理站严格落实24小时值班接待制度，扎实开展“寒冬送温暖”专项行动，与多部门开展联合巡查救助，对城区流浪乞讨人员经常出现的地方进行日夜巡查，做到“发现一个，救助一个”。积极劝导流浪乞讨人员到救助站内接受救助，对不愿到救助管理机构接受救助的人员，提供必要饮食、御寒物品及详细救助方式。2017年12月以来，全省各级共组织巡查7 200多人次，设立开放式救助点和临时避寒场所90多个，街面救助4 700多人次，站内救助3 100多人次，发放棉被、棉衣2 700多件，发放面包、方便面等食品6 000多件。

记者：潘园园。通讯员：廖振华、林静。

资料来源：中国人民政府网，http://www.gov.cn/xinwen/2018-02/06/content_5264287.htm。

（三）农民工参保人数逐年增加，保险覆盖面不断扩大

截至2017年底，农民工参加职工基本养老保险6 202万人、职工基本医疗保险6 225万人、工伤保险7 839万人、失业保险4 897万人，分别比2012年底增长36.5%、24.6%、9.3%、81.2%。经过这几年的发展，农民工参加社会保险的人数得到了一定水平的提高。

专栏二：

贵州省建筑业全面推进农民工参加工伤保险

2月2日，记者从省人力资源和社会保障厅获悉，截至2017年12月，全省已有2.6万人获得工伤保险待遇，其中近30%为农民工，无一例因伤致贫返贫。

近年来，贵州省着力推进工伤保险参保扩面，强化基金共济能力。同时，以人社部推行“同舟计划”为契机，借力发力，以人数多、风险高、极易出现因工伤致贫返贫的建筑业为重点，全面推进农民工参加工伤保险。

2017 年，贵州省把以建设项目参保的费率由原 2‰降为 1‰，并结合建筑企业安全生产状况，规定费率可在 1‰的基础上进行上下浮动，最高至 1.5‰，最低至 0.5‰。这一举措在提高企业安全生产意识的同时促进了参保面。另外，贵州省还组成由人社牵头，住建、安监、总工会参加的联合督查组，针对建筑企业工伤保险参保情况进行了专项督查。

为让参保职工不再为垫支各种费用而犯愁，贵州省建立了工伤医疗救治、工伤残待遇支付和工亡待遇支付 3 个“快捷通道”，实现了工伤职工就医即时结算，工伤残待遇 10 日内支付，工亡待遇 48 小时内支付。同时，还量身开发“生物人脸识别系统”以解决实名制管理难问题，实现工人上工信息实时上传人社部门，有效保障了职工权益。

截至 2017 年 12 月底，全省在建建筑项目工伤保险参保率为 99%，新开工项目参保率为 99.6%，有力保障了建筑业农民工的工伤权益。

记者：王雨。

资料来源：中国人民政府网，http://www.gov.cn/xinwen/2018-02/05/content_5263971.htm。

（四）农民工工资保障机制进一步健全，劳动权益得到了更好的维护

统计数据显示，农民工月均收入从 2016 年的 3 275 元增加到 2017 年的 3 485 元，增长 6.4%。分行业看，如图 2-6-3 所示，制造业、住宿和餐饮业、服务业收入增速分别比上年回落 2.4 个百分点、0.4 个百分点和 0.1 个百分点；建筑业、批发零售业、交通运输业农民工月均

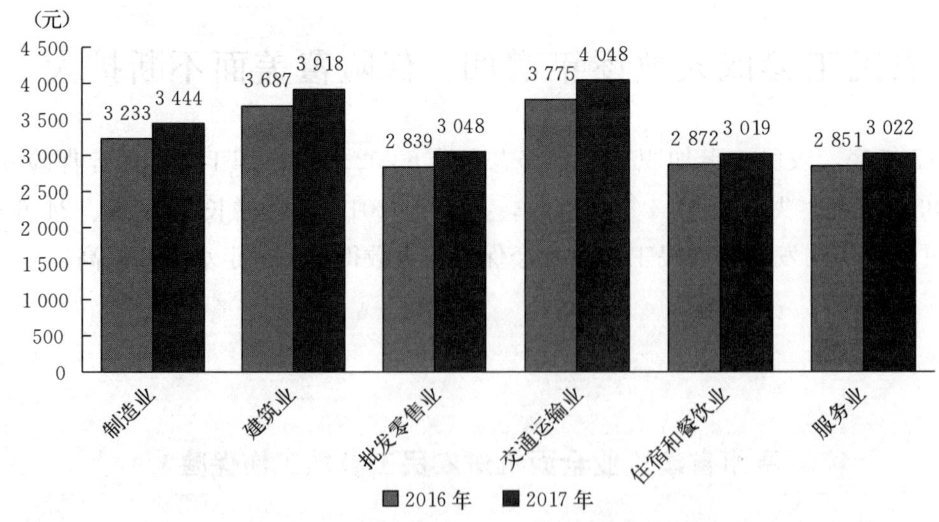

图 2-6-3 分行业农民工月均收入情况

数据来源：《2017 年农民工监测调查报告》。

收入增速分别比上年提高1.2个百分点、2.9个百分点和1.0个百分点。而分地区看，在东部地区务工的农民工月均收入3 677元，比上年增加223元，增长6.5%；在中部地区务工的农民工月均收入3 331元，比上年增加199元，增长6.4%；在西部地区务工的农民工月均收入3 350元，比上年增加233元，增长7.5%；在东北地区务工的农民工月均收入3 254元，比上年增加191元，增长6.2%。在西部地区务工的农民工月均收入增速分别比在东部、中部和东北地区务工的农民工高1个百分点、1.1个百分点和1.3个百分点。

二、农村社会保障事业存在的主要问题

（一）农村养老保障方面

1. 人口老龄化、家庭结构的改变，以及孝文化的缺失使家庭养老面临困境

首先，人口老龄化加剧了家庭养老的压力。目前，中国已经成为世界上老年人口最多的国家，据国家统计局最新数据，如表2-6-1所示，2017年60周岁及以上人口24 090万人，占总人口的17.3%。其中，65周岁及以上人口15 831万人，占总人口的11.4%。当一个国家或地区60岁以上老年人口占人口总数的10%，或65岁以上老年人口占人口总数的7%，即意味着这个国家或地区的人口处于老龄化社会。中国老年人口比例已严重超标。

表2-6-1　2011—2017年我国60岁及以上人口数及比重

项　目	2011年	2012年	2013年	2014年	2015年	2016年	2017年
60岁及以上人口（万人）	18 499	19 390	20 243	21 242	22 200	23 086	24 090
比重（%）	13.7	14.3	14.9	15.5	16.1	16.7	17.3

数据来源：《2016年社会服务发展统计公报》。

其次，家庭结构发生了改变。虽然近两年我国已经放开了二胎政策，但前些年由计划生育引起的家庭结构的改变产生的影响仍存在。农村大部分的家庭结构为4-2-1，即4位老人、2位成年人、1位孩子的形式。农村子女组成的家庭既要负责家庭的日常开支，供孩子上学，还要负担4位老人的养老问题，而大部分家庭首先关注的是自己的日常开支及孩子的上学问题。因此对于经济收入差的家庭，老人的养老就面临比较严重的问题。

最后，孝文化缺失阻碍家庭养老功能的发挥。目前，传统的孝道观念正在蜕化、家庭伦理道德淡薄、重幼轻老现象日渐突出。农村的青壮年劳动力为了生存，选择去城市就业，农村出现了许多的空巢家庭，越来越多的老年人无法依靠子女来保障自己的老年生活。

2. 人均耕地面积的日益减少使土地保障功能不断缩减

土地保障是要靠农民的劳动能力和土地收益两个方面来决定的。一方面，随着人年龄的增长，会逐渐丧失劳动能力，这是自然规律，因此土地并不能保障农民的老年之需；另一方面，土地的收益由于受到天气、土地肥沃程度以及农药等生产资料投入的影响，因此也具有较大的不确定性。同时，随着我国人口的增长和城市化的发展，人均耕地面积正日益减少（表2-6-2）。从2011年到2016年，我国耕地面积净减少317.7千公顷。耕地面积小，则无法形成规模效应，而

农民也无法从土地上获取更多的物质供给。因此，农村的老年人晚年生活所需的养老物质基础已经不能完全依靠土地来提供保障。

表 2-6-2　2011—2016 年人均耕地面积变化情况

年份	耕地面积（千公顷）	人口数（万人）	人均耕地面积（亩）
2011	135 238.6	134 735	1.003 737 707
2012	135 158.4	135 404	0.998 186 169
2013	135 163.4	136 072	0.993 322 653
2014	135 057.3	136 782	0.987 390 885
2015	134 998.7	137 462	0.982 080 139
2016	134 920.9	138 271	0.975 771 492

数据来源：《2017 年中国统计年鉴》。

3. 社会养老保险发挥的作用有限

农村社会养老保险是国家为保障农村老年人口基本生活而实施的一项具有重大意义的社会政策和制度。我国于 2009 年开始实行新型农村社会养老保险（以下简称新农保），试点覆盖面为全国 10%的县（市、区、镇），之后逐步扩大试点范围。2014 年，开始建立统一的城乡居民基本养老保险制度。在这一政策的实施中，出现了一系列的问题。

第一，农民的参保意愿不强。农民由于受到传统家庭养老观念的影响，以及部分地区对城乡居民养老保险的宣传力度不足，使得农民对城乡居民养老保险了解不够深入，参与积极性不高。同时，新农保对农村的青年人吸引力不足。原因在于青年人通常会选择外出打工，流动性较强，并且比较看重眼前的利益，对自己的养老问题很少考虑，而距离 60 岁又有一个较长的缴费时间段，因此参保热情度较低。

第二，城乡居民养老保险基金管理水平较低。目前，我国的新农保基金实行的是县级管理。而县级管理属于低层次的资金管理，各地的缴费标准、待遇和基金运营等都存在着差异，就会出现各地政策的多样化和碎片化状态，从规范性以及效率上来说都存在潜在的风险。基金难以形成规模优势，收益也不高。同时，新农保基金集中在县级政府下设的机构管理运营，由于缺乏相应的基金管理人才、技术以及投资主体，更难实现基金的保值增值。

第三，集体补助费用难于到账。相较于老农保，新农保最大的特点在于它的筹资渠道更广，采取个人缴费、集体补助和政府补贴相结合的模式。但在实践过程中，政策规定的集体补助养老保险费难以到账。集体补助源于集体经济的供给，近年来，由于农村集体资产产权不明确、村镇企业私有化带来了集体经济萎缩，种种因素制约了农村集体经济的发展。集体经济几乎停滞，难以拨出专款来补充农民养老保险，使得集体补助未能落实，影响了农民的养老金水平。

第四，缺乏统一的全国性政策及相应法律制度的保障。目前，关于新农保的政策法规制度还比较滞后，法律框架不完善。缺乏对基金的征收、发放、管理的整个流程的跟踪检查和科学规范，造成了基金管理的透明度较低，缺乏有效的监督。各地政策的不统一，实施方案千差万别，地方色彩鲜明，造成难以大规模进行推广的问题。

第五，经办能力不足。城乡居民养老保险对广大农村经办管理能力明显不足，特别是基层乡镇工作人员少、待遇低、人员不稳定，多数地区基层工作经费、场地设施不足，影响了城乡居民养老保险事业的发展。

（二）农村最低生活保障方面

1. 农村低保在地区之间发展不平衡，西部地区明显落后于中部、东部地区

按照2016年3 000元左右的贫困线来看，截至2016年底低于贫困线标准的还有6个省份，并且这6个省份全部位于西部地区。与此同时，北京、天津、上海的农村低保标准都高于9 000元/年，差距显著。如表2-6-3所示，东部、中部地区的保障标准明显高于西部地区。

表2-6-3　2016年中、东、西部地区低保标准及低保人数情况

项目	北京	江苏	浙江	湖南	河南	云南	贵州	甘肃
保障标准（元）	9 600	6 480	7 292.42	3 082	3 084.4	2 710.74	3 201.78	2 932.88
低保人数（人）	46 779	1 091 822	705 014	2 902 434	3 277 630	4 229 418	3 073 113	3 251 732

数据来源：《农村最低生活保障对象目标瞄准研究——基于大理州洱源县凤翔村低保目标瞄准实地调查》。

2. 低保对象界定困难，未能做到应保尽保

由于多数地区的低保程序并不规范，不同地区确认低保对象的标准、方式、方法存在一定的差异，低保对象的确认很重要的是根据农民的收入情况，但农民的收入又往往难以界定。一方面，农业生产经营的收入不确定性较高，难以进行量化核算；另一方面，一些人季节性地外出务工，工作不固定，没有稳定的收入，很大程度上加大了低保对象的界定和识别。

3. 存在"人情保""关系保"的现象

一些工作人员会因为某些特殊利益关系来确定低保对象，并没有按照政策流程进行低保目标瞄准的定位，村民以自我为中心，村干部不能公平公正地行事，导致了不该保的人享有了低保，而实际困难的人却没有享受到国家的这一惠民政策。

4. 低保工作者数量少，素质参差不齐，低保制度建设不健全

农村低保工作专职人员缺乏，而低保工作的任务量又大，导致很多实地考察无法落到实处。未有专门的管理机构，管理手段落后，虽然低保申请的步骤中有民主评议一项，但多流于形式，村民实际参加民主评议的积极性不高。

（三）农民工和失地农民社会保障方面

1. 农民工和失地农民的参保率较低

如图2-6-4所示，截至2017年底，全国农民工总量28 652万人。其中，参加职工基本养老保险的约占农民工总量的21.6%，参加职工基本医疗保险的约占农民工总量的21.7%，参加

工伤保险的约占农民工总量的27.3%，参加失业保险的约占农民工总量的17.1%。由此可见，由于农民工工资收入水平偏低，参保意识还比较淡薄，农民工的参保率均没有超过半数，参保率还处于较低的水平。

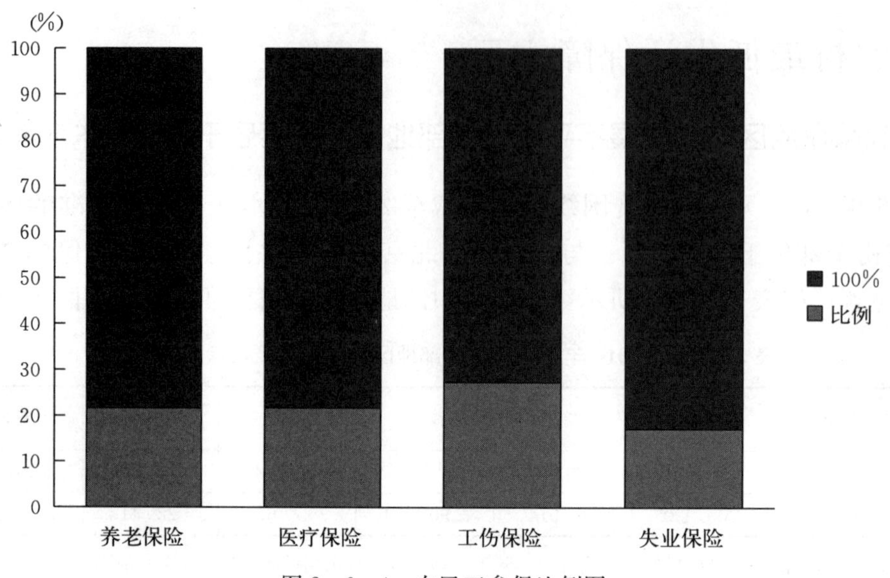

图2-6-4　农民工参保比例图

2. 各地区关于农民工社保的政策不统一，地域间衔接不畅

尽管国家出台了包括农民工在内的企业职工养老保险关系跨省转移接续办法，但在转移接续操作过程中，由于部分地区之间具体规定、信息系统不完全一致，转续业务不能按时办结。

3. 失地农民的社会保障水平不高，且内容比较单一

目前，对于失地农民的社会保障主要包括最低生活保障和养老保障，部分地区开展了关于失地农民的就业扶持相关培训，内容较为单一，保障措施还不完善，保障水平也不高，失地农民难以获得稳定的收入来源。同时，医疗保障的制度尚不健全，疾病也给失地农民带来了较沉重的负担。

（四）农村住房保障方面

1. 住房使用率不高，造成土地资源的浪费

一方面，存在一户家庭有多套住房的情况，虽然关于农村宅基地的法律规定是“一户一宅”，即一户只能拥有一处宅基地，且面积不能超过规定的标准。但由于存在监管制度不健全、打“假报告”、超标建设等情况的存在，一户多宅在农村成为普遍现象。另一方面，随着城市化进程的发展，很多农民选择进城打工，人口外流引起了住房闲置，造成了土地资源的严重浪费。

2. 建房审批手续较为烦琐

农村居民申请宅基地的程序较为复杂，要经过申请人书面申请—政府相关部门进行现场勘

察、群众调查—初审合格发放申请表—村委会审查—上报县国土资源局—满足条件再上报人民政府—人民政府批准用地—实地放样—验收发证，整套流程走下来，需要几个月甚至一年的时间，导致农民对审批失去耐心，出现“先建后报、不批也建”的情况，违法操作的现象层出不穷，不利于农村住房的管理。

3. 农村住房的质量难以保证

由于政府的责任缺位，对农村住房保障缺乏重视，农村居民的建造住房主要依靠自己，农民没有多余的钱请专业的技术人员来设计房屋，建造的房屋往往存在缺乏规范设计、基础稳定性差、技术水平较低等问题，导致农村住房的质量难以得到保证。

三、农村社会保障事业发展的重点任务

（一）农村养老保障方面

农村养老保障的重点任务主要从两个方面入手，即继续引导家庭养老的发展和不断完善城乡居民基本养老保险制度。

1. 加强对家庭养老的重视与引导

家庭养老有利于孝道的传承。尊老爱幼自古以来就是中华民族的传统美德，传统的孝道是维系家庭养老的重要因素；反之，家庭养老的延续也是孝道传承的一种手段。政府应该更多地提倡家庭养老，子女对父母的生活照料和精神慰藉是社会养老所无法完全取代的。

家庭养老更能满足老人的精神需求。家庭养老可以给予老人精神和情感上的慰藉，通过与晚辈在情感上的交流，使老人有归属感，心理得到安慰。老年人如果与子女共同居住，子女常绕膝前，时常问寒问暖，相互交流可以使老人有种被记挂、被重视的感觉；同时，老人长期和年轻人交流，使他们了解到更多的新知识，老人也有了学习、进步的机会，也会有新鲜的感觉，情感上得到了满足。家庭养老的利处是社会养老无法带来的，因此在发展社会养老的同时，还需要加强对家庭养老的重视与引导。

2. 不断完善城乡居民基本养老保险制度

2009年是农村社会养老保险具有划时代意义的一年，开启了农村养老保险工作崭新的篇章。继取消农业税、农业直补、新型农村合作医疗之后，新农保是国家给农民的又一项重大的普惠政策，具有历史意义。2014年，国家实行了统一的城乡居民基本养老保险制度。但从实施上来看，目前还存在一定的问题，需要进一步改进与完善。

邓小平同志曾说：“中国有百分之八十的人口住在农村。中国稳定不稳定首先要看这百分之八十稳定不稳定。城市搞得再漂亮，没有农村这一稳定的基础是不行的。”中国政府历来重视“三农”问题，农民问题尤为关键，而农民养老问题可以说是农民问题中的核心。社会养老保险具有收入再分配的功能，在一定程度上有利于社会范围内实现公平化。公平正义是社会和谐的基本条件。只有不断完善城乡居民养老保险制度，切实解决好农民问题，才能实现社会稳定健康的

发展。同时，完善社会养老保险也有利于刺激内需增长。中国经济的增长，需要“投资、消费、进出口”三驾马车并驾齐驱，近年来，越来越多地强调消费，而我国农村人口众多，农村市场前景广阔，完善农民的养老保险制度，让农民没有更多的后顾之忧，有利于拉动农民的消费需求，刺激内需增长，进而促进经济的增长。

家庭养老和社会养老保险两方面是缺一不可、相辅相成的。社会养老保险保障老人的经济需求，而家庭养老更侧重于满足老人的精神需求，同时也是一种文化的传承。两方面共同作用使得老年人不仅实现“老有所养”，同时还能够获得更多的幸福感和满足感。

（二）农村最低生活保障方面

1. 提高辨识低保对象的能力

第一，农村最低生活保障制度是一项保障广大贫困群众基本生活权益的惠民政策，与其他政策不同的是，这是一项只享受权利而不需要履行任何义务的制度，是国家的单项补助。而每个人又都是利己的，对于这样的政策，往往会希望自己可以白拿这样的一笔钱。因此，国家的这一惠民政策能否真正地起到帮助最贫困的人这一作用，很大程度上是依赖于基层工作人员的。基层工作人员能否认真负责，对申请低保的人严格把关，是这一项政策能否发挥最大作用的关键因素。

第二，有劳动能力的人，通过找关系、隐瞒自己的实际情况等不正当的方式申请到低保，是对保障资源的一种浪费，不仅挤占了真正有需要的人的名额，也增加了国家的财政负担。因此，精准识别农村低保对象是很重要的一点。精准识别农村的低保对象，才能让国家的政策在基层不走样、不缩水，才能真正把好事办好、办实。

2. 重视低保工作团队的建设

一方面，农村最低生活保障工作会涉及低保对象的调查审核以及动态管理，工作任务量较大，如果从事低保工作的人员不足，就会影响到低保工作的效率，工作人员没有时间和精力去做实地调查，容易造成错保、漏保的现象，不能将国家这一很好的惠民政策发挥出充分的作用，帮助到真正需要帮助的人。

另一方面，由于基层的工作环境艰苦、待遇水平也不高，不容易留住人才，大部分选择基层工作的人年龄偏大、文化层次也不高，同时缺乏学习和培训的机会，业务水平会受到一定的影响。因此，提高低保工作者的能力和素质也是至关重要的一点。

（三）农民工和失地农民社会保障方面

1. 从农民工、企业、政府三方面入手，提高农民工的社会保障水平

农民工社会保障涉及的主体主要是 3 类，即农民工自身、雇用农民工的企业以及政府，要提高农民工的社会保障水平，需要从这 3 个方面着手处理。

对于农民工而言，选择离开土地进城打工，是希望可以获得更高的收入，由于他们具有较高的流动性和较低的收入水平，对于缴纳较高的社会保险金，尤其是养老保险，这种需要较长时间

才可以得到回报的社会保障，往往不愿意加入，且现有的社会保障对农民工的支付水平也偏低。

对于雇用农民工的企业，为农民工个人所交纳的社会保险的部分费用本来是农民工劳动收入的另一种形式，但是，很多的企业把它看成是企业的额外负担。考虑自己的成本问题加上社会责任感的缺失，使得企业一直在逃避为农民工缴纳社会保障费用。

对于政府而言，地方政府片面地追求 GDP 和税收增长作为政绩，农民工的社会保障情况在政绩考核中处于无足轻重的地位，并且当企业少缴或逃避为农民工缴纳社会保障会在一定程度上增加企业的利润，从而增加纳税的额度。因此，政府往往不会多加干涉，缺乏对其改革的动力。

完善对农民工的社会保障需要从这 3 种主体着手，鼓励农民工参加社保，纠正其对社保的认知水平，加强企业社会责任感的建设，建立纳入农民工社保的政府绩效考核机制都是下一阶段的重点任务。

2. 着力解决失地农民社会保障资金的筹集及再就业问题

在失地农民社会保障方面，要解决的问题主要在于失地农民社会保障资金的筹集以及增强失地农民再就业两个方面。第一，关于失地农民社会保障资金的筹集上，应足额筹集被征地农民社会保障费用，主要用于养老保险缴费补贴，将失地农民按规定分别纳入城乡居民养老保险和职工养老保险，长远保障失地农民基本生活；应不断拓宽筹集资金的渠道，由国家、社会团体、市场征地主体共同承担，政府应该给予一定的财政支持，同时也要注重集体经济的重要作用的发挥，鼓励失地农民积极参与。第二，在促进失地农民的再就业方面，政府应给予一定的支持，如开办就业指导，增加失地农民的就业能力，强化失地农民的技能培训等。同时，要注意失地农民的社会保障制度的建立应该是一个循序渐进的过程，要避免给财政造成过大的压力。

（四）农村住房保障方面

1. 改善农村人群的居住条件，保障住房权

随着我国经济发展水平的提高，我国居民的居住条件有了极大的改善，居住质量也有了显著的提高，为了解决城市的住房问题，国家相继出台了多项制度措施，如经济适用房保障制度、限价房制度、公共租赁住房制度等，城市住房保障体系已经逐步完善，但农村住房保障制度仍处于较落后的水平，我国是一个农业人口大国，解决好农村的住房问题，有利于推进新农村建设、统筹城乡发展。

住房保障权的保障对象是“每个人”，即国家所有的公民都享有住房保障权，不因职业、年龄、地域等方面遭受区别对待。因此，城乡居民在住房保障权的享有上应当具有平等的权利，改善农村居民的居住条件，让农民的住房保障权得到充分的尊重与实现仍然是下一阶段的重点任务。

2. 改善乡容村貌，加大对农村居住环境的改造

由于农村的住房建设主要是由家庭出资、自行建造的，使得房屋的外形和质量参差不齐，有土坯房也有砖瓦房，生活配套设施也极为简陋，对整个农村的村貌和生活环境都产生了负面的影响。

在保证了农村低收入群体有房可住的前提下，政府应着手农村居住环境的改善，如农村的道路建设、饮水、电网等方面。为广大农民创造更舒适的居住环境，使农村的面貌焕然一新。

四、农村社会保障事业发展的政策建议

（一）农村养老保障方面

1. 提倡家庭养老，弘扬孝文化的传承

可以通过多种宣传手段，因地制宜采取农民比较容易接受的方式，开展孝文化的宣传教育活动。例如，在学校、街道绘制相关标语，潜移默化地影响农民的思想意识；每年评选1～3位模范先锋代表，给予一定的奖励，促进敬老、爱老、养老的传统美德的发扬；把握社会舆论导向，发挥群众的力量，对嫌弃老人、虐待老人的行为进行道德批判，曝光典型案例，用反面事例惊醒年轻农民，营造一个全社会重视家庭伦理道德的大环境。

2. 普及城乡居民养老保险政策，提高农民参保意识

运用电视、广播、报纸等手段，向广大农民宣传城乡居民养老保险制度，使城乡居民养老保险的好处家喻户晓，引导农民从“要我参保”变为“我要参保”；对村干部进行培训，加强服务人民的意识，合理地为不同家庭条件、不同年龄段的农民推荐合理的养老保险保费档次，设身处地为农民着想，加强农民对政府的信任程度，才有利于城乡居民保险工作的全面开展。

3. 提高城乡居民养老保险基金的管理水平

建立专门的城乡居民养老保险基金监管机制。随着城乡居民养老保险试点的不断开展，收缴的基金数额也越来越大，必须加强对基金运行的监管，确保收缴、管理、发放等各个环节没有漏洞和隐患；提高基金的运营层次，目前基金的管理大部分是由县级完成的，而县级一般缺少相对应的基金管理人才，可以考虑实现基金省级管理，由省级部门负责管理和投资运营，实现基金的保值增值。

4. 完善相应法律法规，给予相应政策支持

明确养老保险的法律地位，当制度缺乏刚性的法律依据时，容易造成各地在社会养老保险工作中带有一定的随意性。因此，以法律的形式对其进行规范是很重要的一步，同时进一步完善城乡居民基本养老保险制度，随着经济发展和职工基本养老保险标准调整情况，适当提高城乡居民基础养老金水平；对社会组织积极兴建养老院的予以政策支持，如在征地上予以一定的优惠政策，每年按照养老院的入住人数给予相应的补贴，积极支持社会组织在农村养老事业方面的作为。

（二）农村最低生活保障方面

1. 加强中央财政对西部地区的低保资金支持

科学地制定低保的标准线，既要考虑农民的基本需要，同时要考虑物价上涨而做出相应的调

整；适当加大对西部地区的资金支持力度，配合精准扶贫政策的实施，逐步减小与东部、中部地区的差异。

2. 普及低保政策

向农民宣传低保政策，重点侧重于低保的目标和意义，调动公众对低保制度的理解、支持与监督；通过村干部入户宣传、报纸、电视等形式强化对低保只是为了帮助低保保障人群暂时渡过难关的认知，要把有限的资金留给真正需要的人群，避免农民从心理对这一项制度产生依赖。

3. 增加低保工作者的数量和提高其工作能力

对低保工作者的数量进行明文确定，要求基层保有足够的人员从事低保工作；引入大学生“村官”等相对优秀的人才，提高工作者的整体素质；加强对低保工作者的培训，对低保工作进行的好的地区，可以组织集体去参观学习，结合自己本地的实际情况，不断创新，完善低保工作；建立激励机制，提高工作人员的积极性，激励他们做好低保审核、调查工作，主动发现需要保障的居民。

4. 完善低保退出机制，加强信息管理

低保的管理应该是一个动态的过程，不应该是一旦申请上了低保，之后每年的审核都变成一个走过场的形式化工作。建立完善的低保退出机制，对于之后家庭经济条件好转或不再满足低保领审条件的家庭要进行及时的处理，不是一次性地马上停发低保金，要采取渐进的方式，逐步扣除、逐月退出；对自觉上报退出低保的家庭，给予一定的奖励政策；建立统一的居民家庭经济状况核对信息平台，完善低保信息网络化建设，提高工作效率。

（三）农民工和失地农民社会保障方面

1. 提高农民工参加社会保障的积极性

降低农民工参加社会保险的门槛，制定与农民工工资水平相符合的费基，控制社会保险的费用对农民工的负担；考虑农民工流动性较高的特点，完善不同制度之间对接的衔接关系，增强社保的可携带性。

2. 强化政府责任

构建政府与农民工的互动机制，给农民工表达意见的渠道，与农民工对话，了解他们的现实需求，逐步提高政策制定的合理性和完善性；建立包含农民工社会保障的绩效考核机制，根据科学考核指标对政府在农民工社会保障方面的工作进行客观全面的绩效考核。

3. 不断完善相关政策

建立土地换保障制度，政府统一实施征地、统一补偿政策、统一办理被征地人员“农转非”和养老保险，并为不同年龄段的安置对象分别进行安置；完善相关就业政策，重视被征地农民的

社会保障问题，对失地农民的保障不应该是一次性的资金发放，要落实该部分人的就业问题，提供就业支持，为其长期生活提供保障。

（四）农村住房保障方面

1. 完善住房保障制度

应该通过法律法规的制定对住房保障制度进行规范，明确住房保障的目标、对象、保障水平、资金来源等一系列问题；设置相应的实施机构，简化农民申请宅基地时的审批流程，提高审批效率。

2. 明确政府责任

政府应该成为农村住房建设质量的把控者，建立专门机构，配置专业技术人员，为自建住房的农民提供技术保障，切实做到为农民的安全着想；运用行政手段为住房弱势群体提供住房，解决其住房难题；明确自身是政策的制定者更是政策的执行者这一定位，积极引导集体组织和农民参与，确定各个主体的责任。

3. 加大对农村住房的金融支持

建立农村住房信贷制度，让农民可以在自有资金不足的情况下可以贷款建房；对确实贫困的农民经核实之后给予一定的住房补贴；可以支持引导农民集资合作建房，既缓解了经济压力，也提高了宅基地的集约利用水平；引入社会资金与农户合作建房，对建成后的住房产权进行分割等方式。

参考文献

白岩，2016. 农村最低生活保障问题及对策研究［D］. 长春：吉林农业大学.

陈珊珊，2009. 我国新型农村养老保险制度的研究［D］. 武汉：武汉科技大学.

崔永亮，2013. 农村住房保障制度缺失及其未来改善［J］. 改革（12）：95-102.

杜丽霞，2012. 失地农民社会保障的地方政府职能研究［D］. 武汉：华中科技大学.

樊晓燕，2015. 农民工社会保障制度的困境与出路［J］. 现代经济探讨（2）：58-62.

符华平，2008. 农村最低生活保障制度是解决农民贫困的现实选择［J］. 南京社会科学（3）：40-43.

胡薇，2011. 失地农民的最低生活保障问题研究［D］. 长沙：湖南师范大学.

黄勇平，2013. 我国新型农村社会养老保险实施中存在的问题与对策研究［D］. 湘潭：湘潭大学.

李欢赫，2017. 当前中国农村社会养老保险问题研究［D］. 长春：吉林大学.

李伟，2013. 农民工社会保障问题研究综述［J］. 经济研究参考（6）：37-45.

刘文斐，2015. 论我国农村住房保障法律制度的构建［D］. 海口：海南大学.

刘子龙，2014. 我国农村居民住房保障制度研究［D］. 保定：河北大学.

任丽新，2009. 农民工社会保障：现状、困境与影响因素分析［J］. 社会科学（7）：79-85、189.

孙睿，2012. 农村最低生活保障问题研究［D］. 泰安：山东农业大学.

王芳，2016. 我国农村低保政策的执行情况研究——以山西省阳城县S村为例［J］. 经济研究导刊（33）：41-42.

王璐，2017. 农村最低生活保障对象目标瞄准研究［D］. 昆明：云南民族大学.

杨丹，汪彩云，2009. 我国农村住房保障现状和思考 [J]. 乡镇经济，25（12）：37-40.
杨清哲，2013. 人口老龄化背景下中国农村老年人养老保障问题研究 [D]. 长春：吉林大学.
叶佩娣，2016. 城乡统筹发展背景下中国农村住房保障政策研究 [J]. 农业经济（11）：73-75.
张璐，2012. 我国农村住房保障制度研究 [D]. 济南：山东财经大学.
张乃亭，2015. 中国农村最低生活保障适度水平与支付能力研究 [J]. 山东社会科学（7）：142-147.
张秀宾，2013. 我国农民最低生活保障法律制度研究 [D]. 青岛：中国石油大学（华东）.
郑军，2011. 中国农村养老保障制度中的政府责任研究 [D]. 成都：西南财经大学.

第七章　农村扶贫事业

中共十八大以来，围绕全面建成小康社会，全国 31 个省（自治区、直辖市）的扶贫工作进行得如火如荼，成果显著。截至 2017 年末，全国农村贫困人口 3 046 万人，比上年末减少 1 289 万人。贫困发生率持续下降，贫困地区农村居民收入加快增长，与全国农村平均水平的差距进一步缩小。在 2017 年召开的中共十九大会议上，习近平总书记指出："坚决打赢脱贫攻坚战，让贫困人口和贫困地区同全国一道进入全面小康社会是党的庄严承诺。"强调到 2020 年，贫困地区农民人均可支配收入增长幅度高于全国平均水平，基本公共服务主要领域指标接近全国平均水平，扭转发展差距扩大趋势。这是一项伟大且艰巨的目标，还有两年的时间去奋斗，时间非常紧迫，必须增强责任感、使命感和紧迫感，在扶贫攻坚上进一步细化责任，加强扶贫力度，针对性更强、作用性更好、效果更可持续将是我们未来扶贫攻坚道路上的导向。

一、农村扶贫事业的新进展

消除贫困、改善民生、逐步实现共同富裕，是社会主义的本质要求。中共十八大以来，我国实施的精准扶贫政策取得了显著的效果，贫困人口数量减少，温饱解决。生活水平提高、生活质量提升是全国人民打赢脱贫攻坚战的一个重要性成果。

（一）贫困人口数量显著减少

据统计，中共十八大以来，全国农村贫困人口累计减少 6 853 万人。截至 2017 年末，全国农村贫困人口从 2012 年末的 9 899 万人减少至 2017 年的 3 046 万人，累计减少 6 853 万人；同期贫困发生率从 2012 年末的 10.2%下降至 3.1%，累计下降 7.1 个百分点。贫困人口从 2010 年开始呈现持续下降趋势，见表 2－7－1。

表 2－7－1　2010 年标准下 2010—2017 年贫困发生率

年份	贫困人口（万人）	贫困发生率（%）
2010	16 567	17.2
2011	12 238	12.7

（续）

年份	贫困人口（万人）	贫困发生率（%）
2012	9 899	10.2
2013	8 249	8.5
2014	7 017	7.2
2015	5 575	5.7
2016	4 335	4.5
2017	3 046	3.1

数据来源：根据国家统计局《2017年中国统计年鉴》以及发布公告查询整理。

（二）贫困地区农村居民收入不断提高

2013—2016年贫困地区农村居民人均收入连续保持两位数增长，年均实际增长10.7%。其中，国家扶贫开发工作重点县农民收入是2012年的1.52倍、2010年的2倍，2017年上半年继续保持较好增长势头。2013—2017年，贫困地区农村居民人均可支配收入年均名义增长12.4%，扣除价格因素，年均实际增长10.4%，实际增速比全国农村平均水平高2.5个百分点。

2017年，贫困地区农村居民人均可支配收入9 377元，是全国农村平均水平的69.8%，名义水平是2012年的1.8倍，5年年均增长12.4%。扣除价格因素，实际水平是2012年的1.6倍，年均实际增长10.4%，比全国农村平均增速快2.5个百分点。其中，集中连片特困地区2017年农村居民人均可支配收入9 264元，扣除价格因素，实际水平是2012年的1.6倍，年均实际增长10.3%，比全国农村平均增速快2.4个百分点。

2017年贫困地区农村居民分项收入的增速，也全面快于全国农村居民的平均水平。贫困地区农村居民人均工资性收入3 210元，比上年增长11.8%，增速比全国农村平均水平高2.3个百分点；人均经营净收入3 723元，增长6.9%，增速比全国农村平均水平高0.9个百分点；人均财产净收入119元，增长11.9%，增速比全国农村平均水平高0.5个百分点；人均转移净收入2 325元，增长14.8%，增速比全国农村平均水平高3.0个百分点。

（三）贫困地区农村居民消费支出快速增长

1. 农村居民消费支出保持较快增长

2017年，贫困地区农村居民人均消费支出7 998元，与2012年相比，年均名义增长11.2%，扣除价格因素实际增长9.3%。其中，集中连片特困地区农村居民人均消费支出7 915元，年均名义增长11.2%，扣除价格因素实际增长9.2%；扶贫开发重点县农村居民人均消费支出7 906元，年均名义增长11.3%，扣除价格因素实际增长9.3%。

2. 农村居民居住条件不断改善

从住房质量改善看，2017年贫困地区农村居民户均住房面积比2012年增加21.4平方米；

居住在钢筋混凝土房或砖混材料房的农户比重为58.1%，比2012年上升18.9个百分点。从饮水安全看，2017年贫困地区农村饮水无困难的农户比重为89.2%，比2013年提高了8.2个百分点；使用管道供水的农户比重为70.1%，比2013年提高16.5个百分点；使用经过净化处理自来水的农户比重为43.7%，比2013年提高13.1个百分点。从居住条件看，2017年贫困地区农村居民独用厕所的农户比重为94.5%，比2012年提高3.5个百分点；使用卫生厕所的农户比重为33.2%，比2012年提高7.5个百分点；使用清洁能源的农户比重为35.3%，比2012年上升17.6个百分点。

3. 农村居民家庭耐用消费品升级换代

从传统耐用消费品看，2017年贫困地区农村每百户拥有电冰箱、洗衣机、彩电分别为78.9台、83.5台和108.9台，分别比2012年增加31.4台、31.2台和10.6台，拥有量持续增加，与全国农村平均水平的差距逐渐缩小。从现代耐用消费品看，2017年贫困地区农村每百户汽车、计算机拥有量分别为13.1辆、16.8台，分别是2012年的4.9倍和3.1倍，实现快速增长。

（四）居民文教卫生设施配置逐渐齐全

中共十八大以来，中央和地方政府不断加大对农村水、电、路、网等基础设施和公共服务建设投资力度，“四通”覆盖面不断扩大，教育文化卫生设施配置逐渐齐全，生产生活条件得到进一步改善，贫困地区农村面貌换新颜。

截至2017年末，贫困地区通电的自然村接近全覆盖；通电话的自然村比重达到98.5%，比2012年提高5.2个百分点；通有线电视信号的自然村比重为86.5%，比2012年提高17.5个百分点；通宽带的自然村比重为71.0%，比2012年提高32.7个百分点。

教育文化状况明显改善。2017年，贫困地区农村居民16岁以上家庭成员均未完成初中教育的农户比重为15.2%，比2012年下降3.0个百分点；84.7%的农户所在自然村上幼儿园便利，88.0%的农户所在自然村上小学便利，分别比2013年提高17.1个百分点和10.0个百分点；有文化活动室的行政村比重为89.2%，比2012年提高14.7个百分点。

医疗卫生水平显著提高。2017年，贫困地区农村拥有合法行医证医生或卫生员的行政村比重为92%，比2012年提高8.6个百分点；92.2%的户所在自然村有卫生站，比2013年提高7.8个百分点；61.4%的户所在自然村垃圾能集中处理，比2013年提高31.5个百分点。

二、农村扶贫事业存在的主要问题

（一）少数贫困户“等靠要”思想严重

扶贫工作近几年虽然取得了很大进展，但仍存在很多问题需要研究解决。这些问题集中体现在有部分群众还没有从根本上转变观念，摆正自己在扶贫工作中的主体地位。因为生产力的落后、社会大环境的影响、传统思想观念的束缚以及地理环境或历史原因的制约，使得一些贫困群众存在着脱贫信心不足、消极被动心态、懒惰思想观念以及缺乏长远的打算，或是一直保持徘徊观望的态度等不良状况。这种情况也是造成一些省（自治区、直辖市）剩余贫困人口贫困程度较深、减贫成本高以及脱贫难度更大的主要缘由之一。同时，因贫困问题造成的文化程度低下，使得很多贫困户个人技能不足，即便提供就业机会也难以从事相关工作，问题贫困户“等靠要”思想严重，是脱贫攻坚战面临的又一大重要问题。

（二）扶贫资金来源渠道单一

现阶段，扶贫资金主要来源于中央财政扶贫专项资金和地方财政资金。数据统计显示，2017年我国地方财政扶贫资金来源中，85％以上来自各级财政，有的地方扶贫资金全部来源于财政专项补助资金。虽然有些地方政府已经开始采取社会化融资方式，弥补扶贫资金缺口，但是这种资金筹措方式缺乏国家层面的更细致的法律政策支持。因此，从长期来看农村扶贫资金还是以财政补贴为主。

具体来看，第一，中央财政专项扶贫资金有限，而我国贫困人口比重大，人均投资低，且资金投入使用“碎片化”，效益不高，难以满足扶贫工作的需求。第二，地方财政收入受到地方经济发展水平制约，贫困人口越多的地方往往经济越落后，财政收入也越低，用于扶贫的资金也就越有限，尤其是中西部地区的扶贫工作较为严重受阻，没有资金保障，许多扶贫项目无法落实。第三，即使财政投入的扶贫资金逐年增加，但由于贫困人口众多，从扶贫投入的数量来看，贫困地区有针对性的投入不够，优惠政策落实程度低，资金不足，特别是专项扶贫资金占比不高，对贫困地区和贫困人口的补助水平低、覆盖面窄，不能有效分散贫困居民可能遇到的各种风险。

（三）扶贫开发中绩效考核界定不清晰

精准扶贫考核即对贫困户和贫困村识别、帮扶、管理的成效，以及对贫困县开展扶贫工作情况的良好考核，奖优罚劣，保证各项扶贫政策落到实处。但实际中，由于扶贫政策、项目或措施的实施具有阶段性，实施过程是动态的，难免会出现偏差。扶贫工作绩效考核的核心是扶贫成效，但成效的考核并不是单纯考虑脱贫人数，而是多维度的扶贫成效，考虑到时间、方式和结果。

扶贫工作绩效考核界定不清晰的问题具体包括：第一，扶贫工作中政策和措施的弹性界定问题。实际中，由于扶贫政策和实际操作层面的相关措施差异性不大，缺乏弹性，体现为扶贫资源配置效率不高，缺乏对扶贫资金支配的关键因素和脱贫致富的重要障碍进行特定的结构及具体的行为分析，致使扶贫和脱贫效率不理想。第二，公平和效率问题致使脱贫成效存在一定漏洞。实际中，在扶贫资源有限的条件下很难做到绝对的公平，相类似的家庭是否收益相同，越困难的家庭是否得到的越多，在很多情况下这种问题的解决仍然比较棘手。

（四）贫困户精准识别比较困难

1. 由上级规定各乡镇贫困人口数量影响识别的精准度

贫困人口的数量在省级规定的数量内由下级向上报。贫困人口的总数并不是对各家各户逐一识别后得出的总数，而是来自于统计测算和分解，这样就导致贫困户数量统计误差的存在。这样的情况下，贫困户的名额分到各个地区就会出现有的地方贫困户名额过多、有的地方贫困户数量名额不够的现象，很容易造成应该得到帮扶的没有得到帮扶，而不应该得到帮扶的却得到了帮扶，影响了扶贫的精准度和效果。

2. 信息不对称与自愿申请成为精准扶贫的深入门槛

获得帮扶的前提是贫困户需要自己申请，而贫困户申请的前提是知道国家有这样一项政策。在现实生活中，贫困地区信息闭塞，获得信息的渠道十分有限，还有一部分人在外打工无法获取这些信息。许多原因导致贫困户不能及时申请而错过了识别的工作环节，错失了被帮扶的机会。

3. 贫困户认定评议机制不完善

在民主评议过程中存在较大的人为因素。民主评议过程中参与评议的人数、具体参加人员、评议人与申请人是否有亲属或利害关系，都无从如实获悉。农村地区存在非常重视血缘或亲缘关系的现象，有的利用血缘或亲缘关系瞒天过海或占用名额，导致真正需要帮助的人得不到应有的权益。

4. 贫困户精准识别标准单一，并且工作难度较大

判断是否属于贫困户主要依据便是其家庭人均收入是否在国家或各地方政府规定的贫困线以下。以收入水平刻画和识别贫困程度具有直观、可比性等优势，要获取这一信息的工作难度很大，并且具有一定的局限性，存在一定的难选、漏选问题。

（五）返贫风险的预警机制不健全

随着扶贫开发的程度逐渐加深，除了优势已经明朗，其弊端也开始显现，部分地区出现了返贫多发现象。我国扶贫开发绩效显示，贫困地区人口数量减少的边际效应呈现递减趋势，也就是说，随着扶贫开发工作的逐渐深入，扶贫政策取得效果的增长速度越来越小。

截至 2017 年 8 月，全国返贫贫困户达到了 553 万户、734 万人。截至 2017 年末，全国的贫困人口还有 4 000 万人左右，而返贫人口占贫困人口的比例为近 20%，占有比重较高，返贫风险需要警惕。脱贫工作步履维艰，脱贫人口的返贫问题成为更加棘手的问题，其严重地阻碍了精准扶贫的工作成果以及妨碍了扶贫工作的顺利实施；返贫问题已经成为贫困地区实现致富奔小康道路上的严重阻碍，如何阻止贫困人口返贫以及实现可持续脱贫，成为当今亟须研究的重大难题。

三、农村扶贫事业发展的重点任务

（一）瞄准贫困人口精准帮扶

在当前的扶贫脱贫大背景下，瞄准贫困人口，精准帮扶是扶贫的前提。因而对有劳动能力的贫困人口，需强化产业和就业扶持，着力做好产销衔接、劳务对接，实现稳定脱贫；对易地扶贫

搬迁需有序推进，让搬迁群众搬得出、稳得住、能致富；对完全或部分丧失劳动能力的特殊贫困人口，需综合实施保障性扶贫政策，确保其病有所医、残有所助、生活有兜底；同时，也要做好农村最低生活保障工作的动态化、精细化管理，把符合条件的贫困人口全部纳入保障范围。

专栏一：

赫章易地扶贫搬迁 依托产业发展帮助群众致富

“我是残疾人，干不了重活，要不是党的好政策，我这辈子不可能搬离土坯房，住进集镇小洋楼。”提起易地扶贫搬迁后生活的变化，赫章县铁匠苗族乡处卓村寒么组村民王永朝满脸笑容。

王永朝所在的易地扶贫搬迁集中安置点，不仅楼房崭新漂亮，小区还配套建设了客运站、休闲广场、卫生院和学校。“新家又亮又宽敞，我们一家人都很喜欢。”王永朝百感交集。现在，儿媳妇经营包子铺小吃店，每月收入3 000多元。

该乡处卓村妈依坡组苗族村民朱达敏一家人也住进了新家，朱达敏还在园区服装厂上班了。面对新生活，朱达敏非常高兴：“娃娃上学、我们就业，都很方便。”

“遵循‘一村一策、一点一产业’的原则，依托特色农业，鼓励搬迁群众就地务工，引导搬迁群众稳妥推进土地、林地流转，实现资源变资产，确保‘搬得出、稳得住、有事做、能致富、可持续’，防止因搬迁致贫。”赫章县委书记刘建平说。

赫章县仅在铁匠苗族乡就先后引进了贵州飞腾服装实业有限公司、贵州欣美箱包有限公司和福建宏远集团有限公司等企业，带动该乡近千村民就业，解决了群众搬迁后稳得住、能发展的问题。此外，还建设了一批高标准农业特色产业种植示范带，育苗辐射冷凉蔬菜种植面积1 000亩，公司以每亩500元向项目所在地农户流转所需土地，搬迁贫困户以“特惠贷”5万元资金入股分红，成为贫困山区的致富产业，形成“户户有项目、人人有收入”的产业扶贫新格局。

赫章县还将全县易地扶贫搬迁安置点的扶贫生态移民搬迁安置工作与全县生态养生旅游产业融合起来，在各安置点附近进行生态养生旅游产业开发，将豆腐坊、酿酒坊、榨油坊、彝浴等传统民俗文化融入项目建设，使移民生产生活和生态旅游共同发展，帮助搬迁户脱贫致富。

资料来源：《贵州日报》。

（二）聚焦深度贫困地区集中发力

2017年末，全国农村贫困人口比上年末减少1 289万人，贫困人口明显减少。当下需要以解决突出制约问题为重点，以重大扶贫工程和到村到户帮扶为抓手，加大政策倾斜和扶贫资金整合力度，着力改善深度贫困地区发展条件，增强贫困农户发展能力，重点攻克深度贫困地区脱贫任务；同时，新增的脱贫攻坚资金项目主要投向深度贫困地区，增加金融投入对深度贫困地区的支持，新增建设用地指标优先保障深度贫困地区发展用地需要。

专栏二：

交口县：七大工程破解深度贫困

交口县是山西省定重点扶持贫困县，也是吕梁市深度贫困人口主要集中的6个县份之一，深度贫困攻坚对象共涉及6 693人，占全县农村贫困人口的31.6%。交口县认真学习领会习近平总书记关于扶贫开发的重要论述，按照吕梁市委实施“三五工程”攻坚深度贫困要求，紧紧围绕“收、支、移、智、志、帮、领”七方面问题，全力实施稳定增收、提标减压、易地搬迁、教育培训、文明创建、精准帮扶、党建引领“七大工程”，促进全县脱贫攻坚工作实现整体提升。

优先推进稳定增收工程，着力解决好“收”的问题。持续推进生态扶贫，加快实施光伏扶贫。坚持“绿水青山就是金山银山”，实现治山治贫同步、增绿增收双赢。在造林务工、管护就业、经济林提质增效、退耕还林、林下经济等多方面实施政策倾斜，鼓励贫困户参与其中，通过劳动获取收益，并由政府对核桃经济林提质增效综合管护项目等特定项目予以额外补助。按照规划、筹资、施工、管理、经营五统一和建设、结算两集中模式，启动建设总规模18 MW的光伏扶贫项目。

创新放大金融扶贫，全面推进产业扶贫。全力加快项目上马和产业发展、推进乡村旅游扶贫、落实电商扶贫“七免一补”政策、积极推进与网库集团合作。

统筹推动区域发展。坚持城乡统筹发展，县乡重点工程、新兴产业向深度贫困地区倾斜，加大以工补农、以煤补农力度，培育一批“特色城镇+贫困村、工业企业+贫困村”的典型。

创新推进提标减压工程，着力解决好“支”的问题。加大教育资助力度。对建档立卡贫困学生应助尽助，对纳入深度贫困的大学生“生源”贷款全覆盖，2017年新录二本B类以上大学生予以5 000元补助。结合“百企百村结对帮扶”精准扶贫行动，倡议涉及深度贫困村的企业资助大学生每年3 000元，高中生每年2 000元，初中以下每年1 000元，直到该户脱贫。

提升医疗保障能力，实施社保兜底扶贫。建立建档立卡贫困人口补充医疗保险制度，每人每年补助100元，将住院医疗总费用报销比例提高到90%以上。对无法依靠产业、就业帮助脱贫的深度贫困家庭实行政策性保障兜底，加快推进农村低保制度和扶贫开发政策有效衔接。加快易地扶贫搬迁工程，着力解决好“移”的问题。按照习总书记实施整村搬迁统筹解决好“人、钱、地、房、树、村、稳”7个问题的要求，同步搬迁200人，按照“五年任务三年完”和“两年交总账”要求，确保2017年和2018年两年任务全部于2017年开工建设完成主体。

加快基础设施建设和公共服务配套。改善农村生产生活条件、突出抓好安全饮水提升专项行动、加大电网建设投资力度、交通建设项目向通村入户倾斜、2018年底所有贫困村文化活动场所全部达标、持续开展农村环境卫生集中整治。

全面实施教育培训工程，着力解决好“智”的问题。振兴教育发展，加强就业培训。以提高技能、增加就业为目的，以“吕梁山护工”为重点、市场需求为导向，提高培训针对性和实效性，对贫困群众开展免费技能培训，力争培训后持证率达到100%，就业率达到70%以上。

扎实开展文明创建工程，着力解决好“志”的问题。倡导文明新风，开展文明创建。大力开展“弘扬东征精神，合力脱贫攻坚”主题宣传活动，持续开展“崇尚劳动、脱贫光荣”“传承好家风，争当文明户”“百善孝为先，孝敬老人我当先”等系列活动。

深入推进精准帮扶工程，着力解决好“帮”的问题。充分利用扶贫数据信息平台，资源共用，信息共享，精准对接，深入开展教育、卫生、民政、住建、文化等行业领域专项扶贫行动，统筹开展扶贫政策进村入户活动，着力解决“有需求无政策，有政策未落实”问题，打通政策落实“最后一公里”。

抓好“三基”建设，强化督查考核，着力解决好“领”和“推”的问题。强化党建引领、加大资金投入、改进督查考核。选派能力强的年轻干部到基层挂职锻炼，在一线选拔任用干部。实施“农村本土人才回归工程”，鼓励本土人才返乡创业，充实村“两委”班子，创办领办经济实体。各类资金、基金优先支持深度贫困区域发展。依托棋盘山风电、露天矿区光伏领跑者先进技术基地等项目，探索建立贫困村、贫困户稳定增收带动模式。

资料来源：黄河新闻网吕梁频道。

（三）激发贫困人口内生动力

当前，扶贫对象中内生动力不足问题较为突出，因而需要把扶贫同扶志、扶智结合起来，把救急纾困和内生脱贫结合起来，以期提升贫困群众发展生产和务工经商的基本技能，实现可持续稳固脱贫；同时，着重引导贫困群众克服“等靠要”思想，逐步消除精神贫困；重点打破贫困均衡，促进形成自强自立、争先脱贫的精神风貌；通过改进帮扶方式方法，更多采用生产奖补、劳务补助、以工代赈等机制，推动贫困群众通过自己的辛勤劳动脱贫致富。

专栏三：

龙胜：激发内生动力　铺就脱贫坚实路

龙胜各族自治县（以下简称龙胜县）是国家扶贫开发工作重点县和滇桂黔石漠化片区县，贫困人口多、贫困程度深。“十三五”期间，全县有贫困村59个，贫困人口31 573人。为打赢全县脱贫攻坚这场大决战，龙胜县委、县政府把激发贫困户内生动力作为“爆破点”，基础设施建设和产业发展双管齐下，以模范带动营造“你追我赶”的良好脱贫氛围，两年多来成效显著。数据显示，2016年龙胜全县脱贫11个村、6 351人；2017年全县脱贫15个村、19 506人，贫困发生率降至3.63%。

修扶贫路，助产业兴

“你现在来得不是时候。天气这么好，村民大都到地里干活了，找人比较困难。”6月初，记者来到龙胜县马堤乡东升村采访贫困户，走访了几个村寨都扑了空，村主任阳仁安道出了其中的缘由。

马堤乡东升村共有 481 户、2 065 人，其中贫困户 306 户、1 164 人，贫困发生率达 59.37%，是龙胜深度贫困地区，也是龙胜脱贫最难啃的一块硬骨头。在东升村，制约当地经济发展的最大障碍就是交通。在县、乡两级政府和后盾单位共同努力下，2016 年，东升村委修通了水泥路。如今，东升村 18 个村民小组已全部通上了水泥路。路通了，但东升村村民脱贫还面临另外一个大难题：没有自己的产业。东升村人多地少，人均耕地不足 7 分，之前村民除了种田糊口，口袋里几乎没有什么余钱。

“多亏了党和政府的帮助，不然我过不上现在的好日子。”今年 52 岁的阳炳秀患有心脏病，丈夫前些年得病去世，孩子刚 20 岁出头，一家人的担子几乎全部落在她一个人身上。“最多的时候家里欠款 10 多万元。”正当阳炳秀对生活即将失去信心的时候，政府的产业扶贫给了她希望。在扶贫干部的协助下，阳炳秀开荒种辣椒，同时还养猪，孩子也外出打工。两年下来，阳炳秀把欠债基本还清，2017 年底实现了脱贫。

由于基础设施和产业扶贫双管齐下，两年来，东升村的面貌发生了巨大的变化，村民们生产积极性明显提高。截至去年底，东升村已有 252 户贫困户、986 人成功脱贫摘帽。

东升村不过是龙胜近年来激发贫困户内生动力、铺就脱贫坚实路的一个缩影。据龙胜扶贫办相关负责人介绍，多年的交通信息闭塞，让龙胜一些深度贫困地区的人存在一定的“等靠要”思想。因此，要让他们彻底告别贫困，首先得拔除他们心中的“懒刺”，不要让贫困户以路不通没有产业为由，破罐子破摔，而是要把基础设施建好，产业发展规划送到手中，让贫困户“躺在太阳底下睡不着觉”，从而激发他们的脱贫干劲。“他们帮我们把路修好了，产业发展政策也给我们了，我们再不动起来，自己都会不好意思。”东升村贫困户阳六辉说。

据了解，脱贫攻坚战打响以来，龙胜全县扎实推进以水、路、房、网和公共服务设施为主的基础设施建设。截至目前，全县 119 个行政村已全部通硬化路，20 户以上自然村（屯）通沙石路或水泥路。与此同时，充分发挥龙胜生态优势，制订出台《龙胜各族自治县 2018 年精准扶持贫困户发展产业实施方案》，调整确定中药材、富硒水果、富硒蔬菜、优质稻、杉木以及地方特色品种养殖（鸡）、油茶为全县扶贫主导产业，主导产业覆盖了全县 80%以上贫困户。

扶贫先扶志，致富先治心

“现在大家都想着搞生产赚钱，争取早日脱贫致富，没人闲在家里喝酒打牌了。”龙胜县江底乡建新村贫困户杨文清说。杨文清说，没有产业，村里的贫困户成天无所事事。穷怕了的村民在面对政府提供的一个个产业发展规划时都缩手缩脚。“要让他们脱贫，就得扶贫先扶志，致富先治心。”龙胜县委书记周卉说。

为了治愈建新村贫困户的“心病”，龙胜县委、县政府决定在全县打造一批脱贫致富的模范榜样，杨文清就是其中之一。在政府的引领扶持下，杨文清 2017 年贷款 5 万元承包了 30 亩土地种植百香果，一年下来收入近 10 万元，成功脱贫摘帽。看到这一情况，建新村的 6 户贫困户再也坐不住了，纷纷到杨文清家里表示要跟他一起种百香果。“我们以前是穷怕了，怕担风险。如今，杨文清带头给了我们信心。”贫困户夏玉军说。在杨文清的带领下，村里成立了百香果种植专业合作社，种植百香果100多亩。预计到年底，6户贫困户可以全部脱贫摘帽。

“我们就是要通过树立脱贫典型和模范，在全县营造你追我赶的良好氛围，激发贫困户的生产积极性。”龙胜县委宣传部相关负责人说。据他介绍，为发挥脱贫先进人物的带动作用，近年来龙胜在全县范围内开展“我的脱贫（扶贫）故事”征集活动，从90多个征集故事中评选出30多个先进典型，通过本县报纸、电台、电视、微信等媒介进行宣传，并积极报送上级新闻媒体，有效扩大先进典型影响力，营造“脱贫光荣，争贫可耻”的浓厚氛围。

感恩政策好，脱贫有信心

“跋山涉水不为遥，戎马半生不服老。访贫问计寻思路，一片丹心为东升。”4月中旬，在东升村的“大手拉小手”脱贫攻坚春耕动员联欢会上，住进新宿舍、用上新计算机的东升小学的老师和学生们用山歌表达他们对党和扶贫帮扶人员的感激之情。

“我们教学条件能有今天这样的改善，全靠老战士们的关心，全靠党和国家的政策好，我们要教育学生永远记住他们的恩情。”东升小学校长杨光友告诉记者，开展脱贫攻坚以来，在东升村自愿扶贫的桂林10多名退伍老战士四处奔波寻求帮助，最终通过市工信委和桂林电信公司，免费为东升村和东升小学拉起了光纤网络。网络开通后，扶贫队员又捐款3万元为东升小学8名老师各配备了一台教学计算机和上网设备，还为村委和东升小学分别设计了东升村信息化扶贫室建设方案、东升小学计算机云专业教室建设方案。“他们这样帮我们，我们再不行动起来，实在是对不起他们的一番好意了。”东升村支部书记杨进辉说。

7月30日，三门镇大罗村村级公共服务中心挤满了人，一场别开生面的脱贫攻坚巡演正在进行。“像这样的扶贫文艺演出，我们在全县每个贫困村一年都会举办一次以上，不仅鼓舞大家脱贫致富的干劲，同时也让贫困户记住党和国家的恩情，化感激为动力。”龙胜文新广体局负责人说。据他介绍，2016年以来，龙胜深入开展“脱贫攻坚奔小康，党的恩情永不忘”主题感恩教育，成立脱贫攻坚文艺宣传队，通过山歌会、文艺演出、知识抢答等群众喜闻乐见的形式，深入59个贫困村巡回演出，宣传党的扶贫政策，深受群众欢迎。同时，结合中共十九大精神宣传，通过开好小组会、堂屋会、地头会，讲清国家有什么扶贫政策、大家得到了什么政策，讲清村屯的变化、家中的变化，增强贫困群众的获得感和幸福感，引导贫困群众学会感恩，牢固树立“脱贫不等不靠，勤劳终有回报”的思想意识。

资料来源：《桂林日报》。

（四）建立返贫预警机制

随着全面建成小康社会战役的打响，根除贫困问题已成为当前的紧迫任务。在当前减贫事业取得举世瞩目成就的前提下，接下来的减贫任务更加艰巨，预防并构建完善的返贫预警机制将是打好脱贫攻坚战的重要环节。当下应重点关注返贫问题的先期预防，作为一项基础性的工程，通过行之有效的返贫预警机制构建（预警信息机制、组织预警机制、长效衔接机制、利益联结机制、考核监督机制），从源头上掌握返贫的演化，及早防范返贫风险，消除返贫现象或减轻后期返贫治理难度。

专栏四：

他山之石：山东临邑——建立返贫预警机制确保稳定脱贫

针对已脱贫户易返贫的现象，山东省临邑县坚持“脱贫”和防范“返贫”两手抓，短期见效和长期保持相结合，对全县建档立卡已脱贫的贫困人口建立返贫预警机制，通过基层干部定期跟踪回访、返贫户个人申报、系统信息自动比对、第三方评价等途径，及时掌握返贫情况，最大限度地减少贫困群众因病、因学、因灾等支出，稳定实现“两不愁、三保障”，提高脱贫质量，稳步实现脱贫奔康。目前，全县纳入三级返贫预警关注的共486户、1 268人。

创新多种渠道，精准收集信息

主要通过个人申报、系统比对、第三方评价3种途径，收集预警信息，进行动态监管。一是个人申报。贫困户对本户收入状况作出客观评价，对收入的减少或者预期收入有可能减少，可能导致年均收入低于当年返贫线的，可以直接向村委会提出，纳入预警范围；贫困户因病、因学、因灾等特殊原因，“两不愁、三保障”得不到有效保障的，农户也可以直接向村委会提出，纳入预警范围。二是系统比对。通过系统筛选，对户均年收入刚超出当年脱贫线的贫困人群，纳入预警范围；通过住建、教育、卫计、民政、社保等部门数据系统，定期比对贫困群众住房、教育、医疗、救助等信息，及时发现贫困群众在“两不愁、三保障”方面存在的隐患问题，对该部分人群纳入预警范围。三是第三方评价。包户责任人和基层党建“网格员”定期入户走访，对贫困户生产、生活状况予以随时关注，对因收入降低、突发事件等因素有可能导致返贫的人群纳入预警范围。

设定预警级别，实行分级管理

按照突出重点、分类管理的原则，对脱贫户实行三级风险防控。根据建档立卡已脱贫贫困户现有的产业、就业及家庭收支状况，综合判断其脱贫的稳定性，将返贫级别划分为3个等级，根据严重程度由高到低分别标识为红色、黄色、蓝色3个区域。一级预警，濒临返贫户，台账用红色标识。主要包括同期家庭收入明显减少，因病、因学、因灾等特殊原因出现较大数额的刚性支出，导致家庭收入预期低于脱贫线或“两不愁、三保障”得不到有效保障的贫困户。二级预警，极易返贫户，台账用黄色标识。主要包括无劳动、创业能力，没有稳定的收入来源，仅靠资金帮扶、产业项目、金融扶贫带动脱贫的贫困户。三级预警，邻近返贫户，台账用蓝色标识。主要包括内生发展动力不足，没有稳定的就业收入来源，主要靠产业项目、金融扶贫带动脱贫的贫困群众。

完善风险评估，实施分类救助

严格按照风险等级评估程序组织评议，各村将收集的预警信息上报乡（镇、街道办事处）扶贫站，由扶贫站协同村对脱贫户就业创业、收支状况等情况进行综合判断。在此基础上，召开村民代表会议对脱贫户风险等级进行评议、公示。公示无异议的报乡（镇、街道办事处）审核、公告，公告无异议的，登记台账并报县扶贫办备案。风险评估后，分门别类进行救助。对一级预警贫困户以“帮”为主。帮助理清发展思路、谋划增收项目、解决家庭就业，有效拓宽家庭收入来源。因祸、因病、因灾等特殊原因导致出现大额支出的贫困家庭，乡（镇、街道办事处）扶贫办重点关注，主动协调民政、卫计等部门，争取政策最大限度地开展“点对点”精准帮扶。对二级预警贫困户以“扶”为主。通过产业项目、金融扶贫重点帮扶，继续加大输血力度；通过设置“虚拟岗位”等措施，实现精准帮扶；确保家庭至少有1～2项增收渠道，稳定增加家庭收入。对三级预警贫困户以“引”为主。重点在扶志、扶智方面加强引导、教育，加强技能、创业培训，实现稳定就业，在持续“输血”的同时着力提高“造血”功能。

建立长效机制，保障稳定脱贫

风险等级实行动态管理，等级设防、分层施策、提前预警，切实提高脱贫的稳定性、可持续性。一是建立跟踪观测机制。帮包责任人定期上门走访，落实帮扶措施，了解帮包贫困户收入状况、就业情况，了解生产生活、教育、医疗、住房等保障情况，根据风险等级划分标准，及时掌握动态变化。二是建立定期评估机制。各乡（镇、街道办事处）原则上每季度集中开展一次风险等级评定工作，及时了解脱贫户的风险等级变化。对脱贫户家庭情况发生较大变化、影响风险等级的，随时调整风险等级。打通返贫申报渠道，通过调查、评议、审核、认定等途径及时确认返贫户，进行重点帮扶。三是建立正向激励机制。树立正确的舆论导向，建立奖惩激励机制。对风险级别逐步下降的脱贫户，给予一定物质或精神奖励，通过挂牌换旗等行动，树立榜样意识，鼓励贫困群众以自己的劳动实现脱贫致富，传播“脱贫光荣、勤劳致富”的正能量。四是建立反向预警机制。对风险级别呈上升趋势的提前介入，及时提醒帮扶责任人，详细了解风险上升的原因，及时提供针对性的帮扶措施，提高帮扶的有效性，从源头上防止返贫。

资料来源：莱州扶贫。

四、农村扶贫事业发展的政策建议

（一）帮助贫困户转变思想观念，提高能力素质

“治贫先治懒，扶贫先扶志”，扶贫的各个环节之间的落实、衔接以及推进，群众的观念是否全面、配合扶贫的行为是否积极都是扶贫是否有效的关键。因而，在扶贫事业进程中应把思想引导放在重要的地位，以脱贫致富的成效促进群众思想观念的转变。同时，提高新生代的思想教育意识和文化水平，以助学保障贫困家庭的教育以防止贫困的代际传递；在意识的培养转变中，将扶贫的各项举措统筹推进，以期增强贫困群众脱贫的信心。

政府应加大对农业科技培训的投入，开展农村实用技术培训，使大多数贫困人口掌握 1 ~ 2 项实用技术和操作技能，如优质、低耗、高效的农业新技术以及新品种的推广等。建立扶贫培训

基地，狠抓劳务输出培训，加大智力扶贫力度，为贫困农民外出务工和寻求就业门路创造条件，通过培训基地源源不断地将他们推荐到省内外企业务工，增加贫困农民的收入。通过狠抓技术扶贫、劳务扶贫，使贫困人口的素质得到普遍提高，管理能力普遍增强，经济效益普遍增加，进一步培养贫困人口的“造血”功能。

（二）加大财政扶贫开发投入，整合各类帮扶资金

为扶贫工作提供更多资金支持，既要提高扶贫资金投入的数量，也要提升扶贫资金的使用效率与监管水平，更好地发挥扶贫资金的作用。

建立和完善专项扶贫资金倍增机制，加大对贫困地区转移支付力度，提高扶贫项目补助标准，为贫困地区的减贫脱贫工作提供稳定充足的资金来源和保障。加大中央与省级财政的投入，提高移民搬迁、新村建设、通村公路、沼气、水利等项目的补助标准，并使扶贫项目的补助标准与物价水平相挂钩，为贫困地区的基础设施建设提供充足的资金支持；加大新型农村合作医疗和大病保险制度向贫困人口的倾斜，加大对贫困人口的医疗救助力度，降低贫困人口的医疗负担，防止因病致贫和因病返贫；加大就业专项资金向贫困地区的转移支付力度，增加贫困地区的各类培训资源供给，建设基层就业服务平台，帮助贫困人口实现就业。

按照“统一规划、集中使用”的原则对扶贫资金进行综合管理，避免扶贫资金使用的“碎片化”，提升资金使用效益。同时，推进扶贫资金运作的公开化、透明化，防止资金的浪费、流失等问题；要尊重和发挥贫困群众的知情权、参与权、选择权和管理监督权，使各项惠民政策、项目和工程，最大限度地向贫困地区倾斜，使扶贫资源真正落实到贫困人口，真正用于解决贫困人口和贫困地区发展的迫切需求。研究贫困地区扶贫线和低保线“两线合一”的实施办法，统筹低保资金与扶贫开发资金，通过对低保线的贫困人口实行应保尽保实现其脱贫。实现“开发式扶贫”和“低保制度”两项制度的有效衔接，建立和完善贫困人口识别机制，明确低保救助和扶贫开发的扶持对象，使低保制度担当起维持低保对象生存这项“兜底”性任务。

（三）完善扶贫攻坚绩效考核机制

为了更好地体现精准扶贫的成效，精准考核不仅要真实、科学地衡量扶贫开发工作的绩效，也应进一步为调整扶贫政策、项目和措施提供重要依据和参考。为了更好地体现精准扶贫的成效及当前扶贫攻坚绩效考核存在的问题，有以下几点政策建议：

第一，精准扶贫的识别标准要尽快突破以家庭人均收入为现实贫困人群衡量指标的单一指标，而转换为多维贫困指标。在多维贫困指标的基础上，实现更有效率的动态管理。牛津贫困和人类发展研究中心为联合国国际开发署（UNDP）设计的多维贫困指数包括了10项内容：受教育年限和儿童入学率（教育），儿童死亡率和营养水平（健康），电力、住房面积、饮用水、卫生条件、厨房燃料和不动产（生活标准）。其中，教育和健康占1/6权重，每一生活标准占1/18权重。根据我国农村贫困地区的实际情况，应尽快将多维贫困指标投入使用，以期达到更有效的绩效考核结果。

第二，对扶贫资金和项目使用情况的核查应进一步加强。实际情况中贫困人口扶持政策项目和资金与到户情况不符是重要的问题，要想扶持项目和资金在技术上实现精细瞄准，不断提升效率，首先要在政策制定和执行过程中进行精准瞄准，保持可持续性的发展，防止花更多的人力、

物力而效果甚微的结果。

第三，各级政府应更关注扶贫开发工作的公平性和效率性。具体而言，可通过增加民主评议、群众对扶贫工作的满意度调查、引入学术研究机构三方等，增加绩效考核的透明度和科学性等方式，综合推动精准扶贫实现既定目标。

（四）大力推进精准扶贫、精准脱贫

各级政府及相关部门建档立卡贫困户应精准落实，抓好精准识别、建档立卡这个关键环节，为打赢脱贫攻坚战打好基础，为推进城乡发展一体化、逐步实现基本公共服务均等化创造条件。对建档立卡贫困村、贫困户和贫困人口定期进行全面核查，建立精准扶贫台账，实行有进有出的动态管理。根据致贫原因和脱贫需求，对贫困人口实行分类扶持。建立贫困户脱贫认定机制，对已经脱贫的农户，在一定时期内让其继续享受扶贫相关政策，避免出现边脱贫、边返贫现象，切实做到应进则进、应扶则扶。抓紧制定严格、规范、透明的国家扶贫开发工作重点县退出标准、程序、核查办法；加强对扶贫工作绩效的社会监督，开展贫困地区群众扶贫满意度调查，建立对扶贫政策落实情况和扶贫成效的第三方评估机制。评价精准扶贫成效，既要看减贫数量，更要看脱贫质量，不提不切实际的指标，对弄虚作假搞“数字脱贫”的，要严肃追究责任。

各贫困县、村建立阳光公示并进行群众评议，杜绝暗箱操作。政策细化，做到群众可理解。

参考文献

边晓红，段小虎，王军，等，2016.“文化扶贫”与农村居民文化“自组织”能力建设［J］. 图书馆论坛（2）.

段小虎，张梅，2017.“十三五”时期我国文化扶贫研究趋势与重点分析［J］. 图书馆论坛（5）.

公丕明，公丕宏，2017. 精准扶贫脱贫攻坚中社会保障兜底扶贫研究［J］. 云南民族大学学报（6）.

龚曼，陈俊兰，江晓梅，2018. 脱贫人口返贫问题对策之可持续脱贫［J］. 山西农经（9）.

胡蝶，2016. 扶贫必扶智：教育精准扶贫是摆脱贫困的内生动力［J］. 改革与开放（21）.

梁本凡，2016. 基于“精准”的脱贫攻坚宏观策略研究［J］. 经济学观察（5）.

林耿雄，2017. 农村金融精准扶贫存在的问题及对策分析［J］. 中国市场（26）.

林广毅，2016. 农村电商扶贫的作用机理及脱贫促进机制研究［D］. 北京：中国社会科学院研究生院.

刘彦随，周扬，刘继来，2016. 中国农村地域分布特征及其精准扶贫策略［J］. 中国科学院院刊（3）.

刘永富，2014. 深入学习贯彻习近平同志系列重要讲话精神，打赢全面建成小康社会的扶贫攻坚战——深入学习贯彻习近平同志关于扶贫开发的重要讲话精神［N］. 人民日报，04－09（07）.

全承相，贺丽君，全永海，2015. 产业扶贫精准化政策论析［J］. 湖南财政经济学院学报（1）.

汪向东，张才明，2011. 互联网时代我国农村减贫扶贫新思路［J］. 信息化建设（2）.

王嘉伟，2016.“十三五”时期特困地区电商扶贫现状与模式创新研究［J］. 农业网络信息（4）.

王介勇，陈玉福，严茂超，2016. 我国精准扶贫政策及其创新路径研究［J］. 中国科学院院刊（3）.

徐志明，2008. 我国贫困户产生的原因与产业化扶贫机制的建立［J］. 农业现代化研究（6）.

张亚琴，2018. 扶贫先从转变思想观念做起［J］. 社科纵横（1）.

郑瑞强，张哲萌，张哲铭，2016. 电商扶贫的作用机理、关键问题与政策走向［J］. 理论导刊（10）.

中共中央宣传部，2014. 习近平总书记系列重要讲话读本［M］. 北京：人民出版社.

朱莉，2016. 产业精准扶贫的实施及相关问题研究［J］. 全国商情（35）.

第八章　农村重点群体关爱事业

中共十九大报告提出要加强社会保障体系建设，针对农村重点群体，明确提出要按照兜底线、织密网、建机制的要求，全面建成覆盖全民、城乡统筹、权责清晰、保障适度、可持续的多层次社会保障体系。政府工作报告也提出了营造尊重妇女、关爱儿童、尊敬老人、爱护残疾人的良好风尚。

农村妇女、留守儿童、残疾人、老人等是农村社会保障重点关爱的群体。众所周知，目前农村重点群体在教育、就业、健康等方面，均处于相对劣势的地位，是农村社会事业发展过程中的薄弱环节。政府、社会也在大力推进建设农村重点群体的关爱体系，各项举措并进，各种制度保障，使这项事业取得了很大的进展。但长期以来积淀的一些问题依然比较突出，需要在实施乡村振兴战略中逐步加以解决。

一、农村妇女关爱事业

（一）主要进展

1. 沐浴政策阳光，生存和发展状况持续改善

我国正有序推进城乡居民基本医疗保险（新型农村合作医疗）以及跨省就医，建立统一的城乡居民基本医疗保险制度。从实施效果看，这项制度推进了农村医药卫生体制改革，有力地保障了农村妇女生存和整体的健康水平。据统计，2015 年，分别有 5 000 多万和 700 多万农村妇女进行宫颈癌、乳腺癌免费检查；有 41 693 名患病贫困妇女获政府医疗救助；全国妇联和各地妇联全年募集资金和物资近 13 亿元，新发送“母亲健康快车”180 辆，新建“儿童快乐家园”204 个；180 多万农村留守儿童获得爱心人士“一对一”的帮扶；137 万婴幼儿从贫困地区儿童营养改善项目中获益。再从孕妇生育保障情况看，农村孕产妇死亡率从 2012 年的 25.60/10 万，下降到了 2016 年的 20.00/10 万。2012 年以来，农村妇女生育保障水平稳步改善，城乡差距进一步缩小（图 2－8－1）。

2. 维权意识增强，维权服务展现新风采

保障妇女儿童合法权益，是社会道德和文明的体现、尊重和保障人权的体现，也是国家法治

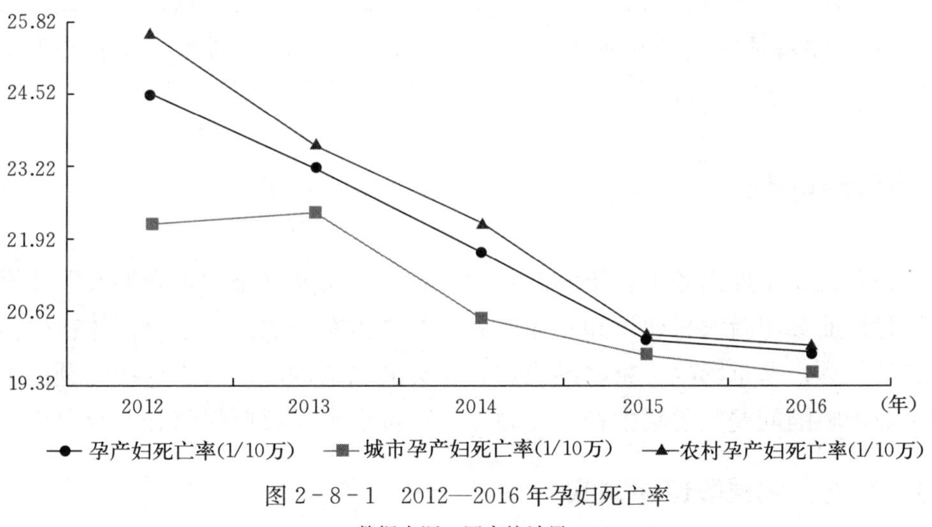

图 2-8-1　2012—2016 年孕妇死亡率

数据来源：国家统计局。

水平的体现。近年来，各级妇联大力开展“建设法治中国·巾帼在行动”活动，利用“妇女之家”等阵地，抓住国家宪法日等契机，广泛开展形式多样的法治宣传，引导广大妇女尊法、学法、守法、用法，依法维护妇女合法权益取得实效。

据统计，以“万家联动、送法到家、活动在家”为主题，全国各地全年共开展各种普法讲座、现场咨询、法治文化等活动 65 万多场，参与服务的法官、检察官、律师等维权志愿者 96 万多人，覆盖妇女群众 8 300 多万人次。同时，针对基层妇女维权的困难和问题，全国各级妇联规范受理办理程序，引导妇女依法逐级走访。县以上妇联接待处理群众来信、来访、来电近 24 万件次，对涉及妇女儿童的舆情热点事件及时介入、有力发声、跟进服务。

3. 创业创新，巾帼行动初见成效

为支持城乡妇女广泛开展“创业创新巾帼行动”，2015 年国家推进实施妇女小额担保贷款财政贴息政策，全国累计发放贷款 2 477.53 亿元，中央及地方落实财政贴息 213.69 亿元，近 500 万妇女积极创业。同时，各地通过创业教育、创业训练营、创业创新成果展示、“互联网+”巾帼创业创新竞赛等，鼓励广大妇女在新产业、新业态、新模式中创业就业。据全国妇联统计，扶持创建巾帼现代农业科技示范基地、女大学生创业实践基地、妇女手工编织基地、巾帼家政培训示范基地 5 万多个，举办新型职业女农民培训、创业就业技能培训等各类培训 16 万多期，参训妇女 800 多万人。

“创业创新巾帼行动”初见成效。以安徽省为例，5 年来，安徽各级妇联持续打造“妇”字号特色工作品牌，深入推进“双学双比”活动创新发展，激励城乡妇女创业就业，促进妇女增收致富。推进“徽姑娘农家乐”、专业合作社、手工编织、电子商务形成品牌链，以赛代训，指导妇女就业创业。按照家政服务联盟的模式，通过建设培训、服务、信息三大平台，推动“皖嫂”家政服务品牌化和规范化发展。目前，已有省级“徽姑娘农家乐”示范户 381 户、女子专业合作社 292 个、手工编织就业示范基地 10 个、电子商务创业创新示范基地 24 个。培训家政服务员 8.7 万人次，帮助近 10 万名城市下岗失业妇女、农村进城务工妇女创业就业。引领农村妇女参与现代农业发展，推动将妇女培训纳入政府各部门的教育培训规划。2012 年以来，举办农村妇

女创业带头人、实用技术等各类培训班1.5万期，培训妇女120万人次。全国妇联有关负责同志说，“广大妇女正在主动适应经济发展新常态，在转移就业、自主创业、居家灵活就业中实现更好的自我发展”。

（二）突出问题

近年来，随着农民工外出务工队伍不断壮大，农村妇女尤其是“留守妇女”逐渐成为一个新型群体，她们是目前参与新农村建设和农业产业化的主力军。然而，这个群体在生活和生产上面临着前所未有的问题，严重影响了家庭的稳定和社会的和谐进步，解决这些问题已迫在眉睫。农村妇女关爱事业面临的问题主要集中在文化教育、精神需求、就业保障和医疗保健4个方面。

1. 农村妇女的文化程度普遍偏低

全国妇联和国家统计局第三期中国妇女社会地位调查结果显示，我国8～64岁女性的平均受教育年限为8.8年，接受高中阶段以上教育的占33.7%，城乡分别为54.2%和18.2%；农村留守妇女中初中及以下文化占71.6%，高中文化占20.8%，大专及以上文化仅占7.6%，还有为数不少的文盲或半文盲。这不仅影响了农村儿童的教育，也影响了农村妇女的就业选择和报酬，一定程度上也影响农业生产中新技术的广泛采用。与此同时，农村许多地区妇女的素质教育还没有开展起来或步入正轨。

2. 精神需求关注不够

随着经济的发展和城镇化的加快，数以万计的农村男性青壮年进城打工，受多种客观条件限制，他们不能把妻子带到城市一起生活，于是就出现了留守妇女这一庞大的群体。绝大多数留守妇女日常不仅要照顾公公婆婆，要照看留守儿童，还要下地从事繁重的农业生产劳动，过得非常辛苦，造成许多家庭因此出现婚姻危机，影响了社会的安定团结。这是一个不容回避的重要问题，应当引起全社会的重点关注。

3. 就业存在诸多问题

第一，男性劳动力大量外出，导致农村大量年轻男性劳动力外出务工，女性不得不从事繁重的农业生产劳动，生活异常辛苦；第二，就业权益缺乏保障，农村妇女在工作中与男性相比很难做到同工同酬，而且非农就业权益受侵害时，就业法律帮扶体系尚未跟上；第三，信息化建设滞后，导致农村妇女获得就业信息的渠道大多靠亲戚或者朋友介绍，在择业方面处于被动地位；第四，有些妇女由于自身因素，不愿意尝试非农就业。

4. 保健意识有待增强

由于男性劳动力大量外出，女性除了照顾家中的老人与孩子，还要兼顾农业生产，生活压力增大的同时，容易产生各种疾病。特别是比较贫穷的西部地区，由于收入不高、缺医少药，加之妇女的保健意识淡漠，常常有病不医，直到发展成大病才去医院诊治，往往贻误了最佳的治疗时机，酿成严重后果。有些家庭面对日益高昂的产子成本，不愿去大医院分娩，而是找“助产婆”

在家庭生产，严重地影响了产妇的健康和婴儿的安全。因此，如何有效地增强这些地区妇女的保健意识，最大限度地保障其身心健康，还有很多工作需要去做。

（三）重点任务

1. 通过培训增加农村妇女的文化素质

从农村的现实情况出发，提高农村妇女的文化素质是当务之急。农村妇女文化素质的高低，直接关系到家庭和睦，关系到能否对自己的子女进行品德、行为等诸多方面的良好教育，也关系到自身的脱贫致富。国家应出台政策，分期分批地对文化层次较低的妇女进行免费教育培训，包括如何相夫教子、如何处理好家庭成员之间的关系以及必要的劳动技能培训等，提高她们的文化素养，让她们在构建和谐社会过程中发挥更大的作用。

2. 鼓励有一技之长的农村青壮年回乡就业

目前，农民纷纷外出打工，留在农村的基本都是老弱群体，对农村的整体经济建设发展、对家庭和睦和对孩子的教育十分不利。为了解决农村创业青年最担心的资金问题，国家发改委和国家开发银行决定发挥开发性金融的作用，专门为农村返乡青年设立返乡创业贷款，鼓励更多的农村青年回到家乡发展，成为推动农村经济建设发展的中坚力量。近年来，国家也不断出台各项措施鼓励更多的大学生、有一技之长的农民工等群体回到农村从事农业生产相关的项目，并为他们提供大力支持。目前，应针对农村留守妇女精神生活匮乏，开展形式多样的、就地就近创业创新项目和文化娱乐活动，以填补她们精神生活方面的空白及促进改善生存环境和条件。

3. 完善就业相关保障制度

第一，强化基础设施及信息化平台，建立健全农村妇女就业信息网络平台。要完善养老抚幼等各项基础设施，解决后顾之忧。第二，健全农村妇女非农就业法律帮扶体系；加强法律知识宣传，普及《劳动法》等相关劳动法律政策知识。第三，多渠道提升农村妇女的综合素质。转变农村妇女的传统观念，增强其非农就业的意识。要理清思路，明确增加农村妇女非农就业岗位的工作目标。

4. 提高妇女自我保健意识

要以强化政府责任、加强部门配合、优化机构服务、百姓得到实惠为主导，各部门层层落实责任，提高基层人员培训，进一步加大宣传力度，强化措施，推进农村妇女“两癌”筛查救助工作，做到“两癌”筛查常态化，提高群众知晓率；进一步规范艾滋病、梅毒、乙肝3项阻断流程，提高工作效率；加大督导落实力度，进一步提高产科能力建设、实验室质量控制；进一步降低艾滋病母婴传播率、先天梅毒发病率，进一步增强妇女自我保健意识，提高妇女的健康水平。

二、农村留守儿童关爱事业

农村留守儿童主要是指父母双方外出务工或一方外出务工另一方无监护能力、不满16周岁的未成年人。农村留守儿童是我国经济社会转型期出现并长期存在的社会群体，是全社会最需要关注的特殊弱势群体。做好这项工作对于农村未成年人的健康成长、构建和谐社会、全面实现小康目标，具有重要的现实意义。近年来，国家在保护未成年人方面出台了系列政策，极大地促进了农村留守儿童关爱事业的开展。但应该看到，农村留守儿童关爱事业仍存在不少问题，需要引起全社会的高度重视，需要进一步有效落实有关政策法规。

（一）主要进展

农村留守儿童关爱保护和困境儿童保障工作是中共中央、国务院高度重视，人民群众普遍关心的工作。近年来，各地、各部门尤其是各级民政部门切实承担主体责任，发挥担当精神，以破解难题、啃硬骨头、不达目的不罢休的劲头，积极推动这两项工作落到实处，取得阶段性成效。

1. 政策法规进一步健全

（1）国家层面。2016 年 2 月，国务院印发《关于加强农村留守儿童关爱保护工作的意见》，以农村留守儿童关爱保护为切入点，首次从国家层面系统性地明确未成年人保护政策措施和工作机制，为完善未成年人保护制度，落实《未成年人保护法》提供了有力的政策遵循。同年 6 月，国务院印发《关于加强困境儿童保障工作的意见》，对加强困境儿童分类保障，建立健全困境儿童保障工作体系作出了安排部署。国务院办公厅印发的《关于加强困难群众基本生活保障有关工作的通知》，明确各级财政对包括困境儿童在内的困难群众基本生活保障资金只增不减。

（2）省级层面。截至 2016 年 11 月底，全国所有省（自治区、直辖市）都印发了农村留守儿童关爱保护具体实施意见或方案。其中，河南、广东以省委、省政府名义印发，贵州以省委、省政府办公厅名义印发，浙江以省政府办公厅名义印发，其余省份以省（自治区、直辖市）政府名义印发。目前，全国 24 个省份已经印发困境儿童保障实施意见，进一步细化政策措施和保障条件。吉林安排 500 万元本级彩票公益金，江苏 2017 年继续安排 1 000 万元财政资金支持农村留守儿童关爱保护和困境儿童保障等工作；广西、宁夏分别争取自治区财政安排 2 000 万元和 3 000 万元用于未保专干补贴。

2. 工作机制进一步理顺

（1）建立健全领导协调机制。在国家层面，成立了由民政部牵头、27 个部门组成的农村留守儿童关爱保护工作部际联席会议制度，研究明确了职责任务分工，定期分析工作推进情况和问题，2016 年召开两次全体会议。2016 年 11 月，在民政部部长黄树贤要求下，9 个原来由民政厅（局）负责同志担任牵头人或召集人的省份全部调整为政府分管领导担任。至此，所有省份都建立了由政府分管负责同志担任牵头人或召集人的领导协调机制，定期研究解决农村留守儿童关爱保护面临的问题，推动工作开展。各地市、县层面也普遍建立了党委、政府有关领导牵头的农村留守儿童关爱保护工作制度。

（2）理顺民政系统儿童工作机制。受法律依据、政策支持、经费保障等条件影响，民政部门在儿童工作方面一直以弃婴、孤儿养育、流浪未成年人救助保护和收养工作为主，且分散在不同司（局）和业务处室。2016 年，根据工作发展需要，民政部对部内儿童工作职能和归口管理关系进行了梳理、分析和论证，增设未成年人（留守儿童）保护处，将儿童福利和困境儿童工作由社会福利和慈善事业促进司调整至社会事务司实行统一归口管理，并专门印发通知督促指导各地民政部门理顺管理关系。目前，29个省（自治区、直辖市）民政厅（局）已经调整处室、职能和工作关系，北京市积极推动设立儿童福利与保护工作处，江苏、四川、甘肃等省民政厅社会事务处增加了人员编制。继续督促指导市、县民政部门加快业务整合和职能调整步伐，尽快理顺基层民政部门儿童工作归口管理关系。

3. 重点工作进一步突破

（1）组织首次摸底排查。2016年4～7月，民政部会同教育部、公安部专门作出部署，要求各地根据《国务院关于加强农村留守儿童关爱保护工作的意见》确定的农村留守儿童定义和《关于开展农村留守儿童摸底排查工作的通知》确定的排查对象、排查内容等排查口径，组织开展农村留守儿童摸底排查和数据采集。各地克服工作点多、面广，时间紧、任务重，人员少、无经费等多重困难，如期完成摸底排查工作。全国共摸底排查出农村留守儿童902万人。其中，由（外）祖父母监护的805万人，占89.3%；由亲戚朋友监护的30万人，占3.3%；无人监护的36万人，占4%；一方外出务工另一方无监护能力的31万人，占3.4%。另外，近32万由（外）祖父母或亲戚朋友监护的农村留守儿童监护情况较差，少数农村留守儿童辍学或尚未登记户口。摸底排查工作，为下一步研究部署精准关爱保护措施、做好重点对象干预帮扶和救助保护工作提供了坚强有力的基础支撑。

（2）部署开展专项行动。民政部会同中央社会治安综合治理委员会办公室（以下简称中央综治办）、教育部、公安部等8部门印发《关于在全国开展农村留守儿童“合力监护、相伴成长”关爱保护专项行动的通知》，并在农村留守儿童部际联席会议第二次全体会议上专门进行动员部署。各省（自治区、直辖市）都印发了专项行动通知，内蒙古、辽宁、吉林、黑龙江、江苏、江西、贵州以政府名义召开现场会或视频会部署专项行动，陕西、广西、重庆召开联席会议安排部署专项行动，辽宁、湖南召开民政系统会议推进工作。黑龙江针对专项行动制订了50项任务责任清单，筹划开展“乡伴童行”大学生寒假志愿服务行动、“等你爱我”和“请爱回家”活动。民政部通过召开工作推进会、加大督导检查力度等方式，进一步推动各地把这次专项行动落实到基层、落实到个人，切实把监护问题、户籍问题、辍学问题、生活困难问题等逐一解决落实好。

（3）推进数据动态管理。动态变化是留守儿童和困境儿童共有特征，实现动态更新对精准实施关爱保护工作具有重要意义。国务院意见要求完善留守儿童信息管理功能，健全信息报送机制。各地高度重视这项基础性工作，积极抓好留守儿童动态管理，江苏、浙江、山东依托省级民政信息系统，实现了数据更新，做到了情况清、底子明。民政部已经协调安排资金，组织开发全国农村留守儿童和困境儿童信息管理系统，目前已经开发完毕并开展试点，将在全国范围内作出部署上线运行，可实现对农村留守儿童和困境儿童数据动态管理、及时更新。

4. 工作模式进一步创新

（1）推动购买社会服务。各地积极更新观念，转变重设施建设、轻服务运行，重增加编制、轻购买服务的传统路径和思想窠臼，通过政府支持、民政采购、社会服务机构提供专业服务的方式，不断创新农村留守儿童和困境儿童基层服务供给模式。很多地方民政部门和未成年人保护中心使用彩票公益金、流浪乞讨救助专项资金和公益创投资金，通过购买服务的方式引导社会组织深入乡（镇、街道办事处）和村（居）开展留守儿童和困境儿童关爱服务，协助做好开展摸底排查、调查评估、监护指导、定期走访、咨询辅导、干预帮扶等工作，既破解了基层专职工作人员力量不足的难题，也解决了长期有效提供关爱服务的问题。

（2）推动设立儿童专干。国务院印发的留守儿童意见要求“各地、各有关部门要加强农村留守儿童关爱保护工作队伍建设，配齐配强工作人员，确保事有人干、责有人负”，困境儿童意见中明确“村（居）民委员会要设立由村（居）民委员会委员、大学生‘村官’或者专业社会工作者等担任的儿童福利督导员或儿童权利监察员，负责困境儿童保障政策宣传和日常工作”，打通儿童工作的“最后一公里”。各地紧紧抓住机会，采取争取财政资金、协调福彩公益金或依托工作试点等方式，配备培育专（兼）职儿童福利督导员、儿童权利监察员、未保专干、儿童主任等乡镇、村（居）层面一线工作队伍，全力推动落到实处。目前，浙江全省有2万名儿童福利督导员，2017年宁夏、广西分别投入2 000万元，广东省（市、县）5年共安排3亿元启动了在200个镇街开发1 000个专业社工岗位，孵化200个服务组织的“双百计划”。

（3）推动引入三方评估。为进一步了解各地农村留守儿童关爱保护工作进展情况，发现工作中存在的不足和问题，督促各地抓好落实，2016年，民政部尝试引入第三方力量开展了农村留守儿童关爱保护评估工作，委托北京师范大学、暨南大学、上海社会科学院，抽调有关未成年人保护专家组，分3组深入到6省12县24个乡镇，围绕政策制定、机制建立、摸底排查、工作保障、宣传引导、社会参与等方面，独立开展评估调查，起到很好的效果。在鼓励各地引入第三方评估工作模式的基础上，民政部还将扩大第三方评估范围，并加大督查评估情况通报力度，推动留守儿童和困境儿童工作落到实处。

（二）突出问题

伴随城镇化进程的不断推进、社会经济的不断发展壮大，进城务工人员逐年加速递增，致使农村留守儿童人数不断增加。父母与子女长期分离导致农村留守儿童家庭监护缺失问题突出，需要研究解决。

1. 贫困留守儿童长效救助体系不健全

现有贫困留守儿童救助，一方面为学校、教师组织的临时性救助，教师自觉发起的爱心捐助，仅能解决眼前问题；另一方面为民间组织、志愿者机构等团体针对某一类型特困留守儿童的资助，仅能解决少数儿童的部分问题。而从政府层面的、常态化的针对特困留守儿童的相关救助几乎没有。

2. 心理健康问题未引起足够的关注

心理问题是农村留守儿童最值得关注的问题。长期的单亲监护或隔代监护，甚至是他人监护、无人监护，使留守儿童无法像其他孩子那样得到父母的关爱，家长也不能随时了解、把握孩子的心理、思想变化。儿童时期是人一生之中形成良好心理素质的关键。很多农村中的留守儿童存在着心理发展上的问题，农村留守儿童由于长期被托养或寄养，缺少父母之爱，容易导致心理缺陷。又由于老人溺爱或亲友疏于管教，缺少正确的价值引导，容易出现行为失范，引起违法犯罪行为，影响社会的安全和稳定。

3. 校内住宿空间不足，校外住宿管理不到位

一是农村小学寄宿制学校不足。目前，农村初中寄宿制学校基本满足学生住宿需求，但多数农村小学无学生公寓，无法满足学生寄宿的需要。二是校外住宿点无人监管。由于小学寄宿制学校不足，催生了学校周边寄宿点的发展，然而这些寄宿点无执照、无工商部门监管现象严重。访谈中了解到，有些住宿点处于十几个学生挤在几平方米房间内的现象，卫生、人身、消防安全等存在着巨大的隐患，对学生的身心健康成长十分不利。

4. 假期处于无人管、无处去的状态

（1）假期贫困留守儿童的基本生活无法保障。很多教师表示，孩子父母外出务工，爷爷奶奶多忙于农活，无暇全面照顾孩子生活起居，孩子多处于不能按时吃饭的状态。

（2）假期贫困农村留守儿童无处可去，生命安全无法保障。留守儿童多由老年人看管，而老年人大多年老体弱无力看管，基本处于安全真空地带，稍有不慎，儿童溺水、拐卖、不法侵害等意外伤害就会频繁发生。

（3）由于农村娱乐设施缺乏，周末及寒暑假无人监管的留守儿童容易沉迷网络。网络的过度使用，使青少年对网络产生了强烈的依赖心理。特别是网络游戏中的冒险刺激、网络交友中的轻松自如、网络不健康内容中的新鲜诱惑等，使青少年逐渐产生“网络成瘾症”，而对学习失去兴趣，缺乏毅力，自控能力下降，学业荒废。

5. 家庭监护责任缺失

第一，家长责任意识薄弱。一部分农村家长结婚较早，思想不成熟，在教育孩子过程中不了解家庭教育知识和方法，更有一部分家长，根本没有承担起教育孩子的职责，将孩子丢给老人照顾，自己外出打工，对孩子的学习生活不管不顾，导致很多留守儿童处于缺乏父母关爱、教育的状态。第二，无效监护问题严重。统计数据显示，目前部分省份农村留守儿童 80%是由爷爷、奶奶、外公、外婆监护，存在诸多问题。一些老年人身体不好，根本无法照顾孩子的日常生活。另外，一些老年人对孩子的关爱、教育不够。在农村多数老年人本身不识字，根本不能指导孩子学习。对孩子过分溺爱，给孩子养成了好逸恶劳、娇惯霸道等坏习惯。

（三）重点任务

2016 年 2 月 4 日，国务院以国发〔2016〕13 号印发了《关于加强农村留守儿童关爱保护工作的意见》。针对农村留守儿童，该意见提出从家庭监护、政府责任、教育任务、群团组织、财政投入 5 个维度着手，建立完善农村留守儿童关爱服务体系，从建立强制报告、完善应急处置、健全评估帮扶、强化监护干预 4 个方面，建立健全农村留守儿童救助保护机制。因此，如何建立、完善和落实农村留守儿童关爱服务体系，就成为当前和今后一个时期农村儿童关爱事业的重点任务。

1. 强化家庭监护主体责任

父母要依法履行对未成年子女的监护职责和抚养义务。外出务工人员要尽量携带未成年子女共同生活或父母一方留家照料，暂不具备条件的应当委托有监护能力的亲属或其他成年人代为监护，不得让不满 16 周岁的儿童脱离监护单独居住生活。外出务工人员要与留守未成年子女常联系、多见面，及时了解掌握他们的生活、学习和心理状况，给予更多的亲情关爱。父母或受委托监护人不履行监护职责的，村（居）民委员会、公安机关和有关部门要及时予以劝诫、制止；情节严重或造成严重后果的，公安等有关部门要依法追究其责任。

2. 落实政府和村（居）民委员会职责

县级人民政府要切实加强统筹协调和督促检查，结合本地实际制定切实可行的农村留守儿童关爱保护政策措施，认真组织开展关爱保护行动，确保关爱保护工作覆盖本行政区域内所有农村留守儿童。乡镇人民政府（街道办事处）和村（居）民委员会要加强对监护人的法治宣传、监护监督和指导，督促其履行监护责任，提高监护能力。村（居）民委员会要定期走访、全面排查，及时掌握农村留守儿童的家庭情况、监护情况、就学情况等基本信息，并向乡镇人民政府（街道办事处）报告；要为农村留守儿童通过电话、视频等方式与父母联系提供便利。乡镇人民政府（街道办事处）要建立翔实完备的农村留守儿童信息台账，一人一档案，实行动态管理、精准施策，为有关部门和社会力量参与农村留守儿童关爱保护工作提供支持。

3. 加大教育部门和学校关爱保护力度

县级人民政府要完善控辍保学部门协调机制，督促监护人送适龄儿童、少年入学并完成义务教育。教育行政部门要落实免费义务教育和教育资助政策，确保农村留守儿童不因贫困而失学；支持和指导中小学校加强心理健康教育，促进学生心理、人格积极健康发展，及早发现并纠正心理问题和不良行为；加强对农村留守儿童相对集中学校教职工的专题培训，着重提高班主任和宿舍管理人员关爱照料农村留守儿童的能力；会同公安机关指导和协助中小学校完善人防、物防、技防措施，加强校园安全管理，做好法治宣传和安全教育，帮助儿童增强防范不法侵害的意识、掌握预防意外伤害的安全常识。中小学校要对农村留守儿童受教育情况实施全程管理，利用电话、家访、家长会等方式加强与家长、受委托监护人的沟通交流，了解农村留守儿童生活情况和思想动态，帮助监护人掌握农村留守儿童学习情况，提升监护人责任意识和教育管理能力；及时了解无故旷课农村留守儿童情况，落实辍学学生登记、劝返复学和书面报告制度，劝返无效的，应书面报告县级教育行政部门和乡镇人民政府，依法采取措施劝返复学；帮助农村留守儿童通过电话、视频等方式加强与父母的情感联系和亲情交流。寄宿制学校要完善教职工值班制度，落实学生宿舍安全管理责任，丰富校园文化生活，引导寄宿学生积极参与体育、艺术、社会实践等活动，增强学校教育吸引力。

4. 发挥群团组织关爱服务优势

各级群团组织要发挥自身优势，积极为农村留守儿童提供假期日间照料、课后辅导、心理疏导等关爱服务。工会、共青团要广泛动员广大职工、团员青年、少先队员等开展多种形式的农村留守儿童关爱服务和互助活动。妇联要依托妇女之家、儿童之家等活动场所，为农村留守儿童和其他儿童提供关爱服务，加强对农村留守儿童父母、受委托监护人的家庭教育指导，引导他们及时关注农村留守儿童身心健康状况，加强亲情关爱。残联要组织开展农村留守残疾儿童康复等工作。关心下一代工作委员会（以下简称关工委）要组织动员广大老干部、老战士、老专家、老教师、老模范等离退休老同志，协同做好农村留守儿童的关爱与服务工作。

5. 推动社会力量积极参与

加快孵化培育社会工作专业服务机构、公益慈善类社会组织、志愿服务组织，民政等部门要通过政府购买服务等方式支持其深入城乡社区、学校和家庭，开展农村留守儿童监护指导、心理疏导、行为矫治、社会融入和家庭关系调适等专业服务。充分发挥市场机制作用，支持社会组织、爱心企业依托学校、社区综合服务设施举办农村留守儿童托管服务机构，财税部门要依法落实税费减免优惠政策。

三、农村残疾人关爱事业

2006 年第二次全国残疾人抽样调查结果显示，我国有 8 500 多万残疾人。其中，农村残疾人有 6 225 万人，约占残疾人总数的 73.2%。随着我国人口基数的增大、人口老龄化进程的加快以及其他社会环境因素的影响，残疾人总量和占比均有增加的趋势。1987 年全国残疾人比例为 4.9%，2006 年上升到 6.34%。2006 年当时的总人口已达 13 亿人，即使仍按 2006 年 6.34%和 73.2%的比例推算，我国目前的残疾人总量将不少于 8 800 万人，农村残疾人不少于 6 400 万人。显然，农村残疾人关爱事业，已成为我国残疾人关爱事业的主体，它的发展直接关系到 2020 年全面建成小康社会目标的实现。

《关于 2016 年国民经济和社会发展计划执行情况与 2017 年国民经济和社会发展计划草案的报告》中指出，2016 年，要健全残疾人关爱服务体系，支持 187 个省级、地市级残疾人康复设施和县级残疾人托养设施项目建设，在全国范围内建立困难残疾人生活补贴和重度残疾人护理补贴制度。2017 年国家聚焦民生改善、促进社会和谐，着力化解结构性就业矛盾，推进精准扶贫精准脱贫，切实加强残疾人等社会群体权益保护，农村残疾人关爱事业取得了明显效果。

（一）主要进展

1. 康复机构规模扩大，基本康复服务日益全面

2016 年，全国残疾人康复机构有 7 858 个，至 2017 年底增加到 8 334 个（其中，提供视力残疾康复服务的机构 1 194 个，提供听力言语残疾康复服务的机构 1 417 个，提供肢体残疾康复服务的机构 3 088 个，提供智力残疾康复服务的机构 2 659 个，提供精神残疾康复服务的机构 1 695 个，提供孤独症儿童康复服务的机构 1 611 个）。提供辅助器具服务机构，也从 2016 年的 1 711 个，增加到 2017 年的 1 866 个。2017 年，康复机构在岗人员达 24.6 万人。其中，管理人员 3.1 万人，专业技术人员 16.5 万人，其他人员 5.0 万人。与此同时，2017 年有 854.7 万残疾儿童及

持证残疾人得到基本康复服务，其中包括0～6岁残疾儿童141 239人。得到康复服务的持证残疾人中，有视力残疾人88.3万人、听力残疾人40.7万人、言语残疾人4.3万人、肢体残疾人484.6万人、智力残疾人71.3万人、精神残疾人125.9万人、多重残疾人35.5万人。全年共为244.4万残疾人提供各类辅助器具适配服务。

2. 就业人数增加，盲人按摩事业稳步发展

2017年城乡持证残疾人新增就业35.5万人。其中，城镇新增就业13.1万人，农村新增就业22.4万人；培训城乡残疾人62.5万人。全国城乡持证残疾人就业人数为942.1万人。其中，按比例就业72.7万人，集中就业30.2万人，个体就业70.6万人，公益性岗位就业9.0万人，辅助性就业14.4万人，社区就业8.0万人，居家就业118.9万人，灵活就业145.8万人，从事农业种养殖472.5万人。盲人按摩事业稳步发展，按摩机构持续增长。2017年度，全国共培训盲人保健按摩人员20 796人、盲人医疗按摩人员7 217人；保健按摩机构19 257个，医疗按摩机构1 255个；有54人和870人分别获得盲人医疗按摩人员中级和初级职务任职资格。

3. 贫困残疾人脱贫攻坚初见成效，生产生活有所改善

相对于一般残疾人，贫困残疾人的脱贫更是刻不容缓、十分迫切。2017年，我国贫困残疾人得到有效扶持，残疾人中92.5万残疾人退出建档立卡；残疾人接受实用技术培训70.6万人次。康复扶贫贴息贷款扶持2.1万农村残疾人。全国6 692个残疾人扶贫基地共安置残疾人就业10.5万人，扶持带动残疾人家庭21.8万户。此外，全国共完成8.2万户农村贫困残疾人危房改造，各地投入危房资金10亿元。使得贫困残疾人的居住条件有了较大改观，生产生活条件进一步完善。

4. 服务设施建设全面发展，信息化建设迈上新台阶

截至2017年底，全国已竣工并投入使用的各级残疾人综合服务设施2 340个，总建设规模533万平方米，总投资154.9亿元；已竣工并投入使用的各级残疾人康复设施833个，建设总规模261.4万平方米，总投资80.8亿元；已竣工并投入使用的各级残疾人托养服务设施649个，建设总规模161.2万平方米，总投资44.3亿元。在信息化建设方面，截至2017年底，中国残联门户网站发布稿件约3.2万篇，全国31个省（自治区、直辖市）、276个地市、1 197个县级残联开通网站。全国残疾人人口基础数据库持证残疾人3 404.0万人。积极推动残疾人证（智能化）工作，全国共有21个省申请智能化残疾人证试点。完成浙江省杭州市、宁波市与江苏省苏州市两省三市先行发卡。同时，开展残疾证电子证照建设，为“互联网+残疾人服务”应用奠定技术基础。

5. 维权组织建设进一步加强，法律法规体系更加完善

2017年，各级残联维权组织建设进一步加强，残疾人事业法律法规体系更加完善，无障碍环境建设取得新成果，残疾人维权工作全面开展。全年制定或修改了关于残疾人的专门法规、规章省级11个、地市级10个；制定或修改保障残疾人权益的规范性文件省级12个、地市级53个、县级152个。全国县级以上人大开展《中华人民共和国残疾人保障法》执法检查和专题调研

290 次；政协开展视察和专题调研 267 次。全国开展省级普法宣传教育活动 283 次，19 968 人参加；举办省级法律培训班 74 个，4 810 人参加。截至 2017 年底，全国成立残疾人法律救助工作协调机构 1 987 个，建立残疾人法律救助工作站 1 746 个。

无障碍建设法规、标准进一步完善。全国共出台了 451 个省、地市、县级无障碍建设与管理法规、规章和规范性文件；系统开展无障碍建设市、县、区 1 622 个；全国开展无障碍建设检查 4 006 次，无障碍培训 3.2 万人次；为 89.2 万户残疾人家庭实施了无障碍改造，其中包括 10.5 万户贫困重度残疾人[①]；为 74.9 万残疾人发放了残疾人机动轮椅车燃油补贴。

（二）突出问题

尽管近两年农村残疾人关爱事业取得较大进展，但残疾人关爱保护事业还面临许多问题需要研究解决。

1. 康复专业人才缺乏制约了残疾人康复事业发展

康复是残疾人最迫切的需求，也是国家基本公共服务的重要内容。联合国《残疾人集会均等标准规则》对康复的定义是，康复旨在使残疾人达到和保持生理、感官、智力、精神和（或）社交能力上的最佳水平，从而使他们借助某种手段，改变其生活，增强自立能力。因而，要很好地满足残疾人康复方面的需求，就需要配备大量具备康复专业知识的专业人才队伍。当前，专业人才的缺乏是制约我国康复事业发展的主要因素。康复专业人才严重不足主要体现在 3 个方面：一是康复人才总量严重不足。二是康复人员结构不合理。三是学科与专业建设严重滞后。据全国残疾人基本服务状况和需求实名制调查，全国有 1 300 多万持证残疾人和残疾儿童反映需要康复服务。通过统筹规划加快残疾人康复人才的培养已经迫在眉睫。

2. 康复服务设施短缺导致农村残疾人康复需求难以满足

康复是农村残疾人事业的重中之重，也是国家基本公共服务的重要内容。很多失能、失智残疾人在医疗照护服务下是可以得到良好康复的，有的甚至可以回归原来的社会角色。但是，目前农村残疾人不仅缺乏康复专业人才，而且基本没有康复服务设施，而残疾人对康复设施的需求比较多，因此两者无法形成很好的对接，无法满足残疾人的实际需求。另外，在有效康复训练方面，体验过类似服务的残疾人不到总数的 10%。现有的康复服务与残疾人实际需求之间的差距较大。社会保障机制为残疾人所提供的法律保障的核心是康复，康复的目的在于预防、消除和改善残疾，预防残疾恶化或者减轻残疾后果，为残疾人或者受到残疾威胁的人提供与他的兴趣和能力相适应的集体中的尤其是劳动生活中的岗位。由此可见，残疾人的医疗和康复保障对于残疾人的生存发展至关重要，做好相关的康复工作才能为残疾人的身心健康恢复提供条件和保障。

3. 就业与教育保障流于形式使农村残疾人生活困难

就业劳动是人们实现自我社会价值的一种途径，也是人们在现代社会维持生活的手段。残疾

① 数据来源：2017 年全国残疾人基本服务状况和需求信息数据动态更新数据。

人就业既有个人价值的体现，也具有社会意义。残疾人的就业歧视问题一直都存在。农村残疾人文化水平相对较低、能力有限，这些也是造成农村残疾人就业难的不利因素。基于对残疾人的就业保护，国家以及各级政府在扶持城乡残疾人就业方面都给予了硬性制度设定。但是，由于经济多元化以及市场的复杂性，残疾人的就业仍然是一个难题。尤其是农村残疾人，他们在农村除简单的务农外，不能参与任何形式的工作，这对农村残疾人的生计和发展造成了一定的困扰。及时解决农村残疾人的就业问题也就成了社会保障的严峻挑战之一。教育是个人获得生存能力和实现社会化的重要途径，保障残疾人的受教育权利，为他们营造适当的教育环境，提升他们的文化素质，能在一定程度上解决残疾人的就业问题。虽然近年来国家对残疾人的受教育权投入了更多的精力和政策性的要求，但是在农村地区，残疾人的受教育权利仍然受到自身条件以及社会环境和学校硬件条件的种种制约，具体的保障措施仅仅停留于书面政策中。

4. 扶贫资金不足制约农村残疾人扶贫工作有效开展

政府的资金投入不足。当前，国家针对残疾人专项扶贫主要依靠贷款、危房改造等项目，专门针对残疾人的扶贫项目较少，仅有的项目不足以改善贫困残疾人生活质量，不能满足其自我发展的需要，农村贫困残疾人很少能直接从扶贫项目中受益。扶贫项目有限、资金投入不足、服务缺失等问题制约了农村残疾人扶贫工作的开展。

国家投向农村与城市的残疾人社会保障资金存在的不平等，主要体现在社会救济资金、最低生活保障金等方面。《第二次全国残疾人抽样调查主要数据公报》显示，农村没有就业的残疾人主要是靠家庭成员的供养，包括基本生活保障和生病照料，以及心理沟通和依赖等；而城市残疾人的社会保障资金相对于农村残疾人较高，有些还有丰厚的退休金，相比农村残疾人，这些都为城市残疾人的生活减轻了负担。由此可见，与城市残疾人相比，农村残疾人的经济来源主要是家庭，比较原始和简单。

5. 农村残疾人社会保障落实不到位问题缺少关注

我国的社会保障制度是近年来才发展起来的，其内容和实施过程都有不完善的地方。《残疾人保障法》相关规定过于笼统，缺乏配套法律，如《残疾人教育法》等。另外，具有强制性和权威性的法律制度缺失，执法过程中各主体和责任界定不明。残疾人社会保障执法过程中各个部门之间缺少沟通，导致执法机构缺失现象的发生。此外，监督机制不健全，政府相关部门在残疾人社会保障的执法过程出现的下列问题尤为突出：第一，表现为低保金、救济金的评选较为模糊。残疾人社会保障政策的实行布满“绊脚石”，环环相扣的体制使得政策在下达的过程中烦琐累赘。第二，表现为残疾人的社会保障政策传达不明晰。我国残疾人社会保障资金主要来自政府、残联机构和其他保障性机构，保障基金的管理和运用较为混乱，在资金管理和运用上还存在一些问题，包括红十字会等社会保障性的公益机构在一定时期内都出现了各种问题。第三，表现为对社会保障政策缺乏系统性的宣传。残疾人对于社会保障制度设定的认知程度关系着这项制度实施过程是否顺利和结果是否有效。人们对于某种制度的设计和实施投入越多的关注，这项制度的实施和完善将会更加顺利；反之，如果人们对于某种制度的关注度没有那么高，只是被动服从的话，这项制度的实施将会陷入困境。

（三）重点任务

1. 增加康复专业人才供给，建设“康复大学”

中国残联一直在加大相关工作者医疗康复、卫生、法律常识等相关基础知识的培训，但康复工作人员大部分不是专业出身，而是由全科医生或者护士转岗过来的，缺乏相关方面的经验，这种状况亟待改变。国家“十三五”规划纲要已经明确提出建设“康复大学”，但目前看来前期还有很多工作要做。同时，康复人才的教育不能盲目无序地扩大，应在硬件设施、师资人员方面严格准入，在课程设置等方面严格规范。构建教育层次标准、专科培训标准、质量监管标准，做好执业资质认定和动态跟踪监管，把控好康复人才的“进口”和“出口”，提高康复人才的质量。还应建立康复医学与康复治疗学专科培养模式，既培养全科人才也要培养专科人才。另外，根据国家分级诊疗的要求，应形成分层康复治疗服务的人才培养模式，以达到综合医院康复科、大型康复机构、社区康复机构、居家康复服务机构之间无缝衔接的状态，以增加社区康复服务中心康复人员的供给，减少病人进行咨询和康复治疗及训练需要等待的时间，使他们能够及时得到康复服务。

2. 完善康复服务体系，增加农村康复设施

康复旨在尽量帮助残疾人恢复身体机能，提供优质高效的康复服务。因此，需要从农村实际康复需求出发，建立完善康复服务体系。要加强农村残疾人服务体系的制度设计，建立能够满足残疾人基本需求的公共服务平台，使残疾人的基本生活、医疗、康复、教育、就业、文化体育等基本需求得到制度性保障。要大力发展残疾人服务业，充分利用各种社会资源扶残助残，努力让广大残疾人安居乐业、衣食无忧，共享改革发展成果。第一，应当根据各地实际情况，以达到“人人享有康复服务”目标为宗旨，积极整合社会各界力量，构建覆盖市、街道办事处和社区服务网络。以村为基础、预防为重点，将康复工作落到实处。第二，相关部门应该不定期对残疾人开展康复需求调查，以便可以及时发现工作中存在的漏洞及不足，为之后改进提供经验。针对目前农村康复设施简陋、康复技术落后等问题，应由财政部门牵头，动员社会各方力量，增加人员配备，更新康复设备，增加各类残疾的康复设施和辅助器具。

3. 加强就业保障，促进残疾人脱贫与增收

要发挥政府主导作用，强化职能部门工作责任感和光荣感，坚持齐抓共管，把扶残工作与扶贫工作相结合，把农村残疾人兜底保障与就业增收相结合，落实精准扶贫政策措施，千方百计促进残疾人就业，以促就业带动增收入，确保残疾人与健全人共同实现全面小康。一是要完善现有法律，现阶段，中国残疾人就业方面的法律还存在不完善地方，亟须改进，并通过建立城乡一体的残疾人按比例就业政策，扩大政策实施范围。二是要健全职业培训体制机制。整合培训资源，提高职业技能实训基地质量，逐步提高参训残疾人的就业率。此外，还要规范培训机构的管理，提升师资力量。合理设置培训科目，重视培训内容与残疾人的就业需求、市场的需求有机结合，更多地将理论应用于实践。建立健全相应的实训基地和创业基地，与就业创业、扶贫开发、各项惠农政策和社会保障政策相互衔接。

4. 统筹城乡和区域残疾人事业发展，完善残疾人福利补贴制度

要结合中国残疾人事业布局，强化城乡与区域之间残疾人事业的互动和交流，以城乡带动农村，以东部地区带动中西部地区，促进城乡和区域残疾人事业发展。同时，要进一步完善残疾人社会保障和福利补贴制度。坚持普惠和特惠相结合，加快出台和完善农村残疾人参加社会保险的补贴和优惠措施，不断扩大农村残疾人享受社会救助的范围并提高标准，在全面建立困难残疾人生活补贴和重度残疾人护理补贴制度上，加快建设覆盖全国残疾人的社会福利制度。此外，在农村残疾人扶贫开发工作中，残疾人参与扶贫开发的积极性是农村残疾人扶贫开发工作开展的内在发展动力。需要充分尊重残疾人、关心残疾人，帮助他们增强自信心，要让他们充分认识到残疾人自身的积极性在残疾人扶贫开发工作中的重要性。

四、农村老人关爱事业

（一）主要进展

近年来，随着我国人均寿命提升，生育率下降，老龄人口比例递增。根据《2017 年民政部社会服务发展统计公报》，全国 60 周岁及以上老年人口 24 090 万人，占总人口的 17.3%。其中，65 周岁及以上老年人口 15 831 万人，占总人口的 11.4%。根据以往的统计数据，农村老年人口的占比高于城市。中共十八大和十八届三中、四中、五中全会以及“十三五”规划纲要都对应对人口老龄化、加快建设社会养老服务体系、发展养老服务产业等提出明确要求。各地区各部门加大投入、扎实行动，积极推动老龄事业发展，应对人口老龄化工作取得了新进展。

1. 老人权益、养老保障的法规政策不断完善

国家颁布一系列包括老年社会保障、老年福利与服务、老年卫生、老年文化教育和体育、老年人权益保障以及老龄产业等多方面内容的法律法规和政策。形成以《中华人民共和国宪法》为基础，《中华人民共和国老年人权益保障法》为主体，包括有关法律、行政法规、地方性法规、国务院部门规章、地方政府规章和有关政策在内的老龄法律法规政策体系框架。国家印发了针对老年人的《关于制定和实施老年人照顾服务项目的意见》，意见明确了 20 项重点任务。在生活保障方面实行了以下政策法规：第一，针对经济困难高龄、失能老人补贴制度，符合条件的贫困家庭老年人纳入低保。第二，鼓励城乡社区社会组织和相关机构为失能老年人提供临时或者长期托管照顾服务。第三，80 周岁及以上老年人可自愿随子女迁移户口。第四，鼓励家庭养老支持政策，引导公民自觉履行赡养义务。在医疗健康方面：第一，为老年人免费建立电子健康档案，每年为 65 周岁及以上老人免费提供含体检在内的健康管理服务。第二，符合条件的低收入家庭参加城乡医疗保险的个人缴费部分，由国家给予部分补贴。第三，2017 年底前基本实现符合转诊规定的老年人异地就医住院费用直接结算。这些政策法规的实施，使得老人权益、养老保障的法规政策不断完善，基本取得预期效果。

2. 农村养老保障体系建设稳步推进

基本养老、基本医疗保障覆盖面不断扩大，保障水平逐年提高。近年来，我国逐步建立健全

的政府、社会、家庭和个人相结合的养老保障体系，努力保障农村老年人基本生活。

（1）探索建立农村养老保障体系。积极发展多种形式的保障制度，把农村特殊老年群体优先纳入社会保障范围。对无劳动能力、无生活来源、无法定赡养人、扶养人，或者其法定赡养人、扶养人确无赡养、扶养能力的农村老年人，由国家实施在吃、穿、住、医、葬方面给予生活照顾和物质帮助的“五保”供养制度。

（2）建立贫困老年人救助制度。中国政府把缓解和消除老年贫困纳入国家反贫困战略和老龄事业发展规划。国家建立城市居民最低生活保障制度，对人均收入低于当地最低生活保障标准的家庭按标准给予补助。

3. 服务体系初步形成，养老服务增速加快

国家积极采取多种补充性医疗保障措施，努力减轻农村老年人的医疗费负担，积极开展针对老年人的专项医疗救助和康复救助活动，出台了众多关爱老年人的医疗卫生服务纲要。以居家为基础、社区为依托、机构为补充、医养相结合的养老服务体系初步形成。

据民政部统计，截至 2017 年底，全国共有老龄事业单位 1 600 个，老年法律援助中心 2.0 个，老年维权协调组织 6.4 万个，老年学校 4.9 万个，在校学习人员 704.0 万人，各类老年活动室 35.0 万个；享受高龄补贴的老年人 2 682.2 万人，比上年增长 13.9%；享受护理补贴的老年人 61.3 万人，比上年增长 51.5%；享受养老服务补贴的老年人 354.4 万人，比上年增长 25.3%。每千名老年人拥有养老床位 30.9 张，正向“十三五”养老规划每千名老人养老床位 35～40 张的目标迈进。

（二）突出问题

1. 农村空巢老人数量增加

随着社会经济的发展，我国农村青壮年不断流向城市和沿海地区，农村空巢老人数量增加。大量的农村年轻劳动力外出打工，给家庭养老带来了很大的冲击，对家庭养老这一传统模式产生了较大的冲击。很多农村老人的子女外出打工，只有逢年过节才回到村里，甚至几年才回一次，农村老年人在日常生活方面不仅没有受到应有的照顾，还要力所能及地种地、帮忙抚育孙子女，一些得病的老人也只能自己照顾自己或者靠邻居帮忙照应。农村老人在生活上得不到很好的照顾，老年人在精神上也得不到关怀和慰藉，孤寂的农村和孤寂的老人成为很多农村的普遍现象。

2. 孤寡老人生活缺少照料，精神缺少慰藉

由于子女不在身边，日常生活的一些小事，诸如理发、换电灯泡等都成为难题。特别是老人身体不好，需要子女陪同上医院看病治疗时，子女不在身边，老人更是觉得孤苦无靠，感到很失落。有的老人生病了，连饭都做不了。此外，老年人发病往往具有突然性，家中无人或抢救不及时，可能会错过治疗时机，导致严重后果。随着年事渐高，一些农村老人记忆力下降，有的行动不便或身有残疾，一些日常生活行为都有可能留下安全隐患。

农村老人过惯了苦日子，对物质生活往往无过高的奢求。因此，来自子女的精神慰藉是老人身心健康必不可少的主要来源之一。由于子女不在身边，农村老人大多过着“出门一孤影，进门一盏灯”的寂寞生活，这很容易使他们感到孤独。特别是独居老人感到有心里话没处诉说，有时

间没事打发，很可能出现抑郁症状，觉得生活没有意思，严重的会产生自杀的念头。另外，农村精神文化生活比较单调，老人大多是“蹲墙根、找树阴、聊聊天”，在家庭外边也难以找到精神寄托。

3. 农村养老保险的管理缺乏规范的法制化措施

目前，城市居民的养老保险已经步入正常发展轨道，但农村养老保险在很大程度上还是一个盲区。虽然随着养老保险制度的不断改革，农村养老保险问题已引起国家的重视，但农村养老保险的管理与运作还是缺乏规范的法制化措施。农村经济发展落后与发展不平衡导致农民投保能力受到很大的制约，农民家庭养老和养儿防老的传统思想也较深地影响其参加养老保险意愿。此外，在经济体制的改革过程中，农村的养老方式也发生了一些变化，集体养老保障和家庭养老保障能力在一定程度上已逐步弱化。

4. 农村福利性养老机构服务面有待扩大

我国农村社会养老资源主要包括社会养老保险以及国家和集体经办的福利性养老机构。目前，我国农村实施的是城乡居民养老保险制度，旨在实现基本公共服务均等化和建立更加公平的国民养老保险制度。但是，在该制度运行过程中却存在着农民参保积极性不高、存在“最低缴费陷阱”、统筹层次低等问题，使得该制度没有发挥其预期的效果。而福利性养老机构主要是满足农村五保供养对象等政策性照顾对象的养老需求，对于其他农村老年人实行有偿服务。由于农村老年人的观念落伍、收入不高等因素，大多数的农村老人还没有享受到相应的服务。

（三）重点任务

1. 完善城乡居民基本养老金政策，提高保障力度

逐步提高城乡居民的总体保障水平，提高基本养老金额度，对农村居民以及困难家庭实施政策倾斜，提高对贫困家庭的补贴力度，加强对农村居民新农保的宣传工作。要逐步建立和完善土地保障、家庭赡养和社会扶持相结合的农民养老保障体系。农民养老以家庭赡养为主，倡导赡养人之间签订“家庭赡养协议”；鼓励低龄健康老人提高自养能力；对无劳动能力、无生活来源、无赡养人和扶养人，或者赡养人和扶养人确无赡养能力或者扶养能力的老人继续完善以保吃、保穿、保住、保医、保葬为内容的“五保”供养制度，逐步提高供养水平；有条件的地方可实行对老年人的集体福利制度；根据情况逐步建立独生子女户和两女户的计划生育养老保障制度；注意探索和解决城镇化过程中老年人的养老保障问题。

2. 提高养老照料服务，逐步满足养老需求

国家在充分利用现有设施的基础上，增加对农村养老设施建设的投入，通过新建和改、扩建的办法，办好示范性的养老设施。同时，制定优惠政策，吸引社会力量投资兴办以村庄为基础、不同档次的养老服务设施，注意以需求为导向发展护理型养老设施。随着农村社会经济的发展、居民收入的提高，农村也要有老年公寓、社会福利院、老年护理院，要有与老年人需求相适应的养老院或托老所，充分利用现有资源开展养老服务，逐步形成养老设施网络。乡镇敬老院要进一

步加强设施建设，完善服务功能，服务范围扩大到周边地区的老年人。

3. 鼓励发展农村养老机构，提供多元化养老服务

在逐步完善我国城乡保障制度的同时，也要发展我国机构养老模式。按照政府救济和社会互助相结合的原则，构建多层次、多元化、多项目的农村贫困老人救助体系。确保农村居民最低生活保障制度在农村老年人中的贯彻落实，并随社会经济发展相应提高生活补助标准。通过政府救济和社会互助，多渠道筹集资金，对农村特殊困难的老人实行临时性救助，大力倡导多种形式的扶老助困送温暖活动。

4. 完善农村社会保障体系建设，为农村养老提供全面支持

对于配套的如新型农村合作医疗制度、最低生活保障制度以及“五保”供养制度等社会保障制度，要大力完善，不断提高各类保障制度的保障力度，提供财政转移支付支持。为农村老年人参与体育健身创造条件。县（市、区）要普遍设立老年体育指导站（点），加强对老年人体育健身活动的科学指导；农村乡镇要因地制宜地开辟老年人健身场所；逐步建立老年人体质监测站，开展老年人体质监测指导工作。

五、政策建议

（一）进一步健全法律保障体系

要使农村重点群体的社会保障能顺利进行，就要建立健全农村重点群体的法律保障体系，完善法律体系是对农村重点群体进行社会保障的基础。国家应该尽快出台《社会救助法》，在该部法律中要对社会救助的范围、资金保障、救助对象等问题作出明确规定，根据救助对象的不同分别制定不同的救助制度。

（二）进一步完善医疗卫生服务条件

一是建立救治台账。各地卫生健康行政部门要会同扶贫部门，为“健康扶贫管理数据库”里符合救治条件的农村贫困人口建立台账。各地卫生健康、民政部门要对符合救治条件的农村特困人员和低保对象建立救治台账。各地要按照台账对相关病种的救治对象进行动态追踪管理。

二是开展医疗救治。各省级卫生健康行政部门要会同民政部门按照保证质量、方便患者、管理规范的原则，确定各个病种的医疗救治定点医院。各省级卫生健康行政部门要根据国家卫生健康委员会已发布的相关疾病诊疗指南规范和临床路径，结合本地区实际，按照“保基本、兜底线”的原则，制订符合当地诊疗服务能力、具体细化的诊疗方案和临床路径。各地要充分发动村医、计生专干等基层卫生健康队伍，做好救治对象的组织工作。要根据台账登记的救治对象情况，有计划地组织其到定点医院进行救治。定点医院要强化医疗质量安全意识，完善管理制度和工作规范，开展单病种质量控制，按照相关病种临床路径要求，规范临

床诊疗行为。

三是完善支付方式。为有效控制医疗费用，纳入大病专项救治范围的病种，实行单病种付费管理。新农合要提高政策范围内住院费用报销比例，逐步降低大病保险起付线，提高报销比例，提高贫困大病患者受益水平。对报销后自付费用仍有困难的患者，要及时落实相关救助政策，并积极引导社会慈善资金予以帮助。贫困大病患者在县域内定点医院住院实行先诊疗后付费，定点医院设立综合服务窗口，积极推进基本医疗保险、大病保险、医疗救助等“一站式”信息交换和即时结算，由各保险、救助经办管理机构直接向医疗机构支付相应费用，贫困患者只需在出院时支付自付医疗费用，确保救治对象方便、快捷享受到各项医疗保障政策待遇。

（三）进一步落实精准扶贫政策

农村重点群体并不等同于贫困人口，但农村重点群体大部分都在贫困范围内，解决农村重点群体贫困问题，帮助他们摆脱贫困、走向富强，仍然任重而道远。习近平总书记在湖南考察时指出，关于扶贫工作要做到精准、细致，要分类指导。这为新时期的扶贫工作指明了方向，即精准扶贫。精准扶贫就是要求扶贫必须要有准确度，要正确瞄准真正需要、真正贫困的人身上，用在正确方向上，确保扶贫工作具体到每家每户。同时，监督审计部门要对扶贫资金的使用情况进行严格审计，各级扶贫工作专门机构应加强对扶贫资金管理使用情况进行检查，防止扶贫款项被挪用，发现问题及时查处，保证各项扶贫基金都用到实处。

再教育、再培训是要让农村重点群体学习简单的生存技能，使农村重点群体在科技不断发展的社会中能够拥有一技之长，能够灵活应对失业、下岗等问题。但在重视农村重点群体职业技能培训的同时，地方政府或者培训机构也要重视培养农村重点群体的素质培育。

（四）进一步加大农村教育投入的力度

对农村重点群体的关爱，需要建设一批高质量的农村学校，以提高这些群体的文化素养，为他们转变观念，学习新技术、新技能提供智力保障。在学校硬件环境的建设上，第一，要完善相关政策，对农村学校给予适当补贴，用于改善学校办学条件、培训高素质工作人员、提高学生必要的生活补贴；第二，要根据学生人数多少，合理核定教师编制数量，保质保量地为农村学校配备教师；第三，要广泛动员和鼓励社会各界人士、团体和组织通过捐资、捐物等形式助学，帮助贫困学校、贫困学生渡过难关；第四，要加大对农村学校基础设施建设和维护的投入，特别是在校园环境绿化、体育设施的补足、教室教具的匹配和操场路面的改善上。

参考文献

陈璐，2016. 广东省梅州市梅江区长沙镇农村妇女非农就业问题研究［D］. 广州：华南农业大学 .

陈奇，2017. 农村残疾人康复服务供给机制创新——兼论“专业主义”的破解［J］. 呼伦贝尔学院学报（5）：58-64.

程熙，2017. 中国农村残疾人社会保障制度现状、问题与对策研究［J］. 农村经济与科技，28（16）：185-186.

单白雪，2017. 中国农村留守儿童与非留守儿童健康状况比较研究 [D]. 济南：山东大学 .

丁志国，张洋，高启然，2014. 基于区域经济差异的影响农村经济发展的农村金融因素识别 [J]. 中国农村经济 (3)：4-13.

甘少梅，郑苑婷，柯秋馨，2017. 揭阳市农村留守儿童的现状分析 [J]. 法制与社会 (36) .

韩国明，齐欢欢，2017. 农村“女性精英”广场舞领导与村委会竞选分析：动机、能力与机会——基于甘肃省 16 个村庄的实地调查访谈 [J]. 贵州社会科学 (2)：85-91.

和萍，史若凡，2017. 贫困乡村儿童身体质量指数、体育锻炼及健康教育研究——基于宁夏盐池县乡村学校的个案研究 [J]. 淮海工学院学报 (人文社会科学版)，15 (9) .

贺中文，2016. 山西省农村留守妇女政治参与状况研究 [D]. 临汾：山西师范大学 .

矫昊含，2017. 积极福利视阈下农村残疾人精准扶贫研究 [D]. 长春：吉林大学 .

来草源，俞丽虹，孙德芳，等，2018. 浙江省农村儿童食品安全问题调查研究——以湖州长兴为例 [J]. 考试周刊 (2)：195.

李坤，2016. 把关爱农村留守儿童工作落到实处——贵州省黔西南州政策落实及成效 [J]. 中小学校长 (11)：9-11.

李令岭，刘垚，敖丽娟，2017. 我国残疾人社区康复存在问题与发展探讨 [J]. 中国康复医学杂志，32 (2)：213-216.

李晓侠，2017. 农村留守儿童心理健康教育的困难及其对策研究 [J]. 科技风 (26)：36.

林晶，2014. 西部农村弱势群体的教育弱势与教育支持研究 [D]. 重庆：重庆师范大学 .

刘安华，2017. 困境与出路：农村留守妇女发展权之法律保障探讨 [J]. 成都行政学院学报 (2)：26-29.

马焱，2017. 男女平等立法实践的价值观基础研究——以中央苏区颁布的维护农村妇女土地权益法律法规为例 [J]. 云南民族大学学报 (哲学社会科学版)，34 (1)：104-109.

冉鹏程，普戡倪，2016. 乡村治理中农村留守妇女工作困境及对策研究 [J]. 中国集体经济 (25)：157-158.

沈睿，2016. 我国反家庭暴力的立法探究 [D]. 合肥：安徽大学 .

屠思，2016. 湖北省贫困片区农村儿童健康状况及影响因素研究 [D]. 武汉：华中科技大学 .

万兰芳，向德平，2016. 精准扶贫方略下的农村弱势群体减贫研究 [J]. 中国农业大学学报 (社会科学版)，33 (5)：46-53.

温志杰，2015. 农村弱势群体社会保障的现状研究 [D]. 成都：成都理工大学 .

张洁，2017. 我国农村老人养老保障现状的影响因素及区域比较 [D]. 西安：西北大学 .

张晓丹，2017. 基层自治背景下农村留守妇女政治参与的问题、原因与对策研究——以山东临沂沂水县某村为例[J]. 改革与开放 (22)：61-62.

赵兴清，2017. 创新残疾人事业社会管理的路径探析 [J]. 科技与创新 (2)：72-73.

郑真真，2017. 流动妇女的男女平等价值观研究——基于第三期中国妇女社会地位调查数据的分析 [J]. 妇女研究论丛 (6)：98-105.

周全，朱乐琴，2017. 农村留守妇女宗教信仰状况调查研究——以某市为例 [J]. 吉林省教育学院学报，33 (11)：175-177.

邹丽伟，2017. 社会分层视角下农村留守妇女教育需求调查研究 [J]. 山东广播电视大学学报 (4)：36-39.

第三篇

评 价 篇

2016—2017

一、建立农村社会事业评价指标体系的背景和意义

社会事业的内涵，重点应置于“事业”一词。“事业”一词在现代汉语中的含义主要是与“企业”相区别，指的是不以盈利为目的，为社会成员的日常生活与生产提供服务的各种组织及其相关活动，重在体现其公益性、非营利性。因此，社会事业的含义体现了其旨在规避个体理性的局限性，实践公共理性，以维系社会正常运行与发展的一项活动。在一定意义上，社会事业发展对于推动社会的发展进步上起着不可或缺的作用。根据目前国内学者对社会事业具体内涵的探讨和解析，大致可将社会事业划分为以下几个层次：促进社会公平公正，维护社会团结的社会事业；防范社会风险，维护社会安全的社会事业；增进全体社会成员福利水平，促进社会水平提高的社会事业；维持社会经济发展可持续性的社会事业。概括起来，可将社会事业视为为确保社会团结、维护社会安全、促进社会发展、保障社会可持续发展，进而为促进人的全面发展所提供的各种公益性支持与服务活动的总和。根据我国实际，社会事业的范围包括了教育事业、科技事业、公共卫生、社会保障、文化事业、体育事业、旅游事业、社区建设以及人口规划等一系列范畴，囊括了民生的各个方面。

社会发展一般包括广义和狭义两个层面的概念。广义的社会发展属于一个整体的概念，涉及经济增长在内的社会结构、人民生活、科技教育、社会保障、社会秩序、医疗卫生、资源利用和生态环保等多个方面的内容，并且把消除贫困、公平分配、大众参与、生态保护、社会稳定和社会的可持续发展等多种社会价值作为发展目标。国家发改委和国家统计局制定的社会发展水平评价指标体系，是从广义的概念出发，包括了环境、人口、经济基础、收入分配、劳动就业、社会保障、卫生保健、科技教育、文化教育和社会治安10个方面的内容。狭义的社会发展，是与“经济发展”相对应的一个概念，主要是指除经济发展以外的其他社会领域的进步和各项社会事业的发展，主要注重体现人类自身的生存和发展状况。联合国和世界银行等国际组织认为，对应于经济发展的社会发展，至少应包括3个方面的目标：一是保护弱势群体；二是扩展并提高就业机会；三是建立社会安全网。

本研究的对象是农村社会事业发展，它属于狭义的社会发展范畴。主要包括农村的科技教育、医疗卫生、人居环境、社会保障、文化体育、公用设施、生活质量等多个与农村居民自身发展、切身利益和经济发展紧密相关的诸多领域。

自改革开放以来，虽然中国经济总量不断增长，社会事业也有较大程度的发展，但总体社会事业的发展不尽如人意，还存在一些问题。首先，我国的社会事业发展总体水平相较于经济发展还较低，公共服务供给能力不足，与经济的高速发展不相适应。我国的社会发展从改革开放开始就渐渐落后于经济增长，并对经济改革的深化产生了制约，中国在发展上面临的巨大挑战是将令人瞩目的经济增长转化为非经济收入的人类发展的可持续增长。其次，我国社会事业发展中呈现出区域及城乡社会事业发展不公平现象以及公共服务资源配置不合理。随着“均等化”概念的提

出，人民对更高水平、更公平的社会公共服务的需求日益增加。而实际上，社会事业发展不均等的现象仍然较为明显，城乡社区服务设施和功能差异明显，农村地区所享有的各项社会公共服务水平远远低于城镇社区，相关设施和制度亟须改进；公共服务资源配置的不合理严重影响社会公平，这种不公平易造成更严重的不公问题，影响社会和谐稳定发展。最后，我国社会事业的发展还存在总体质量较低的问题，尤其是农村社会事业发展中的科技发展水平、教育事业发展等相较于发达国家仍有很大的差距。

纵观我国社会事业发展，“十二五”时期社会事业改革稳步推进，“十三五”规划继续强化社会事业改革，加上乡村振兴战略的部署，农村教育、医疗、弱势群体保障等各项事业取得了显著进展，广大农民群众正在拥有更多的“获得感”，更多社会事业领域正在向社会资本敞开大门，农民有望在医疗、卫生、教育、文化体育等领域享受更优质的公共服务。在地区经济社会发展进程中，社会发展水平及社会发展与经济发展的协调程度与地区发展呈现出良性的互动，在经济与社会发展协调度高的地区，经济发展和社会发展相互促进形成一个良性循环，农民的幸福感也就越高。相反，一些地方的经济与社会发展不协调严重制约当地的经济及社会事业的发展，引发了了一系列民生问题。

总体而言，在政策的推进下，我国农村社会事业取得了一定程度的发展，但仍存在着很多方面的问题。2017年，以习近平同志为核心的中共中央作出实施乡村振兴战略的部署，有其深刻的历史背景和现实依据，体现了党始终将农业、农村、农民问题置于国计民生的战略高度和核心地位，始终把解决好“三农”问题作为全党工作的重中之重。“三农”问题是“关系国计民生的根本性问题”，实施乡村振兴战略，正是在深刻把握我国现实国情农情、深刻认识我国城乡关系变化特征和现代化建设规律的基础上，着眼于国家事业全局，着眼于实现补齐农业农村短板的问题导向，作出的重大战略部署，必将在我国农村发展进程中写下划时代的一笔。我国乡村仍然面临发展滞后的严峻形势，为了振兴乡村，实现人民共同富裕，必须更好地促进农村社会事业进步。

将大力发展农村社会事业落到实处，首先需要摸清当前中国国情农情、农村社会事业的发展现状、存在的突出矛盾及问题，从而便于采取有效的应对策略和得力措施，最终实现农村经济与社会的协调可持续发展，为中国的经济及社会的可持续发展打下坚实的基础，实现全体人民共同富裕的社会主义本质目标。诸多媒体涉及农村社会事业发展的分析文章中，对农村社会事业发展现状及问题的把握，更多的还是停留在对发展中的某些现象的定性描述和总结上，一般只是对本地区某一领域的农村社会事业发展进行研究，就其存在的突出问题和矛盾提出解决思路或方法。这类分析缺少对全国农村社会事业整体发展水平的反映和判断，也缺少对各地区各领域发展状况的比较和评估，对农村社会事业发展存在的矛盾和问题根结所在把握可能不够到位，在很大程度上削弱了全社会对农村社会事业发展状况的认知和重视，使得相关措施的制定缺少可靠的定量决策依据。因此，通过建立农村社会事业评价指标体系，深入开展统计调查以收集数据资料，并采用统计综合评价方法对目前中国农村社会事业发展进行科学评估，对于准确地反映和剖析农村社会事业发展中的矛盾及问题，有针对性地实施解决措施；对于探索总结经济发展与社会发展的辩证关系；对于政府修订和完善农村社会事业发展的政策法规，助力乡村振兴战略实施等方面具有十分重要的现实意义。

二、建立农村社会事业评价指标体系的必要性和作用

1. 助力实施乡村振兴战略的需要

2017年，中共十九大报告提出全面实施乡村振兴战略，强调要按照产业兴旺、生态宜居、乡风文明、治理有效、生活富裕的总要求，加快推进农业农村现代化。农村社会事业的许多发展要求与乡村振兴的目标相吻合。建立农村社会事业评价指标体系，有利于评价农村社会事业发展的现状，帮助定位乡村振兴中尚未得到有效改善的短板，如农村的医疗卫生、社会保障、人居环境等方面，助推新时代乡村振兴战略的有效实施。乡村振兴战略是社会主义新农村建设的升华版。它要求用“生态宜居”替代“村容整洁”，要求在治理村庄脏乱差的基础上发展绿色经济、治理环境污染并进行少量搬迁，使农村人居环境更加舒适，这反映在农村社会事业中的人居环境方面。乡村振兴战略也包括用“治理有效”替代“管理民主”，要求加强和创新农村社会治理，使农村社会治理更加科学高效，更能满足农村居民需要，这自然体现在农村社会事业总体的建设成效上。如果社会治理效率更高、效果更好，也将有助于农村社会事业总体水平的提高。乡村振兴战略中用“生活富裕”替代“生活宽裕”，要求按照全面建成小康社会奋斗目标和分两步走全面建设社会主义现代化强国的新目标，使农民生活更加富裕、更加美满，这同样体现了农村社会事业建设中提高农村居民生活质量的需要。“乡风文明”4个字虽然没有变化，但在新时代，其内容进一步拓展、要求进一步提升，如加强农村地区的文化体育事业建设，丰富农村居民的业余闲暇生活，提高农村人民的生活质量。由此可见，建立农村社会事业评价指标体系，评价农村社会事业发展状况，为农村社会事业发展的短板号脉，以便采取得力措施加以改善，无疑将助推乡村振兴战略的有效实施。

2. 引领全社会切实重视发展农村社会事业的需要

农村社会事业作为农民群众最关心、最直接、最现实的民生事业，关系到农民切身利益，关系到社会公正公平，对促进城乡一体化发展、全面建成小康社会乃至最终实现农民的中国梦都意义十分重大。但在现实的经济生活中，从整体看对农村社会事业发展的重视程度，基本上还停留在理论探讨和“头痛医头，脚痛医脚”的状态，还没有站在战略高度明晰其重要性，对农村社会事业发展的重视程度远远没有达到应达到的水准。主要体现在对农村经济发展与农村社会事业发展的辩证关系，迄今没有形成广泛的社会共识；中央财政支出结构中尚未体现出农村社会事业发展的重要性；政府对农村社会事业发展方面的职能定位不明确，农村社会事业相关单位的配套改革和制度建设与农村社会转型发展的需要不匹配等方面。建立和发布农村社会事业评价指标体系，对全国乃至各地区农村社会事业发展水平进行评估排序，对于进一步昭示发展农村社会事业的重要性，对于引领和促进地方政府彻底改变“以GDP论英雄”的迂腐观念，对于把大力发展农村社会事业作为推动农村经济与社会协调发展的着力点等方面，都将发挥非常重要的作用。

3. 定量评价农村社会事业整体发展水平的需要

长期以来，对农村社会事业发展水平和现状的分析，更多的是停留在传统的定性描述和发展

特征的概述以及“就事论事”层面，缺少全面系统的定量分析和综合评价，因而对农村社会事业整体发展水平的揭示和把握，还没有达到政府所期待的相对“精准”的程度。由于尚未完善科学可行的农村社会事业评价指标体系，对目前农村社会事业整体发展处于何种水平及动态变化，很难像描述经济发展水平和速度那样直接用GDP加以反映，也无法对省际的农村社会事业发展水平做比较分析，以至于全国哪些地区农村社会事业发展水平高、哪些地区的发展水平低、差距有多大、原因是什么，更是难以准确把握。通过建立农村社会事业评价指标体系，收集各项指标数据信息，采用统计综合评价方法进行评估，能解决省域间的排序和比较问题。这对于相关部门运用评价结果有针对性地开展调查研究，解决重点问题和矛盾，必将起到事半功倍的效果。值得高兴的是，农业农村部农村社会事业发展中心的领导非常重视农村社会事业评价指标体系的建设。2013年11月即组织西安交通大学专家着手展开这方面的研究工作。2015年12月及2017年10月，分别于珠海和北京召开了中国农村社会事业发展评价指标体系研讨会，与会专家就如何建立和完善农村社会事业发展指标体系，提出了许多重要观点和建设性意见，很好地推动了这项研究工作的进展。

4. 系统揭示区域农村社会事业发展差异的需要

建立农村社会事业评价指标体系，不仅有利于对全国整体农村社会事业发展水平的认知，而且对系统揭示区域农村社会事业发展差异具有重要作用。过去由于缺少一套反映农村社会事业的评价指标，大家对涉及农村社会事业发展的各个领域的评价，只能采取“各自为政”“自扫门前雪”的“封闭模式”，即各相关部门在分析的时候，一般只围绕本部门或本领域农村社会事业某个方面的发展特点，按照“现状、问题、对策”的模式展开研究。按照这种模式开展研究对有效解决本部门农村社会事业发展中的问题发挥了积极作用，但普遍缺少本部门农村社会事业发展的定位和进展分析，缺少省际、部门之间、部门与全国整体农村社会事业发展之间存在差异的成因分析，也缺少对农村社会事业相关单位配套改革和制度建设方面的深度探索，存在着明显的局限性。建立和发布农村社会事业评价指标体系以后，可以通过进一步的评价和聚类分析，在调查研究的基础上，逐步解决上述问题，从而为研究这类问题找到理想切入点，有利于提高农村社会事业发展研究的整体水平。

5. 促进农村社会事业发展示范创建工作的需要

在当前整个农村社会事业发展还相对滞后的背景下，不同地区之间农村社会事业发展存在不平衡性，是明显存在的事实。应当看到，一些地方特别是一些经济发展相对较快的地方，农村社会事业发展迅速，相关工作有目标、有任务、有落实、有监督、有成果。要在总结这些地方经验的基础上，通过建立农村社会事业评价指标体系，发布农村社会事业发展指数，对全国各区（县）的发展水平和变化趋势进行评估和排序分析，在全国快速培育出一批示范县市和示范乡镇，产生示范效应，发挥带动作用，引领全国农村社会事业全面健康发展。建立农村社会事业评价指标体系，还有利于确立农村社会事业发展目标，创新农村社会事业发展机制，优化农村社会事业发展环境，有效促进建立与农村社会事业发展相适应的财政保障机制，科学调整分配格局和投资结构，把建设重点转向农村、形成农村社会事业建设长期稳定的资金来源，有效加强农村社会事业领域部门间的投资整合、计划衔接和信息沟通，统筹安排，形成合力。这也是今后加快推进农村社会事业发展的方向。

6. 修订完善农村社会事业发展政策法规的需要

评价结果不仅可以为全国和各地区农村社会事业发展的薄弱环节“号脉”，剖析城乡差异、地区差异的成因，找出发展中存在的突出问题，采取有效措施逐步解决，而且有助于检验政府颁布实施的有关发展农村社会事业文件的执行效果，更好地修订完善农村社会事业发展的政策法规，为农村社会事业的健康发展提供制度保障。因此，科学合理的评价指标体系不仅有助于对各部门、各地区农村社会事业发展现状的深刻认识，而且有利于政府有的放矢地制定和修订现行政策法规，有利于促进农村经济与社会转型升级和健康有序发展。

7. 探索研究农村经济与社会协调发展规律的需要

重视和发展农村社会事业，不仅需要热情，还需要有相应的科学理论作为指导，深入研究和探索农村社会事业发展规律，包括农村社会事业自身的发展规律、农村经济发展与农村社会事业发展的辩证关系、城乡社会事业发展之间的关系以及农村社会事业发展与经济社会可持续发展的关系等。建立农村社会事业评价指标体系，将为系统研究这些问题提供重要的基础资料，有利于研究者结合其他统计资料对相关问题展开实证研究，得出令人信服的科学结论，从而拓宽农村社会事业发展研究方面的深度和广度，使研究成果更好地为促进农村社会事业发展提供理论指导。

三、农村社会事业评价指标体系的内容

（一）设计农村社会事业评价指标体系的基本原则

农村社会事业是一个复杂的整体，各部门及各类主体之间存在着相互联系和相互制约的关系，要对农村社会事业发展进行评价，客观上就要求建立一套科学、可行的评价指标体系，以全面系统地反映农村社会事业发展的整体水平和各部门之间的关系。由于建立农村社会事业评价指标体系是一项全新的工作，国家统计系统尚没有建立配套的统计制度，这就使指标数据的收集受到很大限制，为指标的选取也带来了很大的难度。为了使设计的指标体系既能涵盖农村社会事业方方面面的内容，又能够有现成的或经过整理可以获得的数据，要求在设计指标体系时应遵循以下 6 项原则：

1. 科学性原则

设计的指标体系，应符合农村社会事业发展本身的性质、特点、关系和运动规律。建立的指标体系应力求科学地、合理地、系统地反映各地区农村社会事业发展的实际情况以及各地区农村社会事业发展各方面的数量特征和数量关系。

2. 全面性原则

指标体系的设计应尽可能地涵盖农村社会事业发展所涉及的各个方面，以利于从整体和全局的角度考虑指标之间的联系。要能比较系统全面地反映社会事业发展各个方面间的主要联系，考虑指标体系内部的若干指标之间的配套以及指标口径、时间范围、空间范围和计算方法等方面的匹配衔接。

3. 简约性原则

在指标体系的建立过程中，指标选取得过多，极易造成指标之间信息的重叠，使得评价效果降低。因此，应该尽量选择那些包含综合信息的指标，减少指标数量，同时避免指标设置上的重复，以此控制指标体系的规模，提高指标体系的评价效果。

4. 可比性原则

要注意各地区指标的含义、口径和范围、计算方法的一致和不同时期的相对稳定性，以保证指标之间相互可比。这在建立县域评级指标体系时尤为重要。选择指标时，应借鉴国际、国内通行的统计标准和规范，并与之衔接，从而有利于国际、国内的比较分析。

5. 可得性原则

反映农村社会事业发展的统计指标，应做到概念规范、明晰，其表达方式简明易懂，便于资料的搜集和实际操作。鉴于我国统计数据发布的现状，对于现阶段难以搜集的个别指标，计算和分析时可考虑使用相关指标代替；在指标的选定上，应尽量选择公开发布的资料（如中国及各省份统计年鉴、部门统计年鉴、有关统计公告等）中已有的数据，必要时还必须对有关指标运用现有的资料加工计算，尽量保证作为评价依据的指标数据能够真实、全面和可靠。

6. 动态性及稳定性原则

指标体系建立后并非一成不变的，指标的选取应根据经济、政治、社会的改革和发展现状作出相应的调整，适应我国发展背景和实际国情。同时，在设计指标体系时，应充分考虑指标在反映农村社会事业发展情况上的科学有效性，以保证指标具有一定的长期稳定性，便于对评价对象进行不同时期的比较。

（二）农村社会事业综合评价方法的选择

为了更准确地了解和认识我国各地农村社会事业发展的综合情况，评价指标体系中指标权重的分配采用专家评判法。即在设计建立评价指标体系的基础上，聘请若干专家、学者分别独立对各项指标赋予权重，形成一个评判矩阵，对各专家、学者给出的权数进行综合处理得出各项指标的具体综合权重。

在进行具体的综合评价时，由于各评价指标性质不同，需要对二级指标原始数据进行标准化处理，以消除不同的量纲和数量级对指标综合值及综合分析结果的影响，保证结果的可靠性。首先，本书采用的方法是将每个二级指标的原始数值减去其均值，再除以该指标的标准差，即：

$$X_j = \frac{X_{ji} - \overline{X}_j}{\sigma_j}$$

其次，标准化处理后的二级指标数据与其相对应的权数相乘后加总，得到其相应的一级指标数值Y，即：

$$Y_j = \frac{\sum_{j=1} X_j \cdot f_j}{\sum_{j=1} f_j}$$

再次，用一级指标与其相应权数相乘并求和得到各地区的综合评价值；最后，根据综合评价值按照从大到小的顺序对各省份进行排名分析。

（三）农村社会事业评价指标体系的内容

在农村社会事业评价指标体系的构建方面，根据中国农村社会事业的基本情况和发展现状，从保障农村经济与社会的可持续发展出发，从影响农村社会事业发展的诸多因素入手，根据农村社会事业发展本身的特点，按照评价体系设计的基本要求，在原来设计的农村社会事业评价指标体系的基础上进行改进，从科技教育、医疗卫生、人居环境、社会保障、文化体育、公用设施、生活质量 7 个方面，设计并构建中国农村社会事业发展评价指标体系（表 3－0－1）。

表 3－0－1 中国农村社会事业发展评价指标体系

一级指标	二级指标		单位	指标内涵
科技教育	1	农村人均教育经费支出	元	反映政府对农村教育投入的重视程度
	2	农村劳动年龄人口平均受教育年限	年	反映农村劳动力的文化素质
	3	农村每百名初中生教师数	人	反映农村初中教育资源的配置水平
	4	农村高中阶段毛入学率	%	反映普及农村高中教育的执行效果
	5	农村九年义务教育巩固率	%	评价农村巩固九年义务教育的成效
医疗卫生	1	每千农村人口乡镇卫生院床位数	张	反映农村医疗资源的保障水平
	2	每千农村人口乡镇卫生院人员数	人	反映农村卫生保健机构的技术保障程度
	3	5 岁以下儿童死亡率	‰	反映农村儿童健康状况
	4	农村孕产妇死亡率	1/10 万	反映农村妇女健康状况
人居环境	1	农村人均环保支出	元	反映政府对农村环保投入的重视程度
	2	农村卫生厕所普及率	%	反映农村环境卫生程度
	3	农村生活污水集中处理率	%	反映农村环境治理设施的配套程度
	4	农村生活垃圾处理指数	%	反映农村环境保护措施的执行效果
	5	农村秸秆综合利用率	%	反映农村秸秆处理效率
社会保障	1	农村居民人均社保支出	元	反映政府对农村社会保障的重视程度
	2	农村每千老年人口养老床位数	张	反映农村养老服务规模及水平
	3	农村贫困人口救助率（最低生活保障度）	%	反映农村贫困人口的救助覆盖面
	4	农村居民基本养老保险覆盖率	%	反映农村居民基本养老保险覆盖面

（续）

一级指标	二级指标		单位	指标内涵
生活质量	1	农村居民人均可支配收入	元	反映农村居民可支配收入水平
	2	农村人均住房（砖瓦）面积达标率	%	反映农村居民居住条件水平
	3	农村成年人体质指数（BMI）合格率	%	反映农村成年人生活健康状况
	4	农村行政村客运班车通达率	%	反映农村生活交通便利程度
	5	农村人口平均预期寿命	岁	反映农村居民整体健康状况
文化体育	1	农村居民文化娱乐消费支出占比	%	反映农民对文化休闲娱乐活动的重视程度和参与程度
	2	广播电视综合人口覆盖率	%	反映农村广播电视节目综合覆盖率
	3	农村互联网普及率	%	反映农村信息化发达程度
	4	农村人均体育场地面积	平方米	反映农村运动场地的配置水平
	5	农村人均文体事业费支出	元	反映政府对农村文体事业投入的重视程度和力度
公用设施	1	农村人均道路面积	平方米	反映农村居民交通便捷程度
	2	自来水普及率	%	反映农村居民生活用水设施状况
	3	农村清洁能源普及率	%	反映农村居民生活用清洁能源的普及程度

指标解释：

1. 农村人均教育经费支出

反映政府对农村教育投入的重视程度。计算公式：（农村科技教育经费支出额/人口数）。人口数系年末常住人口。

2. 农村劳动年龄人口平均受教育年限

反映农村劳动力的文化素质。计算公式：（农村劳动年龄人口群体中每个人的受教育年限之和/农村劳动年龄人口总数）。

3. 农村每百名初中生教师数

反映农村初中教育资源的配置水平。计算公式：（农村初中教师人数/农村初中在校人数）×100。

4. 农村高中阶段毛入学率

指某学年度高中教育在校生数占相应学龄人口总数比例，标志教育相对规模和教育机会，是衡量教育发展水平的重要指标，用以反映农村高中教育的执行效果。计算公式：农村高中阶段毛入学率=[某学年农村籍生源高中在学人数/农村籍（15～18）岁人口数]×100。

5. 农村九年义务教育巩固率

即在校巩固率，一个学校毕业人数与入学人数的百分比。计算公式：九年义务教育巩固率=

[农村籍高中毕业人数/农村籍高中入学人数（含正常流动生）]×100。

6. 每千农村人口乡镇卫生院床位数

反映农村医疗资源的保障水平。计算公式：（医疗卫生机构床位数/人口数）×1000。人口数系年末常住人口。

7. 每千农村人口乡镇卫生院人员数

反映农村卫生保健机构的技术保障程度。计算公式：（卫生技术人员数/人口数）×1000。人口数系年末常住人口。

8. 5 岁以下儿童死亡率

指规定年份出生的儿童在年满 5 岁前死亡的概率（表示每 1 000 名活产的比率），须以现有年龄死亡率为准。计算公式：5 岁以下儿童死亡率＝（年内 5 岁以下儿童死亡数/同年活产儿总数）×1000。

9. 农村孕产妇死亡率

指年内每 10 万名孕产妇中的死亡人数，用以反映农村保护孕产妇健康的服务水平。计算公式：孕产妇死亡率＝年内孕产妇死亡数（人）/孕产妇总数（10 万人）。其中，孕产妇死亡一般指从妊娠开始至产后 42 天内死亡者，包括外科原因、计划生育手术、宫外孕、葡萄胎死亡者，但不包括意外原因死亡者。按国际通用计算方法，应是某地区一定时期内的孕产妇死亡数与同期内所有的妊娠数相除；在实际应用中，计算孕产妇死亡率的基数一般都用同期的活产数代替。活产数指年内妊娠满 28 周及以上（如孕周不清楚，可参考出生体重达 1 000 克及以上），娩出后有心跳、呼吸、脐带搏动、随意肌收缩 4 项生命体征之一的新生儿数。

10. 农村人均环保支出

反映政府对农村环保投入的重视程度。计算公式：（污染防治投资＋生态环境保护建设投资）/人口数。人口数系年末常住人口。

11. 农村卫生厕所普及率

反映农村环境卫生程度。计算公式：（使用卫生厕所的农户数/农户总户数）。

12. 农村生活污水集中处理率

农村生活污水集中处理率是指经集中污水处理厂二级或二级以上处理且达到排放标准的农村生活污水量与农村生活污水排放总量的百分比，反映农村环境治理设施的配套程度。计算公式：（农村生活污水处理量/农村生活污水总量）。

13. 农村生活垃圾处理指数

反映农村环境保护措施的执行效果。计算公式：（农村生活垃圾无害化处理量/农村生活垃圾产生量）。

14. 农村秸秆综合利用率

指综合利用的秸秆数量占秸秆总量的比例，秸秆综合利用包括秸秆气化、饲料、秸秆还田、编织、燃料等。计算公式：(综合利用的秸秆数量/农村秸秆总量)。

15. 农村居民人均社保支出

反映政府对农村社会保障的重视程度。计算公式：(地方财政社会保障和就业支出/人口数)。人口数系年末常住人口数。

16. 农村每千老年人口养老床位数

反映农村养老服务规模及水平。计算公式：(农村养老床位数/农村老年人口总数)×1000。

17. 农村贫困人口救助率（最低生活保障度）

指农村接受社会救助人口占贫困人口的比例，反映农村贫困人口的救助覆盖面。计算公式：(接受过社会救助的贫困人口数/全部贫困人口数)×100。

18. 农村居民基本养老保险覆盖率

指农村参加居民基本养老保险的人数占农村总人口的比重，反映了农村居民基本养老保险覆盖面。计算公式：(参加居民基本养老保险人数/农村总人口)×100。

19. 农村居民人均可支配收入

农村居民可支配收入是指农村住户获得的经过初次分配与再分配后的收入，用于反映农村居民可支配收入水平。根据国家统计局制订的农村住户调查方案：农村居民可支配收入是指农村住户获得的经过初次分配与再分配后的收入。可支配收入可用于住户的最终消费、非义务必支出以及储蓄。计算公式：(农村住户总收入－家庭经营费用支出－税费支出－生产性固定资产折旧－财产性支出－转移性支出－调查补贴)。

20. 农村人均住房（砖瓦）面积达标率

指人均住房（砖瓦）面积高于农村居民人均住房建筑面积的比率。

21. 农村成年人体质指数（BMI）合格率

指农村成年人体质指数（BMI）在正常范围内的比重，反映农村成年人生活健康状况。其中，BMI 指数即身体质量指数，是用体重千克数除以身高米数平方得出的数字，是目前国际上常用的衡量人体胖瘦程度以及是否健康的一个标准。在我国，BMI 指数的合格区间为 18.5～23.9，指数大于等于 24 为超重，低于 18.5 为偏瘦。计算公式：(农村成年人体质指数处于合格区间的人数/农村成年人口总数)×100。

22. 农村行政村客运班车通达率

具体包括乡镇客运站建站率、具备通客车条件行政村客运通达率、具备通客车条件行政村候车亭建亭率，反映农村生活交通便利程度。

23. 农村人口平均预期寿命

指某特定人群可能存活的平均岁数，它是根据某一人群各年龄组死亡率用生命表达方法计算出来的一个统计指标，是各年龄组死亡率的综合反映，也是说明一个国家或地区农民健康水平和经济发展水平的重要指标之一。

24. 农村居民文化娱乐消费支出占比

指农村居民文化娱乐消费支出占生活消费总支出的比重，用以反映农民对文化休闲娱乐活动的重视程度和参与程度。计算公式：(年内农村居民文化娱乐消费支出/全年农村居民生活消费总支出)×100。

25. 广播电视综合人口覆盖率

指根据国家新闻出版广电总局制定的《广播电视人口覆盖率统计技术标准和方法》进行统计调查的，在对象区域内采用无线、有线和卫星等技术手段能够听到或收看包括中央、省、地市、县广播节目其中任意一套的人口数占总人数的百分比。

26. 农村互联网普及率

指农村互联网用户人数占农村人口总数的比例，用以反映国家或地区经常使用因特网的人口比例，通常国际上用来衡量一个国家或地区的信息化发达程度。计算公式：(农村互联网网民数/农村总人口)×100。

27. 农村人均体育场地面积

指体育场地面积的人均占有量，反映农村运动场地的配置水平。体育场地除包括体育系统本身的体育场地外，还包含教育、铁路、军队、社会各行业所管理的体育场地，以及由各级人民政府和基层群众性自治组织直接或代为管理的体育场地。计算公式：(体育场地面积/人口数)。人口数系年末常住人口数。

28. 农村人均文体事业费支出

指地方财政农村文体事业费支出的人均水平，反映政府对农村文体事业投入的重视程度和力度。计算公式：(地方财政文化体育与传媒支出/人口数)。人口数系年末常住人口数。

29. 农村人均道路面积

反映农村居民交通便捷程度。计算公式：(区域农村居民点道路面积/农村人口数)。

30. 自来水普及率

反映农村居民生活用水设施状况。计算公式：（农村用自来水人数/农村总人数）×100。注：自来水普及率定义为某区域农村集中式供水工程（供水人口 20 人以上）与城市供水管网延伸工程供水人口占该区域农村供水总人口的比例。供水人口指某区域农村户籍人口或常住人口，取高值。

31. 农村清洁能源普及率

农村清洁能源利用普及率指行政村清洁能源的消费量占其能源消费总量的百分比，实际操作中可以清洁能源为主要燃料的农户占全部农户的百分比来替代。反映农村居民生活用清洁能源的普及程度。所谓清洁能源是指消耗后不产生或很少产生污染物一次能源和二次能源，包括太阳能、风能、水能、地热、潮汐、沼气、天然气、煤气、电能等。计算公式：（以清洁能源为主要燃料的农户数/总农户数）×100。

指标权重（表 3－0－2）的确定则是在原指标权重基础上，多次征求多个领域专家学者的意见后，经分析研究后确定的，基本上满足了中国农村社会事业发展综合评价的需要。

表 3－0－2　中国农村社会事业发展评价指标体系（权重汇总表）

一级指标	权重（%）	二级指标	计量单位	权重（%）	备　注
教育事业	15	1. 农村人均教育经费支出	元	20	
		2. 农村劳动年龄人口平均受教育年限	年	60	
		3. 农村每百名初中生教师数	人	20	
			权重合计	100	
医疗卫生	20	1. 每千农村人口乡镇卫生院床位数	张	60	
		2. 每千农村人口乡镇卫生院人员数	人	40	
			权重合计	100	
人居环境	13	1. 农村人均环保支出	元	15	
		2. 农村卫生厕所普及率	%	30	
		3. 农村生活污水集中处理率	%	30	
		4. 农村生活垃圾处理指数	%	25	
			权重合计	100	
社会保障	10	1. 农村居民人均社保支出	元	40	
		2. 农村每千老年人口养老床位数	张	30	
		3. 农村贫困人口救助率（最低生活保障度）	%	30	
			权重合计	100	
公用设施	12	1. 农村人均道路面积	平方米	30	
		2. 农村改水收益率（自来水普及率）	%	70	
			权重合计	100	

（续）

一级指标	权重（%）	二级指标	计量单位	权重（%）	备 注
文化体育	10	1. 农村居民文化娱乐消费支出占比	%	30	
		2. 广播电视综合人口覆盖率	%	30	
		3. 农村互联网普及率	%	30	
		4. 农村人均文体事业费支出	元	10	
			权重合计	100	
生活质量	20	1. 农村居民人均可支配收入	元	40	
		2. 农村成年人体质指数（BMI）合格率	%	30	
		3. 农村人口平均预期寿命	岁	30	
			权重合计	100	
总权重	100				

注：此表指标不全是由于数据无法收集替代所致，二级指标权重有所调整。

四、各省份综合评价结果排序及分析

（一）各省份农村社会事业发展综合排名

在搜集各省份2015年和2016年相关指标数据的基础上，根据调查汇总得到各省份指标权重，按照前文提及的方法，得到各省份综合后的数值，并进行了分省份排名和地区排名（本书略）。

（二）农村社会事业发展的单项排名分析

为了总结各省份在农村社会事业各方面的发展差异，就2015年和2016年综合排名中的7项内容分别进行了分析，并对每个省份在每项事业下两年排名的变化情况进行了汇总（本书略）。

第四篇

政 策 篇

第一章　农村教育事业相关政策

一、《国务院办公厅关于同意建立农村留守儿童关爱保护工作部际联席会议制度的函》

发布机关：国务院办公厅。

时间：2016 年 3 月 25 日。

目的：加强对农村留守儿童关爱保护工作的组织领导和统筹协调，强化部门间协作配合，及时研究解决工作中面临的重大问题。

相关内容：联席会议的主要职能：在国务院领导下，统筹协调全国农村留守儿童关爱保护工作。研究拟订农村留守儿童关爱保护工作政策措施和年度工作计划，向国务院提出建议；组织协调和指导农村留守儿童关爱保护工作，推动部门沟通与协作，细化职责任务分工，加强政策衔接和工作对接，完善关爱服务体系，健全救助保护机制；督促、检查农村留守儿童关爱保护工作的落实，及时通报工作进展情况；完成国务院交办的其他事项。

联席会议原则上每年召开一次全体会议，民政部牵头，由民政部、中央农村工作领导小组办公室（以下简称中央农办）等 27 个部门和单位组成。

二、全国乡村学校少年宫项目建设工作推进会

时间：2016 年 7 月 9 日。

相关会议精神：为落实脱贫攻坚任务，让贫困地区农村孩子也能享受到公平、有质量的素质教育，“十三五”期间，贫困地区将成为乡村学校少年宫建设的重点。计划到 2018 年，要实现国家贫困县 90%的乡镇都有 1 所乡村学校少年宫。其中，中央支持建设的少年宫要覆盖 56%的乡镇，国家贫困县涉及的 22 个省（自治区、直辖市）的省级自建项目也要向贫困县倾斜。

会议提出，要抓好乡村学校少年宫的机制建设。将试行对教师辅导员的考核办法，将开展乡村学习少年宫活动效果纳入绩效考核，与教师评优评先、职称评定挂钩。同时，还将把乡村学校少年宫建设管理使用情况纳入学校教育管理评估体系，与学校的考核结果挂钩，以推动乡村学校少年宫与教育事业同步提高。

三、《教育部办公厅关于农村义务教育学校布局调整有关问题的通报》

发布机关：教育部办公厅。

时间：2016年10月9日。

相关内容：一要切实高度重视。规范农村义务教育学校布局调整，事关社会主义新农村建设，事关义务教育健康发展，事关广大农村学生健康成长及其家庭切身利益。各地要从全面建成小康社会、打赢脱贫攻坚战以及维护社会和谐稳定出发，高度重视做好规范布局调整工作。要统筹考虑当地农村地理环境及交通状况、学生家庭经济负担等因素，充分考虑学生年龄特点、成长规律和家长意见，进一步完善农村义务教育学校布局规划，严格规范学校撤并程序和行为，坚决制止盲目撤并和强行撤并，避免引发群众不满和学生辍学。

二要严格撤并条件。各地要按照《国务院关于统筹推进县域内城乡义务教育一体化改革发展的若干意见》和关于规范农村义务教育学校布局调整的有关要求，科学规划城乡学校布局建设，适应新型城镇化深入发展和社会主义新农村建设的新形势，统筹考虑城乡人口流动、学龄人口变化，按照统筹推进县域内城乡义务教育一体化改革发展的总体要求，加快构建与常住人口增长和空间布局相适应的城乡义务教育学校布局建设机制，正确处理当前学校布局与中长期布局规划、群众当下利益与教育长远发展之间的关系，严格撤并条件，优先保障学生就近上学需要，切实办好必要的乡村小规模学校（含教学点）。对于确需撤并的学校和教学点，要坚持实事求是和先建后撤的原则，妥善解决寄宿学生住宿、就餐和上下学交通等问题。

三要规范撤并程序。各地必须严格履行撤并方案的制订、论证、公示、报批等程序，并通过举行听证会等多种有效途径，广泛听取学生家长、学校师生、村民自治组织和乡镇人民政府的意见，保障群众充分参与并监督决策过程。各区县撤并方案要按程序逐级上报省级人民政府审批。多数学生家长反对或听证会多数代表反对，学校撤并后学生上下学不便、交通安全得不到保障，并入学校住宿和就餐条件不能满足需要，以及撤并后可能导致超大规模学校或“大班额”问题的，均不得强行撤并现有学校或教学点。

四要强化督促检查。各省级教育行政部门要认真对照2013年报国家教育体制改革领导小组备案的农村义务教育学校布局调整专项规划，于年底前对行政区域内各区县是否严格落实农村义务教育学校布局专项规划、保障措施是否到位、工作程序是否完善等情况进行一次专项检查，检查结果要向社会公布。对存在问题较多、社会反映强烈的地方，要责成其限期整改。对因学校撤并不当引起严重不良后果的，要依照法律和有关规定追究责任。

政策解读：教育部发布《关于农村义务教育学校布局调整有关问题》的通报，坚决制止盲目撤并和强行撤并，严格撤并条件，优先保障学生就近上学的需要。这一举措体现了国家重视教育，并把教育摆在优先发展的战略地位，保障了农村学生的受教育权，有利于落实科教兴国战略，有利于营造尊重知识、尊重人才的氛围。

四、《全国农业现代化规划（2016—2020年）》关于农村教育事业相关政策

发布机关：国务院。

时间：2016 年 10 月 17 日。

相关内容：推动城乡基本公共服务均衡配置。把社会事业发展重点放在农村和接纳农业转移人口较多的城镇，推动城镇公共服务向农村延伸。加快农村教育、卫生计生、社保、文化等事业发展，全面改善农村义务教育薄弱学校基本办学条件，建立城乡统筹的养老保险、医疗保险制度，巩固城乡居民大病保险，引导公共文化资源向农村倾斜。

深化户籍制度改革，全面实行居住证制度，统筹推动农业转移人口就业、社保、住房、子女教育等方面改革，推进有能力在城镇稳定就业和生活的农业转移人口举家进城落户，保障进城落户居民与城镇居民享有同等权利和义务。

加大农村实用人才带头人、现代青年农场主、农村青年创业致富“领头雁”和新型经营主体带头人培训力度，到“十三五”末，实现新型经营主体带头人轮训一遍。将新型职业农民培育纳入国家教育培训发展规划，鼓励农民采取“半农半读”等方式就近就地接受职业教育。建立教育培训、规范管理、政策扶持相衔接配套的新型职业农民培育制度，提高农业广播电视学校教育培训能力。

五、《教育部关于做好 2017 年重点高校招收农村和贫困地区学生工作的通知》

发布机关：教育部。

时间：2017 年 4 月 5 日。

相关内容：国家专项计划定向招收贫困地区学生。招生学校为中央部门高校和各省（自治区、直辖市）所属重点高校，2017 年安排招生计划 6.3 万名。实施区域为集中连片特殊困难县、国家级扶贫开发重点县以及新疆南疆四地州。报考学生须同时具备下列 3 项条件：①符合 2017 年统一高考报名条件；②本人具有实施区域当地连续 3 年以上户籍，其父亲或母亲或法定监护人具有当地户籍；③本人具有户籍所在县高中连续 3 年学籍并实际就读。

地方专项计划定向招收各省（自治区、直辖市）实施区域的农村学生。招生学校为各省（自治区、直辖市）所属重点高校，2017 年安排招生计划原则上比 2016 年增加 10%以上。具体实施区域、报考条件由各省（自治区、直辖市）根据本地实际情况确定，实施区域要对本省（自治区、直辖市）民族自治县实现全覆盖。

高校专项计划主要招收边远、贫困、民族等地区县（含县级市）以下高中勤奋好学、成绩优良的农村学生。招生学校为教育部直属高校和其他自主招生试点高校，2017 年安排招生计划不少于有关高校年度本科招生规模的 2%。具体实施区域由有关省（自治区、直辖市）确定。报考学生须同时具备下列 3 项条件：①符合 2017 年统一高考报名条件；②本人及父亲或母亲或法定监护人户籍地在实施区域的农村，本人具有当地连续 3 年以上户籍；③本人具有户籍所在县高中连续 3 年学籍并实际就读。

政策解读：《通知》要求，严格报考条件，严格资格审核，完善招生办法，继续实施重点高校招收农村和贫困地区学生的国家专项计划、地方专项计划和高校专项计划。加大对贫困家庭学生的政策倾斜，达到有关高校投档要求的建档立卡贫困家庭考生，同等条件下优先录取。

六、《乡村校园长“三段式”培训指南》《乡村校园长“送培进校”诊断式培训指南》《乡村校园长工作坊研修指南》《乡村校园长培训团队研修指南》

发布机关：教育部。

时间：2017年7月20日。

目的：为深入贯彻落实《国务院办公厅关于印发乡村教师支持计划（2015—2020年）的通知》（国办发〔2015〕43号）精神，推动各地创新乡村校园长培训模式，提升乡村校园长培训针对性和实效性。

相关内容：

（1）通过“三段式”培训，帮助乡村校园长开阔教育视野，更新办学理念，提升专业素质，提高解决实际问题的能力，促进学校改进与发展。主要任务如下：遴选培训任务承办机构或院校；组建结构合理的高水平培训团队，遴选确定优秀中小学幼儿园作为实践基地学校；分段开展主题鲜明的培训活动。

（2）依托本地培训团队，整合区域内外高校、教科研机构和中小学幼儿园专家资源组成送培团队，采取以问题解决为导向，以现场诊断、对话反馈、行动改进、跟踪指导和总结提升为主要方式，组织开展“送培进校”诊断式培训活动。主要任务如下：组建结构合理的高水平的送培团队；制订“送培进校”诊断式培训方案；组织开展“送培进校”诊断式培训活动。

（3）以乡村校园长工作坊研修为载体，发挥优秀校园长的专业引领和辐射带动作用，打造乡村校园长学习共同体，营造团队合作和共同发展的良好环境，实现优秀校园长引领乡村校园长的常态化研修。主要任务如下：遴选乡村校园长工作坊坊主及坊员；组建乡村校园长工作坊；组织开展工作坊研修活动。

（4）通过研修，帮助乡村校园长培训团队更新培训理念，明晰培训总体目标与各个环节工作重点，协同提升方案设计、教学实施和组织管理的能力，形成培训合力。主要任务如下：遴选组建乡村校园长培训团队，团队成员主要包括与校园长培训相关的教育行政部门负责人、培训专家、区县教科研人员、一线优秀校园长等；面向高等学校、高水平教育干部培训机构，遴选培训团队研修承办机构；围绕研修目标，制订重点突出、前后衔接、有序过渡的培训方案；针对方案设计、教学实施、组织管理等主要环节，开展同一目标、不同侧重点的研修活动。

政策解读：《指南》着力解决当前乡村校园长培训面临的主要问题，是“十三五”时期加强乡村校园长队伍建设、全面提升乡村校园长能力素质的重要举措。

《指南》有3个突出特点：一是注重专业指导。乡村校园长培训具有高度的专业性，《指南》4个文本对乡村校园长培训的目标任务、实施流程和职责分工等多方面都作了整体的规划与具体要求，引导和规范各地开展高质量的乡村校园长培训。二是突出问题导向。《指南》针对乡村校园长培训目标不够清晰、任务不够细化、内容不够丰富、方式相对单一、实施环节衔接不够紧密、指导力量不强、管理评价和组织保障相对薄弱等问题，提出了针对性的指导意见。三是加强多方协同。《指南》明确省、市、县级教育行政部门、承办机构或院校、实践基地学校、参训校园长等参与实施乡村校园长培训工作的职责分工，全面建立有关部门协同推进、多方联动的工作机制，共同承担乡村校园长培训的规划指导、过程管理、沟通协调、激励保障等工作，推进乡村校园长培训由单一组织管理向多方协同治理发展。

七、《国务院办公厅关于进一步加强控辍保学提高义务教育巩固水平的通知》

发布机关：国务院办公厅。

时间：2017年7月28日。

背景：义务教育是国家统一实施的所有适龄儿童少年必须接受的教育，是教育工作的重中之重，是国家必须予以保障的基础性、公益性事业。中共中央、国务院高度重视义务教育工作，在促进教育公平、保障适龄儿童平等接受义务教育方面作出了重要部署，特别是近年来建立了城乡统一、重在农村的义务教育经费保障机制，实现了城乡免费义务教育，义务教育覆盖面、入学率、巩固率持续提高。但受办学条件、地理环境、家庭经济状况和思想观念等多种因素影响，我国一些地区特别是老少边穷岛地区仍不同程度存在失学、辍学现象，初中学生辍学、流动和留守儿童失学、辍学问题仍然较为突出，这直接关系到国家和民族的未来。

目的：切实解决义务教育学生失学、辍学问题，确保实现到2020年全国九年义务教育巩固率达到95%的目标。

相关内容：

（1）履行政府控辍保学法定职责。政府的职责在于补短板、控底线。各地要认真履行义务教育控辍保学法定职责，严格落实《义务教育法》《未成年人保护法》等法律法规，保障适龄儿童少年接受义务教育的权利。

（2）完善行政督促复学机制。

（3）建立义务教育入学联控联保工作机制。

（4）提升农村学校教育质量。

（5）因地制宜促进农村初中普职教育融合。

（6）建立健全学习困难学生帮扶制度。

（7）精准确定教育扶贫对象。

（8）全面落实教育扶贫和资助政策。

（9）统筹城乡义务教育学校规划布局。

（10）改善乡村学校办学条件。

（11）建立控辍保学动态监测机制。

（12）强化组织实施。完善控辍保学督导机制和考核问责机制，将义务教育控辍保学工作纳入地方各级政府考核体系，作为对地方政府及其主要领导考核的重要指标。

（13）加大宣传力度。各地要通过多种方式，加大对《义务教育法》《未成年人保护法》等法律法规的宣传力度，广泛宣传控辍保学的典型经验和有效做法，不断提高全社会对义务教育控辍保学工作重要性的认识。

政策解读：义务教育是国家统一实施的所有适龄儿童少年必须接受的教育。普及九年义务教育是实施科教兴国战略、提高国民素质、保障适龄儿童少年受教育权利的奠基性工程，对全面建成小康社会、打赢脱贫攻坚战具有重大意义。我国少数农村地区特别是老少边穷岛地区仍不同程度存在失学、辍学现象，实现国家确定的到2020年义务教育巩固率达到95%的目标面临严峻挑战。

《通知》明确了政府、社会、家庭、学校各方在控辍保学中的责任。县级人民政府要承担的任务有：县域统筹，综合施策，完善细化《通知》中提出的提高质量控辍、落实扶贫控辍、强化保障控辍等相关政策措施，不断减少学生辍学现象；完善行政督促复学机制、建立义务教育入学联控联保工作机制、建立控辍保学动态监测机制和目标责任制等。学校和教师要承担利用中小学生学籍信息管理系统做好辍学学生标注登记工作，建立和完善辍学学生劝返复学、登记与书面报告制度，提高教育质量控辍，依法落实教育资助等有利于保障学生接受义务教育的相关政策等任务。对于家长，《通知》特别强调，父母或者其他法定监护人应当依法送适龄儿童少年按时入学接受并完成义务教育。

八、《中共中央　国务院关于实施乡村振兴战略的意见》关于农村教育事业相关政策

发布机关：中共中央、国务院。

时间：2018年1月2日。

相关内容：优先发展农村教育事业。高度重视发展农村义务教育，推动建立以城带乡、整体推进、城乡一体、均衡发展的义务教育发展机制。全面改善薄弱学校基本办学条件，加强寄宿制学校建设。实施农村义务教育学生营养改善计划。发展农村学前教育。推进农村普及高中阶段教育，支持教育基础薄弱县普通高中建设，加强职业教育，逐步分类推进中等职业教育免除学杂费。健全学生资助制度，使绝大多数农村新增劳动力接受高中阶段教育、更多接受高等教育。把农村需要的人群纳入特殊教育体系。以市县为单位，推动优质学校辐射农村薄弱学校常态化。统筹配置城乡师资，并向乡村倾斜，建好建强乡村教师队伍。

大力培育新型职业农民。全面建立职业农民制度，完善配套政策体系。实施新型职业农民培育工程。支持新型职业农民通过弹性学制参加中高等农业职业教育。创新培训机制，支持农民专业合作社、专业技术协会、龙头企业等主体承担培训。引导符合条件的新型职业农民参加城镇职工养老、医疗等社会保障制度。鼓励各地开展职业农民职称评定试点。

加强农村专业人才队伍建设。建立县域专业人才统筹使用制度，提高农村专业人才服务保障能力。推动人才管理职能部门简政放权，保障和落实基层用人主体自主权。推行乡村教师“县管校聘”。实施好边远贫困地区、边疆民族地区和革命老区人才支持计划，继续实施“三支一扶”、特岗教师计划等，组织实施高校毕业生基层成长计划。支持地方高等学校、职业院校综合利用教育培训资源，灵活设置专业（方向），创新人才培养模式，为乡村振兴培养专业化人才。扶持培养一批农业职业经理人、经纪人、乡村工匠、文化能人、非遗传承人等。

创新乡村人才培育引进使用机制。建立自主培养与人才引进相结合，学历教育、技能培训、实践锻炼等多种方式并举的人力资源开发机制。建立城乡、区域、校地之间人才培养合作与交流机制。全面建立城市医生教师、科技文化人员等定期服务乡村机制。研究制定鼓励城市专业人才参与乡村振兴的政策。

第二章　农村文化事业相关政策

一、《“十三五”残疾青壮年文盲扫盲行动方案》

发布机关：中国残疾人联合会、教育部、农业部、共青团中央、全国妇联。

时间：2016年10月9日。

相关内容：2015年全国残疾人基本服务状况和需求专项调查显示，15岁及以上残疾人文盲率有所下降，但残疾人文盲人口绝对数大、类别多、特性突出，多为贫困家庭和贫困人口，是弱势群体中的弱势群体，亟须高度关注和重视。

针对扫盲对象绝大多数在农村、居住分散、残疾类别和程度多样的实际情况，借鉴国家识字扫盲的经验，坚持“先易后难、突出重点、分类指导、整体推进”的原则，改变单纯以读写算能力作为衡量残疾人是否脱盲的唯一标准，增加与残疾青壮年生产生活密切结合、实用而急需的扫盲内容，探索集中与分散相结合、以分散为主的扫盲教育方法。对学习意愿强、有劳动生产愿望和就业需求、监护人愿意配合的残疾青壮年优先开展扫盲教育，同等条件下年龄小和残疾程度轻的优先。

深入了解有学习能力的残疾青壮年文盲的实际需求，通过各种有效扫盲措施保证其脱盲，努力减少专项调查中本区域在库文盲数，实现全国残疾青壮年文盲人数年度减少不低于5%的总体目标。同时，东中西部各省（自治区、直辖市）要结合本地实际情况制订年度及“十三五”扫盲工作方案及扫盲目标。中央财政每年重点资助中西部地区15 000名残疾青壮年接受扫盲教育。

主要措施：

（1）摸清底数，分析情况，确定扫盲对象。

（2）不断完善脱盲标准。

（3）开展多形式扫盲教育。

（4）加强师资队伍建设。

（5）提高扫盲教育针对性。

（6）加强脱盲后继续教育与管理，巩固脱盲成果。

残联组织要摸清残疾青壮年文盲底数，协调有关部门，建档立卡，争取经费，充分考虑残疾人的身心障碍、生活生产需求和个性特点，开展形式多样的个性化扫盲教育，提高扫盲的实用性、针对性、科学性和有效性。建立信息数据库，做好相关统计汇总，完善工作档案，及时报送工作情况。

教育行政部门要配合残联组织，对扫盲工作进行指导，提供识字扫盲经验和有关政策咨询方面的帮助，协调特殊教育机构和中小学教师资源促进扫盲工作。要进一步提高适龄残疾学生义务教育的普及水平，坚决遏制新文盲的产生。

农业部门要把扫盲工作纳入相关规划，将扫盲工作与产业精准扶贫、农民培训相结合，进行多种形式的农村实用技术培训，实现脱盲脱贫。

共青团组织要通过中国青年志愿者阳光助残计划等行动，组织有文化的青年，以志愿服务等形式积极投身扫盲工作。

妇联组织要依托相关业务，充分利用农村妇女学校、“妇女之家”等培训资源，在开展知识培训、技能培训和素质培训时，向女性残疾文盲倾斜名额或单独办班，积极参与扫除女性残疾人文盲工作。

政策解读：在国家宣布“基本扫除青壮年文盲”和打赢脱贫攻坚战的背景下，残疾青壮年这个特殊群体扫盲工作的重要性和紧迫性更加凸显，做好残疾青壮年文盲扫盲工作，是打赢脱贫攻坚战和加快残疾人小康进程的必然要求。

《方案》改变单纯以读写算能力作为衡量残疾人是否脱盲的唯一标准，增加与残疾青壮年生产生活密切结合、实用而急需的扫盲内容，探索集中与分散相结合、以分散为主的扫盲教育方法。明确了实现全国残疾青壮年文盲人数年度减少不低于5%的总体目标。对残疾青壮年扫盲工作进行了统筹部署，针对残疾人文盲基数大、类别多、分布散、基础差等问题，指出要根据不同残疾类别采取不同的扫盲方式和脱盲标准，结合残疾人的生存生活需要，积极调动残疾人主观能动性开展扫盲工作。通过扫盲切实改善他们的生活状态，帮助他们掌握一技之长，在脱贫攻坚进程中可以自食其力实现脱贫。

二、《网络扶贫行动计划》

发布机关：中央网络安全和信息化委员会办公室（以下简称中央网信办）、国家发改委、国务院扶贫开发领导小组办公室（以下简称国务院扶贫办）。

时间：2016年10月31日。

相关内容：贯彻落实习近平总书记关于“要实施网络扶贫行动，推进精准扶贫、精准脱贫，让扶贫工作随时随地、四通八达，让贫困地区群众在互联网共建共享中有更多获得感”的重要指示精神，全面落实中央扶贫开发工作会议精神，充分发挥互联网先导力量和驱动作用，凝聚全社会力量，推进精准扶贫、精准脱贫，让互联网发展成果惠及13亿多中国人民。

《计划》要求，坚持“武装脑袋、丰富口袋；贴近实际、补齐短板；系统部署、多措并举；统筹协调、形成合力”的基本原则，提出网络扶贫工作目标：到2020年，网络扶贫取得显著成效，建立起网络扶贫信息服务体系，实现网络覆盖、信息覆盖、服务覆盖。宽带网络覆盖90%以上的贫困村，电商服务通达乡镇，带动贫困地区特色产业效益明显，网络教育、网络文化、互联网医疗帮助提高贫困地区群众的身体素质、文化素质和就业能力，有效阻止因病致贫、因病返贫，切实打开孩子通过网络学习成长、青壮年通过网络就业创业改变命运的通道，显著增强贫困地区的内生动力，为脱贫摘帽和可持续发展打下坚实基础。

《计划》指出，要实施网络扶贫五大工程，从网络设施、移动终端、信息内容、电商平台、公共服务等方面系统部署、同步推进：一要实施网络覆盖工程，优先支持民族地区、边疆地区、革命老区和贫困地区网络覆盖，加快实用移动终端、移动应用程序、民族语言语音和视频技术研发，加快贫困地区互联网建设应用步伐；二要实施农村电商工程，大力发展农村电子商务，建立扶贫网络博览会，发展互联网金融服务，推动贫困地区农村特色产业发展；三要实施网络扶智工程，开展网络远程教育，加强干部群众培训，支持大学生“村官”和大学生返乡开展网络创业创新，提高贫困地区教育水平和就业创业能力；四要实施信息服务工程，通过构建统一的扶贫开发大数据平台、搭建一县一平台、完善一乡镇一节点、培养一村一带头人、开通一户一终端、建立一户一档案、形成一支网络扶贫队伍、构筑民生保障网络系统，建立起网络扶贫信息服务体系；五要实施网络公益工程，开展“N＋1”网络公益扶贫活动，推动网络公益扶贫行动和贫困地区结对帮扶计划，打造网络公益扶贫品牌项目，构建人人参与的网络扶贫大格局。

政策解读：《计划》明确提出，到 2020 年，网络扶贫取得显著成效，建立起网络扶贫信息服务体系，实现网络覆盖、信息覆盖、服务覆盖。宽带网络覆盖 90％以上的贫困村，电商服务通达乡镇，带动贫困地区特色产业效益明显，网络教育、网络文化、互联网医疗帮助提高贫困地区群众的身体素质、文化素质和就业能力，有效阻止因病致贫、因病返贫，切实打开孩子通过网络学习成长、青壮年通过网络就业创业改变命运的通道。

除此之外，《计划》还要实施网络扶贫五大工程，从网络设施、移动终端、信息内容、电商平台、公共服务等方面系统部署、同步推进。

三、《关于深化群众性精神文明创建活动的指导意见》

发布机关：中央精神文明建设指导委员会办公室（以下简称中央文明办）。

时间：2017 年 4 月 5 日。

相关内容：文明村镇创建要以美丽乡村建设为主题，突出抓好乡风民风、人居环境和文化生活建设。着力提高农民素质，培养有文化、懂技术、善经营、会管理、适应现代农业发展的新型农民。发挥农村优秀基层干部、乡村教师、退伍军人、文化能人、返乡创业人士等新乡贤作用，传播文明理念，涵育文明乡风。大力开展移风易俗，倡导科学文明卫生的生活方式，破除陈规陋习。加强村容村貌整治和农村环境保护，全面推进农村垃圾污水治理工作，守护绿水青山。大力发展休闲农业和乡村旅游，拓展农业多种功能，促进农民就业增收。顺应农村群众的新期待，以农村群众的获得感为标准，力争到“十三五”期末，全国县级及县级以上文明村和文明乡镇占比达到 50％左右。

开展城乡共建活动，加大以城带乡、城乡统筹力度，推动公共服务设施向农村延伸，公共服务产品向农村覆盖，城市现代文明向农村辐射，促进城乡发展一体化。

政策解读：《意见》指出，社会主义精神文明是中国特色社会主义的重要特征，是实现“两个一百年”奋斗目标、实现中华民族伟大复兴中国梦的重要内容和重要保证。群众性精神文明创建活动是人民群众群策群力、共建共享、改造社会、建设美好生活的创举，是提升国民素质和社会文明程度的有效途径，是把社会主义精神文明建设的任务要求落实到城乡基层的重要载体和有力抓手。

要坚持用社会主义核心价值观引领群众性精神文明创建活动，重点抓好理想信念教育、爱国主义教育、公民道德建设、弘扬中华优秀传统文化、诚信建设、建设社会主义法治文化、发挥先进典型示范引领作用等方面的工作。要深化文明城市、文明村镇、文明单位、文明家庭、文明校园等群众性精神文明创建活动，突出思想道德内涵，坚持创建为民惠民，推动人们在为家庭谋幸福、为他人送温暖、为社会作贡献的过程中提高精神境界、培育文明风尚。要提升全民科学教育文化素质和健康素质，营造精神文明建设的良好社会环境。要加强工作创新，防止和克服形式主义，不断增强群众性精神文明创建活动的针对性、有效性和吸引力、感染力。

四、《关于戏曲进乡村的实施方案》

发布机关：中宣部、文化部、财政部。

时间：2017年4月28日。

目的：为充分发挥戏曲在传承中华优秀传统文化、丰富群众精神文化生活、提升基层公共文化服务水平中的积极作用。通过戏曲进乡村，宣传党的理论和路线方针政策，弘扬中华优秀传统文化，促进社会主义新农村建设，增强广大农民对中华优秀传统文化的热爱，培育文明乡风，建设美丽乡村。

相关内容：发挥县级人民政府的主体作用，把戏曲进乡村纳入公共文化服务体系建设，纳入政府购买公共文化服务的范围。鼓励和吸引各级各类戏曲院团和相关社会团体参与服务。根据不同地区的自然条件、经济社会发展水平、人口分布、文化特点等，合理安排演出场地和场次，有针对性地提供符合老年人、妇女、儿童等不同群体需求的戏曲节目，让广大农民真正受益。以基层综合性文化服务中心为平台，注重各级各类戏曲资源的统筹和整合，建立和完善群众需求反馈机制，加强活动过程管理和绩效考核评价，提高戏曲进乡村工作的质量和水平。

组织观看戏曲作品。演出依托基层综合性文化服务中心的文体广场和其他具备条件的公共服务设施场地，就近为群众开展服务。在村落密集的地区，鼓励联村演出。偏远分散的小型村落，可采取小分队形式灵活安排。

促进戏曲艺术普及。根据当地文化特点和农民群众的欣赏习惯，广泛开展形式多样的戏曲鉴赏、戏曲知识讲座以及名家进乡村等活动，加强戏曲艺术在农村的传播和普及。有条件的文化馆（站）等公共文化机构，要把戏曲艺术普及纳入日常服务项目，举办戏曲培训，开展戏曲排演观摩、角色和行当体验互动等活动；聘请戏曲专家、非遗传承人和知名戏曲票友作为文化志愿者深入乡村讲解戏曲知识，开展戏曲辅导。统筹建设优秀戏曲数字资源库，通过文化信息资源共享工程基层服务点，为农民提供日常的数字戏曲服务。

培育农村戏曲团队。支持农村地区小剧团、戏曲社团和戏曲表演队等多种类型的业余戏曲表演团队发展，增强农村戏曲传承发展的自我服务能力，让农民多渠道、多途径参与戏曲体验，享受戏曲服务。

政策解读：《方案》明确了戏曲进乡村的参与对象和主要形式。《方案》提出，以县为基本单位，组织各级各类戏曲演出团体深入农村基层，依托基层综合性文化服务中心的文体广场等公共服务设施场地，以提供戏曲演出为主，同时广泛开展形式多样的戏曲鉴赏、戏曲知识讲座以及名家进乡村等活动，发挥传帮带作用培育农村戏曲团队，让农民多渠道、多途径参与戏曲体验、享受戏曲服务，切实促进戏曲艺术在广大农村地区的普及和传承。

《方案》规定了戏曲进乡村的主要工作流程，增强了可操作性。一是确定相关部门职责，各地党委宣传部门负责宏观指导和统筹协调，文化行政部门负责规划实施和组织管理，财政部门通过现有资金渠道对戏曲进乡村给予积极支持。二是做好剧（节）目目录认定，各地宣传文化部门通过文化馆（站）等公共文化机构，了解农民的实际需求，组织专家研究确定年度戏曲进乡村的剧（节）目目录，并通过网站向社会公布。三是确定服务主体，服务主体不分所有制性质，以县域戏曲艺术表演团体为骨干，国家、省、市戏曲艺术表演团体，以及其他相关的社会团体为补充。四是抓好组织实施，县级宣传文化部门负责制订全县的活动方案，指导文化馆（站）、基层综合性文化服务中心等公共文化机构具体组织实施。

五、《“十三五”时期繁荣群众文艺发展规划》

发布机关：文化部。

时间：2017年5月4日。

相关内容：积极开展艺术普及活动。各级公共文化机构将开展艺术普及活动作为免费开放的重要内容，纳入基本服务项目，常年举办公益性艺术讲座、展览和培训活动。开展“戏曲进乡村”活动，普及推广戏曲艺术，丰富基层群众精神文化生活。“戏曲进乡村”活动：对属于国家贫困地区范围的乡镇，每乡镇每两个月配送一场以地方戏为主的演出，解决农民看戏难的问题，形成政府、市场、社会协同推动农村文化建设的良好局面。

扶持和引导群众自办文化活动。依托传统节日，组织群众开展各项节庆文化活动。充分发挥群众主体性、积极性和创造性，引导广场舞、合唱、街舞等群众文艺活动健康、规范、有序开展。鼓励和扶持业余文艺团队自发开展活动。发挥文化大院、文化中心户、文化带头人的积极作用，推动开展社区、乡村、学校、企业、军营群众文化活动。

继续开展文化志愿服务品牌活动，推进“春雨工程”——全国文化志愿者边疆行活动、“大地情深”——国家艺术院团志愿服务走基层活动、“阳光工程”——中西部农村文化志愿服务行动计划，发挥品牌活动示范引导作用。

政策解读：《规划》共分3个部分：第一部分包括指导思想、基本原则和发展目标，提出按照坚持正确导向、坚持群众主体、鼓励社会参与、坚持普及与提高相结合、坚持继承和创新相结合的基本原则，到2020年，基本形成群众创造活力迸发、优秀作品不断涌现、人才队伍日益壮大、文艺活动蓬勃开展的群众文艺繁荣发展新格局。第二部分从推出优秀群众文艺作品、广泛开展群众文艺活动、完善群众文艺工作机制、培育和壮大群众文艺力量、加强群众文艺阵地建设管理5个方面提出了繁荣群众文艺的20项重点任务。第三部分从加强组织领导、加强经费支持、加强资源整合、营造良好环境、强化责任落实5个方面明确了繁荣群众文艺的保障措施。

《规划》着力从3个方面推动现代公共文化服务体系建设：一是增加优质公共文化产品的供给，包括推出更多优秀群众文艺作品和广泛开展群众文艺活动，让公共文化建设成果惠及广大人民群众。二是加强公共文化人才队伍建设，依托群众文艺骨干培训计划、优秀群众文艺团队扶持计划、文化志愿者服务计划等，不断提升群众文艺人才队伍的业务素质和综合能力。三是提升公共文化服务的社会影响力，创新传播方式和手段，推动优秀群众文艺作品广泛有效传播。

六、《“十三五”时期文化扶贫工作实施方案》

发布机关：文化部。

时间：2017年5月25日。

相关内容：到2020年，贫困地区文化建设取得重要进展，文化发展总体水平接近或达到全国平均水平，人民群众精神文化生活更加丰富，人口素质和社会文明程度进一步提升，文化的“扶志”“扶智”作用充分体现。贫困地区的艺术创作不断繁荣，现代公共文化服务体系基本建成，文化遗产得到有效保护，文化产业实现长足发展，文化市场体系更加完善，文化交流逐步扩大，文化人才队伍不断充实。

（1）推动贫困地区艺术创作生产、扶贫题材艺术作品创作。开展院团对口帮扶计划。加大对贫困地区的艺术培训力度。加大国家艺术院团和全国优秀剧目赴贫困地区开展公益性演出力度。通过“西部及少数民族地区艺术创作提升计划”“戏曲艺术人才培养千人计划”和相关艺术领域专业人员培训等项目，加大对贫困地区艺术人才培养和扶持，促进东、中、西部艺术人才交流合作，为贫困地区人才的成长提供有力支持。开展送戏下乡。中央财政设立送戏下乡项目，为贫困地区所辖乡镇每两个月配送一场以地方戏为主的文艺演出，每场演出补助3 000元。各地因地制宜采取措施推动当地戏曲艺术发展。

（2）推动贫困地区公共文化服务体系建设。实施贫困地区民族自治县、边境县村综合文化服务中心覆盖工程。2016—2017年，利用两年时间，在国贫县范围内的民族自治县、边境县的行政村建设2.2万个村级综合文化服务中心。实施贫困地区设备购置项目。自2016年起，实施贫困地区村文化活动室设备购置项目，按照每个文化活动室2万元的标准，分5年为贫困地区839个县已建成的11万多个村文化活动室配置音响、乐器、计算机、桌椅等基本文化设备，以保障其文化活动的正常开展。2016年起实施流动文化车项目，分两年为贫困地区839个县的文化馆每馆配送一辆流动文化车。加强公共数字文化建设。继续实施文化共享工程，启动“中西部贫困地区公共数字文化服务提档升级”建设项目，在中西部22个省份的839个贫困县，对乡镇文化站提升配置。深入开展边疆万里数字文化长廊建设与服务。继续开展“数字图书馆推广工程”。进一步开展基层图书馆网络互联互通工作，保障扶贫试点优先联通网络；面向贫困县图书馆分步部署扶贫专题平台，提升贫困地区图书馆服务推广能力。开展文化志愿服务项目。继续组织开展“春雨工程”——全国文化志愿者边疆行、“大地情深”——国家艺术院团志愿服务走基层和“阳光工程”——中西部农村文化志愿服务行动计划，动员各地广泛开展基层文化志愿服务活动，在文化志愿服务项目内容上，以重点需求项目为引领，推动文化资源向老少边穷地区倾斜，推动贫困地区文化志愿服务工作蓬勃开展。提高公共文化服务效能。深入推进贫困地区公共文化机构免费开放工作，提升免费开放服务水平，争取中央财政加大支持力度，适当提高免费开放补助标准。支持贫困地区探索实行县级文化馆、图书馆总分馆制，盘活文化资源，提高服务效能。

（3）提升贫困地区文化遗产保护利用水平。加强贫困地区文物保护力度。在贫困地区有重点地开展考古调查研究，将贫困地区符合条件的遗址统筹纳入大遗址保护规划。推动贫困地区文物保护利用与新型城镇化建设、扶贫开发、产业转型升级相结合。加大对传统村落文物保护工作力度，引导地方政府做好村落业态发展。充分挖掘革命老区红色文化内涵，利用革命历史文物资源优势，发挥其在红色旅游中的重要作用，推动当地经济社会文化持续健康发展，带动贫困地区稳步脱贫。提高博物馆公共服务水平。做好贫困地区文物征集与保护工作。实施贫困地区博物馆提升工程，完善基础设施，推动将更多贫困地区博物馆纳入财政支持的免费开放范围。打造博物馆精品陈列，提升展陈水平，充分发挥贫困地区博物馆社会教育和公共文化服务功能。支持省级博物馆采用“流动博物馆”形式送展览，教育活动和文物专家到贫困地区开展服务。提升非物质文化遗产保护利用水平。加强对贫困地区非物质文化遗产的调查、研究、记录，建立非物质文化遗产档案和数据库。通过国家非物质文化遗产保护专项转移支付对贫困地区的非遗代表性项目和传承人保护予以重点倾斜。支持贫困地区的非物质文化遗产项目和传承人优先入选各级非遗代表性项目名录和代表性传承人。推进国家级非物质文化遗产保护利用设施建设，在贫困地区选择一批具有较好传承潜力、与当地经济社会发展结合紧密的国家级非物质文化遗产项目，改善其保护、传承、发展的设施条件，建设非物质文化遗产保护利用设施。鼓励非物质文化遗产传承人利用公共文化服务设施开展非遗传承和展示活动。贯彻落实《中国传统工艺振兴计划》。支持贫困地区有一定发展潜力和市场前景的传统工艺项目列入国家传统工艺振兴目录，并在政策、资金、人才等方面予以重点支持。依托具有较强设计能力的企业、高校和相关单位，在贫困地区设立传统工艺工作站并予以引导性资金扶持，帮助当地传统工艺企业和从业者解决工艺难题，提高产品品质，培育品牌，拓展市场，带动非遗传承人群增收致富。支持文化生态保护区建设。对在贫困地区设立的国家级、省级文化生态保护区，加大支持和倾斜力度，支持开展相关调查研究、规划编制、传习设施修缮、普及教育、宣传展示、推广交流等。

（4）加快贫困地区文化产业发展。支持贫困地区特色文化产业发展。鼓励贫困地区依托特色文化资源发展特色文化产业，支持建设一批具有富民效应和示范效应的文化产业集聚区和特色文化产业项目，支持文化产业创新，带动贫困人口就业增收，推动贫困地区文化资源优势转变为经济优势。稳步推进特色文化产业发展工程，加大对贫困地区特色文化产业发展的支持力度。加快推进藏羌彝文化产业走廊建设，培育民族文化产品和品牌，促进文化产业与旅游等融合发展。促进边疆贫困地区动漫等数字文化产品创作推广。充分发挥动漫在青少年人群中的影响力，通过举办原创动漫推广活动，扩大优秀原创动漫等数字文化作品在边疆贫困地区的影响力，丰富当地群众文化生活，促进民族团结与社会稳定。鼓励边疆地区文化企业依托当地特色文化资源开发数字文化产品，支持跨地区产业合作。支持贫困地区文化产业项目建设。鼓励贫困地区推广实施文化领域政府和社会资本合作模式，征集适宜采用政府和社会资本合作模式的文化产业项目。合理选择运营模式，做好评估论证，切实推进政府和社会资本合作，形成一批可复制、可推广的示范案例，助推更多项目落地实施。

（5）促进贫困地区文化市场健康发展。加强贫困地区文化市场综合执法队伍建设。实施贫困地区文化市场综合执法能力提升项目，进一步深化文化市场综合执法改革，配齐建强文化市场综合执法队伍。继续实施中西部地区文化市场综合执法能力提升行动计划，加强东中部地区与西部地区综合执法对口交流协作。开展全国文化市场综合执法师资巡讲、以案施训，培养一批贫困地区文化市场综合执法业务骨干。开展贫困地区文化市场专项整治。加强贫困地区文化市场日常巡查和执法办案，打击非法文化产品，维护贫困地区文化安全。重点监管营业性演出、互联网文化、娱乐场所、出版物等市场，严查含有禁止内容的重大案件。以庙会、集市为重点地区，以淫秽、色情、低俗演出为重点整治内容，部署贫困地区文化市场检查工作。深入推进贫困地区上网服务行业转型升级。探索建立上网服务场所参与公共服务长效机制，主动为符合条件的上网服务场所接入公共文化服务项目，使其成为公共图书馆图书流通点和数字图书资源阅览站。鼓励和引导上网服务场所发挥区位优势、场地优势和技术优势，提供电子商务服务，发展社区便民服务。

(6) 推动贫困地区文化交流互通。扩大贫困地区文化交流与合作。完善贫困地区文化交流机制，拓展交流渠道和平台。积极选派贫困地区优秀演展项目参与“欢乐春节”等文化交流活动。充分利用海外中国文化中心平台，支持贫困地区优秀文化资源走出国门、走向世界。实施文化睦邻工程，支持边境贫困地区与周边国家开展文化交流活动。推动贫困地区与国内发达地区的文化交流。统筹推进汉藏文化交流项目。依托公共数字文化体系优势，在文化共享工程藏区服务工作基础上，联合西藏及四川、云南、甘肃、青海四省藏区统筹推进实施“汉藏文化交流项目”。发挥文化共享工程平台、资源、渠道、服务网络优势，以现代公共数字文化服务促进汉族与藏族文化之间的交往交流交融，发挥文化固边安民作用。

(7) 加大贫困地区人才队伍建设力度。选派干部挂职帮扶。选派干部赴西部等贫困地区挂职帮扶。“十三五”时期，根据中央要求，结合文化部实际，将选派20名同志到新疆、西藏、青海和西部地区、革命老区和中央苏区等贫困地区挂职帮扶。继续实施“三区计划”文化工作者专项。以县为基本单位，主要是国家确定的连片特困地区覆盖的县、国家扶贫开发工作重点县和省级扶贫开发工作重点县，以及新疆生产建设兵团困难团场，到2020年，每年选派1.9万名优秀文化工作者到“三区”工作或者提供服务，每年为“三区”培养1 500名急需紧缺的文化工作者。实施干部教育培训计划。自2017年起，每年举办一期边境地区文化管理干部培训班、新疆文化管理干部培训班、新疆兵团文化管理干部培训班、西藏文化管理干部培训班、西藏文化系统专业技术人才培训班、西藏文化系统组工干部培训班、五省区（甘青川滇藏）藏区文化管理干部培训班。加强文化科教扶贫兴边。在贫困地区推动开展科普宣传，推动“文创＋科创＋农创”模式，支持贫困地区群众利用文化科技创业致富，推动大数据、数字多媒体、虚拟现实等技术在贫困地区文化机构的运用。在全国艺术职业教育师资培训工作中，注重向贫困地区倾斜。借助全国和区域性产教对话平台，促进艺术院团、园区、企业、社会组织参与贫困地区人才培养。扶持贫困地区艺术研究院所建设。

(8) 落实文化部定点扶贫工作。坚持“文化扶贫为重点、多种扶贫方式并举”的思路，发挥文化部资源优势与政策优势，支持山西省娄烦县、静乐县公共文化服务体系建设，有效提高两县人民群众享受基本公共文化服务水平。依托两地民俗资源开发，推动当地特色文化产业发展。加强基层文化队伍建设，每年选派2名干部到定点扶贫县——山西省娄烦县、静乐县挂职扶贫，定期选派干部到定点扶贫县任村第一书记。通过实施文化精准扶贫项目，助推两县经济社会发展，打赢脱贫攻坚战。

政策解读：《方案》提出，到2020年贫困地区文化建设取得重要进展，文化发展总体水平接近或达到全国平均水平，人民群众精神文化生活更加丰富，人口素质和社会文明程度进一步提升，文化的“扶志”“扶智”作用充分体现。贫困地区的艺术创作不断繁荣，现代公共文化服务体系基本建成，文化遗产得到有效保护，文化产业实现长足发展，文化市场体系更加完善，文化交流逐步扩大，文化人才队伍不断充实。

《方案》提出了推动贫困地区艺术创作生产；推动贫困地区公共文化服务体系建设；提升贫困地区文化遗产保护利用水平，充分挖掘革命老区红色文化内涵，利用革命历史文物资源优势，推动当地经济社会文化持续健康发展，提升非物质文化遗产保护利用水平；加快贫困地区文化产业发展；促进贫困地区文化市场健康发展，开展贫困地区文化市场专项整治，深入推进贫困地区上网服务行业转型升级；推动贫困地区文化交流互通，实施文化睦邻工程，推动贫困地区与国内发达地区的文化交流；加大贫困地区人才队伍建设力度；落实文化部定点扶贫工作 8 项主要任务。

七、《中共中央　国务院关于实施乡村振兴战略的意见》关于农村文化事业相关政策

发布机关：中共中央、国务院。

时间：2018 年 1 月 2 日。

相关内容：乡村振兴，乡风文明是保障。必须坚持物质文明和精神文明一起抓，提升农民精神风貌，培育文明乡风、良好家风、淳朴民风，不断提高乡村社会文明程度。

（1）加强农村思想道德建设。以社会主义核心价值观为引领，坚持教育引导、实践养成、制度保障三管齐下，采取符合农村特点的有效方式，深化中国特色社会主义和中国梦宣传教育，大力弘扬民族精神和时代精神。加强爱国主义、集体主义、社会主义教育，深化民族团结进步教育，加强农村思想文化阵地建设。深入实施公民道德建设工程，挖掘农村传统道德教育资源，推进社会公德、职业道德、家庭美德、个人品德建设。推进诚信建设，强化农民的社会责任意识、规则意识、集体意识、主人翁意识。

（2）传承发展提升农村优秀传统文化。立足乡村文明，吸取城市文明及外来文化优秀成果，在保护传承的基础上，创造性转化、创新性发展，不断赋予时代内涵、丰富表现形式。切实保护好优秀农耕文化遗产，推动优秀农耕文化遗产合理适度利用。深入挖掘农耕文化蕴含的优秀思想观念、人文精神、道德规范，充分发挥其在凝聚人心、教化群众、淳化民风中的重要作用。划定乡村建设的历史文化保护线，保护好文物古迹、传统村落、民族村寨、传统建筑、农业遗迹、灌溉工程遗产。支持农村地区优秀戏曲曲艺、少数民族文化、民间文化等传承发展。

（3）加强农村公共文化建设。按照有标准、有网络、有内容、有人才的要求，健全乡村公共文化服务体系。发挥县级公共文化机构辐射作用，推进基层综合性文化服务中心建设，实现乡村两级公共文化服务全覆盖，提升服务效能。深入推进文化惠民，公共文化资源要重点向乡村倾斜，提供更多、更好的农村公共文化产品和服务。支持“三农”题材文艺创作生产，鼓励文艺工作者不断推出反映农民生产生活尤其是乡村振兴实践的优秀文艺作品，充分展示新时代农村农民的精神面貌。培育挖掘乡土文化本土人才，开展文化结对帮扶，引导社会各界人士投身乡村文化建设。活跃繁荣农村文化市场，丰富农村文化业态，加强农村文化市场监管。

（4）开展移风易俗行动。广泛开展文明村镇、星级文明户、文明家庭等群众性精神文明创建活动。遏制大操大办、厚葬薄养、人情攀比等陈规陋习。加强无神论宣传教育，丰富农民群众精神文化生活，抵制封建迷信活动。深化农村殡葬改革。加强农村科普工作，提高农民科学文化素养。

八、《关于加强农村精神文明建设提升农民精神风貌的通知》

发布机关： 中宣部、中央文明办。

时间： 2018年1月5日。

相关内容： 部署学习贯彻习近平总书记在江苏省徐州市考察时对农村精神文明建设工作的重要指示精神，进一步加强农村精神文明建设，提升农民精神风貌。深刻认识农村精神文明建设在实施乡村振兴战略中的重要地位，准确把握做好新时代农村精神文明建设的基本任务和要求，大力加强农村精神文明建设，切实提升农民精神风貌，为全面建成小康社会提供坚强的思想保证、强大的精神力量、丰润的道德滋养、良好的文化条件。运用农民群众喜闻乐见的形式，深入开展中国特色社会主义和中国梦宣传教育，开展爱国主义、集体主义和社会主义宣传教育，引导农民群众听党话跟党走，坚定中国特色社会主义道路自信、理论自信、制度自信、文化自信。要针对农村干部群众关心的热点、难点问题，深入解读党和政府各项政策措施，凝聚农民群众的精气神，合力建设农业强、农村美、农民富的好生活。围绕着力培育新型农民、持续推进移风易俗弘扬时代新风行动、着力丰富农民群众文化生活、深化农村精神文明创建活动、补齐贫困地区精准脱贫的“精神短板”，切实把农村精神文明建设各项工作落到实处。

政策解读：《通知》指出，习近平总书记的重要指示充分体现了以习近平同志为核心的党中央对农村精神文明建设的高度重视，对亿万农民群众的深情关怀，是做好新时代农村精神文明建设工作的根本遵循。

《通知》强调，各级党委宣传部和文明办要把学习贯彻习近平总书记重要指示精神与学习贯彻习近平新时代中国特色社会主义思想和中共十九大精神结合起来，运用农民群众喜闻乐见的形式，深入开展中国特色社会主义和中国梦宣传教育，开展爱国主义、集体主义和社会主义宣传教育，引导农民群众听党话跟党走，坚定中国特色社会主义道路自信、理论自信、制度自信、文化自信。

《通知》要求，各级党委宣传部、文明办要切实抓好组织协调和指导推动，围绕着力培育新型农民、持续推进移风易俗弘扬时代新风行动、着力丰富农民群众文化生活、深化农村精神文明创建活动、补齐贫困地区精准脱贫的“精神短板”，切实把农村精神文明建设各项工作落到实处。要切实发挥农村党支部组织群众、宣传群众、凝聚群众、服务群众的作用，带领农民群众解放思想、振奋精神，学好致富技能和本领，齐心协力把乡村振兴战略要求落到实处，让农民群众在共建共享中拥有更多获得感、幸福感，焕发昂扬向上的精神风貌。

第三章　农村医疗卫生事业相关政策

一、《国家卫生计生委关于做好农村留守儿童健康关爱工作的通知》

发布机关：国家卫计委。

时间：2016年5月19日。

相关内容：

（1）加强农村留守儿童保健服务和疾病防治。各地要落实好国家基本公共卫生服务项目中的0～6岁儿童健康管理服务内容。对农村留守儿童监护人进行营养与喂养、疾病预防等方面的科学指导。继续实施贫困地区儿童营养改善项目，推进农村义务教育学生营养改善计划。加大儿童预防接种工作力度，提高免疫规划工作质量。对农村留守儿童较为集中的学校加强疫情监测，及时做好疫情处置。结合医疗服务下乡活动、卫生应急“进社区、进企业、进学校、进农村、进家庭”工作，帮助农村留守儿童及其家属掌握急救等基本卫生常识和技能，提高卫生应急意识和自救互救能力。

（2）做好农村留守儿童强制报告、医疗救治、评估帮扶等工作。按照《通知》的要求，相关部门对在工作中发现的农村留守儿童脱离监护单独居住生活或失踪、监护人丧失监护能力或不履行监护责任、疑似遭受家庭暴力、疑似遭受意外伤害或不法侵害等情况，必须强制报告。各级医疗机构及工作人员要树立强制报告意识，开展强制报告工作。医疗机构要及时收治遭受侵害或意外伤害的农村留守儿童，协助相关部门做好伤情鉴定、身心健康状况评估等工作。做好农村留守儿童基本医疗保险权益保障工作。配合相关部门落实好农村留守儿童医疗救助。

（3）强化农村留守儿童健康教育工作。按照健康扶贫工程要求，在部分贫困地区启动实施农村留守儿童健康教育项目，探索农村留守儿童健康教育的有效策略和方法，研究制定农村留守儿童健康核心信息，推进儿童友好型示范社区建设，配合中小学校和农村社区开展心理健康教育及心理辅导。各地要结合健康素养促进行动，根据农村留守儿童的特点和需求，有针对性地开展科学喂养、营养膳食指导、卫生习惯与健康行为、青春期性与生殖健康、心理健康、意外伤害预防与自我防护等方面的健康教育活动，提升农村留守儿童及其家长的健康意识和水平。

（4）提升农村留守儿童家庭发展能力。各地卫生计生部门和疾病预防控制机构、妇幼保健、计划生育指导服务机构为外出务工人员及其家属提供医疗保健、疾病预防控制和计划生育服务。加强人口国情和计划生育法规政策宣传，引导家庭负责任、有计划地生育。落实计划生育家庭奖励扶助政策。在“新家庭计划”“创建幸福家庭活动”“圆梦女孩志愿行动”“科学育儿和青少年健康发展”等活动中，将农村留守儿童及其家庭作为重点服务对象，加强对家庭成员的指导及服务。

（5）加强农村留守儿童信息采集和健康状况监测评估。不断完善全员人口数据库，积极配合民政、教育、公安等部门做好农村留守儿童的信息采集、登记和数据共享等工作。突出预防为主的指导方针，依托卫生计生服务网络，开展农村留守儿童健康状况监测评估工作，及时掌握农村留守儿童健康问题和需求。加强对农村留守儿童身心健康问题的研究，为完善相关政策和措施提供支撑。

意义：因农村劳动力外出务工而产生的大规模农村留守儿童是我国工业化、城镇化快速推进过程中出现的阶段性问题。由于农村地区经济欠发达，公共服务水平较低，群众健康意识相对薄弱，农村儿童尤其是农村贫困地区儿童营养、健康水平较差，普遍存在体格发育落后、营养不良等问题。同时，由于留守儿童长期与父母分离，缺乏有效的监护照料、心理关怀、安全防护指导，易出现心理失衡、行为失范等问题，遭受意外伤害、不法侵害，做出极端行为的可能性加大。加强农村留守儿童健康关爱工作，促进留守儿童健康成长，已成为当前一项重要和紧迫的任务，关乎家庭幸福，关乎健康中国建设，关乎社会和谐稳定。

政策解读：《通知》主要包括 4 个方面内容：一是强调重要意义。《通知》总结了农村留守儿童在营养、心理健康、安全防护等方面面临的问题，从推进健康中国建设、促进家庭幸福和社会和谐稳定的高度强调了做好农村留守儿童健康关爱工作的重要意义。二是明确总体思路。《通知》明确了以促进未成年人的身心健康为出发点，以做好儿童保健服务、疾病防治和健康促进，落实《意见》中强调的强制报告、医疗救治、评估帮扶等责任，完善健康关爱措施，强化留守儿童家庭抚育教育功能为重点的总体思路。三是部署主要任务。《通知》提出了加强农村留守儿童保健服务和疾病防治，做好农村留守儿童强制报告、医疗救治、评估帮扶等工作，强化农村留守儿童健康教育工作，提升农村留守儿童家庭发展能力，加强农村留守儿童信息采集和健康状况监测评估 5 项主要任务。四是提出工作要求。《通知》强调各地要高度重视农村留守儿童健康关爱工作，将其纳入工作总体安排予以部署，明确任务分工；要加强部门协作、资源统筹和信息沟通；要充分发挥社会组织作用，联合社会、家庭和社区共同开展农村留守儿童健康关爱活动；要加强宣传倡导和工作督导。

二、《关于实施健康扶贫工程的指导意见》

发布机关：国家卫计委、国务院扶贫办、国家发改委、教育部、科学技术部、民政部、财政部、人社部、环境保护部、住建部、水利部、国家中医药管理局、中央军委政治工作部、中央军委后勤保障部、中国残联。

时间：2016 年 6 月 20 日。

相关内容：坚持精准扶贫、精准脱贫基本方略，与深化医药卫生体制改革紧密结合，针对农村贫困人口因病致贫、因病返贫问题，突出重点地区、重点人群、重点病种，进一步加强统筹协调和资源整合，采取有效措施提升农村贫困人口医疗保障水平和贫困地区医疗卫生服务能力，全面提高农村贫困人口健康水平，为农村贫困人口与全国人民一道迈入全面小康社会提供健康保障。

提高农村贫困人口医疗保障水平：一是加快完善基本医保制度，对农村贫困人口实行政策倾斜。新型农村合作医疗和大病保险制度覆盖所有贫困人口并实行政策倾斜。二是加大医疗救助、临时救助力度。将农村贫困人口全部纳入重特大疾病医疗救助范围，进一步减轻贫困患者大病造成的负担。三是将符合条件的残疾人医疗康复项目按规定纳入基本医疗保险支付范围，提高农村贫困残疾人医疗保障水平。

有效控制农村贫困人口大病医疗费用：一是实行县域内农村贫困人口住院先诊疗后付费。二是加大医保控费力度。三是推进贫困地区分级诊疗制度建设。到2020年使县域内就诊率提高到90%左右，基本实现大病不出县。

对农村贫困人口大病和慢性病进行分类救治：一是核准农村贫困人口中因病致贫、因病返贫家庭数及患病人员情况。二是建立贫困人口健康卡并实行签约服务。三是对需要治疗的大病和慢性病患者实行分类救治。

提高贫困地区医疗卫生服务能力：一是实施全国三级医院与连片特困地区县和国家扶贫开发工作重点县县级医院一对一帮扶。使其到2020年达到二级医疗机构服务水平（30万人口以上县的被帮扶医院达到二级甲等水平）。二是加强贫困地区医疗卫生服务体系建设。每个县至少有1所县级公立医院，每个乡镇建设1所标准化的乡镇卫生院，每个行政村有1个卫生室。三是强化人才综合培养。支持贫困地区高等医学教育发展，引导贫困地区根据需求，合理确定本地区医学院校和医学类专业招生计划。四是统筹推进贫困地区医药卫生体制改革。

提高贫困地区贫困人口的健康水平：一是加大贫困地区慢性病、传染病、地方病防控力度。二是加强贫困地区妇幼健康工作。三是深入开展贫困地区爱国卫生运动。

政策解读：实施健康扶贫工程，是“十三五”时期打赢脱贫攻坚战、实现农村贫困人口脱贫的一项重要的超常规举措。总体要求是：按照中共中央、国务院关于脱贫攻坚部署安排和精准扶贫、精准脱贫基本方略要求，针对因病致贫、因病返贫问题，区别不同情况，采取一地一策、一户一档、一人一卡，精确到户、精准到人，瞄准因病致贫的家庭和病种，突出重点地区、重点人群、重点病种，防治并举，分类救治，助力脱贫攻坚。

健康扶贫工程重点包括5个方面政策措施：第一，提高医疗保障水平，切实减轻农村贫困人口医疗费用负担；第二，对患大病和慢性病的农村贫困人口进行分类救治；第三，实行县域内农村贫困人口住院先诊疗后付费；第四，加强贫困地区医疗卫生服务能力建设；第五，加强贫困地区公共卫生和疾病预防控制工作。

健康脱贫简单说有4个目标是：第一，要让贫困地区的人口能够看得起病；第二，要让他们看得好病；第三，要让他们看得上病；第四，让他们少生病。主要是提高门诊和住院报销的比例，降低治病经济负担，能够得到有效的医治。

三、《“健康中国2030”规划纲要》关于农村医疗卫生事业相关政策

发布机关：中共中央、国务院。

时间：2016年10月25日。

相关内容：健康是促进人的全面发展的必然要求，是经济社会发展的基础条件，是民族昌盛和国家富强的重要标志，也是广大人民群众的共同追求。中共十八届五中全会明确提出推进健康

中国建设，从“五位一体”总体布局和“四个全面”战略布局出发，对当前和今后一个时期更好保障人民健康作出了制度性安排。编制和实施“健康中国 2030”规划纲要是贯彻落实中共十八届五中全会精神、保障人民健康的重大举措，对全面建成小康社会、加快推进社会主义现代化具有重大意义。同时，这也是我国积极参与全球健康治理、履行我国对联合国“2030 可持续发展议程”承诺的重要举措。

新中国成立特别是改革开放以来，我国健康领域改革发展成就显著，人民健康水平不断提高。同时，我国也面临着工业化、城镇化、人口老龄化以及疾病谱、生态环境、生活方式不断变化等带来的新挑战，需要统筹解决关系人民健康的重大和长远问题。

“健康中国 2030”规划纲要是今后 15 年推进健康中国建设的行动纲领。要坚持以人民为中心的发展思想，牢固树立和贯彻落实创新、协调、绿色、开放、共享的发展理念，坚持正确的卫生与健康工作方针，坚持健康优先、改革创新、科学发展、公平公正的原则，以提高人民健康水平为核心，以体制机制改革创新为动力，从广泛的健康影响因素入手，以普及健康生活、优化健康服务、完善健康保障、建设健康环境、发展健康产业为重点，把健康融入所有政策，全方位、全周期保障人民健康，大幅提高健康水平，显著改善健康公平。

推进健康中国建设，要坚持预防为主，推行健康文明的生活方式，营造绿色安全的健康环境，减少疾病发生。要调整优化健康服务体系，强化早诊断、早治疗、早康复，坚持保基本、强基层、建机制，更好满足人民群众健康需求。要坚持共建共享、全民健康，坚持政府主导，动员全社会参与，突出解决好妇女儿童、老年人、残疾人、流动人口、低收入人群等重点人群的健康问题。要强化组织实施，加大政府投入，深化体制机制改革，加快健康人力资源建设，推动健康科技创新，建设健康信息化服务体系，加强健康法治建设，扩大健康国际交流合作。

各级党委和政府要增强责任感和紧迫感，把人民健康放在优先发展的战略地位，抓紧研究制定配套政策，坚持问题导向，抓紧补齐短板，不断为实现“两个一百年”奋斗目标、实现中华民族伟大复兴的中国梦打下坚实健康基础。

政策解读：《“健康中国 2030”规划纲要》是我国健康现代化建设的一个里程碑。它实现了两个政策突破：第一，把健康中国建设上升为国家战略；第二，确认了健康优先战略，就是“把人民健康放在优先发展的战略地位”，加快推进健康中国建设。

落实规划纲要，首先要科学理解“健康中国”的 3 层含义。从健康事业角度看，“健康中国”是一个发展目标，是指人民健康、长寿水平达到世界先进水平的中国；从人民生活角度看，“健康中国”是一种生活方式，是人人拥有健康理念和健康生活，家家享有健康服务和健康保障的生活方式；从国家发展角度看，“健康中国”是一种发展模式，是把人民健康放在优先发展的战略地位，把健康融入所有政策，努力实现全方位、全周期保障人民健康的国家发展模式。

从实施规划纲要的角度来看，卫生和计划生育领域的管理部门要进一步强化职能转变。规划纲要提出了健康优先发展战略方面的很多要求，现有的机制、手段、措施是远远跟不上的。要加快把卫生计生系统从行业管理的职能定位向社会治理、公共事务管理上转变。

为促使规划纲要更好地落地，一是要确立以人为本、以健康为中心的服务理念，如在实施健康儿童计划方面，可以考虑整合现有分散的、以机构为中心的服务体系，在妇女结婚时就为其将来的孩子设立健康档案；二是要着力加强系统整合，包括加强医疗和预防、卫生服务体系上下联动等方面的系统整合。

四、《关于加强健康促进与教育的指导意见》

发布机关： 国家卫计委、中宣部、教育部、财政部、环境保护部、国家工商行政管理总局、国家新闻出版广电总局、国家体育总局、国家中医药管理局、中国科学技术协会（以下简称中国科协）。

时间： 2016年11月16日。

背景： 加强健康促进与教育，提高人民健康素养，是提高全民健康水平最根本、最经济、最有效的措施之一。当前，由于工业化、城镇化、人口老龄化以及疾病谱、生态环境、生活方式不断变化，我国仍然面临多重疾病威胁并存、多种健康影响因素交织的复杂局面。

目的： 到2020年，健康的生活方式和行为基本普及并实现对贫困地区的全覆盖，人民群众维护和促进自身健康的意识与能力有较大提升，全国居民健康素养水平达到20%，重大慢性病过早死亡率比2015年降低10%，减少残疾和失能的发生。健康促进与教育工作体系进一步完善，“把健康融入所有政策”策略有效实施，健康促进县（区）、学校、机关、企业、医院和健康家庭建设取得明显成效，影响健康的主要危险因素得到有效控制，有利于健康的生产生活环境初步形成，促进“十三五”卫生与健康规划目标的实现，不断增进人民群众健康福祉。

相关内容：

（1）推进“把健康融入所有政策”。宣传和倡导“把健康融入所有政策”。充分认识社会、经济、环境、生活方式和行为等因素对人群健康的深刻影响，广泛宣传公共政策对公众健康的重要影响作用，坚持“把健康融入所有政策”的策略。地方各级政府要建立“把健康融入所有政策”的长效机制，构建“政府主导、多部门协作、全社会参与”的工作格局。

开展跨部门健康行动。各地区各部门要把保障人民健康作为经济社会政策的重要目标，全面建立健康影响评价评估制度，系统评估各项经济社会发展规划和政策、重大工程项目对健康的影响。各地要针对威胁当地居民健康的主要问题，研究制定综合防治策略和干预措施，开展跨部门健康行动。地方各级政府要加大对健康服务业的扶持力度，研究制定相关行业标准，建立健全监管机制，规范健康产业市场，提高健康管理服务质量。

（2）创造健康支持性环境。加强农村地区健康促进与教育工作。针对农村人口健康需求，广泛宣传居民健康素养基本知识和技能，提升农村人口健康意识，形成良好卫生习惯和健康生活方式。做好农村地区重点慢性病、传染病、地方病的预防与控制，加大妇幼健康工作力度，在贫困地区全面实施免费孕前优生健康检查、农村妇女增补叶酸预防神经管缺陷、农村妇女“两癌”（乳腺癌和宫颈癌）筛查、儿童营养改善、新生儿疾病筛查等项目。全面推进健康村镇建设，持续开展环境卫生整洁行动，实施贫困地区农村人居环境改善扶贫行动和人畜分离工程，加快农村卫生厕所建设进程，实施农村饮水安全巩固提升工程，推进农村垃圾污水治理，有效提升人居环境质量，建设健康、宜居、美丽家园。

加强学校健康促进与教育工作。将健康教育纳入国民教育体系，把健康教育作为所有教育阶段素质教育的重要内容。以中小学为重点，建立学校健康教育推进机制。加强学校健康教育师资队伍建设。构建相关学科教学与教育活动相结合、课堂教育与课外实践相结合、经常性宣传教育与集中式宣传教育相结合的健康教育模式。改善学校卫生环境，加强控烟宣传和无烟环境创建，做好学生常见病的预防与控制工作。确保学生饮食安全和供餐营养，实施贫困地区农村义务教育学生营养改善计划。开展学生体质监测。重视学校体育教育，促进学校、家庭和社会多方配合，确保学生校内每天体育活动时间不少于1小时。实施好青少年体育活动促进计划，促进校园足球等多种运动项目健康发展，让主动锻炼、阳光生活在青少年中蔚然成风。

加强机关和企事业单位健康促进与教育工作。在各类机关和企事业单位中开展工作场所健康促进，提高干部职工健康意识，倡导健康生活方式。加强无烟机关建设，改善机关和企事业单位卫生环境和体育锻炼设施，推行工间健身制度，倡导每天健身1小时。举办健康知识讲座，开展符合单位特点的健身和竞赛活动，定期组织职工体检。加强安全生产工作，推进职业病危害源头治理，建立健全安全生产、职业病预防相关政策，强化安全生产和职业健康体系，督促企业完善安全生产和职业病防治制度，为职工提供必要的劳动保护措施，预防和控制职业损害和职业病发生。要积极组织协调，发挥国有企业在健康促进工作中的示范作用。

加强医疗卫生机构健康促进与教育工作。将各级各类医疗卫生机构作为健康促进与教育的重要阵地，坚持预防为主，推进防治结合，实现以治病为中心向以健康为中心转变，推动健康管理关口前移，发挥专业优势大力开展健康促进与教育服务。各级各类医疗卫生机构要加强医患沟通和科普宣传，围绕健康维护、慢性病和传染病防治、妇幼健康、心理健康、合理膳食、老年保健等重要内容，开展健康教育和行为干预，普及合理用药和科学就医知识，提高群众防病就医能力。要改善医院诊疗和卫生环境，创建医疗卫生机构无烟环境，在医院设置戒烟门诊，提供戒烟咨询和戒烟服务。

加强社区和家庭健康促进与教育工作。依托社区，广泛开展“健康家庭行动”“新家庭计划”“营养进万家”活动。以家庭整体为对象，通过健全健康家庭服务体系、投放健康家庭工具包、创建示范健康家庭、重点家庭健康帮扶等措施，为家庭成员提供有针对性的健康指导服务。提高家庭成员健康意识，倡导家庭健康生活方式。

营造绿色安全的健康环境。按照绿色发展理念，实行最严格的生态环境保护制度，建立健全环境与健康监测、调查、风险评估制度，重点抓好空气、土壤、水污染的防治，加快推进国土绿化，治理和修复土壤特别是耕地污染，全面加强水源涵养和水质保护，综合整治大气污染特别是雾霾问题，全面整治工业污染，切实解决影响人民群众健康的突出环境问题。将健康列为社会治理的重要目标，统筹区域建设与人的健康协调发展，全面推进卫生城市和健康城市、健康促进县（区）建设，形成健康社区、健康村镇、健康单位、健康学校、健康家庭等建设广泛开展的良好局面。贯彻《食品安全法》，完善食品安全体系，加强食品安全监管，建立食用农产品全程追溯协作机制，加强检验检测能力建设，提升食品药品安全保障水平。牢固树立安全发展理念，健全公共安全体系，促进道路交通安全，推进突发事件卫生应急监测预警和紧急医学救援能力建设，提升防灾减灾能力，努力减少公共安全事件对人民生命健康的威胁。健全口岸公共卫生体系，主动预防、控制、应对境外突发公共事件。

（3）培养自主自律的健康行为。倡导健康生活方式。深入开展全民健康素养促进行动、全民健康生活方式行动、国民营养行动计划等专项行动，实施全民科学素质行动计划，推进全民健康科技工作，大力普及健康知识与技能，引导群众建立合理膳食、适量运动、戒烟限酒和心理平衡的健康生活方式，倡导“每个人是自己健康第一责任人”的理念，不断提升人民群众健康素养。针对妇女、儿童、老年人、残疾人、流动人口、贫困人口等重点人群，开展符合其特点的健康促进及健康素养传播活动。面向社会宣传倡导积极老龄化、健康老龄化的理念，面向老年人及其家庭开展知识普及和健康促进，结合老年人健康特点，开发老年人积极参与社会，提高老年人群健康素养。全面推进控烟履约，加大控烟力度，运用价格、税收、法律等手段提高控烟成效。深入开展控烟宣传教育，全面推进公共场所禁烟工作，积极推进无烟环境建设，强化公共场所控烟监督执法。到2020年，15岁及以上人群烟草使用流行率比2015年下降3个百分点。强化戒烟服务。加强限酒健康教育，控制酒精过度使用，减少酗酒。以青少年、育龄妇女、流动人群及性传播风险高危行为人群为重点，开展性道德、性健康、性安全的宣传教育和干预。大力普及有关毒品滥用的危害、应对措施和治疗途径等相关知识。

积极推进全民健身。加强全民健身宣传教育，普及科学健身知识和方法，让体育健身成为群众生活的重要内容。广泛开展全民健身运动，推动全民健身和全民健康深度融合，创新全民健身体制机制。完善全民健身公共服务体系，统筹建设全民健身公共设施，加强健身步道、全民健身中心、体育公园等场地设施建设。推行公共体育设施免费或低收费开放，确保公共体育场地设施和符合开放条件的企事业单位体育场地设施全部向社会开放。加强全民健身科学研究，推进运动处方库建设，发布《中国人体育健身活动指南》，积极开展国民体质监测和全民健身活动状况调查。建立“体医结合”健康服务模式，构建科学合理的运动指导体系，提供个性化的科学健身指导服务，提高全民健身科学化水平。到2020年，经常参加体育锻炼人数达到4.35亿。

高度重视心理健康问题。加强心理健康服务体系建设和规范化管理。加大心理健康问题基础性研究，做好心理健康知识和心理疾病科普工作，提升人民群众心理健康素养。规范发展心理治疗、心理咨询等心理健康服务，加强心理健康专业人才培养。强化对常见精神障碍和心理行为问题的干预，加大对重点人群和特殊职业人群心理问题早期发现与及时干预力度。重点加强严重精神障碍患者报告登记和救治救助管理。全面推进精神障碍社区康复服务，鼓励和引导社会力量提供心理健康服务和精神障碍社区康复服务。提高突发事件心理危机的干预能力和水平。

大力弘扬中医药健康文化。总结中华民族对生命、健康的认识和理解，深入挖掘中医药文化内涵，推动中医药健康养生文化创造性转化和创新性发展，使之与现代健康理念相融相通。充分利用现有资源，建设中医药文化宣传教育基地及中医药健康文化传播体验中心，打造宣传、展示、体验中医药知识及服务的平台。实施中医药健康文化素养提升工程，开展“中医中药中国行——中医药健康文化推进行动”，实现“2020年人民群众中医药健康文化素养提升10%”的目标。推动中医药文化进校园，促进中小学生养成良好的健康意识和生活习惯。

（4）营造健康社会氛围。广泛开展健康知识和技能传播。各地要鼓励和引导各类媒体办好健康类栏目和节目，制作、播放健康公益广告，加大公益宣传力度，不断增加健康科普报道数量，多用人民群众听得到、听得懂、听得进的途径和方法普及健康知识与技能，让健康知识植入人心。建立居民健康素养基本知识和技能传播资源库，构建数字化的健康传播平台。创新健康教育的方式和载体，充分利用互联网、移动客户端等新媒体以及云计算、大数据、物联网等信息技术传播健康知识，提高健康教育的针对性、精准性和实效性，打造权威健康科普平台。要对健康教育加以规范，报纸杂志、广播电视、图书网络等都要把好关，不能给虚假健康教育活动提供传播渠道和平台。

做好健康信息发布和舆情引导。国家和省级健康教育专业机构要针对影响群众健康的主要因素和问题，建立健全健康知识和技能核心信息发布制度，完善信息发布平台。加强对媒体健康传播活动的监管，开展舆情监测，正确引导社会舆论和公众科学理性应对健康风险因素。有关部门要加大对医疗保健类广告的监督和管理力度，坚决打击虚假医药广告，严厉惩处不实和牟利性误导宣传行为。

培育“弘扬健康文化、人人关注健康”的社会氛围。积极培育和践行社会主义核心价值观，推进以良好的身体素质、精神风貌、生活环境和社会氛围为主要特征的健康文化建设，在全社会形成积极向上的精神追求和健康文明的生活方式。充分发挥工会、共青团、妇联、科协等群众团体的桥梁纽带作用和宣传动员优势，传播健康文化，动员全社会广泛参与健康促进行动。调动各类社会组织和个人的积极性，发挥健康促进志愿者作用，注重培育和发展根植于民间的、自下而上的健康促进力量。

（5）加强健康促进与教育体系建设。逐步建立全面覆盖、分工明确、功能完善、运转高效的健康促进与教育体系。建立健全以健康教育专业机构为龙头，以基层医疗卫生机构、医院、专业公共卫生机构为基础，以国家健康医疗开放大学为平台，以学校、机关、社区、企事业单位健康教育职能部门为延伸的健康促进与教育体系。加快推进各级健康教育专业机构建设，充实人员力量，改善工作条件，建立信息化平台，提升服务能力。推进12320卫生热线建设。进一步加强基层卫生计生机构、医院、专业公共卫生机构及学校、机关、社区、企事业单位健康教育场所建设。

加强健康促进与教育人才队伍建设。鼓励高等学校根据需求，培养健康促进与教育相关专业人才。加强对健康促进与教育工作人员的培训和继续教育，优化健康教育专业机构人员结构。进一步完善职称晋升制度，健全激励机制，保障健康促进与教育专业人员待遇，推进健康促进与教育人才的合理流动和有效配置。

（6）落实保障措施。加强组织领导。各级地方政府要将提高人民群众健康水平作为执政施政的重要目标，将卫生与健康事业发展作为贯彻落实“四个全面”战略布局、完善社会治理的重要内容，推进健康中国建设，实施“把健康融入所有政策”策略，切实将居民健康状况作为政府决策的必需条件和考核的重要指标。要明确各部门在促进人民群众健康中的责任和义务，建立多部门协作机制。

加大投入力度。将健康促进与教育工作纳入经济和社会发展规划，加强健康促进与教育基础设施建设。将必要的健康促进与教育经费纳入政府财政预算，按规定保障健康教育专业机构和健康促进工作网络的人员经费、发展建设和业务经费。确保健康教育专业机构的工作力量满足工作需要。广泛吸引各类社会资金，鼓励企业、慈善机构、基金会、商业保险机构等参与健康促进与教育事业发展。加大对农村建档立卡贫困人口健康促进与教育工作的投入力度。

强化监督考核。将健康促进与教育纳入政府目标考核内容，细化考核目标，明确工作责任，定期组织对健康促进与教育工作开展情况进行考核评估。注重总结推广典型经验，对在健康促进与教育工作中作出突出贡献的集体和个人给予适当奖励。对于工作落实不力的，要通报批评，责令整改。

政策解读：《意见》要求健康促进与教育工作要以人民群众健康需求为导向，以提高人群健康素养水平为抓手，以健康促进与教育体系建设为支撑，着力创造健康支持性环境，倡导健康生活方式，努力实现以治病为中心向以健康为中心的转变，促进全民健康和健康公平，推进健康中国建设。

《意见》明确了“十三五”时期的健康促进与教育工作的主要目标，针对普及健康生活方式提出了量化的指标，到 2020 年，全国居民健康素养水平达到 20%，重大慢性病过早死亡率比 2015 年降低 10%。同时，《意见》提出要进一步完善健康促进与教育工作体系，“把健康融入所有政策”策略得到有效实施，健康促进县（区）、学校、机关、企业、医院和健康家庭等建设活动要取得明显成效，初步形成有利于健康的生产生活环境。

围绕着如何实现各项目标，《意见》从 5 个方面提出了工作要求，分别为推进“把健康融入所有政策”、创造健康支持性环境、培养自助自律的健康行为、营造健康社会氛围、加强健康促进与教育体系建设。

五、《农村贫困人口大病专项救治工作方案》

发布机关：国家卫计委办公厅、民政部办公厅、国务院扶贫办综合司。

时间：2017 年 2 月 11 日。

目的：通过开展农村贫困人口大病专项救治工作，减轻农村贫困大病患者费用负担。

相关内容：到 2018 年底前，组织对“健康扶贫管理数据库”里的建档立卡农村贫困人口和经民政部门核实核准的农村特困人员及低保对象中，罹患食管癌、胃癌、结肠癌、直肠癌、终末期肾病、儿童白血病和儿童先天性心脏病等大病患者进行集中救治。对上述疾病实行单病种付费，控制费用总额，同时充分发挥基本医保、大病保险、医疗救助等制度的衔接保障作用，降低患者实际自付费用。有条件的地方，可以结合实际需求和医疗服务及保障水平，扩大专项救治的人群及病种范围。

工作内容：

（1）建立救治台账。各地卫生计生行政部门要会同扶贫部门，为“健康扶贫管理数据库”里符合救治条件的农村贫困人口建立台账。各地卫生计生、民政部门要对符合救治条件的农村特困人员和低保对象建立救治台账。各地要按照台账对相关病种的救治对象进行动态追踪管理。

（2）开展医疗救治。一是确定定点医院。各省级卫生计生行政部门要会同民政部门按照保证质量、方便患者、管理规范的原则，确定各个病种的医疗救治定点医院。为方便患者就诊，定点医院原则上设置在县级医院。对于县级医院不具备诊疗条件的，可以设置在上级医院。要建立疑难/重症病例的会诊、转诊机制，通过对口支援、巡回医疗、派驻治疗小组、远程会诊等方式开展救治。

二是制订诊疗方案。各省级卫生计生行政部门要根据国家卫计委已发布的相关疾病诊疗指南规范和临床路径，结合本地区实际，按照“保基本、兜底线”的原则，制订符合当地诊疗服务能力、具体细化的诊疗方案和临床路径。要优先选择基本医保目录内的安全有效、经济适宜的诊疗技术和药品、耗材等，严格控制医疗费用。

三是组织医疗救治。各地要充分发动村医、计生专干等基层卫生计生队伍，做好救治对象的组织工作。要根据台账登记的救治对象情况，有计划地组织其到定点医院进行救治。各定点医院要合理设置医疗服务流程，为农村贫困大病患者开通就医绿色通道。要配备临床经验丰富的医务人员，对大病患者实施医疗救治。

四是加强质量控制。定点医院要强化医疗质量安全意识，完善管理制度和工作规范，开展单病种质量控制，按照相关病种临床路径要求，规范临床诊疗行为。各地要制定完善医疗质量管理与控制相关指标，组建重大疾病临床诊疗专家组，对定点医院提供技术支持与指导，开展质量管理、业务培训和考核评价等工作，保障医疗质量与安全。

（3）完善支付方式。一是实行单病种付费。为有效控制医疗费用，纳入大病专项救治范围的病种，实行单病种付费管理。各省级卫生计生等有关部门，要根据《关于推进按病种收费工作的通知》（发改价格〔2017〕68号）按照本省制订的诊疗方案和临床路径，科学确定各病种的单病种费用。

二是发挥政策保障合力。对实行单病种付费的病种，各地要结合地方实际，充分发挥基本医保、大病保险、医疗救助、健康扶贫商业保险等制度的衔接保障作用。新农合要提高政策范围内住院费用报销比例，逐步降低大病保险起付线，提高报销比例，提高贫困大病患者受益水平。对报销后自付费用仍有困难的患者，要及时落实相关救助政策，并积极引导社会慈善资金予以帮助。

三是推行“一站式”结算。贫困大病患者在县域内定点医院住院实行先诊疗后付费，定点医院设立综合服务窗口，积极推进基本医疗保险、大病保险、医疗救助等“一站式”信息交换和即时结算，由各保险、救助经办管理机构直接向医疗机构支付相应费用，贫困患者只需在出院时支付自付医疗费用，确保救治对象方便、快捷享受到各项医疗保障政策待遇。有条件的地方要积极建立市域和省域内农村贫困人口先诊疗后付费的结算机制。

（4）加强信息管理。各级卫生计生、民政、扶贫等部门要加强救治对象数据信息的动态管理，卫生计生部门要组织并确定专门人员登陆全国健康扶贫动态管理系统，下载本地客户端上报救治数据。做好数据定期统计、分析工作，为开展医疗质量、安全及效率评价，持续改进相关工作提供数据支撑。各省级卫生计生行政部门要每月底前向国家卫计委上报数据信息，中国人口与发展研究中心要加强信息系统的建设与管理，做好全国贫困人口大病救治信息数据的统计和分析等工作。

政策解读：罹患重大疾病是导致贫困的重要原因之一，农村贫困人口大病专项救治工作是脱贫攻坚和健康扶贫工程的重要内容。各地要动员各方面力量，采取有效措施，形成合力，迅速部署，扎实开展农村贫困人口大病专项救治工作，并注意总结经验，形成机制，不断扩大推广实施地区，切实减轻农村贫困大病患者及家庭的病痛疾苦和负担，助力打赢健康扶贫攻坚战。

实施农村贫困人口大病专项救治，是健康扶贫工作的重要手段，是推进医改红利惠及群众，提高人民群众获得感的重要举措，是建设健康中国、推进全面小康建设的重要任务。2016—2018年，将对经国家卫计委核实核准的建档立卡农村贫困人口，以及经民政部核实核准的农村特困人员和低保对象等贫困人口中，罹患儿童先天性心脏房间隔缺损、儿童先天性心脏室间隔缺损、儿童急性淋巴细胞白血病、儿童急性早幼粒细胞白血病、食管癌、胃癌、结肠癌、直肠癌、终末期肾病9种疾病的患者进行专项救治。

六、《“光明扶贫工程”工作方案》

发布机关：国家卫计委、国务院扶贫办。

时间：2017年7月25日。

目的：2017 年开始，对经国家卫计委、国务院扶贫办核实核准的建档立卡贫困白内障患者进行免费救治。到 2020 年，实现对建档立卡白内障患者免费救治全覆盖，并建立长效机制。有条件的地方，可以结合实际需求和医疗服务及保障水平，扩大救治的人群范围。

相关内容：

(1) 建立救治台账。

(2) 开展医疗救治。一是确定定点医院。为方便患者就诊，定点医院原则上设置在县级医院，可以充分发挥具备条件的社会办眼科专科医院的作用。定点医院除设置眼科外，还应当设置麻醉科，并具有一定医疗应急抢救能力。定点医院的眼科应当具备开展白内障手术的设施、设备和医护人员。县级医院不完全具备白内障手术条件时，可以与地市级三级综合医院或眼科专科医院建立对口支援关系，由支援医院派出人员，携带必要的设备到县级医院实施救治。确因县级医院完全不具备诊疗条件的，可以将地市级三级综合医院或眼科专科医院作为定点医院。定点医院应当属于医保定点医院。

二是制订诊疗方案。各省级卫生计生行政部门要根据《白内障手术操作规范及质量控制标准(2017 年版)》和国家卫计委印发的《年龄相关性白内障临床路径》，结合实际制订符合当地诊疗服务能力、具体细化的诊疗方案和临床路径。要优先选择安全有效、经济适宜的诊疗技术和药品、耗材等，严格控制医疗费用。

三是组织医疗救治。各地要充分发动村医、计生专干、第一书记、驻村工作队等基层卫生计生和扶贫队伍，做好救治对象的组织工作。要根据台账登记救治对象情况，有计划地组织其到定点医院进行救治。各定点医院要合理设置医疗服务流程，为建档立卡贫困白内障患者开通就医绿色通道。派驻医疗队开展白内障手术的，要严格选派有较高眼病诊疗水平、熟练掌握白内障手术技术的高年资眼科医师组成的团队进行手术。

四是加强质量控制。定点医院要强化医疗质量安全意识，完善管理制度和工作规范，开展白内障手术质量控制，按照临床路径要求，规范临床诊疗行为。各地要制定完善白内障治疗质量管理与控制相关指标，组建白内障临床诊疗专家组，对定点医院提供技术支持与指导，开展业务培训、质量管理和考核评价等工作，保障医疗质量与安全。

(3) 加强信息管理。定点医院要及时填报白内障诊疗相关信息，各级卫生计生、扶贫部门要及时掌握救治动态，定期进行统计分析和情况通报。各省级卫生计生、扶贫部门于每月底前向国家卫计委、国务院扶贫办报送救治信息。具体的信息报送内容和方式另行通知。

政策解读：《方案》明确，从 2017 年开始，对经国家卫计委、国务院扶贫办核实核准的建档立卡贫困白内障患者进行免费救治。到 2020 年，实现对建档立卡白内障患者免费救治全覆盖，并建立长效机制。有条件的地方，可以结合实际需求和医疗服务及保障水平，扩大救治的人群范围。

《方案》提出了建立救治工作台账、开展医疗救治、加强信息管理三方面主要工作内容。要求各地卫生计生行政部门要会同扶贫部门，为符合救治条件的建档立卡贫困白内障患者建立台账，进行动态追踪和销号式救治管理；要按照保证质量、方便患者、管理规范、有利于基层眼科服务网络建设和眼健康事业长远发展的原则，确定实施“光明扶贫工程”的定点医院；结合实际制订符合当地诊疗服务能力、具体细化的诊疗方案和临床路径。要求定点医院要强化医疗质量安全意识，完善管理制度和工作规范，开展白内障手术质量控制，按照临床路径要求，规范临床诊疗行为；及时填报白内障诊疗相关信息，各级卫生计生、扶贫部门要及时掌握救治动态，定期进行统计分析和情况通报。

七、《中共中央　国务院关于实施乡村振兴战略的意见》关于农村医疗卫生事业相关政策

发布机关：中共中央、国务院。

时间：2018年1月2日。

相关内容：推进健康乡村建设。强化农村公共卫生服务，加强慢性病综合防控，大力推进农村地区精神卫生、职业病和重大传染病防治。完善基本公共卫生服务项目补助政策，加强基层医疗卫生服务体系建设，支持乡镇卫生院和村卫生室改善条件。加强乡村中医药服务。开展和规范家庭医生签约服务，加强妇幼、老人、残疾人等重点人群健康服务。倡导优生优育。深入开展乡村爱国卫生运动。

第四章　农村体育事业相关政策

一、《全民健身计划（2016—2020年）》

发布机关：国务院。

时间：2016年6月23日。

背景：全民健康是国家综合实力的重要体现，是经济社会发展进步的重要标志。全民健身是实现全民健康的重要途径和手段，是全体人民增强体魄、幸福生活的基础保障。实施全民健身计划是国家的重要发展战略。在中共中央、国务院正确领导下，过去5年，经过各地各有关部门和社会各界的共同努力，覆盖城乡、比较健全的全民健身公共服务体系基本形成，为提供更加完备公共体育服务、建设体育强国奠定坚实基础。今后5年，面对人民群众日益增长的体育健身需求、全面建成小康社会的目标要求、推动健康中国建设的机遇挑战，需要更加准确把握新时期全民健身发展内涵的深刻变化，不断开拓发展新境界，使其成为健康中国建设的有力支撑和全面建成小康社会的国家名片。

目的：实施全民健身国家战略，提高全民族的身体素质和健康水平。

相关内容：全民健康是国家综合实力的重要体现，是经济社会发展进步的重要标志。全民健身是实现全民健康的重要途径和手段，是全体人民增强体魄、幸福生活的基础保障。实施全民健身计划是国家的重要发展战略。到2020年，每周参加1次及以上体育锻炼的人数达到7亿，经常参加体育锻炼的人数达到4.35亿，群众身体素质稳步增强。全民健身的教育、经济和社会等功能充分发挥，与各项社会事业互促发展的局面基本形成，体育消费总规模达到1.5万亿元。

（1）丰富健身活动供给。大力发展健身跑、健步走、骑行、登山、徒步、游泳、球类、广场舞等群众喜闻乐见的运动项目，积极培育帆船、击剑、赛车、马术、极限运动、航空等具有消费引领特征的时尚休闲运动项目，扶持推广武术、太极拳、健身气功等民族民俗民间传统和乡村农味农趣运动项目。

鼓励举办不同层次和类型的全民健身运动会，设立残疾人组别，促进健全人与残疾人体育运动融合开展。

支持各地、各行业结合地域文化、农耕文化、旅游休闲等资源，打造具有区域特色、行业特点、影响力大、可持续性强的品牌赛事活动。

（2）统筹建设健身场地设施。推动公共体育设施建设，着力构建县（市、区）、乡（镇、街道办事处）、行政村（社区）三级群众身边的全民健身设施网络和城市社区 15 分钟健身圈，人均体育场地面积达到 1.8 平方米，改善各类公共体育设施的无障碍条件。

有效扩大增量资源，重点建设一批便民利民的中小型体育场馆，建设县级体育场、全民健身中心、社区多功能运动场等场地设施，结合基层综合性文化服务中心、农村社区综合服务设施建设及区域特点，继续实施农民体育健身工程，实现行政村健身设施全覆盖。

新建居住区和社区要严格落实按“室内人均建筑面积不低于 0.1 平方米或室外人均用地不低于 0.3 平方米”标准配建全民健身设施的要求，确保与住宅区主体工程同步设计、同步施工、同步验收、同步投入使用，不得挪用或侵占。

老城区与已建成居住区无全民健身场地设施或现有场地设施未达到规划建设指标要求的，要因地制宜配建全民健身场地设施。

充分利用旧厂房、仓库、老旧商业设施、农村“四荒”（荒山、荒沟、荒丘、荒滩）和空闲地等闲置资源，改造建设为全民健身场地设施。

完善大型体育场馆免费或低收费开放政策，研究制定相关政策鼓励中小型体育场馆免费或低收费开放。

确保公共体育场地设施和符合开放条件的企事业单位、学校体育场地设施向社会开放。

（3）发挥全民健身多元功能。鼓励发展健身信息聚合、智能健身硬件、健身在线培训教育等全民健身新业态。

充分利用“互联网＋”等技术开拓全民健身产品制造领域和消费市场，使体育消费在居民消费支出中所占比重不断提高。

（4）强化重点，推动体育服务均等化。坚持普惠性、保基本、兜底线、可持续、因地制宜的原则，重点扶持革命老区、民族地区、边疆地区、贫困地区发展全民健身事业。

将青少年作为实施全民健身计划的重点人群，大力普及青少年体育活动，提高青少年身体素质。

加强学校体育教育，将提高青少年的体育素养和养成健康行为方式作为学校教育的重要内容，保证学生在校的体育场地和锻炼时间，把学生体质健康水平纳入工作考核体系，加强学校体育工作绩效评估和行政问责。

全面实施青少年体育活动促进计划，积极发挥“青少年阳光体育大会”等青少年体育品牌活动的示范引领作用。

推进老年宜居环境建设，统筹规划建设公益性老年健身体育设施，加强社区养老服务设施与社区体育设施的功能衔接，提高使用率，支持社区利用公共服务设施和社会场所组织开展适合老年人的体育健身活动，为老年人健身提供科学指导。

进一步加大对国家全民健身助残工程的支持力度，采取优惠政策，推动残疾人康复体育和健身体育广泛开展。

开展职工、农民、妇女、幼儿体育，推动将外来务工人员公共体育服务纳入属地供给体系。加大对社区矫正人员等特殊人群的全民健身服务供给，使其享受更多社会关爱，在融入社会方面增加获得感和满足感。

加快发展足球运动和冰雪运动。着力加大足球场地供给。支持各地建设和改建多功能冰场与雪场。

鼓励各地依托当地自然人文资源开展形式多样的冰雪运动，实现 3 亿人参与冰雪运动，使冰雪运动的群众基础更加坚实。

政策解读：作为“十三五”时期开展全民健身工作的总体规划和行动纲领，《计划》相较以往，最大的亮点就在于对全民健身的“突破性认识”，将全民健身作为健康中国建设的有力支撑和全面建成小康社会的国家名片。

《计划》开宗明义，指出：“全民健康是国家综合实力的重要体现，是经济社会发展进步的重要标志。全民健身是实现全民健康的重要途径和手段，是全体人民增强体魄、幸福生活的基础保障。实施全民健身计划是国家的重要发展战略。”因此，“十三五”期间要让全民健身“成为健康中国建设的有力支撑和全面建成小康社会的国家名片”。与以往比较，对全民健身的理解、认识、定位发生了很大变化，过去我们的认识就是增强体质、强身健体，现在的认识已经超越了过去对体育的认识，现在不光是要健身，还要健心。上个周期我们把全民健身更多理解和定位在体育系统、体育行为，这个周期更多地理解为社会范畴，那么它推动的方式也要通过融合发展，是体育与医疗、卫生、旅游、教育、文化的融合发展。《计划》最大的新意就在于强调体育不仅是体育系统的事，而是社会的事。从单方面强调健身到提倡全面的锻炼，这是新的计划带给我们眼前一亮的地方。例如锻炼的成果，最终是要依靠医学去界定的。不是说每天打球、跑步的人就一定是健康，因为其中存在一个科学评价标准的问题，这需要医疗领域的介入，而不是体育部门的判断。进行体育和医疗以及其他方面的合作，要有合作的机制。

《计划》全程在强调人的体育素养的提高，特别强调“科学健身”，这也是一大亮点。在上一周期的《计划》中，对于“科学健身”的描述内容少而层次低，更多是从形式上如何指导人们锻炼而展开的。然而，新的《计划》把进行锻炼保持健康的很多方面都容纳了进去，包括健身方法和手段，科学的监测衡量体系到器材装备的科学等。《计划》提出的主要任务包括“树立人人爱锻炼、会锻炼、勤锻炼、重规则、讲诚信、争贡献、乐分享的良好社会风尚”。《计划》提出通过体育塑造良好的社会风尚，这是一大亮点，说明对体育的认知在发生变化，不再是简单的强身健体。世界卫生组织（WHO）明确健康的定义，是四维一体的，身体、心理、道德健康，还有社会适应能力，现代人参加体育锻炼，不是简单的强身健体，很多人参加体育锻炼如参加跑团，还有社交需求，要融入社会、宣泄感情。

一直以来，场地问题是制约老百姓参与体育锻炼的主要原因之一，与以往相比，《计划》中场地设施这部分的篇幅比较多，就是希望能更有效解决场地量化监管问题。此外，《计划》提出将青少年作为实施全民健身计划的重点人群，能够明确看出希望以全民健身来“提高全民族的身体素质和健康水平”。《计划》还专门提出要加快发展足球运动和冰雪运动，在当前深化足球改革和筹备2022年北京冬奥会的大背景下，可以看出《计划》希望借助这两股“好风”，进一步推动全民健身以及为老百姓提供更多、更好的服务的愿景。

二、《县级全民健身中心项目实施办法》

发布机关：国家体育总局。

时间：2016年7月25日。

相关内容：为规范管理国家体育总局本级体育彩票公益金转移支付支持地方建设县级全民健身中心项目实施工作，提高项目建设实效制定。县级全民健身中心是指隶属于当地县级人民政府，由总局本级公益金支持新建的，不设固定看台、具备多种健身场地设施、专用于开展体育健身活动、提供公共体育服务、符合国家和行业有关标准的综合健身馆。县级全民健身中心项目坚持“科学规划、经济实用、服务群众、保障基本”的原则，对中西部地区和东部享受中西部政策的地区予以政策支持。县级全民健身中心项目应至少具备大空间球类项目用房、乒乓球用房、体能训练用房和体质检测用房。在此基础上，可以根据群众实际需求选配其他健身功能用房。

政策解读：《办法》规定，每个县级全民健身中心项目预算不超过800万元，由总局本级公益金全额支持。支持县级全民健身中心项目建设的总局本级公益金纳入中央对地方转移支付管理体系，主要用于项目建筑安装工程施工、体育器材和设备购置等。当前，我国县级存在的健身场馆、设施缺乏或陈旧的问题，这种区域的不平衡影响到全民健身在全国的普及和发展。

根据这项《办法》，县级全民健身中心项目坚持“科学规划、经济实用、服务群众、保障基本”的原则，对中西部地区和东部享受中西部政策的地区予以支持，重点支持革命老区、民族地区、边疆地区、贫困地区、享受中央特殊政策支持地区。国家拿出真金白银的投入，体现了对全民健身普及的重视和决心，这就意味着，广大农村地区的农民朋友们，将会得到更好、更完备的健身运动的设备、器材。为广大农村地区提供更多的体育服务设施，不仅可以为农民朋友带来更多健身娱乐的机会，还可以解决一部分的农民就业问题。

三、《“健康中国2030”规划纲要》关于农村体育事业相关政策

发布机关：中共中央、国务院。

时间：2016年10月25日。

相关内容：

（1）完善全民健身公共服务体系。统筹建设全民健身公共设施，加强健身步道、骑行道、全民健身中心、体育公园、社区多功能运动场等场地设施建设。到2030年，基本建成县乡村三级公共体育设施网络，人均体育场地面积不低于2.3平方米，在城镇社区实现15分钟健身圈全覆盖。推行公共体育设施免费或低收费开放，确保公共体育场地设施和符合开放条件的企事业单位体育场地设施全部向社会开放。加强全民健身组织网络建设，扶持和引导基层体育社会组织发展。

（2）广泛开展全民健身运动。继续制订实施全民健身计划，普及科学健身知识和健身方法，推动全民健身生活化。组织社会体育指导员广泛开展全民健身指导服务。实施国家体育锻炼标准，发展群众健身休闲活动，丰富和完善全民健身体系。大力发展群众喜闻乐见的运动项目，鼓励开发适合不同人群、不同地域特点的特色运动项目，扶持推广太极拳、健身气功等民族民俗民间传统运动项目。

（3）促进重点人群体育活动。制订实施青少年、妇女、老年人、职业群体及残疾人等特殊群体的体质健康干预计划。实施青少年体育活动促进计划，培育青少年体育爱好，基本实现青少年熟练掌握1项以上体育运动技能，确保学生校内每天体育活动时间不少于1小时。到2030年，学校体育场地设施与器材配置达标率达到100%，青少年学生每周参与体育活动达到中等强度3次以上，国家学生体质健康标准达标优秀率25%以上。加强科学指导，促进妇女、老年人和职业群体积极参与全民健身。实行工间健身制度，鼓励和支持新建工作场所建设适当的健身活动场地。推动残疾人康复体育和健身体育广泛开展。

政策解读：2016年10月25日，中共中央、国务院发布了《“健康中国2030”规划纲要》，这是今后15年推进健康中国建设的行动纲领。中共中央、国务院高度重视人民健康工作。习近平总书记指出，健康是促进人的全面发展的必然要求，是经济社会发展的基础条件，是民族昌盛和国家富强的重要标志，也是广大人民群众的共同追求。按照中共中央、国务院部署，国务院医改领导小组组织开展了《“健康中国2030”规划纲要》编制工作。

《纲要》是新中国成立以来首次在国家层面提出的健康领域中长期战略规划。编制和实施《纲要》是贯彻落实中共十八届五中全会精神、保障人民健康的重大举措，对全面建成小康社会、加快推进社会主义现代化具有重大意义。同时，这也是我国积极参与全球健康治理、履行我国对联合国“2030可持续发展议程”承诺的重要举措。

（1）《纲要》的起草。中共十八届五中全会作出“推进健康中国建设”的战略决策。在国务院医改领导小组的领导下，2016年3月成立了以卫计委、发改委、财政部、人社部、体育总局等部门为主，环境保护部、食品药品监督管理总局等20多个部门参加的起草工作组及专家组。编制工作坚持充分发扬民主，协调各方参与，组织有关部门、智库和专家开展了专题研究、平行研究和国际比较研究，借鉴国内其他领域和国际国民健康中长期发展规划经验，广泛听取地方、企事业单位和社会团体等多方面意见，并向社会公开征集意见。在8月19～20日召开的全国卫生与健康大会上征求了全体与会代表意见，反复修改。8月26日，中共中央政治局会议审议通过了《纲要》。

（2）《纲要》的主要特点。《纲要》坚持目标导向和问题导向，突出了战略性、系统性、指导性、操作性，具有以下鲜明特点：一是突出大健康的发展理念。当前，我国居民主要健康指标总体上优于中高收入国家的平均水平，但随着工业化、城镇化、人口老龄化发展以及生态环境、生活方式变化，维护人民健康面临一系列新挑战。根据世界卫生组织研究，人的行为方式和环境因素对健康的影响越来越突出，“以疾病治疗为中心”难以解决人的健康问题，也不可持续。因此，《纲要》确立了“以促进健康为中心”的“大健康观”“大卫生观”，提出将这一理念融入公共政策制定实施的全过程，统筹应对广泛的健康影响因素，全方位、全生命周期维护人民群众健康。

二是着眼长远与立足当前相结合。《纲要》围绕全面建成小康社会、实现“两个一百年”奋斗目标的国家战略，充分考虑与经济社会发展各阶段目标相衔接、与联合国“2030可持续发展议程”要求相衔接，同时针对当前突出问题，创新体制机制，从全局高度统筹卫生计生、体育健身、环境保护、食品药品、公共安全、健康教育等领域政策措施，形成促进健康的合力，走具有中国特色的健康发展道路。

三是目标明确可操作。《纲要》围绕总体健康水平、健康影响因素、健康服务与健康保障、健康产业、促进健康的制度体系等方面设置了若干主要量化指标，使目标任务具体化，工作过程可操作、可衡量、可考核。据此，《纲要》提出健康中国“三步走”的目标，即“2020年，主要健康指标居于中高收入国家前列”“2030年，主要健康指标进入高收入国家行列”的战略目标，并展望2050年，提出“建成与社会主义现代化国家相适应的健康国家”的长远目标。

（3）《纲要》的核心内容。《纲要》首先阐述维护人民健康和推进健康中国建设的重大意义，总结我国健康领域改革发展的成就，分析未来15年面临的机遇与挑战，明确《纲要》基本定位。《纲要》明确了今后15年健康中国建设的总体战略，要坚持以人民为中心的发展思想，牢固树立和贯彻落实创新、协调、绿色、开放、共享的发展理念，坚持以基层为重点、以改革创新为动力，预防为主，中西医并重，将健康融入所有政策，人民共建共享的卫生与健康工作方针，以提高人民健康水平为核心，突出强调了 3 项重点内容：一是预防为主、关口前移，推行健康生活方式，减少疾病发生，促进资源下沉，实现可负担、可持续的发展；二是调整优化健康服务体系，强化早诊断、早治疗、早康复，在强基层基础上，促进健康产业发展，更好地满足群众健康需求；三是将“共建共享全民健康”作为战略主题，坚持政府主导，动员全社会参与，推动社会共建共享，人人自主自律，实现全民健康。

《纲要》明确将“共建共享”作为“建设健康中国的基本路径”，是贯彻落实“共享是中国特色社会主义的本质要求”和“发展为了人民、发展依靠人民、发展成果由人民共享”的要求。要从供给侧和需求侧两端发力，统筹社会、行业和个人 3 个层面，实现政府牵头负责、社会积极参与、个人体现健康责任，不断完善制度安排，形成维护和促进健康的强大合力，推动人人参与、人人尽力、人人享有，在“共建共享”中实现“全民健康”，提升人民获得感。

按照习近平总书记“没有全民健康，就没有全面小康”的指示精神，《纲要》明确将“全民健康”作为“建设健康中国的根本目的”。强调“立足全人群和全生命周期两个着力点”，分别解决提供“公平可及”和“系统连续”健康服务的问题，做好妇女儿童、老年人、残疾人、低收入人群等重点人群的健康工作，强化对生命不同阶段主要健康问题及主要影响因素的有效干预，惠及全人群、覆盖全生命周期，实现更高水平的全民健康。

《纲要》坚持以人民健康为中心，站在大健康、大卫生的高度，紧紧围绕健康影响因素（包括遗传和心理等生物学因素、自然与社会环境因素、医疗卫生服务因素、生活与行为方式因素）确定《纲要》的主要任务，包括健康生活与行为、健康服务与保障、健康生产与生活环境等方面。是以人的健康为中心，按照从内部到外部、从主体到环境的顺序，依次针对个人生活与行为方式、医疗卫生服务与保障、生产与生活环境等健康影响因素，提出普及健康生活、优化健康服务、完善健康保障、建设健康环境、发展健康产业 5 个方面的战略任务：

一是普及健康生活。从健康促进的源头入手，强调个人健康责任，通过加强健康教育，提高全民健康素养，广泛开展全民健身运动，塑造自主自律的健康行为，引导群众形成合理膳食、适量运动、戒烟限酒、心理平衡的健康生活方式。

二是优化健康服务。以妇女儿童、老年人、贫困人口、残疾人等人群为重点，从疾病的预防和治疗两个层面采取措施，强化覆盖全民的公共卫生服务，加大慢性病和重大传染病防控力度，实施健康扶贫工程，创新医疗卫生服务供给模式，发挥中医治未病的独特优势，为群众提供更优质的健康服务。

三是完善健康保障。通过健全全民医疗保障体系，深化公立医院、药品、医疗器械流通体制改革，降低虚高价格，切实减轻群众看病负担，改善就医感受。加强各类医保制度整合衔接，改进医保管理服务体系，实现保障能力长期可持续。

四是建设健康环境。针对影响健康的环境问题，开展大气、水、土壤等污染防治，加强食品药品安全监管，强化安全生产和职业病防治，促进道路交通安全，深入开展爱国卫生运动，建设健康城市和健康村镇，提高突发事件应急能力，最大限度减少外界因素对健康的影响。

五是发展健康产业。区分基本和非基本，优化多元办医格局，推动非公立医疗机构向高水平、规模化方向发展。加强供给侧结构性改革，支持发展健康医疗旅游等健康服务新业态，积极发展健身休闲运动产业，提升医药产业发展水平，不断满足群众日益增长的多层次、多样化健康需求。

（4）《纲要》的落实。为保障规划目标的实现，《纲要》从体制机制改革、人力资源建设、医学科技创新、信息化服务、法治建设和国际交流6个方面，提出保障战略任务实施的政策措施，强调加强组织领导，要求各地区党委和政府、各部门将健康中国建设纳入重要议事日程，完善考核机制和问责制度，营造良好的社会氛围，做好实施监测，确保《纲要》落实。同时，在《纲要》指引下，研究编制“十三五”医改规划和“十三五”卫生与健康规划，通过5年规划实施，落实《纲要》提出的各项任务要求。

编制出台《纲要》，进一步凝聚全社会对健康中国建设的共识，提振建设健康中国的信心，保持科学合理预期，为卫生健康领域改革发展创造良好的氛围，全面提升全民健康水平。同时，有利于履行联合国“2030可持续发展议程”国际承诺，展现良好国家形象。

四、《室外健身器材配建管理办法》

发布机关：国家体育总局。

时间：2017年4月20日。

相关内容：为规范室外健身器材配建管理工作，切实保障群众合法的体育健身权益。室外健身器材是指各级政府体育主管部门用财政性资金采购，配建在社区（行政村）、公园、广场等室外公共场所，供社会公众免费使用的健身器材。国家体育总局对各地器材的配建工作进行指导和监管。地方体育主管部门对本行政区域器材的配建工作进行指导和监管。社区居委会、村委会、公园（广场）管理部门、机关、企业事业组织等接收器材的组织和单位，负责对配建在本组织和单位所辖区域内的器材进行日常管理。器材配建工作应坚持因地制宜、保证质量、建管并重、服务群众的原则，并统筹考虑各类使用人群的特点，保障青少年、老年人和残疾人的健身需求。

政策解读：

（1）室外健身器材的配建，是当前基本公共体育服务领域一项重要工作内容，是公共体育服务领域的重要民生实事之一。器材虽小，但它与公共体育服务这一民生大事联系在一起。《办法》的制定出台，从一个方面反映了体育总局党组对公共体育服务、全民健身事业和民生工作的高度重视，将有力保障这一民生项目的顺利推进。

（2）《办法》的制定出台，是落实全民健身国家战略、推进健康中国建设的一项具体行动。

（3）《办法》为地方室外健身器材配建管理工作提供了中央层面的法规依据，是依法治体和体育领域加强顶层设计的又一具体实践案例，将促进解决前面提到的、突出的短板问题。

（4）有利于进一步规范室外健身器材生产行业健康有序发展，促进室外健身器材研发和生产，推动室外健身器材及其配建管理借助于现代技术手段提档升级，助力体育产业发展。

五、《国家体育总局办公厅关于推动运动休闲特色小镇建设工作的通知》

发布机关：国家体育总局办公厅。

时间：2017年5月11日。

相关内容：建设运动休闲特色小镇，能够搭建体育运动新平台、树立体育特色新品牌、引领运动休闲新风尚，增加适应群众需求的运动休闲产品和服务供给；有利于培育体育产业市场、吸引长效投资，促进镇域运动休闲、旅游、健康等现代服务业良性互动发展，推动产业集聚并形成辐射带动效应，为城镇经济社会发展增添新动能；能够有效促进以乡镇为重点的基本公共体育服务均等化，促进乡镇全民健身事业和健康事业实现深度融合与协调发展。对纳入试点的小镇，一次性给予一定的经费资助，用于建设完善运动休闲设施，组织开展群众身边的体育健身赛事和活动。体育总局各运动项目管理中心（项目协会）将向各小镇提供体育设施标准化设计样式，配置各类赛事资源。国家体育总局将会同中央有关部门制定完善运动休闲特色小镇建设有关政策、细化工作方案，推动此项工作持续健康发展，成为脱贫攻坚工作的助力项目。

政策解读：《通知》中明确，到 2020 年，在全国扶持建设一批体育特征鲜明、文化气息浓厚、产业集聚融合、生态环境良好、惠及人民健康的运动休闲特色小镇；带动小镇所在区域体育、健康及相关产业发展，打造各具特色的运动休闲产业集聚区，形成与当地经济社会相适应、良性互动的运动休闲产业和全民健身发展格局；推动中西部贫困落后地区在整体上提升公共体育服务供给和经济社会发展水平，增加就业岗位和居民收入，推进脱贫攻坚工作。

运动休闲特色小镇要形成以下特色：鲜明的运动休闲业态、深厚浓郁的体育文化氛围、与旅游等相关产业融合发展、脱贫成效明显、禀赋资源的合理有效利用等。

对于小镇推荐数量，京津冀三省（直辖市）各推荐 3 个，其他省（自治区、直辖市）各推荐 1～2 个；体育总局有关运动项目管理中心推荐 1 个。

在政策支持方面，对纳入试点的小镇，一次性给予一定的经费资助，用于建设完善运动休闲设施，组织开展群众身边的体育健身赛事和活动。体育总局各运动项目管理中心（项目协会）将向各小镇提供体育设施标准化设计样式，配置各类赛事资源。体育总局将会同中央有关部门制定完善运动休闲特色小镇建设有关政策、细化工作方案，推动此项工作持续健康发展，成为脱贫攻坚工作的助力项目。

建设运动休闲特色小镇有其重要意义，能够搭建体育运动新平台、树立体育特色新品牌、引领运动休闲新风尚，增加适应群众需求的运动休闲产品和服务供给；有利于培育体育产业市场、吸引长效投资，促进镇域运动休闲、旅游、健康等现代服务业良性互动发展，推动产业集聚并形成辐射带动效应，为城镇经济社会发展增添新动能；能够有效促进以乡镇为重点的基本公共体育服务均等化，促进乡镇全民健身事业和健康事业实现深度融合与协调发展。

六、《国家体育总局关于进一步规范广场舞健身活动的通知》

发布机关：国家体育总局。

时间：2017 年 11 月 13 日。

背景：2015 年，文化部会同体育总局、民政部、住建部联合印发了《关于引导广场舞活动健康开展的通知》，积极促进和规范了广场舞健身活动的开展。但是，广场舞健身活动依然存在场地不足、噪声扰民、管理服务不到位等突出问题，个别地方甚至发生了健身群众抢占活动场地的冲突，成为社会舆论关注的焦点。

目的：进一步有效规范广场舞健身活动，推动广场舞健身活动健康发展，积极发挥各级体育部门服务全民健身的职能作用。

相关内容：

（1）多措并举增加广场舞健身活动场地供给。各级体育部门要积极促进当地人民政府按照配置均衡、规模适当、方便实用、安全合理、因地制宜的原则，科学规划、统筹建设广场舞健身活动场地，多措并举增加广场舞健身活动场地供给。扩大增量，将广场舞健身活动场地建设纳入城乡“多规合一”，纳入全民健身场地设施建设规划，纳入15分钟体育健身圈，与其他全民健身场地设施统筹安排。盘活存量，鼓励适合广场舞健身的体育场地在发挥原有体育功能的前提下，合理划分不同健身项目开放时段，采用分时段办法向广场舞健身爱好者开放，有效提高体育场地利用率；主动协调政府有关部门，利用公园、广场、绿地以及“金角银边”等城市空置场所，为广场舞健身爱好者提供活动场地；通过政府购买服务等方式，支持企事业单位、社会团体的体育场地向广场舞健身爱好者开放。体育部门要对辖区内广场舞健身活动场地进行摸底、登记，并积极推动场地管理单位在场地平整、适用电源、夜间照明以及其他配套设施等方面不断提高服务质量。

（2）严格规范广场舞健身活动行为。体育部门要以问题为导向，切实加强广场舞健身活动日常监管，及时化解在广场舞健身活动中产生的矛盾冲突。积极引导场地管理单位制定广场舞健身活动管理规范，不得在烈士陵园等庄严场所开展广场舞健身活动，不得通过广场舞健身活动非法敛财、传播封建迷信思想，不得因广场舞健身活动产生噪声影响周边学生上课和居民正常生活，不得因参加广场舞健身活动破坏自然生态、环境卫生和公共场地设施，扰乱社会治安、公共交通等公共秩序。采取多种形式传播团结友爱、健康向上的广场舞健身文化，引导广场舞爱好者自觉树立践行社会主义核心价值观，促使社会公众不断加深对广场舞健身活动的认知和了解，使其成为广场舞爱好者交流沟通的重要载体，成为家庭和睦、社区和美、社会和谐的积极力量；引导广场舞爱好者制定自律公约，推动其自我管理、自我教育、自我服务、自我监督，增进广场舞健身团队之间相互理解、共同发展。协助广场舞健身团队获得周边居民理解，营造和谐、安定的广场舞健身活动氛围和居民居住环境。加强广场舞健身活动的舆论宣传，引导各方合理预期，避免突发事件引起舆论激化。

（3）切实加强广场舞健身活动组织和队伍建设。各级体育部门要积极协同有关方面加强广场舞健身活动的组织建设和队伍建设。体育部门对辖区内广场舞健身团队进行摸底，鼓励其在县级体育部门备案；鼓励、支持具备条件的广场舞健身团队登记成立社会团体或社会服务机构等社会组织；指导、支持各地广场舞健身社会组织联合成立广场舞行业协会，加强自律管理。县级体育部门对备案的广场舞健身团队在健身场地、人才培训、活动交流等方面提供帮助。鼓励各级老年体育协会、农民体育协会、社会体育指导员协会以及基层文化体育组织利用场地、人才和技术资源，为广场舞健身活动提供指导，协调、解决广场舞健身活动中遇到的实际困难和问题。积极引导、培养群众认可度高、经验丰富的广场舞健身团队负责人成为社会体育指导员，优先进行主要包括广场舞在内的专门培训，使其成为体育部门加强对广场舞活动进行有效管理的得力助手，努力打造一批综合素质高、责任心强、乐于奉献、热心服务广场舞健身活动的社会体育指导员队伍。

（4）建立和完善广场舞健身活动部门联动、齐抓共管的工作机制。体育总局社会体育指导中心成立全国广场舞健身活动推广委员会，制订广场舞健身活动发展规划，推出广场舞健身活动标准，提供广场舞健身活动指导。各级体育部门要开拓工作思路，创新工作方法，从提高全民健身治理体系和治理能力现代化水平的高度，加强广场舞健身活动管理与服务。将广场舞健身活动健康开展作为贯彻落实全民健身计划的重要内容，力争纳入各级政府年度民生实事加以推进。在部门联动、齐抓共管的全民健身工作机制中，明确有关部门职责分工，协调各部门不断加强统筹规划、政策协调，形成工作合力，提高工作实效，确保责任到位、措施到位、落实到位。加强与广场舞健身活动场地所属街道办事处、社区、公园、广场等管理单位的联系，推动管理措施的有效落实。充分调动社会力量特别是广场舞健身爱好者的积极性和创造性，培养、使用管理水平高、服务意识强的高素质人员，推进广场舞健身活动标准化、规范化、信息化建设。加大科学决策和社会舆论监督力度，努力为广场舞健身活动营造规范、有序、和谐的社会环境。

政策解读：2015 年，文化部会同体育总局、民政部、住建部印发了《关于引导广场舞活动健康开展的通知》，各级体育部门会同文化、民政、住建等部门积极作为，广场舞健身活动在全国各地蓬勃开展。但近年来，广场舞健身活动在不断规范的同时，也出现了争夺场地、噪声扰民、场合不宜等不良现象，广场舞健身活动依然存在场地供给不足、管理服务不到位等突出问题。

为贯彻落实中共十九大提出的“广泛开展全民健身活动，加快推进体育强国建设”要求，满足人民群众日益增长的健身需求，进一步规范广场舞健身活动，解决当前广场舞健身活动中存在的突出问题，促使各级体育部门为广场舞健身活动提供保障，给予支持，加大服务力度，引导良性发展，国家体育总局印发了《国家体育总局关于进一步规范广场舞健身活动的通知》。

该《通知》在起草过程中坚持问题导向，从广场舞健身的场地供给、活动行为、组织队伍建设、联动服务机制 4 个方面，要求各级体育部门积极作为、主动作为，着力解决存在的突出问题。

在场地供给方面，《通知》要求各级体育部门促进各级人民政府科学规划、统筹建设广场舞健身活动场地，扩大增量，盘活存量，多措并举增加广场舞健身活动场地供给。

在规范活动行为方面，《通知》提出了广场舞活动四个“不得”，即不得在烈士陵园等庄严场所开展广场舞健身活动，不得通过广场舞健身活动非法敛财、传播封建迷信思想，不得因广场舞健身活动产生噪声影响周边学生上课和居民正常生活，不得因参加广场舞健身活动破坏自然生态、环境卫生和公共场地设施，扰乱社会治安、公共交通等公共秩序。《通知》要求各级体育部门采取多种形式传播团结友爱、健康向上的广场舞健身文化，及时化解在广场舞健身活动中产生的矛盾冲突，避免突发事件引起舆论激化。

在组织和队伍建设方面，《通知》要求各级体育部门对广场舞健身团队情况进行摸底并鼓励其进行备案，支持引导广场舞团队注册登记成为正式的体育社会组织，并支持各广场舞社会组织成立行业协会，加强自律管理。鼓励各类社会组织为广场舞健身活动提供便利。特别提出要积极引导、培养群众认可度高、经验丰富的广场舞健身团队负责人成为社会体育指导员，努力打造一批综合素质高、责任心强、乐于奉献、热心服务广场舞健身活动的社会体育指导员队伍。

在部门联动服务机制建设方面，《通知》提出体育总局社会体育指导中心成立全国广场舞健身活动推广委员会，开展广场舞相关工作。要求各级体育部门建立完善部门联动、齐抓共管的工作机制，充分调动社会力量特别是广场舞健身爱好者的积极性和创造性，培养、使用管理水平高、服务意识强的高素质人员，推进广场舞健身活动标准化、规范化、信息化建设。

七、《国家体育总局办公厅关于开展大型体育场馆免费低收费开放监督检查和总结评估工作的通知》

发布机关：国家体育总局办公厅。

时间：2017年11月29日。

背景：随着人民日益增长的美好生活需要和不平衡不充分的发展之间的矛盾成为我国新时代的社会主要矛盾，人民群众对公共体育服务的需求不断增长。更好地发挥大型体育场馆等体育设施的公共服务作用，是适应群众对公共体育服务需求的必然要求。2014年以来，体育总局会同财政部等部门制定下发了关于推进大型体育场馆免费低收费开放工作的系列政策文件和管理办法，将大型体育场馆纳入中央财政专项资金补助范围，推动大型体育场馆更好地对社会开放，进一步提升了公共体育服务水平。与此同时，一些大型体育场馆仍存在管理服务水平低、社会满意度不高等问题，需要各级体育部门认真总结，不断改进工作。

目的：切实做好大型体育场馆免费低收费开放工作、进一步优化和完善有关政策，为群众提供更多更好的公共体育服务。

相关内容：

（1）加强对大型体育场馆免费低收费开放工作的监督检查。

（2）对大型体育场馆免费低收费开放工作进行总结评估。

（3）做好大型体育场馆免费低收费开放补助资金申报分配工作。

八、《关于加快推进全民健身进家庭的指导意见》

发布机关：国家体育总局、民政部、文化部、全国妇联、中国残联。

时间：2017年12月6日。

相关内容：体育健身文化是家庭文明建设的重要内容，是促进家庭和谐幸福的重要基础。培育家庭体育健身组织，建设家庭体育健身设施，丰富家庭体育健身活动，支持家庭体育健身赛事，加强家庭体育健身指导，弘扬家庭体育健身文化。鼓励培育基层家庭体育健身社会组织，鼓励发展社区体育健身俱乐部；充分发掘现有社区文艺、养老、妇女、儿童、残疾人组织在家庭体育健身中的作用，发挥其多元功能，为各类人群就近、就便健身提供组织载体；鼓励体育社会组织与妇联、残联和其他社会组织融合发展；鼓励以家庭为单位加入各类体育组织推广广场舞、健步走、慢跑、自行车、游泳、健身操、健身气功、瑜伽、武术、户外定向运动等易于开展、适宜家庭参加的健身项目；鼓励学校设立家庭体育节，邀请家长和社区居民参加学校组织的体育活动，在体育节中开展丰富多样的亲子体育活动，鼓励开展学前体育教育。

九、《关于进一步加强农民体育工作的指导意见》

发布机关：农业部、国家体育总局。

时间：2017年12月24日。

目的：中共十九大提出了实施乡村振兴战略的重大决策，发展农民体育事业是实施乡村振兴战略的重要组成部分，意义重大。着力推动全民健身持续向农民覆盖和倾斜，不断提高农民群众的身体素质，满足农民群众的美好生活需要。

相关内容：农民体育工作是实施全民健身国家战略的重要组成部分，是实现全民健身基本公共服务均等化的重要内容，是推进“三农”事业发展的重要任务。坚持“农民主体、创新发展、骨干引领、重心下沉、农体融合”基本原则。到2020年，实现“农民体育健身工程”行政村全覆盖，农民人均体育健身场地面积达到1.8平方米；实现80%的行政村有1名以上的社会体育指导员；农民群众体育健身意识普遍增强，农村经常参加体育锻炼人数比例的增长速度高于全国平均水平；农民身体素质稳步增强，国民体质达标和优秀等级比例明显提高；基本健全以农民体育协会为主要形式的农民体育社会组织，政府主导、部门协同、社会参与的农民体育事业发展格局更加明晰，实现农民体育工作有组织、有人员、有场所、有经费、有活动，促进持续健康发展。

重点任务：

（1）健全农民群众身边的健身组织。中国农民体育协会要积极发挥全国性体育社会组织在开展全民健身活动和提供专业指导服务等方面的龙头带动作用，不断提高承接农民体育公共服务的能力和质量。县级以上农业和体育部门要积极创造条件，推动农民体育协会等社会组织建设，努力做到组织领导有力、机构人员齐全、经费保障落实、活动开展经常。充分发挥各级农民体育协会在参与全民健身公共服务体系建设方面的重要辅助作用，积极引导其承办和参与农民体育赛事活动、社会体育指导员培训、农民体质监测等工作。各级农民体育协会等社会组织要与乡村文化站（中心）和老年体育协会等协同联动，共同做好农村体育工作。要在乡村着力培育发展农村基层文化体育组织，逐步形成并完善农民体育社会组织网络。各级体育部门和农业部门要积极支持指导农民体育协会和农村体育社会组织的发展，鼓励具备条件的各类农业企业、农业园区成立基层农民体育组织，调动各方面积极性，推进资源整合利用，共同解决基层农民体育组织在人、财、物和科学健身指导等方面的问题。

（2）建设和利用农民群众身边的场地设施。结合农村社区综合服务设施建设和乡村文化站（中心）资源整合，继续加大“农民体育健身工程”实施力度，有条件的地方要积极探索农民体育健身工程向人口相对集中的自然村屯延伸，选择部分有代表性的村屯开展农村体育设施整村全覆盖试点工作，为农民体育健身工程升级版积累经验和探索途径。结合实施扶贫攻坚项目，优先扶持贫困农村体育健身场地设施建设。

按照“十三五”全国体育场地人均面积要求，以多种方式留足农村体育健身用地，提倡利用农村闲置房屋、集体建设用地、“四荒地”等资产资源，并注意与土地利用总体规划和休闲农业及乡村旅游等项目相衔接。积极探索农村体育场地设施更新和维护管理长效机制，体育、农业部门要建立定期巡检制度，做好已建成场地设施的使用、管理和提档升级。鼓励有条件的乡村企事业单位和学校向农民免费或低收费开放体育场地设施。

按照实施乡村振兴战略总要求和“因地制宜、整合资源、乡土特色、方便实用、安全合理”原则，紧密结合美丽宜居乡村、运动休闲特色小镇建设，科学规划和统筹建设农村体育场地设施，促进农民体育与乡村旅游、休闲农业融合发展，充分利用好农业多功能特点，鼓励创建休闲健身区、功能区和田园景区，探索创建乡村健身休闲产业和运动休闲特色乡村。

（3）丰富农民群众身边的健身活动。各级体育和农业部门向农民大力推广普及乡村趣味健身、广场舞（健身操舞）、健身跑、健步走、登山、徒步、骑行、游泳、钓鱼、棋类、球类、踢毽、跳绳、风筝、太极拳、龙舟、舞龙舞狮、斗羊赛马等农民群众喜闻乐见的体育项目，利用"全民健身日"、节假日等时间节点开展丰富多彩的农民体育健身活动，介绍健身方法、传授健身技能，培养其健身兴趣，使体育健身成为农民的好习惯、农村的新时尚。

利用筹备和举办2022年冬奥会的契机，积极实施《群众冬季运动推广普及计划（2016—2020年）》，在农村推广普及冰雪健身项目。传承推广民族、民俗、民间传统体育项目，重点挖掘整理列入乡村非物质文化遗产的传统体育项目。结合农业生产和农家生活创新编排一批充满乡村气息、具有农味农趣、体现农耕文化内涵，融健身娱乐、表演观赏和比赛活动于一体，农民愿参与、能参与、乐参与的体育健身项目。把农民体育纳入"三下乡"活动内容，结合冬春农民科技大培训，将体育健身科学知识、器材用品、健身项目、赛事活动送到乡镇、进入村屯。

（4）积极组织开展农民群众身边的赛事活动。继续深入开展"亿万农民健身活动"，因时、因地、因需举办不同层次和类型的农民体育赛事活动，充分发挥体育赛事活动对农民参加体育活动的宣传引导、技能训练和素质提升作用。开展赛事活动要紧密结合农业农村经济发展和农民日常生活，倡导和鼓励农村基层发挥历史传统、农耕文化、产业特色、休闲农业和乡村旅游等资源优势，结合新农村建设和农时季节，按照"就地就近、业余自愿、小型多样"的原则，经常性举办农味农趣运动会、美丽乡村健步走、快乐农家广场舞等丰富多彩的基层赛事活动，形成"一地一品"，推进农民体育健身常态化、制度化和生活化。

充分发挥中国农民体育协会优势和地方政府积极性，重点支持和打造体现"三农"特色、影响力大、可持续性强、具有乡村特征和传统文化底蕴的农民体育特色品牌赛事活动，在此基础上提炼总结、提升发展为具有广泛群众性、参与性、普及性的全国性农民体育赛事活动，重点办好全国性的"农民体育健身大赛""乡村农耕农趣农味健身交流活动""农民体育骨干健身技能提升暨展示"等具有示范带动作用的品牌赛事活动。同时，积极探索构建农民群众广泛参与的健身项目赛事体系，以联组、联办、联赛形式为主，村（社区）、乡镇、市县、省、全国层层联动，社团组织、企业园区多方合力，让广大农民广泛参与体育健身赛事活动，形成"农民健身，赛事同行"。积极推进由中国农民体育协会组织开展的创建"亿万农民健身活动"示范基地工作，为农民体育工作搭建激励平台，广泛调动农村基层和农业园区、企业等积极性，充分发挥典型示范带动作用。

（5）加强农民群众身边的健身指导。各地体育和农业部门要研究制订并推广普及适合农民的健身指导计划，在有条件的乡镇开展体质监测和健康促进服务试点。编制符合农村实际、适合农民阅读的"亿万农民健身活动"系列丛书和《农民健身手册》，指导农民开展科学健身。充分发挥乡村干部、农村社会体育指导员、农民体育骨干、新型农业经营主体带头人和新型职业农民的指导和示范带头作用。运用移动互联等现代信息技术手段，建设运行农民体育管理资源库、服务资源库和公共服务信息平台，使农民体育服务更加便捷、高效、精准。探索开展农民体质监测有效方式，依托体质健康数据库，研究制订适合农民的运动处方库、健身指导方案和健身活动指南，开展农民科学健身指导，提高农民科学健身的意识和能力。

（6）营造农民身边的健身文化氛围。各级农业和体育部门要充分利用各类媒体，全方位、多角度、深层次宣传农民体育工作，在全社会营造党和政府重视农民健康，以健身促健康、奔小康的浓厚氛围。大力宣传开展农民体育健身是实施乡村振兴战略不可或缺的重要组成部分和重要基础工作，积极推广先进的健身理念、活动项目、经验做法，合力唱响人人爱锻炼、会锻炼、勤锻炼的健康生活时代强音。深入广大农村普及健身知识，宣传健身意义，树立健身榜样，讲述健身故事，围绕弘扬健康新理念开展喜闻乐见的宣传活动。中国农民体育协会要创办“亿万农民健身网站”，制作农民体育健身活动音视频作品，开发应用适应农民群众实际需要的手机APP等，为农民体育提供信息化综合平台和伴随服务。

政策解读：农业部、国家体育总局联合印发《关于进一步加强农民体育工作的指导意见》，要求各级农业、体育部门结合农民特点，推动全民健身持续向农民覆盖和倾斜，不断提高农民群众的身体素质，满足农民群众的美好生活需要，切实做好新时代农民体育工作。

《意见》指出，农民体育工作是实施全民健身国家战略的重要组成部分，是实现全民健身基本公共服务均等化的重要内容，是推进“三农”事业发展的重要任务。在推动全民健身与全民健康融合发展过程中，农民体育作为重要组成部分，要为补短板、促均衡、求发展提供支撑，为实现农业农村现代化和助推实施乡村振兴战略提供坚实基础保障。

《意见》强调，要以强健体质、砥砺意志、提高农民健康水平为根本目的，以激发和满足农民多元化体育健身需求、促进人的全面发展为出发点和落脚点，坚持“农民主体、创新发展、骨干引领、重心下沉、农体融合”基本原则，健全农民群众身边的健身组织，建设和利用农民群众身边的场地设施，丰富农民群众身边的健身活动，积极组织开展农民群众身边的赛事活动，加强农民群众身边的健身指导，营造农民身边的健身文化氛围，着力补齐农民体育健身公共服务体系短板，有效推动农民体育蓬勃发展。

《意见》提出，到2020年，实现农村体育健身公共服务水平和乡村居民身心健康水平双提升，农民健身公共服务体系基本建立。要实现“农民体育健身工程”行政村全覆盖，农民人均体育健身场地面积达到1.8平方米；实现80％的行政村有1名以上社会体育指导员；农民群众体育健身意识普遍增强，农村经常参加体育锻炼人数比例的增长速度高于全国平均水平；农民身体素质稳步增强，国民体质达标和优秀等级比例明显提高；基本健全以农民体育协会为主要形式的农民体育社会组织，政府主导、部门协同、社会参与的农民体育事业发展格局更加明晰。

十、《关于进一步加强少数民族传统体育工作的指导意见》

发布机关：国家体育总局、国家民族事务委员会（以下简称国家民委）。

时间：2018年1月22日。

相关内容：少数民族传统体育是我国体育事业的重要组成部分，是我国宝贵的文化遗产，深受各民族群众的喜爱，在传承发展优秀传统文化、促进各民族交往交流交融、提升各族人民体质健康水平、丰富各族群众精神文化生活等方面都发挥着重要的作用。加强少数民族传统体育的统筹规划，加强少数民族传统体育的基础性研究和应用性研究，实施少数民族全民健身“六个身边”工程，办好少数民族传统体育赛事，大力发展少数民族传统体育产业，助力乡村振兴和扶贫攻坚，加强少数民族传统体育传承创新，加强少数民族传统体育交流，加强少数民族传统体育基地建设，培养少数民族传统体育人才。

主要任务：加强少数民族传统体育的统筹规划。围绕少数民族传统体育的基本功能和发展目标，把少数民族传统体育事业发展纳入各级人民政府国民经济和社会发展总体规划；各级体育工作、民族工作部门要切实履行职能职责，统筹安排，科学谋划，制订推动少数民族传统体育事业发展的中长期规划。

加强少数民族传统体育的基础性研究和应用性研究。加强少数民族体育古籍的挖掘、整理、翻译、出版和研究；支持少数民族传统体育理论研究；将少数民族传统体育纳入全民健身智库建设，引导少数民族传统体育研究科学化发展；通过举办少数民族传统体育学术交流活动等形式，支持鼓励具有开拓性和重要文化传承价值的理论成果的传播。

实施少数民族全民健身“六个身边”工程。以提高基本公共服务水平、改善民生为首要任务，围绕实施全民健身国家战略，建设少数民族群众身边的健身组织、健身设施、健身活动、健身赛事、健身指导、健身文化，统筹建设适合开展少数民族传统体育项目的场地设施。推进社会体育指导员和志愿服务长效化、制度化。积极发挥少数民族体育协会等社会组织功能，承担起为少数民族传统体育服务、为政府有关部门服务的职责。支持开展群众喜闻乐见、方便参与的少数民族传统体育项目赛事、活动，创新发展有群众基础的少数民族传统体育健身项目，进一步发挥少数民族传统体育健身项目的健身效果，丰富少数民族精神文化生活，使各族群众能够就近就便自觉健身、便利健身、科学健身、文明健身，大幅度提高少数民族群众经常性参加体育锻炼的比例和体质合格率，增强健身参与感、获得感、幸福感。

办好少数民族传统体育赛事。改革完善全国少数民族传统体育运动会组织管理，发挥全国性少数民族传统体育赛事的引领示范作用，开拓全国少数民族传统体育的发展、改革思路，创新办赛，丰富内容。重点打造“民体杯”等全国性少数民族传统体育单项比赛，完善赛制，扩大影响。搭建具有民族特色、地域特色的体育文化交流大舞台，传承和弘扬少数民族传统体育项目，推动少数民族体育活动开展，推动少数民族传统体育跨界选材。各地以全国性赛事为引领，因地制宜、结合实际举办不同层次、不同类型的少数民族传统体育综合性赛事和单项赛事，创新少数民族传统体育项目，打造具有跨区域、跨民族、跨国境的品牌赛事，推进少数民族传统体育竞技化、社会化和市场化发展。

大力发展少数民族传统体育产业，助力乡村振兴和扶贫攻坚。把少数民族传统体育作为推动民族地区经济社会发展的重要力量，纳入少数民族地区乡村振兴战略，充分利用国家扶贫政策和兴边富民政策，加强少数民族传统体育资源开发和产业扶持力度，推进少数民族传统体育与旅游、文化等融合发展，助力打赢边疆民族地区和少数民族群众脱贫攻坚战。体育扶贫的资金、项目、措施，进一步集中到自然条件差、经济基础弱、贫困程度深的边疆地区、民族地区。引导社会力量推动少数民族传统体育与旅游业相结合，利用运动休闲特色小镇、体育休闲旅游等项目，通过组织开展本民族、本地区特色的传统体育赛事、活动、表演，宣传体育旅游资源，扩大市场影响力。扶持一批具有市场潜力的中小企业，引导少数民族传统体育相关的体育用品制造业发展，努力打造少数民族传统体育综合化、集群化的产业价值链。

加强少数民族传统体育传承创新。加大力度支持民族地区、边疆地区少数民族传统体育文化的发展，推动优秀少数民族体育传统文化创造性转化、创新性发展，进一步完善少数民族传统体育非物质文化遗产保护制度，建立、完善少数民族传统体育非物质文化遗产目录体系档案和数据库。鼓励社会力量参与少数民族传统体育非物质文化遗产的保护、开发和合理利用工作，支持少数民族传统体育项目申报非物质文化遗产项目。

加强少数民族传统体育交流。围绕铸牢中华民族共同体意识，建设各民族共有精神家园，加强各民族传统体育交流，弘扬中国优秀传统文化，坚定文化自信。积极推进少数民族传统体育文化“走出去”，推进“一带一路”沿线国家的民间体育文化交流，打造一批体育人文交流品牌活动，推进和周边国家的与邻为善、以邻为伴，促进民心相通。通过孔子学院、华侨华人、文化体育名人等，助推少数民族优秀传统体育文化的国际传播，讲好中国故事、传播好中国声音、展示好中国特色、塑造好中国形象，扩大中国体育文化的国际影响力。

加强少数民族传统体育基地建设。国家体育总局和国家民委共同制定少数民族传统体育基地管理办法，对全国少数民族传统体育基地进行命名和动态考核管理，加强对少数民族传统体育基地的宏观指导。各地着眼于少数民族传统体育传承、创新发展，建设地方少数民族传统体育基地。基地结合实际、突出特色优势项目，强化综合功能，充分发挥其在少数民族传统体育训练、参赛、组织赛事、理论研究、项目挖掘整理和传承发展方面的作用。整合高等院校教学科研的资源优势，广泛开展学术研讨、文化交流和创新研发等活动，加强“民族传统体育学”的学科建设，为学科的发展和人才的培养夯实基础。

培养少数民族传统体育人才。鼓励和支持各类学校在开展现代体育教学活动的同时，开展少数民族传统体育的教学和活动，培养少数民族传统体育人才。民族中小学和民族地区的体育学校应将少数民族传统体育作为学校体育活动的重要内容，创造条件将少数民族传统体育作为正式体育课程或乡土教材内容。民族高等院校体育系和民族地区体育院校开设少数民族传统体育专业，进行少数民族传统体育的教学和研究。开展少数民族传统体育进校园、进社区、进机关等工作。把培养使用少数民族传统体育人才作为实施人才培养战略的重要内容，充分发挥少数民族传统体育人才在非物质文化遗产保护、传承发展中的重要作用

政策解读：国家体育总局、国家民委联合印发《关于进一步加强少数民族传统体育工作的指导意见》。这是时隔 12 年后，国家再次发文推动少数民族传统体育发展。《意见》最富有新时代特征的是，提出要“大力发展少数民族传统体育产业，助力乡村振兴和扶贫攻坚”。

乡村振兴，是中共十九大提出的重要战略之一。乡村振兴不仅需要农村产业的振兴，也需要乡土文明的复兴和农民精神的提振。对少数民族村寨而言，少数民族传统体育在这些方面都发挥着独特而重要的作用。

在一些旅游红火的民族地区，少数民族传统体育作为一种宝贵的观赏性资源大放异彩，不仅“吸睛”而且“吸金”。在内蒙古，夏季那达慕上的搏克、赛马、射箭，彰显出“马背民族”的豪迈气质，让游客感到豪气干云；冬季那达慕上的滑冰、滑雪、雪拉爬犁等，在银白世界中营造出热气腾腾的欢乐氛围，让游客跃跃欲试。据报道，2016—2017 年冬季，仅呼伦贝尔市以冬季那达慕为主体的活动，就吸引游客 232 万人次，旅游收入超过 97 亿元。

在南方，少数民族传统体育同样精彩纷呈。在广西、海南，每年的“三月三”都少不了一场“民族体育盛宴”，抢花炮、打陀螺、板鞋竞速、高脚竞速等，参与人数多、有趣又好看，让游客们感到耳目一新、别开生面；在贵州，位于赤水河、清水江流域的古镇村寨，经常上演被誉为“水上芭蕾”的独竹漂，青山绿水间那“一苇渡江”的飘逸之姿，让游客惊艳不已，还吸引了美国人来拍纪录片。

少数民族传统体育运动最大的特点是观赏性、参与性、趣味性都很强，它既是体育也是民俗，本质上是一种文化，因此很多体育项目都被纳入各级非遗保护名录。这决定了其天然具有旅

游开发的潜质。正如《意见》中所说，如果能“充分利用国家扶贫政策和兴边富民政策，加强少数民族传统体育资源开发和产业扶持力度”，引导社会力量建设运动休闲特色小镇、体育休闲旅游等项目，推进其与旅游、文化等融合发展，一定能助力边疆民族地区和少数民族群众打赢脱贫攻坚战，建设现代新农村。

同时，少数民族传统体育运动作为千百年来的文化积淀，凝聚着一种民族精神，是乡土文明复兴的重要力量。过去，在北方，各族牧民正是通过定期举办赛马、叼羊、射箭等活动来传递讯息、交流感情的；在南方，各村寨农民则是通过斗牛、抢花炮、赛龙舟等活动交朋结友、寻找欢乐。如今，随着城镇化进程的加快，年轻人纷纷外出务工，有些体育活动渐渐无人问津。民族地区的乡村振兴，除了要培育留得住人的农业产业，还要靠大力传承弘扬少数民族传统体育运动，以此来凝聚人心、积聚人气、振奋精神。

《意见》指出，将把体育扶贫的资金、项目、措施，进一步集中到自然条件差、经济基础弱、贫困程度深的边疆地区、民族地区，同时通过组织开展本民族、本地区特色的传统体育赛事、活动来宣传体育旅游资源、扩大市场影响力，努力打造少数民族传统体育综合化、集群化的产业价值链。

第五章　农村人居环境事业相关政策

一、《国土资源部关于用好用活增减挂钩政策积极支持扶贫开发及易地扶贫搬迁工作的通知》

发布机关：国土资源部。

时间：2016 年 2 月 17 日。

目的：在精准施策上出实招、在精准推进上下实功、在精准落地上见实效，充分发挥国土资源超常规政策特别是城乡建设用地增减挂钩政策对扶贫开发及易地扶贫搬迁的支持促进作用。

相关内容：增减挂钩指标向贫困地区倾斜。按照应保尽保的要求，加大对扶贫开发及易地扶贫搬迁地区增减挂钩指标支持。国土资源部在分解下达全国增减挂钩指标时，向脱贫攻坚任务重的省份倾斜；省级国土资源主管部门在安排增减挂钩指标时，要重点支持贫困市县的扶贫开发及易地扶贫搬迁工作；市、县级国土资源主管部门在组织增减挂钩项目区时，要优先考虑贫困村庄特别是实施易地扶贫搬迁的村庄，积极支持具备条件的贫困地区通过开展增减挂钩，推动扶贫开发和易地扶贫搬迁工作。

拓展贫困地区增减挂钩节余指标使用范围。集中连片特困地区、国家扶贫开发工作重点县和开展易地扶贫搬迁的贫困老区开展增减挂钩的，可将增减挂钩节余指标在省域范围内流转使用。

规范扶贫开发增减挂钩节余指标使用管理。增减挂钩节余指标在省域范围内流转使用的，实行项目区分别管理。

切实保障农民土地合法权益。运用增减挂钩政策支持扶贫开发及易地扶贫搬迁，要充分尊重农民意愿，保障农民的知情权、参与权和受益权，不搞强迫命令，防止以易地扶贫搬迁为名搞“运动式”搬迁。

规范增减挂钩资金收益管理。增减挂钩收益，要按照工业反哺农业、城市支持农村的要求，及时全部返还贫困地区，确保通过增减挂钩实施扶贫开发及易地扶贫搬迁的农民受益。

意义：从各地的实践看，实施增减挂钩，既可为搬迁农民安置提供用地保障，又能为搬迁农民建新居、农村基础设施建设和扶贫产业发展提供有力的资金支持，推动贫困地区经济社会发展，确保易地扶贫搬迁农民搬得出、稳得住、能致富。各级国土资源主管部门要全面学习领会和认真贯彻落实中共十八届五中全会、中央经济工作会议、中央扶贫开发工作会议、全国易地扶贫搬迁工作电视电话会议精神，高度重视扶贫开发及易地扶贫搬迁工作，用好用活增减挂钩政策作为实施精准扶贫、精准脱贫的有力抓手，主动配合有关部门，助力扶贫开发，因地制宜、因人施策，促进政策落实落地，为“十三五”时期打赢脱贫攻坚战作出积极贡献。

政策解读：《通知》明确，按照应保尽保的要求，加大对扶贫开发及易地扶贫搬迁地区增减挂钩指标支持。国土资源部在分解下达全国增减挂钩指标时，向脱贫攻坚任务重的省份倾斜；省级国土资源主管部门在安排增减挂钩指标时，要重点支持贫困市县的扶贫开发及易地扶贫搬迁工作；市、县级国土资源主管部门在组织增减挂钩项目区时，要优先考虑贫困村庄特别是实施易地扶贫搬迁的村庄，积极支持具备条件的贫困地区通过开展增减挂钩推动扶贫开发和易地扶贫搬迁工作。省级国土资源主管部门要建立台账，对全省增减挂钩节余指标进行统一管理，按照公开、公平、有偿的原则，引导节余指标合理流转，用于效益好的项目，充分显化土地级差收益。市、县级国土资源主管部门要加强增减挂钩项目区实施管理，认真核定节余指标，并报省级国土资源主管部门确认备案，为节余指标安排使用提供依据。

《通知》指出，增减挂钩收益，要按照工业反哺农业、城市支持农村的要求，及时全部返还贫困地区，确保通过增减挂钩实施扶贫开发及易地扶贫搬迁的农民受益。《通知》强调，要切实维护集体经济组织和农民土地合法权益，拆旧复垦腾出的建设用地，必须优先满足农民新居、农村基础和公益设施建设，并留足农村非农产业发展建设用地。

二、《关于实施光伏发电扶贫工作的意见》

发布机关：国家发改委、国务院扶贫办、国家能源局、国家开发银行、中国农业发展银行。

时间：2016年3月23日。

相关内容：在2020年之前，重点在前期开展试点的、光照条件较好的16个省的471个县的约3.5万个建档立卡贫困村，以整村推进的方式，保障200万建档立卡无劳动能力贫困户（包括残疾人）每年每户增加收入3 000元以上。其他光照条件好的贫困地区可按照精准扶贫的要求，因地制宜推进实施。

（1）基本原则。精准扶贫、有效脱贫。因地制宜、整体推进。政府主导、社会支持。公平公正、群众参与。技术可靠、长期有效。

（2）重点任务。一是准确识别确定扶贫对象。

二是因地制宜确定光伏扶贫模式。中东部土地资源缺乏地区，可以村级光伏电站为主（含户用）；西部和中部土地资源丰富的地区，可建设适度规模集中式光伏电站。采取村级光伏电站（含户用）方式，每位扶贫对象的对应项目规模标准为5千瓦左右；采取集中式光伏电站方式，每位扶贫对象的对应项目规模标准为25千瓦左右。

三是统筹落实项目建设资金。

四是建立长期可靠的项目运营管理体系。

五是加强配套电网建设和运行服务。电网企业要加大贫困地区农村电网改造工作力度，为光伏扶贫项目接网和并网运行提供技术保障，将村级光伏扶贫项目的接网工程优先纳入农村电网改造升级计划。对集中式光伏电站扶贫项目，电网企业应将其接网工程纳入绿色通道办理，确保配套电网工程与项目同时投入运行。电网企业要积极配合光伏扶贫工程的规划和设计工作，按照工程需要提供基础资料，负责设计光伏扶贫的接网方案。

六是建立扶贫收益分配管理制度。各贫困县所在的市（县）政府应建立光伏扶贫收入分配管理办法，对扶贫对象精准识别，并进行动态管理，原则上应保障每位扶贫对象获得年收入3 000元以上。

七是加强技术和质量监督管理。

八是编制光伏扶贫实施方案。

（3）配套政策措施。一是优先安排光伏扶贫电站建设规模。二是加强金融政策支持力度。三是切实保障光伏扶贫项目的补贴资金发放。四是鼓励企业履行社会责任。

意义：光伏发电清洁环保、技术可靠、收益稳定，既适合建设户用和村级小电站，也适合建设较大规模的集中式电站，还可以结合农业、林业开展多种“光伏+”应用。在光照资源条件较好的地区因地制宜开展光伏扶贫，既符合精准扶贫、精准脱贫战略，又符合国家清洁低碳能源发展战略；既有利于扩大光伏发电市场，又有利于促进贫困人口稳收增收。

政策解读：《意见》指出在2020年之前，在16个省的471个县的约3.5万个建档立卡贫困村，以整村推进的方式，保障200万建档立卡无劳动力贫困户每年每户增收3 000元以上。对采取村级光伏电站（含户用）方式，每位扶贫对象的安装电站规模为5千瓦，其中采取集中式光伏电站方式的规模标准为25千瓦左右。

对于扶贫项目资金问题，《意见》也作出了明确指示，对于村级光伏电站，贷款部分省级扶贫资金给予贴息，对于贴息年限和额度按照实际扶贫贷款由地方统筹安排。对于集中式电站由地方政府指定的投融资主体与商业化投资企业共同筹措资本，资金由国家开发银行、中国农业发展银行提供优惠贷款。《意见》中提出电网企业要加大贫困地区农村电网改造工作力度，为光伏扶贫项目接网和并网运行提供技术保障，将村级光伏扶贫项目的接网工程优先纳入农村电网改造计划。对于光伏电站归属问题，村级光伏电站资产归村集体所有，光伏发电收益分配给符合条件的扶贫对象。而贫困户屋顶及院落安装的户用光伏系统归贫困户所有，收益全部归贫困户。

三、《国务院办公厅关于创新农村基础设施投融资体制机制的指导意见》

发布机关：国务院办公厅。

时间：2017年2月6日。

背景：农村基础设施是社会主义新农村建设的重要内容，是农村经济社会发展的重要支撑。近年来，我国农村道路、供水、污水垃圾处理、供电、电信等基础设施建设步伐不断加快，生产生活条件逐步改善。但由于历史欠账较多、资金投入不足、融资渠道不畅等原因，农村基础设施总体上仍比较薄弱，与全面建成小康社会的要求还有较大差距。

目的：创新农村基础设施投融资体制机制，加快农村基础设施建设步伐。

相关内容：《意见》指出，农村基础设施是社会主义新农村建设的重要内容，是农村经济社会发展的重要支撑。近年来，我国农村道路、供水、污水垃圾处理、供电和电信等基础设施建设步伐不断加快，生产生活条件逐步改善。但由于历史欠账较多、资金投入不足、融资渠道不畅等原因，农村基础设施总体上仍比较薄弱，与全面建成小康社会的要求还有较大差距。

《意见》强调，要以加快补齐农村基础设施短板、推进城乡发展一体化为目标，以创新投融资体制机制为突破口，明确各级政府事权和投入责任，拓宽投融资渠道，优化投融资模式，加大建设投入，完善管护机制，全面提高农村基础设施建设和管理水平。到 2020 年，主体多元、充满活力的投融资体制基本形成，市场运作、专业高效的建管机制逐步建立，城乡基础设施建设管理一体化水平明显提高，农村基础设施条件明显改善，美丽宜居乡村建设取得明显进展，广大农民共享改革发展成果的获得感进一步增强。

《意见》从 3 个方面对创新农村基础设施投融资体制机制提出了明确要求。一是构建多元化投融资新格局，通过健全分级分类投入体制、完善财政投入稳定增长机制、创新政府投资支持方式、建立政府和社会资本合作机制、充分调动农民参与积极性、加大金融支持力度、强化国有企业社会责任和引导社会各界积极援建等措施，健全农村基础设施建设投入长效机制。二是完善建设管护机制，通过完善农村公路建设养护机制、加快农村供水设施产权制度改革、理顺农村污水和垃圾处理管理体制、积极推进农村电力管理体制改革、鼓励农村电信设施建设向民间资本开放、改进项目管理和绩效评价方式等措施，保障工程长期发挥效益。三是健全定价机制，通过合理确定农村供水价格、探索建立污水垃圾处理农户缴费制度、完善输配电价机制、推进农村地区宽带网络提速降费等措施，激发投资动力和活力。

《意见》要求，要强化规划引导作用，按照城乡一体化发展的要求，统筹农村基础设施建设布局，推动城镇基础设施向农村延伸。要完善相关法律法规，依法保护投资者合法权益，维护公平有序的市场投资环境。地方各级人民政府要把农村基础设施建设管护摆上重要议事日程，县级人民政府要结合本地实际，制定实施意见，确保各项措施落到实处。各有关部门要按照职责分工，密切协作配合，抓紧制定相关配套措施。

政策解读：《意见》明确了到 2020 年形成主体多元、充满活力的投融资体制，市场运作、城乡基础设施建设管理一体化水平明显提高，农村基础设施条件明显改善，美丽宜居乡村建设取得明显进展，广大农民共享改革发展成果的获得感进一步增强的主要目标。

提出了以下 3 个方面的指导意见：通过健全分级分类投入体制、完善财政投入稳定增长机制、创新政府投资支持方式、建立政府和社会资本合作机制、充分调动农民参与积极性、加大金融支持力度、强化国有企业社会责任和引导社会各界积极援建等措施，健全农村基础设施建设投入长效机制。通过完善农村公路建设养护机制、加快农村供水设施产权制度改革、理顺农村污水和垃圾处理管理体制、积极推进农村电力管理体制改革、鼓励农村电信设施建设向民间资本开放、改进项目管理和绩效评价方式等措施，保障工程长期发挥效益。通过合理确定农村供水价格、探索建立污水垃圾处理农户缴费制度、完善输配电价机制、推进农村地区宽带网络提速降费等措施，激发投资动力和活力。

四、《关于加强乡镇政府服务能力建设的意见》

发布机关：中共中央办公厅、国务院办公厅。

时间：2017 年 2 月 20 日。

目的：加快乡镇政府职能转变，强化服务功能，健全服务机制，创新服务手段，增强服务意识，提升服务效能，进一步推进乡镇治理体系和治理能力现代化。

相关内容：一是把握乡镇政府服务能力建设的总体要求。《意见》提出，要主动适应经济社会发展新要求和人民群众新期待，准确把握实现基本公共服务均等化的发展方向，以增强乡镇干部的宗旨意识为关键，以强化乡镇政府服务功能为重点，以优化服务资源配置为手段，以创新服务供给方式为途径，有效提升乡镇政府的服务水平；要坚持党的领导、保证正确方向，坚持改革创新、严格依法行政，坚持以人为本、回应民生诉求，坚持统筹兼顾、实施分类指导；到2020年，乡镇政府服务能力全面提升，服务内容更加丰富，服务方式更加便捷，服务体系更加完善，基本形成职能科学、运转有序、保障有力、服务高效、人民满意的乡镇政府服务管理体制机制。

二是要强化乡镇政府服务功能。《意见》提出，要加快乡镇政府职能转变步伐，着力强化公共服务职能；扩大乡镇政府服务管理权限，对直接面向群众、量大面广、由乡镇服务管理更方便有效的各类事项依法下放乡镇政府；推进乡镇行政执法改革，推动行政执法重心下移，探索乡镇综合执法的有效形式，开展综合执法工作；统筹乡镇党政机构设置和站所管理体制改革，健全乡镇事业站所管理体制。

三是要优化乡镇基本公共服务资源配置。《意见》指出，要按照区域覆盖、制度统筹、标准统一的要求，加快城乡公共服务一体化发展进程；改进乡镇基本公共服务投入机制，积极推进基本公共服务均等化，支持乡镇基础设施建设、公共服务项目和社会事业发展；完善乡镇财政管理体制，合理划分县乡财政事权和支出责任，建立财政事权和支出责任相适应的制度。

四是要创新乡镇公共服务供给方式。《意见》强调，要建立公共服务多元供给机制，引导多方力量参与乡镇公共服务提供；加大政府购买服务力度，由“花钱养人”向“花钱办事”转变；提高公共服务信息化水平，构建面向公众的一体化在线公共服务体系；健全公共服务需求表达和反馈机制，强化群众对公共服务供给决策及运营的知情权、参与权和监督权。

五是要加强乡镇政府服务能力建设保障。《意见》指出，要切实发挥乡镇党委的领导核心作用，坚定正确政治方向，强化政治引领功能，保证党的路线方针政策得到坚决贯彻落实；加强乡镇干部队伍建设，建立健全符合乡镇工作特点的干部管理制度；改进乡镇政府服务绩效评价奖惩机制，建立科学化、差别化的乡镇政府服务绩效考核评价体系；强化乡镇政府监督管理，推进乡镇政府依法全面履行职责。

政策解读：《意见》明确提出，要加快乡镇政府职能转变步伐，着力强化公共服务职能。根据《意见》，乡镇政府需要提供的基本公共服务涵盖以下6个方面：巩固提高义务教育质量和水平，改善乡村教学环境，保障校园和师生安全，做好控辍保学和家庭经济困难学生教育帮扶等基本公共教育服务；推动以新型职业农民为主体的农村实用人才队伍建设，加强社区教育、职业技能培训、就业指导、创业扶持等劳动就业服务；做好基本养老保险、基本医疗保险、工伤、失业和生育保险等社会保险服务；落实社会救助、社会福利制度和优抚安置政策，为保障对象提供基本养老服务、残疾人基本公共服务，维护农民工、困境儿童等特殊人群和困难群体权益等基本社会服务；做好公共卫生、基本医疗、计划生育等基本医疗卫生服务；践行社会主义核心价值观，继承和弘扬中华优秀传统文化，加强对古村落、古树名木和历史文化村镇的保护和发展，健全公共文化设施网络，推动全民阅读、数字广播电视户户通、文化信息资源共享，组织开展群众文体活动等公共文化体育服务。

五、《中共中央　国务院关于加强和完善城乡社区治理的意见》

发布机关：中共中央、国务院。

时间：2017年6月12日。

背景：城乡社区是社会治理的基本单元。城乡社区治理事关党和国家大政方针贯彻落实，事关居民群众切身利益，事关城乡基层和谐稳定。

目的：实现党领导下的政府治理和社会调节、居民自治良性互动，全面提升城乡社区治理法治化、科学化、精细化水平和组织化程度，促进城乡社区治理体系和治理能力现代化。

相关内容：《意见》提出到2020年，基本形成基层党组织领导、基层政府主导的多方参与、共同治理的城乡社区治理体系。

《意见》明确了加强和完善城乡社区治理要坚持的五项基本原则，即坚持党的领导，固本强基；坚持以人为本，服务居民；坚持改革创新，依法治理；坚持城乡统筹，协调发展；坚持因地制宜，突出特色。

《意见》提出的总体目标是，到2020年，基本形成基层党组织领导、基层政府主导的多方参与、共同治理的城乡社区治理体系，城乡社区治理体制更加完善，城乡社区治理能力显著提升，城乡社区公共服务、公共管理、公共安全得到有效保障。再过5～10年，城乡社区治理体制更加成熟定型，城乡社区治理能力更为精准全面，为夯实党的执政根基、巩固基层政权提供有力支撑，为推进国家治理体系和治理能力现代化奠定坚实基础。

《意见》提出，要健全完善城乡社区治理体系，充分发挥基层党组织领导核心作用，有效发挥基层政府主导作用，注重发挥基层群众性自治组织基础作用，统筹发挥社会力量协同作用；要不断提升城乡社区治理水平，增强社区居民参与能力，提高社区服务供给能力，强化社区文化引领能力，增强社区依法办事能力，提升社区矛盾预防化解能力，增强社区信息化应用能力。

《意见》要求着力补齐城乡社区治理短板，要改善社区人居环境，加快社区综合服务设施建设，优化社区资源配置，推进社区减负增效，改进社区物业服务管理。

《意见》还要求强化组织保障，要完善领导体制和工作机制，加大资金投入力度，加强社区工作者队伍建设，完善政策标准体系和激励宣传机制。

政策解读：总体而言，中国城乡社区治理目前仍然存在社区自治和服务功能不强，基层群众自治活动内容和载体相对单一，社区治理参与机制还不健全，政府部门包办过多，社会力量、市场主体参与缺乏长效机制，社区居民参与缺乏组织化渠道等瓶颈。为解决瓶颈问题，以中共中央、国务院名义出台了关于城乡社区治理的纲领性文件。

《意见》明确了基本目标：努力把城乡社区建设成为和谐有序、绿色文明、创新包容、共建共享的幸福家园。《意见》同时提出了“两步走”的总体目标：第一步，到2020年，基本形成基层党组织领导、基层政府主导的多方参与、共同治理的城乡社区治理体系，城乡社区治理体制更加完善，城乡社区治理能力显著提升，城乡社区公共服务、公共管理、公共安全得到有效保障；第二步，再过5～10年，城乡社区治理体制更加成熟定型，城乡社区治理能力更为精准全面，为夯实党的执政根基、巩固基层政权提供有力支撑，为推进国家治理体系和治理能力现代化奠定坚实基础。

六、《中共中央　国务院关于实施乡村振兴战略的意见》关于农村人居环境事业相关政策

发布机关：中共中央、国务院。

时间：2018年1月2日。

相关内容：

（1）乡村振兴，生态宜居是关键。良好生态环境是农村最大优势和宝贵财富。必须尊重自然、顺应自然、保护自然，推动乡村自然资本加快增值，实现百姓富、生态美的统一。

一是统筹山水林田湖草系统治理。把山水林田湖草作为一个生命共同体，进行统一保护、统一修复。实施重要生态系统保护和修复工程。健全耕地草原森林河流湖泊休养生息制度，分类有序退出超载的边际产能。扩大耕地轮作休耕制度试点。科学划定江河湖海限捕、禁捕区域，健全水生生态保护修复制度。实行水资源消耗总量和强度双控行动。开展河湖水系连通和农村河塘清淤整治，全面推行河长制、湖长制。加大农业水价综合改革工作力度。开展国土绿化行动，推进荒漠化、石漠化、水土流失综合治理。强化湿地保护和恢复，继续开展退耕还湿。完善天然林保护制度，把所有天然林都纳入保护范围。扩大退耕还林还草、退牧还草，建立成果巩固长效机制。继续实施"三北"防护林体系建设等林业重点工程，实施森林质量精准提升工程。继续实施草原生态保护补助奖励政策。实施生物多样性保护重大工程，有效防范外来生物入侵。

二是加强农村突出环境问题综合治理。加强农业面源污染防治，开展农业绿色发展行动，实现投入品减量化、生产清洁化、废弃物资源化、产业模式生态化。推进有机肥替代化肥、畜禽粪污处理、农作物秸秆综合利用、废弃农膜回收、病虫害绿色防控。加强农村水环境治理和农村饮用水水源保护，实施农村生态清洁小流域建设。扩大华北地下水超采区综合治理范围。推进重金属污染耕地防控和修复，开展土壤污染治理与修复技术应用试点，加大东北黑土地保护力度。实施流域环境和近岸海域综合治理。严禁工业和城镇污染向农业农村转移。加强农村环境监管能力建设，落实县乡两级农村环境保护主体责任。

三是建立市场化多元化生态补偿机制。落实农业功能区制度，加大重点生态功能区转移支付力度，完善生态保护成效与资金分配挂钩的激励约束机制。鼓励地方在重点生态区位推行商品林赎买制度。健全地区间、流域上下游之间横向生态保护补偿机制，探索建立生态产品购买、森林碳汇等市场化补偿制度。建立长江流域重点水域禁捕补偿制度。推行生态建设和保护以工代赈做法，提供更多生态公益岗位。

四是增加农业生态产品和服务供给。正确处理开发与保护的关系，运用现代科技和管理手段，将乡村生态优势转化为发展生态经济的优势，提供更多、更好的绿色生态产品和服务，促进生态和经济良性循环。加快发展森林草原旅游、河湖湿地观光、冰雪海上运动、野生动物驯养观赏等产业，积极开发观光农业、游憩休闲、健康养生、生态教育等服务。创建一批特色生态旅游示范村镇和精品线路，打造绿色生态环保的乡村生态旅游产业链。

（2）乡村振兴，治理有效是基础。必须把夯实基层基础作为固本之策，建立健全党委领导、政府负责、社会协同、公众参与、法治保障的现代乡村社会治理体制，坚持自治、法治、德治相结合，确保乡村社会充满活力、和谐有序。

一是加强农村基层党组织建设。扎实推进抓党建促乡村振兴，突出政治功能，提升组织力，抓乡促村，把农村基层党组织建成坚强战斗堡垒。强化农村基层党组织领导核心地位，创新组织设置和活动方式，持续整顿软弱涣散村党组织，稳妥有序开展不合格党员处置工作，着力引导农村党员发挥先锋模范作用。建立选派第一书记工作长效机制，全面向贫困村、软弱涣散村和集体经济薄弱村党组织派出第一书记。实施农村带头人队伍整体优化提升行动，注重吸引高校毕业生、农民工、机关企事业单位优秀党员干部到村任职，选优配强村党组织书记。健全从优秀村党组织书记中选拔乡镇领导干部、考录乡镇机关公务员、招聘乡镇事业编制人员制度。加大在优秀青年农民中发展党员力度。建立农村党员定期培训制度。全面落实村级组织运转经费保障政策。推行村级小微权力清单制度，加大基层小微权力腐败惩处力度。严厉整治惠农补贴、集体资产管理、土地征收等领域侵害农民利益的不正之风和腐败问题。

二是深化村民自治实践。坚持自治为基，加强农村群众性自治组织建设，健全和创新村党组织领导的充满活力的村民自治机制。推动村党组织书记通过选举担任村委会主任。发挥自治章程、村规民约的积极作用。全面建立健全村务监督委员会，推行村级事务阳光工程。依托村民会议、村民代表会议、村民议事会、村民理事会、村民监事会等，形成民事民议、民事民办、民事民管的多层次基层协商格局。积极发挥新乡贤作用。推动乡村治理重心下移，尽可能把资源、服务、管理下放到基层。继续开展以村民小组或自然村为基本单元的村民自治试点工作。加强农村社区治理创新。创新基层管理体制机制，整合优化公共服务和行政审批职责，打造“一门式办理”“一站式服务”的综合服务平台。在村庄普遍建立网上服务站点，逐步形成完善的乡村便民服务体系。大力培育服务性、公益性、互助性农村社会组织，积极发展农村社会工作和志愿服务。集中清理上级对村级组织考核评比多、创建达标多、检查督查多等突出问题。维护村民委员会、农村集体经济组织、农村合作经济组织的特别法人地位和权利。

三是建设法治乡村。坚持法治为本，树立依法治理理念，强化法律在维护农民权益、规范市场运行、农业支持保护、生态环境治理、化解农村社会矛盾等方面的权威地位。增强基层干部法治观念、法治为民意识，将政府涉农各项工作纳入法制化轨道。深入推进综合行政执法改革向基层延伸，创新监管方式，推动执法队伍整合、执法力量下沉，提高执法能力和水平。建立健全乡村调解、县市仲裁、司法保障的农村土地承包经营纠纷调处机制。加大农村普法力度，提高农民法治素养，引导广大农民增强尊法学法守法用法意识。健全农村公共法律服务体系，加强对农民的法律援助和司法救助。

四是提升乡村德治水平。深入挖掘乡村熟人社会蕴含的道德规范，结合时代要求进行创新，强化道德教化作用，引导农民向上向善、孝老爱亲、重义守信、勤俭持家。建立道德激励约束机制，引导农民自我管理、自我教育、自我服务、自我提高，实现家庭和睦、邻里和谐、干群融洽。广泛开展好媳妇、好儿女、好公婆等评选表彰活动，开展寻找最美乡村教师、医生、村官、家庭等活动。深入宣传道德模范、身边好人的典型事迹，弘扬真善美，传播正能量。

五是建设平安乡村。健全落实社会治安综合治理领导责任制，大力推进农村社会治安防控体系建设，推动社会治安防控力量下沉。深入开展扫黑除恶专项斗争，严厉打击农村黑恶势力、宗族恶势力，严厉打击黄赌毒盗拐骗等违法犯罪。依法加大对农村非法宗教活动和境外渗透活动打击力度，依法制止利用宗教干预农村公共事务，继续整治农村乱建庙宇、滥塑宗教造像。完善县乡村三级综治中心功能和运行机制。健全农村公共安全体系，持续开展农村安全隐患治理。加强农村警务、消防、安全生产工作，坚决遏制重特大安全事故。探索以网格化管理为抓手、以现代信息技术为支撑，实现基层服务和管理精细化精准化。推进农村“雪亮工程”建设。

六是持续改善农村人居环境。实施农村人居环境整治三年行动计划，以农村垃圾、污水治理和村容村貌提升为主攻方向，整合各种资源，强化各种举措，稳步有序推进农村人居环境突出问题治理。坚持不懈推进农村“厕所革命”，大力开展农村户用卫生厕所建设和改造，同步实施粪污治理，加快实现农村无害化卫生厕所全覆盖，努力补齐影响农民群众生活品质的短板。总结推广适用不同地区的农村污水治理模式，加强技术支撑和指导。深入推进农村环境综合整治。推进北方地区农村散煤替代，有条件的地方有序推进煤改气、煤改电和新能源利用。逐步建立农村低收入群体安全住房保障机制。强化新建农房规划管控，加强“空心村”服务管理和改造。保护保留乡村风貌，开展田园建筑示范，培养乡村传统建筑名匠。实施乡村绿化行动，全面保护古树名木。持续推进宜居宜业的美丽乡村建设。

七、《农村人居环境整治三年行动方案》

发布机关：中共中央办公厅、国务院办公厅。

时间：2018年2月5日。

背景：改善农村人居环境，建设美丽宜居乡村，是实施乡村振兴战略的一项重要任务，事关全面建成小康社会，事关广大农民根本福祉，事关农村社会文明和谐。近年来，各地区各部门认真贯彻中共中央、国务院决策部署，把改善农村人居环境作为社会主义新农村建设的重要内容，大力推进农村基础设施建设和城乡基本公共服务均等化，农村人居环境建设取得显著成效。同时，我国农村人居环境状况很不平衡，脏乱差问题在一些地区还比较突出，与全面建成小康社会要求和农民群众期盼还有较大差距，仍然是经济社会发展的突出短板。

目的：加快推进农村人居环境整治，进一步提升农村人居环境水平。

相关内容：《方案》提出，到2020年，实现农村人居环境明显改善，村庄环境基本干净整洁有序，村民环境与健康意识普遍增强。

东部地区、中西部城市近郊区等有基础、有条件的地区，人居环境质量全面提升，基本实现农村生活垃圾处置体系全覆盖，基本完成农村户用厕所无害化改造，厕所粪污基本得到处理或资源化利用，农村生活污水治理率明显提高，村容村貌显著提升，管护长效机制初步建立。

中西部有较好基础、基本具备条件的地区，人居环境质量较大提升，力争实现90%左右的村庄生活垃圾得到治理，卫生厕所普及率达到85%左右，生活污水乱排乱放得到管控，村内道路通行条件明显改善。

地处偏远、经济欠发达等地区，在优先保障农民基本生活条件基础上，实现人居环境干净整洁的基本要求。

重点任务：

（1）推进农村生活垃圾治理。统筹考虑生活垃圾和农业生产废弃物利用、处理，建立健全符合农村实际、方式多样的生活垃圾收运处置体系。有条件的地区要推行适合农村特点的垃圾就地分类和资源化利用方式。开展非正规垃圾堆放点排查整治，重点整治垃圾山、垃圾围村、垃圾围坝、工业污染“上山下乡”。

（2）开展厕所粪污治理。合理选择改厕模式，推进“厕所革命”。东部地区、中西部城市近郊区以及其他环境容量较小地区村庄，加快推进户用卫生厕所建设和改造，同步实施厕所粪污治理。其他地区要按照群众接受、经济适用、维护方便、不污染公共水体的要求，普及不同水平的卫生厕所。引导农村新建住房配套建设无害化卫生厕所，人口规模较大村庄配套建设公共厕所。加强改厕与农村生活污水治理的有效衔接。鼓励各地结合实际，将厕所粪污、畜禽养殖废弃物一并处理并资源化利用。

（3）梯次推进农村生活污水治理。根据农村不同区位条件、村庄人口聚集程度、污水产生规模，因地制宜采用污染治理与资源利用相结合、工程措施与生态措施相结合、集中与分散相结合的建设模式和处理工艺。推动城镇污水管网向周边村庄延伸覆盖。积极推广低成本、低能耗、易维护、高效率的污水处理技术，鼓励采用生态处理工艺。加强生活污水源头减量和尾水回收利用。以房前屋后河塘沟渠为重点实施清淤疏浚，采取综合措施恢复水生态，逐步消除农村黑臭水体。将农村水环境治理纳入河长制、湖长制管理。

（4）提升村容村貌。加快推进通村组道路、入户道路建设，基本解决村内道路泥泞、村民出行不便等问题。充分利用本地资源，因地制宜选择路面材料。整治公共空间和庭院环境，消除私搭乱建、乱堆乱放。大力提升农村建筑风貌，突出乡土特色和地域民族特点。加大传统村落民居和历史文化名村名镇保护力度，弘扬传统农耕文化，提升田园风光品质。推进村庄绿化，充分利用闲置土地组织开展植树造林、湿地恢复等活动，建设绿色生态村庄。完善村庄公共照明设施。深入开展城乡环境卫生整洁行动，推进卫生县城、卫生乡镇等卫生创建工作。

（5）加强村庄规划管理。全面完成县域乡村建设规划编制或修编，与县乡土地利用总体规划、土地整治规划、村土地利用规划、农村社区建设规划等充分衔接，鼓励推行多规合一。推进实用性村庄规划编制实施，做到农房建设有规划管理、行政村有村庄整治安排、生产生活空间合理分离，优化村庄功能布局，实现村庄规划管理基本覆盖。推行政府组织领导、村委会发挥主体作用、技术单位指导的村庄规划编制机制。村庄规划的主要内容应纳入村规民约。加强乡村建设规划许可管理，建立健全违法用地和建设查处机制。

（6）完善建设和管护机制。明确地方党委和政府以及有关部门、运行管理单位责任，基本建立有制度、有标准、有队伍、有经费、有督查的村庄人居环境管护长效机制。鼓励专业化、市场化建设和运行管护，有条件的地区推行城乡垃圾污水处理统一规划、统一建设、统一运行、统一管理。推行环境治理依效付费制度，健全服务绩效评价考核机制。鼓励有条件的地区探索建立垃圾污水处理农户付费制度，完善财政补贴和农户付费合理分担机制。支持村级组织和农村“工匠”带头人等承接村内环境整治、村内道路、植树造林等小型涉农工程项目。组织开展专业化培训，把当地村民培养成为村内公益性基础设施运行维护的重要力量。简化农村人居环境整治建设项目审批和招投标程序，降低建设成本，确保工程质量。

政策解读：《农村人居环境整治三年行动方案》提出，到2020年，实现农村人居环境明显改善，村庄环境基本干净整洁有序，村民环境与健康意识普遍增强。

东部地区、中西部城市近郊区等有基础、有条件的地区，人居环境质量全面提升，基本实现农村生活垃圾处置体系全覆盖，基本完成农村户用厕所无害化改造，厕所粪污基本得到处理或资源化利用，农村生活污水治理率明显提高，村容村貌显著提升，管护长效机制初步建立。

中西部有较好基础、基本具备条件的地区，人居环境质量较大提升，力争实现90%左右的村庄生活垃圾得到治理，卫生厕所普及率达到85%左右，生活污水乱排乱放得到管控，村内道路通行条件明显改善。

地处偏远、经济欠发达等地区，在优先保障农民基本生活条件基础上，实现人居环境干净整洁的基本要求。

第六章　农村社会保障事业相关政策

一、《国务院关于加强农村留守儿童关爱保护工作的意见》

发布机关： 国务院。

时间： 2016 年 2 月 4 日。

背景： 近年来，随着我国经济社会发展和工业化、城镇化进程推进，一些地方农村劳动力为改善家庭经济状况、寻求更好发展，走出家乡务工、创业，但受工作不稳定和居住、教育、照料等客观条件限制，有的选择将未成年子女留在家乡交由他人监护照料，导致大量农村留守儿童出现。农村劳动力外出务工为我国经济建设作出了积极贡献，对改善自身家庭经济状况起到了重要作用，客观上为子女的教育和成长创造了一定的物质基础和条件，但也导致部分儿童与父母长期分离，缺乏亲情关爱和有效监护，出现心理健康问题甚至极端行为，遭受意外伤害甚至不法侵害。这些问题严重影响儿童健康成长，影响社会和谐稳定，各方高度关注，社会反响强烈。进一步加强农村留守儿童关爱保护工作，为广大农村留守儿童健康成长创造更好的环境，是一项重要而紧迫的任务。

相关内容： 农村留守儿童和其他儿童一样是祖国的未来和希望，需要全社会的共同关心。做好农村留守儿童关爱保护工作，关系到未成年人健康成长，关系到家庭幸福与社会和谐，关系到全面建成小康社会大局。坚持家庭尽责、政府主导、全民关爱、标本兼治的原则。家庭、政府、学校尽职尽责，社会力量积极参与的农村留守儿童关爱保护工作体系全面建立，强制报告、应急处置、评估帮扶、监护干预等农村留守儿童救助保护机制有效运行，侵害农村留守儿童权益的事件得到有效遏制。到 2020 年，未成年人保护法律法规和制度体系更加健全，全社会关爱保护儿童的意识普遍增强，儿童成长环境更为改善、安全更有保障，儿童留守现象明显减少。

意义： 留守儿童是指父母双方外出务工或一方外出务工另一方无监护能力、不满 16 周岁的未成年人。农村留守儿童问题是我国经济社会发展中的阶段性问题，是我国城乡发展不均衡、公共服务不均等、社会保障不完善等问题的深刻反映。近年来，各地区、各有关部门积极开展农村留守儿童关爱保护工作，对促进广大农村留守儿童健康成长起到了积极作用，但工作中还存在一些薄弱环节，突出表现在家庭监护缺乏监督指导、关爱服务体系不完善、救助保护机制不健全等方面，农村留守儿童关爱保护工作制度化、规范化、机制化建设亟待加强。

农村留守儿童与其他儿童一样是祖国的未来和希望，需要全社会的共同关心。做好农村留守儿童关爱保护工作，关系到未成年人健康成长，关系到家庭幸福与社会和谐，关系到全面建成小康社会大局。中共中央、国务院对做好农村留守儿童关爱保护工作高度重视。加强农村留守儿童关爱保护工作、维护未成年人合法权益，是各级政府的重要职责，也是家庭和全社会的共同责任。各地区、各有关部门要充分认识加强农村留守儿童关爱保护工作的重要性和紧迫性，增强责任感和使命感，加大工作力度，采取有效措施，确保农村留守儿童得到妥善监护照料和更好关爱保护。

政策解读：《意见》抓住了农村留守儿童关爱保护工作中的突出问题和薄弱环节，针对完善关爱服务体系和健全救助保护机制这两个重点环节，提出了有针对性的政策安排和系统性的顶层制度设计，主要有以下突破性内容：一是强化家庭监护主体责任，依法提出加强家庭监护监督指导的政策措施，对于厘清家庭和政府的责任，督促外出务工父母依法履行监护职责，具有强烈的现实针对性；二是依法设计了包括强制报告、应急处置、评估帮扶、监护干预等环节在内的救助保护机制，弥补了农村留守儿童关爱服务工作的政策短板，有助于遏制侵害留守儿童权益、冲击社会心理底线的极端事件发生；三是依次明确家庭、政府、学校和社会责任，构建家庭、政府、学校、社会齐抓共管的关爱服务体系。《意见》既强调了现行有效政策，又有新的措施安排，部门职责任务明确，组织保障措施有力，内容全面、重点突出，操作性较强。

二、《关于做好农村最低生活保障制度与扶贫开发政策有效衔接的指导意见》

发布机关：民政部、国务院扶贫办、中央农办、财政部、国家统计局、中国残联。

时间：2016 年 9 月 17 日。

相关内容：

（1）主要目标。通过农村低保制度与扶贫开发政策的有效衔接，形成政策合力，对符合低保标准的农村贫困人口实行政策性保障兜底，确保到 2020 年现行扶贫标准下农村贫困人口全部脱贫。

（2）重点任务。一是加强政策衔接。在坚持依法行政、保持政策连续性的基础上，着力加强农村低保制度与扶贫开发政策衔接。对符合农村低保条件的建档立卡贫困户，按规定程序纳入低保范围，并按照家庭人均收入低于当地低保标准的差额发给低保金。对符合扶贫条件的农村低保家庭，按规定程序纳入建档立卡范围，并针对不同致贫原因予以精准帮扶。对返贫的家庭，按规定程序审核后，相应纳入临时救助、医疗救助、农村低保等社会救助制度和建档立卡贫困户扶贫开发政策覆盖范围。对不在建档立卡范围内的农村低保家庭、特困人员，各地统筹使用相关扶贫开发政策。贫困人口参加农村基本医疗保险的个人缴费部分由财政给予补贴，对基本医疗保险和大病保险支付后个人自负费用仍有困难的，加大医疗救助、临时救助、慈善救助等帮扶力度，符合条件的纳入重特大疾病医疗救助范围。对农村低保家庭中的老年人、未成年人、重度残疾人、重病患者等重点救助对象，要采取多种措施提高救助水平，保障其基本生活，严格落实困难残疾人生活补贴制度和重度残疾人护理补贴制度。

二是加强对象衔接。县级民政、扶贫等部门和残联要密切配合，加强农村低保和扶贫开发在对象认定上的衔接。完善农村低保家庭贫困状况评估指标体系，以家庭收入、财产作为主要指标，根据地方实际情况适当考虑家庭成员因残疾、患重病等增加的刚性支出因素，综合评估家庭贫困程度。进一步完善农村低保和建档立卡贫困家庭经济状况核查机制，明确核算范围和计算方法。对参与扶贫开发项目实现就业的农村低保家庭，在核算其家庭收入时，可以扣减必要的就业成本，具体扣减办法由各地根据实际情况研究制订。"十三五"期间，在农村低保和扶贫对象认定时，中央确定的农村居民基本养老保险基础养老金暂不计入家庭收入。

三是加强标准衔接。各地要加大省级统筹工作力度，制订农村低保标准动态调整方案，确保所有地方农村低保标准逐步达到国家扶贫标准。农村低保标准低于国家扶贫标准的地方，要按照国家扶贫标准综合确定农村低保的最低指导标准。农村低保标准已经达到国家扶贫标准的地方，要按照动态调整机制科学调整。进一步完善农村低保标准与物价上涨挂钩的联动机制，确保困难群众不因物价上涨影响基本生活。各地农村低保标准调整后应及时向社会公布，接受社会监督。

四是加强管理衔接。对农村低保对象和建档立卡贫困人口实施动态管理。乡镇人民政府（街道办事处）要会同村（居）民委员会定期、不定期开展走访调查，及时掌握农村低保家庭、特困人员和建档立卡贫困家庭人口、收入、财产变化情况，并及时上报县级民政、扶贫部门。县级民政部门要将农村低保对象、特困人员名单提供给同级扶贫部门；县级扶贫部门要将建档立卡贫困人口名单和脱贫农村低保对象名单、脱贫家庭人均收入等情况及时提供给同级民政部门。健全信息公开机制，乡镇人民政府（街道办事处）要将农村低保和扶贫开发情况纳入政府信息公开范围，将建档立卡贫困人口和农村低保对象、特困人员名单在其居住地公示，接受社会和群众监督。

（3）工作要求。一是制订实施方案。按照中央统筹、省负总责、市县抓落实的工作机制，各省（自治区、直辖市）民政、扶贫部门要会同有关部门抓紧制订本地区实施方案，各市县要进一步明确衔接工作目标、重点任务、实施步骤和行动措施，确保落到实处。2016 年 11 月底前，各省（自治区、直辖市）民政、扶贫部门要将实施方案报民政部、国务院扶贫办备案。

二是开展摸底调查。2016 年 12 月底前，县级民政、扶贫部门和残联要指导乡镇人民政府（街道办事处）抓紧开展一次农村低保对象和建档立卡贫困人口台账比对，逐户核对农村低保对象和建档立卡贫困人口，掌握纳入建档立卡范围的农村低保对象、特困人员、残疾人数据，摸清建档立卡贫困人口中完全或部分丧失劳动能力的贫困家庭情况，为做好农村低保制度与扶贫开发政策有效衔接奠定基础。

三是建立沟通机制。各地要加快健全低保信息系统和扶贫开发信息系统，逐步实现低保和扶贫开发信息系统互联互通、信息共享，不断提高低保、扶贫工作信息化水平。县级残联要与民政、扶贫等部门加强贫困残疾人和重度残疾人相关信息的沟通。县级民政、扶贫部门要定期会商交流农村低保对象和建档立卡贫困人口变化情况，指导乡镇人民政府（街道办事处）及时更新农村低保对象和建档立卡贫困人口数据，加强信息核对，确保信息准确完整、更新及时，每年至少比对一次台账数据。

四是强化考核监督。各地要将农村低保制度与扶贫开发政策衔接工作分别纳入低保工作绩效评价和脱贫攻坚工作成效考核体系。加大对农村低保制度与扶贫开发政策衔接工作的督促检查力度，加强社会监督，建立第三方评估机制，增强约束力和工作透明度。健全责任追究机制，对衔接工作中出现的违法违纪问题，要依法依纪严肃追究有关人员责任。

政策解读：《意见》是实施农村低保兜底脱贫的制度性保障，两项制度的衔接应常态化、机制化，形成政策合力，确保到2020年现行扶贫标准下农村贫困人口实现脱贫。《意见》明确了加强农村低保制度与扶贫开发政策衔接的重点任务，提出要坚持应扶尽扶、应保尽保、动态管理、资源统筹等原则，将政府兜底保障与扶贫开发政策相结合，形成脱贫攻坚合力，实现对农村贫困人口的全面扶持。

切实做好农村最低生活保障制度与扶贫开发政策有效衔接，可以减少因制度不一造成的问题，更可以形成合力提升两项制度的实施绩效。《意见》是从政策顶层设计上对我国精准扶贫和精准脱贫战略的一次重要推动。为确保衔接工作落地，《意见》提出，中央财政安排的社会救助补助资金，重点向保障任务重、地方财政困难、工作绩效突出的地区倾斜。同时，要求探索建立村级社会救助协理员制度，根据社会救助对象数量等因素配备相应工作人员。通过政府购买服务等方式，引入社会力量参与提供农村低保服务。

三、《关于切实做好就业扶贫工作的指导意见》

发布机关：人社部、财政部、国务院扶贫办。

时间：2016年12月2日。

相关内容：围绕实现精准对接、促进稳定就业的目标，通过开发岗位、劳务协作、技能培训、就业服务、权益维护等措施，帮助一批未就业贫困劳动力转移就业，帮助一批已就业贫困劳动力稳定就业，帮助一批贫困家庭未升学初、高中毕业生就读技工院校毕业后实现技能就业，带动促进1 000万贫困人口脱贫。

（1）摸清基础信息。各地扶贫部门要在建档立卡工作基础上，切实担负摸查贫困劳动力就业失业基础信息的责任。对未就业的摸清就业意愿和就业服务需求，对已就业的摸清就业地点、就业单位名称和联系方式，并填写农村贫困劳动力就业信息表，组织专人审核并将信息录入扶贫开发信息系统。充分发挥行政村第一书记、驻村工作队作用，把摸查责任落实到人，谁摸查、谁负责，对信息不准确的重新摸查和录入。创新摸查方式，多渠道开展信息摸查工作，有条件的地方可通过购买服务的方式予以支持。人社部将建立“农村贫困劳动力就业信息平台”，实现与扶贫开发信息系统对接，支持各地人力资源社会保障部门获取在本地的贫困劳动力基础信息。

（2）促进就地就近就业。各地要积极开发就业岗位，拓宽贫困劳动力就地就近就业渠道。东部省份、中西部省份经济发达地区要依托对口协作机制，结合产业梯度转移，着力帮扶贫困县发展产业，引导劳动密集型行业企业到贫困县投资办厂或实施生产加工项目分包。各地要积极支持贫困县承接和发展劳动密集型产业，支持企业在乡镇（村）创建扶贫车间、加工点，积极组织贫困劳动力从事居家就业和灵活就业。鼓励农民工返乡创业、当地能人就地创业、贫困劳动力自主创业，支持发展农村电商、乡村旅游等创业项目，切实落实各项创业扶持政策，优先提供创业服务。对大龄、有就业意愿和能力、确实难以通过市场渠道实现就业的贫困劳动力，可通过以工代赈等方式提供就业帮扶。

（3）加强劳务协作。各地要依托东西部对口协作机制和对口支援工作机制，开展省际劳务协作，同时要积极推动省内经济发达地区和贫困县开展劳务协作。贫困县要摸清本地贫困劳动力就业需求，并主动提供支援地，积极承接支援地提供的援助服务。支援地要广泛收集岗位信息，努力促进贫困劳动力与用人单位精准对接，提高劳务输出组织化程度；帮助贫困县健全公共就业服务体系，完善公共就业服务制度，提升就业服务能力；充分利用现代化手段开展远程招聘，降低异地招聘成本，提高招聘效率；支持贫困地区办好技工学校、职业培训机构和公共实训基地，重点围绕区域主导产业加强专业、师资、设备建设，提高技工教育和职业培训能力；加强对在支援地就业贫困劳动力的权益维护，提升其就业稳定性。各地要在企业自愿申报的基础上，遴选一批管理规范、社会责任感较强、岗位适合的企业作为贫困劳动力就业基地，定向招收贫困劳动力。鼓励人力资源服务机构、农村劳务经纪人等市场主体开展有组织劳务输出，按规定给予就业创业服务补贴。鼓励地方对跨省务工的农村贫困人口给予交通补助。

（4）加强技能培训。各地要以就业为导向，围绕当地产业发展和企业用工需求，统筹培训资源，积极组织贫困劳动力参加劳动预备制培训、岗前培训、订单培训和岗位技能提升培训，提高培训的针对性和有效性，并按规定落实职业培训补贴。实施技能脱贫千校行动，组织省级重点以上的技工院校，定向招收建档立卡贫困户青年，帮助他们获得专业技能，在毕业后实现技能就业。对就读技工院校的建档立卡贫困家庭学生，按规定免除学费、发放助学金、提供扶贫小额信贷等，支持其顺利完成技工教育并帮助其就业。

（5）促进稳定就业。各地要切实维护已就业贫困劳动力劳动权益，指导督促企业与其依法签订并履行劳动合同、参加社会保险、按时足额发放劳动报酬，积极改善劳动条件，加强职业健康保护。要定期联系、主动走访已就业贫困劳动力，及时掌握其就业失业情况，对就业转失业的，及时办理失业登记，按规定落实失业保险待遇，提供“一对一”就业帮扶，帮助其尽快上岗。鼓励人力资源服务机构对已就业农村贫困劳动力持续、跟踪开展就业服务，按规定给予就业创业服务补贴。鼓励企业稳定聘用贫困劳动力，对吸纳符合就业困难人员条件的贫困劳动力就业并缴纳社会保险的企业，给予社会保险补贴，补贴期限不超过3年。对吸纳贫困劳动力较多的企业，优先给予扶贫再贷款。人社部、国务院扶贫办将开展精准扶贫爱心企业创建活动，鼓励企业吸纳和稳定贫困劳动力就业。各地人力资源社会保障部门、扶贫部门要积极协调有关方面，为在当地就业的贫困劳动力提供力所能及的人文关怀，帮助其适应就业岗位和城市生活，积极引导志愿者组织、慈善组织等社会团体为贫困劳动力及其家属开展关爱活动。

政策解读：《意见》要求，围绕实现精准对接、促进稳定就业的目标，通过开发岗位、劳务协作、技能培训、就业服务、权益维护等措施，帮助一批未就业贫困劳动力转移就业，帮助一批已就业贫困劳动力稳定就业，帮助一批贫困家庭未升学初、高中毕业生就读技工院校毕业后实现技能就业，带动促进1 000万贫困人口脱贫。

《意见》明确，各地扶贫部门要在建档立卡工作基础上，切实担负摸查贫困劳动力就业失业基础信息的责任。要积极开发就业岗位，拓宽贫困劳动力就地就近就业渠道。要依托东西部对口协作机制和对口支援工作机制，开展省际劳务协作，同时要积极推动省内经济发达地区和贫困县开展劳务协作。要以就业为导向，围绕当地产业发展和企业用工需求，统筹培训资源，积极组织贫困劳动力参加劳动预备制培训、岗前培训、订单培训和岗位技能提升培训，提高培训的针对性和有效性，并按规定落实职业培训补贴。要切实维护已就业贫困劳动力劳动权益，指导督促企业与其依法签订并履行劳动合同、参加社会保险、按时足额发放劳动报酬，积极改善劳动条件，加强职业健康保护。

四、《关于进一步加强医疗救助与城乡居民大病保险有效衔接的通知》

发布机关：民政部、财政部、人社部、国家卫计委、中国保险监督管理委员会（以下简称中国保监会）、国务院扶贫办。

时间：2017年1月16日。

目的：医疗救助和城乡居民大病保险是我国多层次医疗保障体系的重要组成部分，发挥保障困难群众基本医疗权益的基础性作用。进一步加强两项制度在对象范围、支付政策、经办服务、监督管理等方面的衔接，充分发挥制度效能。

相关内容：

（1）做好资助困难群众参加基本医疗保险工作。各地要全面落实资助困难群众参保政策，确保其纳入基本医疗保险和大病保险范围。根据本地区医疗救助资金筹集情况、基本医疗保险缴费标准以及个人承担能力等明确资助额度，对于特困人员给予全额资助，对于低保对象、建档立卡贫困人口给予定额资助。对按规定纳入定额资助范围的人员，要做好参保动员工作，加大保费征缴力度，提高参保意愿，可由其先行全额缴纳参保费用，相关部门再将资助资金支付本人，确保人费对应、足额缴纳、及时参保。

（2）拓展重特大疾病医疗救助对象范围。对经大病保险报销后仍有困难的低保对象、特困人员、建档立卡贫困人口、低收入重度残疾人等困难群众（含低收入老年人、未成年人、重病患者）实施重特大疾病医疗救助，积极探索做好因病致贫家庭重病患者救助工作。省级民政部门要会同相关部门综合考虑家庭经济状况以及医疗费用支出、医疗保险支付情况等因素，完善低收入救助对象和因病致贫家庭重病患者的认定办法，指导市、县民政部门依托社会救助家庭经济状况核对机制，准确认定救助对象，及时落实救助政策。

（3）落实大病保险倾斜性支付政策。各地要统筹考虑大病保险筹资水平、当地人均可支配收入和低保标准等，制订大病保险向低保对象、特困人员、建档立卡贫困人口、低收入重度残疾人等困难群众（含低收入老年人、未成年人、重病患者）倾斜的具体办法，明确降低大病保险起付线、提高报销比例的量化要求，实施精准支付，提高困难群众受益水平。各省（自治区、直辖市）要根据大病患者需求、筹资能力等实际，合理确定大病保险合规医疗费用范围。要将对困难群众的倾斜照顾措施纳入大病保险实施方案，通过招投标等方式，与承办机构签订合同，确保部署实施。

（4）提高重特大疾病医疗救助水平。各地要合理调整医疗救助资金支出结构，稳步提高重特大疾病医疗救助资金支出占比。综合救助家庭经济状况、自负医疗费用、当地医疗救助筹资情况等因素，建立健全分类分段的梯度救助模式，科学设定救助比例和年度最高救助限额。重点救助对象救助水平要高于其他救助对象；同一类救助对象，个人自负费用数额越大，救助比例越高。积极拓展重特大疾病医疗救助费用报销范围，原则上经基本医疗保险、大病保险、各类补充保险等报销后个人负担的合规医疗费用，均计入救助基数。合规医疗费用范围应参照大病保险的相关规定确定，并做好与基本医疗保险按病种付费改革衔接。鼓励有条件的地方对困难群众合规医疗费用之外的自负费用按照一定比例给予救助，进一步提高大病保障水平。

（5）实行县级行政区域内困难群众住院先诊疗后付费。各地要针对低保对象、特困人员、建档立卡贫困人口、低收入重度残疾人等困难群众（含低收入老年人、未成年人、重病患者），全面实施县级行政区域内定点医疗机构住院先诊疗后付费改革。依托定点医疗机构服务窗口，实现基本医疗保险、大病保险、医疗救助的同步即时结算，困难群众出院时只需支付自负医疗费用。鼓励有条件的地方建立市级和省级行政区域内困难群众按规定分级转诊和异地就医先诊疗后付费的结算机制。

（6）规范医疗费用结算程序。

（7）加强医疗保障信息共享。

（8）强化服务运行监管。

（9）做好绩效评价工作。

政策解读：《通知》对目前大病保险与医疗救助衔接中存在的问题指明了解决方向，对做好大病保险与医疗救助的衔接，形成政策合力，完善我国重特大疾病医疗保障体系具有重要的指导意义。加强医疗救助与大病保险的衔接，核心在于在发挥医疗保险主体作用的同时，提升医疗救助保障功能，提高医疗保障制度整体的可及性、精准性和高效性，逐步缩小不同群体在医疗保障中的待遇差距，缓解低收入群体的患病经济负担。

此次《通知》的亮点体现在以下 4 个方面：第一，拓展医疗救助范围。《通知》首次明确提出要做好资助建档立卡贫困人口参保工作，保证救助对象在基本医疗保险制度内受益，并将其纳入重特大疾病医疗救助对象范围，提高贫困人群对医疗资源的可及性。第二，进一步细化大病保险倾斜性支付政策。《通知》重申了国家对困难人群大病保险保障待遇倾斜政策，细化提出大病保险应当采取降低起付线、提高报销比例和救助水平、扩大合规报销范围的“一降一提一扩”，对困难群众实施精准支付。第三，针对困难群众，实施县级行政区域内定点医疗机构住院先诊疗后付费的结算机制改革。第四，规范两项制度费用之间的结算关系。《通知》强调，遵循“保险在前、救助在后”的结算顺序，同时为更好发挥大病保险作用，区分出 3 种不同情况规范费用结算工作。

五、《保障农民工工资支付工作考核办法》

发布机关：国务院办公厅。

时间：2017 年 12 月 6 日。

相关内容：自 2017 年至 2020 年，对各省（自治区、直辖市）人民政府及新疆生产建设兵团保障农民工工资支付工作实施年度考核，推动落实保障农民工工资支付工作属地监管责任，切实保障农民工劳动报酬权益。

《办法》共 13 条，明确了考核的主体和对象、考核的内容和程序、考核分级和评价标准、考核结果的运用等事项。考核工作在国务院领导下，由解决企业工资拖欠问题部际联席会议负责实施，部际联席会议办公室具体组织落实。

《办法》指出，考核工作要坚持目标导向、问题导向和结果导向，强调突出重点、注重实效。考核对象是各省级政府。考核内容主要包括加强对保障农民工工资支付工作的组织领导、建立健全工资支付保障制度、治理欠薪特别是工程建设领域欠薪工作成效等情况。

《办法》规定，考核分为 3 个步骤：一是省级自查。由各省级政府对照考核方案及细则，对考核年度保障农民工工资支付工作进展情况和成效进行自查，形成自查报告报部际联席会议办公室。二是实地核查。由部际联席会议办公室组织各成员单位组成考核组，采取抽查等方式，对省级政府自查报告进行实地核查。三是综合评议。根据省级政府自查报告，结合实地核查等情况，由部际联席会议办公室组织各成员单位进行考核评议，形成考核报告。

《办法》指出，考核结果分为A、B、C 3个等级。考核结果作为对各省级政府领导班子和有关领导干部进行综合考核评价的参考；考核过程中发现需要问责的问题线索，移交纪检监察机关。

《办法》明确，对考核结果为A级的省级政府，由部际联席会议予以通报表扬；对考核结果为C级的省级政府，由部际联席会议对该省级政府有关负责人进行约谈，责成其限期整改并提交书面报告。对在考核工作中弄虚作假、瞒报谎报造成考核结果失实的，予以通报批评，情节严重的，依纪依法追究相关人员责任。

政策解读：国务院办公厅印发对省级政府保障农民工工资支付工作的考核办法，目的是通过实施考核，进一步落实各级地方政府的属地监管责任，推动各地把中共中央、国务院的有关工作部署落到实处，努力实现到2020年基本无拖欠的目标。

《办法》提出，考核工作要坚持目标导向、问题导向和结果导向，遵循客观、公正的原则。考核工作于考核年度翌年初开始，4月底前完成，分为省级自查、实地核查、综合评议3个阶段。《办法》同时规定，考核内容主要包括加强保障农民工工资支付工作的组织领导、建立健全工资支付保障制度、治理欠薪特别是工程建设领域欠薪工作成效等情况。考核采取分级评分法，按照最终评分，将各地区分为A、B、C 3个等级。其中，各项工资支付保障制度完备、工作机制健全、成效明显且得分排在前10名的省份为A级；保障农民工工资支付工作不得力、欠薪问题突出、考核得分排在全国后3名，或因欠薪问题引发一定数量和规模的重大群体件事件或极端事件的省份为C级；A、C级以外的省份为B级。

第七章　农村扶贫事业相关政策

一、《全国工商联　国务院扶贫办　中国光彩会关于推进“万企帮万村”精准扶贫行动的实施意见》

发布机关：中华全国工商业联合会、国务院扶贫办、中国光彩事业促进会。

时间：2016年1月18日。

目的：贯彻落实中央扶贫开发工作会议和《中共中央　国务院关于打赢脱贫攻坚战的决定》精神，引导广大非公有制经济人士积极参与理想信念教育实践活动、踊跃投身全面建成小康社会伟大实践。

相关内容：

(1) 开展产业扶贫。农业产业化企业要通过“公司＋基地＋专业合作社＋农户”等方式，发展农产品加工业和特色种植养殖业，带动贫困户通过利益联结机制实现股本增收。工业企业要合理开发贫困地区自然资源，赋予村集体股权，让贫困村、贫困户分享开发收益。商贸流通企业特别是电商企业要拓展农村业务，发挥“互联网＋”优势，与邮政、供销合作等系统加强合作，帮助贫困村、贫困户对接市场，拓宽线上线下销售渠道。旅游业企业要依托当地特有的自然人文资源，帮助发展乡村旅游、红色旅游、生态旅游。鼓励大型企业设立贫困地区产业投资基金，采取市场化运作方式，用于贫困地区从事资源开发、产业园区建设、新型城镇化发展等。

(2) 开展就业扶贫。鼓励企业面向帮扶对象招收员工，加大岗前、岗中培训力度，提供劳动和社会保障，实现贫困户稳定就业增收。鼓励民营职业院校和职业技能培训机构招收贫困家庭子女，将企业扶贫与职业教育相结合，实现靠技能脱贫。充分利用基层劳动就业和社会保障平台，支持用人企业在贫困地区建立劳务培训基地，开展订单定向培训，拓展贫困户劳动力本地就业和外出务工空间。

(3) 开展公益扶贫。鼓励企业采取直接捐赠、设立扶贫公益基金、开展扶贫公益信托或通过中国光彩事业基金会等公益组织开展扶贫。以援建村屯道桥、饮水工程、卫生设施、文化场所，配合推进危房改造、光伏扶贫等方式，帮助贫困村改善面貌。以高校学生、重病患者、留守儿童、空巢老人、残疾人为重点，对贫困户开展捐资助学、医疗救助、生活救助等公益扶贫活动。

政策解读：《意见》明确了扶贫行动以共建方式为基本方略，以民营企业为帮扶方，以建档立卡的贫困村为帮扶对象，以签约结对、村企共建为主要形式，广泛号召、动员民营企业参与，帮助贫困村加快脱贫进程，为促进非公有制经济健康发展和非公有制经济人士健康成长、打好扶贫攻坚战、2020 年全面建成小康社会贡献力量的目标任务。

脱贫攻坚是全面建成小康社会的底线目标，民营企业是打赢脱贫攻坚战的重要力量。要广泛动员民营企业参与扶贫开发，争当脱贫攻坚的贡献者、精准扶贫的实践者、社会风尚的引领者，为打赢扶贫攻坚战贡献力量。“万企帮万村”行动的关键是精准帮扶，要做到帮扶对象精准，帮扶内容精准，帮扶方式精准，帮扶成效精准，要充分发挥企业人才、资金、技术、管理等方面的优势，多做做实帮助和带动贫困户增收的工作。在帮扶过程中，要注重激发贫困人口自力更生、艰苦奋斗、勤劳致富的内生动力，不仅要帮他们富口袋，更要帮他们富脑袋，帮助他们解放思想、敢想敢干，培训他们提升能力、能干会干。

二、《关于共青团助力脱贫攻坚战的实施意见》

发布机关：共青团中央。

时间：2016 年 1 月 28 日。

目的：聚焦集中连片特困地区和国家扶贫开发工作重点县，以智力扶贫为重点，深入推进“脱贫攻坚青春建功行动”，在精准施策上出实招、在精准推进上下实功、在精准脱贫上见实效，通过生产扶贫帮助一批贫困青年实现创业就业，通过教育扶贫帮助一批贫困学生顺利完成学业，通过人才扶贫帮助贫困地区培养引进一批青年人才，通过公益扶贫帮助一批青少年解决生产生活困难，通过加强贫困地区团的工作，夯实共青团参与脱贫攻坚的组织基础，为实现 2020 年所有贫困地区和贫困人口一道迈入全面小康社会作贡献。

相关内容：

（1）围绕生产扶贫，开展贫困地区青年创业就业行动。探索“创业扶贫 1＋1”模式，组织农村青年致富带头人带动贫困青年脱贫，大力扶持贫困青年自主创业脱贫。加强对创业扶持政策的解读、宣传和对接，做好政府支持创业工作的帮手；通过创新担保方式，开发专属金融产品，利用扶贫贴息政策等途径，着力解决贫困地区青年创业融资难题；通过开展农村实用技术培训、创业能力培训，建设贫困地区创业导师队伍等途径，着力解决贫困地区青年创业技术和人才难题；通过建设青年创业平台，举办创业赛会，培育创业组织，着力提高贫困地区青年创业服务实效。着力探索推进“互联网＋”模式，打造共青团电商扶贫品牌，支持贫困地区青年通过发展农村电子商务实现脱贫致富。帮助青年转移就业，通过订单培训、工岗快递等方式，动员发达地区青年企业家吸纳贫困家庭青年转移就业，增加贫困家庭的工资性收入；通过发布就业信息、组织技能培训、提供见习岗位等方式，积极为贫困地区青年就业提供帮助。践行绿色发展理念，结合保护母亲河行动，创新项目实施方式，通过帮助贫困青年发展经济林和林下经济，推广高效生态农业模式，实现增收脱贫。

（2）围绕教育扶贫，开展贫困青少年助学行动。通过支持教育发展，阻断贫困代际传递，重点瞄准贫困地区因学致贫家庭，围绕青少年在学业方面的现实困难，广泛整合团内外资源，为贫困地区青少年提供切实有效的助学服务。深化希望工程“1＋1”、希望之星、“圆梦行动”、书海工程等品牌工作，广泛开展营养餐等学生资助项目，着力解决贫困学生的生活困难。广泛筹措社会资金，帮助贫困地区建设和改善图书室、网络教室、青少年宫、青少年活动中心、青少年校外活动场所、青少年综合服务平台等阵地，着力加强贫困地区青少年校外教育工作。

(3) 围绕人才扶贫，开展贫困地区青年人才支持行动。摆脱贫困，关键在人才。要着力开发本地青年人力资源，大力开展优秀青年干部、创业致富带头人、科技工作者、青年教师等青年人才培训工作，支持青少年事务社会工作专业人才队伍建设，协助贫困地区培育本土青年人才。要助力引入外部智力资源，深入实施大学生志愿服务西部计划、大学生西部建功计划、博士服务团、金融干部到县级团委挂职等项目，广泛开展大学生暑期“三下乡”社会实践、“科技之光”专家服务团等活动，引导广大青年人才到贫困地区贡献聪明才智、创造青春业绩。

(4) 围绕公益扶贫，开展贫困青少年扶贫关爱行动。积极开展青年志愿扶贫，广泛动员企业、社会组织、个人参与扶贫开发，努力实现社会帮扶资源和精准扶贫需求的有效对接，着力在学业辅导、亲情陪伴、自护教育、助残助困、医疗卫生等方面加强工作力度。以贫困地区农村留守儿童为重点，开展“红领巾圆梦行动”、公益夏令营和“乡村流动少年宫”“七彩小屋”等活动，促进贫困地区青少年健康成长。开展青少年民族团结交流、各民族学生同心营、城乡少年手拉手等活动，推动农村和城市、贫困地区和非贫困地区青少年的交友互助。

(5) 夯实基层基础，开展贫困地区团建提升行动。大力支持贫困地区基层团的建设，推动党建带团建制度落实，切实优化贫困地区基层团组织的工作环境。紧扣贫困地区青少年需求，集中力量支持贫困地区建设“青年之家”和“青年之声”，因地制宜选准服务项目，扎实开展服务工作。深入推进区域化团建，深化基层组织格局创新，持续建设乡镇直属团组织和农村合作组织团组织，最大限度实现对贫困地区青少年的有效覆盖和组织活力的逐步提升。加强贫困地区学校共青团和少先队工作，完善组织体系，强化基础团务和运行机制建设，切实提高工作能力和水平。

政策解读：共青团是中国共产党的助手和后备军，一直是扶贫开发的重要力量。《意见》明确了共青团助力脱贫攻坚的指导思想和目标任务，确定了教育扶贫、生产扶贫、公益扶贫、人才扶贫以及夯实基层基础等工作领域，提出了青少年助学行动、青年创业就业行动、青年人才支持行动、扶贫关爱行动、贫困地区基层团建提升行动等重点工作，着力建立健全对口支援、精准调度、资源统筹等工作机制。为新形势下共青团助力脱贫攻坚赋予了崭新内容，具有很强的指导性、针对性，这些工作的推进实施，必将把共青团助力脱贫攻坚提高到一个新的水平。

共青团要广泛发动各级团组织和团员青年，积极响应党中央号召，踊跃投身到脱贫攻坚的第一线，贡献聪明才智，创造青春业绩，以实际行动为党中央分忧解难，为贫困群众造福。共青团要充分利用组织系统健全，受教育程度高，青春活力开放的显著优势，以精准扶贫为目标，以智力扶贫为重点，围绕贫困地区青年就业创业、科技支持、志愿服务等领域，扎实开展工作，开展一批有声势、有力度的青年扶贫行动。共青团助力脱贫攻坚，要与培养锻炼青年干部有机结合，依托驻村帮扶、定点扶贫、东西协作等工作平台和载体，组织动员广大青年干部勇于承担脱贫攻坚重任，到贫困村开展扶贫工作。

三、《关于加大脱贫攻坚力度支持革命老区开发建设的指导意见》

发布机关：中共中央办公厅、国务院办公厅。

时间：2016 年 2 月 1 日。

背景：革命老区是党和人民军队的根，老区和老区人民为中国革命胜利和社会主义建设作出了重大牺牲和重要贡献。新中国成立 60 多年特别是改革开放 30 多年来，在中共中央、国务院关心支持下，老区面貌发生深刻变化，老区人民生活水平显著改善，但由于自然、历史等多重因素影响，一些老区发展相对滞后、基础设施薄弱、人民生活水平不高的矛盾仍然比较突出，脱贫攻坚任务相当艰巨。

目的：进一步加大扶持力度，加快老区开发建设步伐，让老区人民过上更加幸福美好的生活。到2020年，老区基础设施建设取得积极进展，特色优势产业发展壮大，生态环境质量明显改善，城乡居民人均可支配收入增长幅度高于全国平均水平，基本公共服务主要领域指标接近全国平均水平，确保我国现行标准下农村贫困人口实现脱贫，贫困县全部摘帽，解决区域性整体贫困。

相关内容：

（1）以支持贫困老区为重点，全面加快老区小康建设进程。以扶持困难群体为重点，全面增进老区人民福祉。以集中解决突出问题为重点，全面推动老区开发开放。

（2）加快重大基础设施建设，尽快破解发展瓶颈制约。积极有序开发优势资源，切实发挥辐射带动效应。着力培育壮大特色产业，不断增强“造血”功能。切实保护生态环境，着力打造永续发展的美丽老区。全力推进民生改善，大幅提升基本公共服务水平。大力促进转移就业，全面增强群众增收致富能力。深入实施精准扶贫，加快推进贫困人口脱贫。积极创新体制机制，加快构建开放型经济新格局。

（3）加强规划引导和重大项目建设。持续加大资金投入。强化土地政策保障。完善资源开发与生态补偿政策。提高优抚对象优待抚恤标准。促进干部人才交流和对口帮扶。

（4）高度重视老区开发建设工作。不断加强老区基层领导班子和党组织建设。广泛动员社会各方面力量参与老区开发建设。大力弘扬老区精神，全面落实各项任务举措。

政策解读：这是一份专门以支持老区脱贫攻坚和开发建设为目标的政策文件。《意见》提出了支持革命老区的总体思路，以改变老区发展面貌为目标，以贫困老区为重点，更加注重改革创新、更加注重统筹协调、更加注重生态文明建设、更加注重开发开放、更加注重共建共享发展，进一步加大扶持力度，实施精准扶贫、精准脱贫，着力破解区域发展瓶颈制约，着力解决民生领域突出困难和问题，着力增强自我发展能力，着力提升对内对外开放水平。

《意见》突出了贫困老区、困难群体、集中解决老区发展瓶颈制约3个重点，并明确了围绕精准扶贫、精准脱贫，统筹谋划老区开发建设工作，确保老区贫困群众如期脱贫；围绕破解区域发展瓶颈制约，建设一批重大基础设施项目，尽快改善老区基础设施条件；围绕补齐公共服务短板，解决一批突出民生问题，加快推进老区基本公共服务均等化；围绕市场需要和资源优势，积极培育壮大一批特色优势产业，着力增强老区自我发展能力；围绕实现可持续发展，加强生态环境建设和保护，打造永续发展的美丽老区；围绕创新体制机制，深化重点领域改革，支持老区积极主动融入国家重大战略6个主要任务。

《意见》从加强规划引导和重大项目建设、持续加大资金投入、强化土地政策保障、完善资源开发与生态补偿政策、提高优抚对象优待抚恤标准、促进干部人才交流和对口帮扶6个方面，明确了一系列支持老区开发建设与脱贫攻坚的政策措施。

四、《省级党委和政府扶贫开发工作成效考核办法》

发布机关：中共中央办公厅、国务院办公厅。

时间：2016年2月17日。

目的：确保到2020年现行标准下农村贫困人口实现脱贫，贫困县全部摘帽，解决区域性整体贫困。

相关内容：

（1）考核内容，包括以下4个方面：①减贫成效。考核建档立卡贫困人口数量减少、贫困县退出、贫困地区农村居民收入增长情况。②精准识别。考核建档立卡贫困人口识别、退出精准度。③精准帮扶。考核对驻村工作队和帮扶责任人帮扶工作的满意度。④扶贫资金。依据财政专项扶贫资金绩效考评办法，重点考核各省（自治区、直辖市）扶贫资金安排、使用、监管和成效等。

（2）考核中发现下列问题的，由国务院扶贫开发领导小组提出处理意见：①未完成年度减贫计划任务的；②违反扶贫资金管理使用规定的；③违反贫困县约束规定，发生禁止作为事项的；④违反贫困退出规定，弄虚作假、搞“数字脱贫”的；⑤贫困人口识别和退出准确率、帮扶工作群众满意度较低的；⑥纪检、监察、审计和社会监督发现违纪违规问题的。

考核结果由国务院扶贫开发领导小组予以通报。对完成年度计划减贫成效显著的省份，给予一定奖励。对出现本办法第七条所列问题的，由国务院扶贫开发领导小组对省级党委、政府主要负责人进行约谈，提出限期整改要求；情节严重、造成不良影响的，实行责任追究。考核结果作为对省级党委、政府主要负责人和领导班子综合考核评价的重要依据。

政策解读：《办法》旨在确保到2020年现行标准下农村贫困人口实现脱贫，贫困县全部摘帽，解决区域性整体贫困，适用于中西部22个省（自治区、直辖市）党委和政府扶贫开发工作成效的考核。

《办法》明确，考核工作从2016年到2020年，每年开展一次，由国务院扶贫开发领导小组组织进行，具体工作由国务院扶贫办、中央组织部牵头，会同国务院扶贫开发领导小组成员单位组织实施。根据《办法》，考核内容包括：①减贫成效。考核贫困人口数量减少、贫困县退出、贫困地区农村居民收入增长情况。②精准识别。考核贫困人口识别、退出精准度。③精准帮扶。考核对驻村工作队和帮扶责任人帮扶工作的满意度。④扶贫资金。依据财政专项扶贫资金绩效考评办法，重点考核各省（自治区、直辖市）扶贫资金安排、使用、监管和成效等。

考核中发现下列问题的，由国务院扶贫开发领导小组提出处理意见：未完成年度减贫计划任务的；违反扶贫资金管理使用规定的；违反贫困县约束规定，发生禁止作为事项的；违反贫困退出规定，弄虚作假、搞“数字脱贫”的；贫困人口识别和退出准确率、帮扶工作群众满意度较低的，以及存在纪检、监察、审计和社会监督发现违纪违规问题的。

《办法》明确，考核结果由国务院予以通报。对完成年度计划减贫成效显著的省份，给予一定奖励。对出现前述问题的，对省级党委、政府主要负责人进行约谈，提出限期整改要求；情节严重、造成不良影响的，追究责任。

五、《中国残联、财政部、中国人民银行、国务院扶贫办关于加强康复扶贫贷款、扶贫小额信贷和财政贴息工作的通知》

发布机关：中国残联、财政部、中国人民银行、国务院扶贫办。

时间：2016年6月29日。

目的：进一步加大对农村贫困残疾人金融信贷和财政贴息的扶持，引导金融机构共同做好康复扶贫贷款工作。

相关内容：

（1）继续执行康复扶贫贷款财政贴息政策。各地根据贫困残疾人信贷需求和工作实际，自主安排康复扶贫贷款贴息，有条件的地方可自主逐步增加康复扶贫贷款财政贴息资金数量。各地对康复扶贫贷款的财政贴息比率继续执行《关于进一步完善康复扶贫贷款和贴息资金管理有关政策的通知》（残联发〔2011〕6号）的规定。康复扶贫贷款应优先用于到户贷款，扶持建档立卡残疾人贫困户劳动生产促进脱贫增收，用于到户贷款的财政贴息资金比例应占财政贴息资金总量的50%以上。

（2）加大扶贫小额信贷对残疾人贫困户的扶持力度。各地在贯彻落实《关于创新发展扶贫小额信贷的指导意见》（国开办发〔2014〕78号），实施扶贫小额信贷工作中，要结合残疾人群体的特点和残疾人家庭的信贷服务需求，采取有针对性可操作的优惠信贷扶持政策。对有劳动能力和劳动意愿且信誉良好的残疾人及其家庭要据实评级授信，适当提高授信额度，合理确定贷款利率和贷款期限，积极为建档立卡残疾人贫困户提供免抵押、免担保的扶贫小额信用贷款支持。

（3）进一步做好农村贫困残疾人金融服务。中国人民银行鼓励和指导各银行业金融机构创新金融产品和服务，为残疾人及其家庭量身定制贷款产品，采取绿色通道和上门服务等多种方式，加强对残疾人的信贷扶持。地方各级残联要加强残疾人康复扶贫贷款政策的宣传和培训，做好相关组织和协调工作，积极为银行业金融机构参与康复扶贫贷款的发放和回收提供便利，并推动建立健全康复扶贫贷款风险分担机制，有条件的地方可自筹资金开展建立农村残疾人小额贷款担保基金的试点及为残疾人贷款户购买扶贫小额信贷保险。

（4）加强对康复扶贫贷款和贴息工作的管理统计。各地要针对康复扶贫贷款和财政扶贫贴息工作制订具体的实施办法。各地残联会同财政、人民银行、扶贫等部门做好康复扶贫贷款和财政扶贫贴息资金发放使用的统计汇总工作，从2016年起，对用于建档立卡贫困残疾人的扶贫小额信贷、康复扶贫贷款及其他建档立卡贫困残疾人直接受益的各类扶贫项目贷款的有关情况分别进行汇总统计，并填报《贫困残疾人信贷扶持情况汇总表》，财政、人民银行和扶贫部门应给予相关数据方面的支持和配合。各省（自治区、直辖市）残联于每年度12月15日前将本地计划安排和实际落实康复扶贫贷款规模和财政扶贫贴息资金数量及扶持贫困残疾人数量等工作的书面材料连同《贫困残疾人金融信贷扶持情况汇总表》一并报送中国残联、财政部、人民银行和国务院扶贫办。

政策解读：《通知》中指出，按照中央关于打赢脱贫攻坚战的决定和分工要求，加大康复扶贫贷款实施力度，要求地方财政继续加大安排康复扶贫贷款财政贴息资金，重点扶持建档立卡贫困残疾人。

《通知》要求，各地实施扶贫小额信贷工作中要结合残疾人群体的特点和残疾人家庭的信贷服务需求，采取有针对性可操作的优惠信贷扶持政策。《通知》要求中国银行鼓励和指导各银行业金融机构创新金融产品和服务，为残疾人及其家庭量身定制贷款产品，采取绿色通道和上门服务等多种方式，加强对残疾人的信贷扶持。地方各级残联加强残疾人康复扶贫贷款政策的宣传和培训，做好相关组织和协调工作。

《通知》对各地残联与财政、人民银行、扶贫等部门共同做好康复扶贫贷款和财政扶贫贴息资金管理及统计汇总提出了具体要求，确保康复扶贫贷款依法依规使用，让更多贫困残疾人得到金融政策的扶持。

六、《人力资源社会保障部、国务院扶贫办关于开展技能脱贫千校行动的通知》

发布机关：人社部、国务院扶贫办。

时间：2016年7月26日。

相关内容：2016—2020年，使每个有就读技工院校意愿的建档立卡贫困家庭应、往届“两后生”都能免费接受技工教育，每个有劳动能力且有参加职业培训意愿的建档立卡贫困家庭劳动者每年都能够到技工院校接受至少1次免费职业培训，对接受技工教育和职业培训的贫困家庭学生（学员）推荐就业，实现“教育培训一人，就业创业一人，脱贫致富一户”的目标。

各地人力资源社会保障部门要指导技工院校积极招收有就读意愿的建档立卡贫困家庭学生，将每一个就读技工院校的贫困学生培养成才。各级扶贫部门要将适龄贫困人员接受技工教育作为帮助贫困人员脱贫的有效途径，积极引导贫困人员到技工院校就读。对于贫困家庭学生，各技工院校要开辟招生绿色通道，优先招生，优先选择专业，优先安排在校企合作程度较深的订单定向培养班或企业冠名班，优先落实免学费、助学金、奖学金等助学政策，优先安排实习，优先推荐就业。

各地人力资源社会保障部门要指导技工院校大力开展职业培训，根据建档立卡贫困家庭劳动者的培训需求和就业意愿，大力开展劳动预备制培训、就业技能培训、岗位技能提升培训，采取订单培训、定岗培训、定向培训等就业导向的培训模式，确保培训质量和就业效果。承担企业新型学徒制试点任务的技工院校和企业，要优先支持来自贫困家庭的职工接受学徒培训。对于有创业意愿且有合适创业项目的学员，鼓励其参加创业培训。

对于接受技工教育的贫困家庭学生，各地要按规定落实国家助学金、免学费政策，并制定减免学生杂费、书本费和给予生活费补助的政策，所需资金从中央财政和地方财政中等职业教育学生资助补助经费中列支。落实《国务院扶贫办　教育部　人力资源和社会保障部关于加强雨露计划支持农村贫困家庭新成长劳动力接受职业教育的意见》（国开办发〔2015〕19号）要求，对子女接受技工教育的农村建档立卡贫困家庭，按照每生每年3 000元左右的标准给予补助，所需资金从财政扶贫资金中列支。对于承担中央确定的东西扶贫协作的省份，鼓励帮扶省市加大对受帮扶省市贫困家庭就读技工院校的学生给予生活费补助，所需经费可由帮扶省市从财政援助资金中列支。对于接受职业培训的贫困家庭学员，要落实免费职业培训政策，由政府全额补贴培训费用，所需资金从就业补助资金中列支。同时，根据培训时间和当地实际情况，给予交通费、生活费补助，所需资金由各地统筹安排。各级人力资源社会保障部门要为建档立卡贫困学生（学员）落实职业技能鉴定补贴政策，免费鉴定、免费发证，所需资金从就业补助资金中列支。对于开展精准技能扶贫工作成效显著的技工院校，在实施国家高技能人才振兴计划相关项目、开展高技能人才评选表彰、实施企业新型学徒制试点和职业训练院试点、校长教师轮训等工作中，优先给予支持。

要坚持精准帮扶，建立技工院校电子注册和统计信息管理系统、职业培训实名制信息管理系统与建档立卡贫困人口信息系统精准比对机制，确保扶助对象精准识别。要坚持就业导向，切实帮助贫困家庭劳动者掌握一技之长，实现技能就业。要坚持就地就近原则，各地技工院校应把本地区贫困家庭劳动者作为重点教育培训对象，降低招生、宣传、服务、交通等成本，对于有明确跨省对口扶贫任务的技工院校可争取本地政府相关部门资金、政策支持，做好跨地区招生工作。把技能脱贫成效纳入地方脱贫攻坚工作考核范围，以建档立卡贫困家庭子女就学状况、资助状况和就业状况为重点，对各地及各技工院校技能脱贫工作实施进展和成效进行考核评价。

各级扶贫部门要主动摸清建档立卡贫困家庭劳动者就读技工院校和参加职业培训的意愿、需求，提供给人力资源社会保障部门和技工院校，要发挥基层扶贫机构、驻村工作队、“第一书记”和农村基层组织的作用，向广大贫困家庭宣传好技能扶贫政策，组织贫困家庭人员接受技工教育或参加职业培训。

政策解读：实施技能脱贫千校行动，就是要使每个有就读技工院校意愿的建档立卡贫困家庭应、往届“两后生”都能免费接受技工教育，每个有劳动能力且有参加职业培训意愿的建档立卡贫困家庭劳动者每年都能够到技工院校接受至少1次免费职业培训，实现“教育培训一人，就业创业一人，脱贫致富一户”的目标。

技能脱贫千校行动主要包括两方面内容：

一是开展技工教育。对于接受技工教育的，各技工院校要开辟招生绿色通道，优先招生，优先选择专业，优先安排在校企合作程度较深的订单定向培养班或企业冠名班，优先落实免学费、助学金、奖学金等助学政策，优先安排实习，优先推荐就业。

二是开展职业培训。鼓励技工院校大力开展劳动预备制培训、就业技能培训、岗位技能提升培训，采取订单培训、定岗培训、定向培训等就业导向的培训模式，确保培训质量和就业效果。此外，承担企业新型学徒制试点任务的技工院校和企业，优先支持来自贫困家庭的职工接受学徒培训。对于有创业意愿且有合适创业项目的学员，鼓励其参加创业培训。

七、《乡村旅游扶贫工程行动方案》

发布机关：国家旅游局、国家发改委、国土资源部、环境保护部、住建部、交通运输部、水利部、农业部、国家林业局、国务院扶贫办、国家开发银行、中国农业发展银行。

时间：2016年8月11日。

目的：深入实施乡村旅游扶贫工程，充分发挥乡村旅游在精准扶贫、精准脱贫中的重要作用。

相关内容：

（1）工作目标。“十三五”期间，力争通过发展乡村旅游带动全国25个省（自治区、直辖市）2.26万个建档立卡贫困村、230万贫困户、747万贫困人口实现脱贫。

——2016—2018年减少1.26万个建档立卡贫困村，实现400万贫困人口脱贫。

——2019—2020年减少1万个建档立卡贫困村，实现347万贫困人口脱贫。

——通过实施乡村旅游扶贫工程，使全国1万个乡村旅游扶贫重点村年旅游经营收入达到100万元，贫困人口年人均旅游收入达到1万元以上。

（2）主要任务。一是科学编制乡村旅游扶贫规划。各地要将乡村旅游扶贫规划与国民经济和社会发展规划、脱贫攻坚规划、土地利用总体规划、县域乡村建设规划、易地扶贫搬迁规划、风景名胜区总体规划、交通建设等规划有效衔接。推动乡村旅游规划与村镇规划、传统村落保护发展规划、森林旅游发展规划、林地保护利用规划、非物质文化遗产保护规划、休闲农业发展规划等专项规划合并编制。乡村旅游扶贫重点村分布比较集中的省市，应当编制区域旅游扶贫规划，打造沿山、沿河、沿路、沿湖、沿海乡村旅游扶贫开发带（区），整村整镇、成带成片、全景全域推进乡村旅游扶贫开发。乡村旅游扶贫应充分体现针对建档立卡贫困户和贫困人口的帮扶途径、支持措施和收益安排。

二是加强旅游基础设施建设。各地要积极整合资源力量，加大投入力度，挖掘当地生态旅游、民俗文化等资源，因地制宜打造乡村旅游重点景区，引导生活在周边不具备基本生存条件的建档立卡易地扶贫搬迁对象适度集中居住并依托乡村旅游就业脱贫。集中精力解决好乡村旅游扶贫重点村旅游基础和公共服务设施，完善乡村旅游服务体系。加快具备条件的行政村通硬化路，加强农村公路安全生命防护设施建设和危桥改造，对不能安全通客车的窄路基路面公路合理进行加宽改造，提高通行能力和安全水平。推进重点旅游景点景区到干线公路的连接线、旅游路建设，改善重点景点景区的交通条件。加快完善乡村宽带信息基础设施。加快农村生活污水治理，深入推进“厕所革命”向乡村延伸，开展“六小工程”建设，大力推进有条件的贫困户开展乡村旅游服务，对从事乡村旅游经营的贫困户实施改厨、改厕、改房、整理院落为主要内容的“三改一整”工程，提升改善旅游接待条件。

三是大力开发乡村旅游产品。各地要突出乡村自然资源优势，挖掘文化内涵，开发形式多样、特色鲜明的带动贫困户参与的乡村旅游产品。要发展一批以“农家乐”、“渔家乐”、“牧家乐”、休闲农庄、森林人家等为主题的乡村度假产品，建成一批依托自然风光、美丽乡村、传统民居为特色的乡村旅游景区，策划一批采摘、垂钓、农事体验等参与型的旅游娱乐活动，大力开发徒步健身、乡村体育休闲运动，培育发展自驾车房车营地、帐篷营地、乡村民宿等新业态，打造丰富多彩的乡村特色文化演艺和节庆活动。

四是加强旅游宣传营销。各地要因地制宜，加大对乡村旅游扶贫重点村的宣传推介，通过电商平台、节庆推广、主题活动等一系列载体，开展乡村旅游扶贫公益宣传。大力推广乡村度假生活理念，开展乡村旅游进社区、高校、企业单位等宣传，把乡村旅游点变成“单位的疗养院”“学校的实践基地”“社区的活动中心”。利用互联网等信息平台推介民宿客栈等乡村旅游特色产品，引导乡村旅游扶贫重点村挖掘当地乡土文化、民俗风情，举办农事节庆游、山水美景游、民俗风景、“农家乐”厨艺大赛等系列节庆活动，打造乡村旅游品牌。

五是加强乡村旅游扶贫人才培训。各地要创新乡村旅游扶贫人才培养方式，积极开展乡村旅游经营户、乡村旅游带头人、能工巧匠传承人、乡村旅游创客四类人才和乡村旅游导游、乡土文化讲解等各类实用人才培训，依靠人才支持和智力投入促进乡村旅游发展，提高贫困人口旅游服务能力。实施“乡村旅游扶贫培训种子工程”，培养一批乡村旅游扶贫培训师，深入基层一线、面对贫困群众进行技能辅导。

（3）乡村旅游扶贫八大行动。一是乡村环境综合整治专项行动。大力改善乡村旅游基础和公共服务设施，规划启动“六小工程”，确保每个乡村旅游扶贫重点村建好停车场、旅游厕所、垃圾集中收集站、医疗急救站、农副土特产品商店和旅游标识标牌。到 2020 年，全国 2.26 万个乡村旅游扶贫重点村实现“六小工程”和“厕所革命”全覆盖，50 万户建档立卡贫困户实施“三改一整”工程。

二是旅游规划扶贫公益专项行动。组织和支持 300 家旅游规划设计单位开展旅游规划扶贫公益行动，围绕旅游产品建设和促进旅游产业发展，为乡村旅游扶贫重点村编制旅游发展规划。每年促成不少于500个乡村旅游扶贫重点村与规划设计单位结对，5年完成3 000个乡村旅游扶贫重点村的规划编制。

三是乡村旅游后备箱和旅游电商推进专项行动。依托乡村旅游发展带动农副土特产品销售，支持乡村旅游扶贫重点村在邻近的重点景区景点、高速公路服务区、主要交通干道旅客集散点等设立农副土特产品销售专区。开展旅游电商万村千店行动，优先支持有条件的重点村利用已有资源建设旅游扶贫电商平台，组织实施贫困地区“一村一店”、“旅游淘宝村”、“旅游扶贫村＋特色馆”立体扶贫，依托村民中心、超市等营业场所建设电商服务站点，支持各大电商平台开展旅游电商扶贫行动，为贫困地区开设扶贫频道，开展在线宣传推广、特产销售、旅游线路营销。到2020年，全国建设1 000家“乡村旅游后备箱工程示范基地”，销售产值8 000亿元，带动不低于50万户贫困户脱贫；建设1 000个乡村旅游扶贫电商示范村，每年实现旅游商品销售100亿元。

四是万企万村帮扶专项行动。组织动员全国1万家旅游企业、宾馆饭店、景区景点、旅游规划设计单位、旅游院校等单位，对乡村旅游扶贫重点村进行帮扶脱贫。采取安置就业、项目开发、输送客源、定点采购、指导培训等多种方式帮助乡村旅游扶贫重点村发展旅游，通过5年时间解决100万左右贫困人口的脱贫。

五是百万乡村旅游创客专项行动。组织和引导百万返乡农民工、大学毕业生、专业艺术人才、青年创业团队等各类创客投身乡村旅游发展，通过一系列的创意研发、产品开发、宣传推广，推动乡村旅游实现转型提升、创新发展。到2020年，全国培育1 000个乡村旅游创客示范基地，形成一批高水准文化艺术旅游创业示范乡村。

六是金融支持旅游扶贫专项行动。加快乡村旅游扶贫项目库建设，统筹资源支持国家开发银行、中国农业发展银行等银行创新金融服务，设计符合旅游扶贫项目特点、与旅游扶贫项目周期相匹配的支持产品。探索建立乡村旅游投融资主体、担保平台、风险准备金制度及信用评级体系，优先在乡村旅游扶贫重点村进行授信，为贫困户提供小额贷款，相关部门给予贷款贴息。积极探索景区带村、能人带户、“企业（合作社）＋农户”等扶贫信贷政策，引导金融机构根据带动贫困村、贫困户实现增收的情况，为景区、能人、企业（合作社）提供成本低、期限长的信贷支持。每年金融支持旅游扶贫项目不少于1 000个，资金不少于3 000亿元。

七是扶贫模式创新推广专项行动。探索景区带村、能人带户、“企业（合作社）＋农户”等多种类型的旅游扶贫新模式，按照景区扶贫加分政策，鼓励每个AAAA、AAAAA级景区带动周边乡村旅游扶贫重点村不少于3个，每个能人带动不少于5户建档立卡贫困户，一个合作社带动不少于20户建档立卡贫困户，通过招工、订单采购农产品、建设绿色食品基地、成立互助社等方式帮扶脱贫。加快扶贫创新模式推广，到2020年，全国建设旅游扶贫示范景区1 000个、“企业（合作社）＋农户”旅游扶贫示范基地1万家，培育旅游扶贫带头人5万个，带动80万户贫困户脱贫。

八是旅游扶贫人才素质提升专项行动。设立乡村旅游扶贫东部、西部培训基地，组建“全国乡村旅游扶贫专家库”，动员规划、管理、营销专业人才到扶贫开发重点县、易地扶贫搬迁小镇、乡村旅游扶贫重点村开展公益指导培训。到2020年前，各省要以市、县为基础，建立地方培训基地，实现对2.26万个乡村旅游扶贫重点村致富带头人培训全覆盖，培养旅游扶贫带头人10万人。

政策解读：《方案》确定了乡村旅游扶贫工程的五大任务：一是科学编制乡村旅游扶贫规划，各地要将乡村旅游扶贫规划与国民经济和社会发展规划、土地利用总体规划、县域乡村建设规划、易地扶贫搬迁规划、风景名胜区总体规划、交通建设等专项规划有效衔接，探索“多规合一”；二是加强贫困村旅游基础设施建设，各地要集中精力解决好乡村旅游扶贫重点村旅游基础和公共服务设施，完善乡村旅游服务体系；三是大力开发乡村旅游产品，挖掘文化内涵，开发形式多样、特色鲜明的乡村旅游产品；四是加强重点村旅游宣传营销，各地要因地制宜，加大对旅游扶贫重点村的宣传推介，通过电商平台、节庆推广、主题活动等一系列载体，开展乡村旅游扶贫公益宣传；五是加强乡村旅游扶贫人才培训，各地要创新乡村旅游人才培养方式，积极开展乡村旅游经营户、乡村旅游带头人、能工巧匠传承人、乡村旅游创客四类人才和乡村旅游导游、乡土文化讲解等各类实用人才培训，依靠人才支持和智力投入促进乡村旅游发展。

《方案》提出，将实施乡村旅游扶贫八大行动。这八大行动分别是乡村环境综合整治专项行动、旅游规划扶贫公益专项行动、乡村旅游后备箱和旅游电商推进专项行动、万企万村帮扶专项行动、百万乡村旅游创客专项行动、金融支持旅游扶贫专项行动、扶贫模式创新推广专项行动、旅游扶贫人才素质提升专项行动。

八、《中国证监会关于发挥资本市场作用服务国家脱贫攻坚战略的意见》

发布机关：中国证券监督管理委员会（以下简称中国证监会）。

时间：2016 年 9 月 8 日。

相关内容：

（1）政策引导。以贫困地区实体经济需求为导向，以资本市场服务产业扶贫为重点，优先支持贫困地区企业利用资本市场资源，拓宽直接融资渠道，提高融资效率，降低融资成本，不断增强贫困地区自我发展能力。

（2）精准扶贫。证券行业各类帮扶主体要与贫困村和建档立卡贫困户紧密衔接，建立带动贫困人口脱贫挂钩机制，因地制宜、分类施策，坚持真扶贫、扶真贫，确保扶贫政策精准、对象措施精准、脱贫成效精准。

（3）支持贫困地区企业利用多层次资本市场融资。对注册地和主要生产经营地均在贫困地区且开展生产经营满 3 年、缴纳所得税满 3 年的企业，或者注册地在贫困地区、最近一年在贫困地区缴纳所得税不低于 2 000 万元且承诺上市后 3 年内不变更注册地的企业，申请首次公开发行股票并上市的，适用“即报即审、审过即发”政策。

对注册地在贫困地区的企业申请在全国中小企业股份转让系统挂牌的，实行“专人对接、专项审核”，适用“即报即审、审过即挂”政策，减免挂牌初费。

对注册地在贫困地区的企业发行公司债、资产支持证券的，实行“专人对接、专项审核”，适用“即报即审”政策。

（4）支持和鼓励上市公司履行社会责任服务国家脱贫攻坚战略。鼓励上市公司支持贫困地区的产业发展，支持上市公司对贫困地区的企业开展并购重组。对涉及贫困地区的上市公司并购重组项目，优先安排加快审核；对符合条件的农业产业化龙头企业的并购重组项目，重点支持加快审核。

鼓励上市公司结对帮扶贫困县或贫困村，主动对接建档立卡贫困户，优先录用来自贫困地区的高校毕业生，优先招收建档立卡贫困人口。

（5）支持和鼓励证券基金经营机构履行社会责任服务国家脱贫攻坚战略。鼓励证券公司开展专业帮扶，通过组建金融扶贫工作站等方式结对帮扶贫困县，与当地政府建立长效帮扶机制，帮助县域内企业规范公司治理，提高贫困地区利用资本市场促进经济发展的能力。

鼓励上市公司、证券公司等市场主体设立或参与市场化运作的贫困地区产业投资基金和扶贫公益基金。对积极参与扶贫的私募基金管理机构，将其相关产品备案纳入登记备案绿色通道；在贫困地区组织行业培训、开展业务交流，便利私募投资基金向贫困地区投资。

鼓励证券公司、基金管理公司、私募基金管理机构等市场主体优先录用建档立卡贫困毕业生，对建档立卡贫困户在就医就学等方面开展精准帮扶。

视证券公司参与扶贫工作情况，在分类评价过程中，对作出突出贡献的酌予加分；中国证券业协会定期对证券公司的扶贫工作情况进行考评，为分类评价提供公允的参考依据。

（6）支持和鼓励期货经营机构履行社会责任服务国家脱贫攻坚战略。鼓励期货公司开展专业帮扶，对贫困地区涉农企业进入期货市场开展套期保值业务进行培训，并提供合作套保、仓单质押、仓单回购等专业服务。

将期货公司参与扶贫工作情况纳入分类评价标准，对作出突出贡献的予以加分；中国期货业协会定期对期货公司的扶贫工作情况进行考评，为分类评价提供公允的参考依据。支持符合条件的贫困地区优先开展“保险＋期货”试点，提高涉农企业、农民专业合作社等新型农业经营主体化解市场风险的能力，对期货经营机构开展“保险＋期货”试点项目适当减免手续费。支持贫困地区符合条件的仓储企业申请设立交割仓库。

（7）切实加强贫困地区投资者保护工作。对贫困地区企业的各项审核事项坚持“三公”原则，坚持标准不降、条件不减，确保市场稳定健康发展。加强对贫困地区金融监管干部、企业管理人员资本市场知识的培训，促进企业规范运作。加大金融风险防范力度，通过多种手段加强贫困地区投资者风险防范教育，严格限制在贫困地区发行销售损害投资者利益的产品，严厉打击各类非法证券期货活动，切实保护贫困地区投资者的合法权益。

政策解读：《意见》强调，要贯彻精准扶贫基本方略，发挥资本市场行业优势，把出台各项政策的出发点和落脚点都定位在帮助贫困群众脱贫上，把各项政策与贫困村、建档立卡贫困户紧密衔接，建立带动贫困人口脱贫挂钩机制，让贫困群众有真实获得感。

《意见》要求，要集聚证监会系统和资本市场主体的合力服务国家脱贫攻坚战略，支持贫困地区企业利用多层次资本市场融资，支持和鼓励上市公司、证券基金期货经营机构履行扶贫社会责任，切实加强贫困地区投资者保护。为支持贫困地区产业发展，帮助贫困群众稳定脱贫，中国证监会对贫困地区企业首次公开发行股票、“新三板”挂牌、发行债券、并购重组等开辟绿色通道。

《意见》指出，要进一步完善服务国家脱贫攻坚战略保障机制，加强精准扶贫的组织领导、健全人才扶贫工作机制、完善精准扶贫成效的考核体系、加强精准扶贫的宣传引导。

九、《全国“十三五”易地扶贫搬迁规划》

发布机关： 国家发改委。

时间： 2016 年 9 月 20 日。

目的： 计划 5 年内对近 1 000 万建档立卡贫困人口实施易地扶贫搬迁，着力解决居住在“一方水土养不起一方人”地区贫困人口的脱贫问题。

相关内容：《规划》明确，搬迁对象主要是“一方水土养不起一方人”地区经扶贫开发建档立卡信息系统核实的建档立卡贫困人口，约 981 万人。迁出区域范围涉及 22 个省份的约 1 400 个县。从迁出区域看，主要包括 4 类地区：一是深山石山、边远高寒、荒漠化和水土流失严重，且水土、光热条件难以满足日常生活生产需要，不具备基本发展条件的地区，这类因资源承载力严重不足需要搬迁的建档立卡贫困人口 316 万人，占建档立卡搬迁人口总规模的 32.2%。二是《国家主体功能区规划》中的禁止开发区或限制开发区，这些地区需要搬迁的建档立卡贫困人口 157 万人，占建档立卡搬迁人口总规模的 16%。三是交通、水利、电力、通信等基础设施，以及教育、医疗卫生等基本公共服务设施十分薄弱，工程措施解决难度大、建设和运行成本高的地区，这类地区需要搬迁的建档立卡贫困人口 340 万人，占建档立卡搬迁人口总规模的 34.7%。四是地方病严重、地质灾害频发，这些地区需要搬迁的建档立卡贫困人口 114 万人，占建档立卡搬迁人口总规模的 11.6%。从地区分布看，西部 12 省（自治区、直辖市）建档立卡搬迁人口约 664 万人，占 67.7%；中部 6 省建档立卡搬迁人口约 296 万人，占 30.2%；东部河北、吉林、山东、福建 4 省建档立卡搬迁人口约 21 万人，占 2.1%。从政策区域看，搬迁对象主要集中在国家和省级扶贫开发工作重点地区。其中，集中连片特殊困难地区县和国家扶贫开发工作重点县内需要搬迁的农村人口占 72%，省级扶贫开发工作重点县内需要搬迁的农村人口占 12%，其他地区占 16%。此外，考虑到迁出区的自然环境和发展条件具有同质性，还有部分生活在同一迁出地的非建档立卡人口需要实施同步搬迁，各地结合自身实际计划安排实施同步搬迁人口 600 多万人。同步搬迁人口可与建档立卡人口共享安置区基础设施和基本公共服务设施，但不享受中央相关住房建设补助资金。

按照群众自愿、应搬尽搬的原则，在前期进村入户调查研究基础上，结合推进新型城镇化，《规划》提出采取集中安置为主、集中安置与分散安置相结合的方式。集中安置人口占搬迁人口总规模的 76.4%，分散安置人数占搬迁人口总规模的 23.6%。在集中安置人口中，依托中心村或交通条件较好的行政村就近集中安置的占 39%，在周边县、乡镇或行政村规划建设移民新村集中安置的占 15%，在县城、小城镇或工业园区附近建设安置区集中安置的占 37%，依托乡村旅游区安置的占 5%，其他集中安置方式占 4%。《规划》还明确要求，对于集中安置规模超过 200 户 800 人以上的大型安置点，应对选址进行水土资源平衡分析和资源环境承载能力评价。

按照“保障基本、安全适用”的原则，《规划》强调，建档立卡搬迁户住房建设面积严格执行不超过人均 25 平方米的标准，这要作为一条红线，确保建档立卡搬迁对象不因建房而举债。同时，新建住房结构设计应执行相关建筑规范和技术标准，保证住房质量和安全。集中安置区住房建设应统一规划，工程实施可采取统建、自建、代建等方式进行。依托小城镇或工业园区安置的，地方政府可酌情采取回购符合面积控制标准的城镇商品住房的方式，但不得回购公租房、廉租房等国家已补助投资建设的住房。依托乡村旅游区安置的，安置规划及住房、基础设施、公共服务设施和商业配套等建设要符合乡村旅游特色，充分考虑旅游发展实际需求，促进安置区与景区和谐统一。《规划》还明确配套基础设施、公共服务设施等建设内容，包括建设安置区道路约 11 万公里、铺设饮水管网约 14 万公里、供配电网约 12 万公里，学校及幼儿园约 1 600 万平方米、卫生室约 570 万平方米、其他村级服务设施约 2 500 万平方米等内容。

《规划》根据各地建设总规模、平均工程造价等数据测算，实施 981 万建档立卡贫困人口易地搬迁所需投资约 6 000 亿元，加上同步搬迁人口住房建设投资，“十三五”时期易地扶贫搬迁工程规划总投资约 9 500 亿元。为充分保障工程建设所需资金，《规划》明确了约 981 万建档立卡贫困人口易地搬迁的资金筹措来源，其中，除大幅增加中央预算内投资外，首次引入了开发性、政策性金融资金，大大拓宽了资金渠道。一是安排中央预算内投资约 800 亿元。2016 年已下达中央预算内投资 193.6 亿元。二是安排专项建设基金总规模 500 亿元。目前已切块下达相关省份，国家开发银行、中国农业发展银行正在分批注入省级投融资主体。三是安排地方政府债务资金约 1 000 亿元。目前各地已发行 635 亿元，支付到项目 181.6 亿元。四是安排低成本长期贷款总规模 3 400 多亿元。由国家开发银行、中国农业发展银行负责投放，中央财政对贷款给予适当贴息。五是由建档立卡搬迁人口自筹约 300 亿元。目的是体现扶贫对象的主体意识和责任意识，引导他们积极参与新家园建设，通过自力更生、艰苦奋斗，实现光荣脱贫。此外，与建档立卡贫困人口实施同步搬迁的 600 多万人住房建设资金，以及迁出区土地整治、生态修复等其他投资共计约 3 500 亿元，主要由各级地方政府统筹本级财力和相关渠道资金、动员搬迁群众自筹予以解决。

政策解读：《规划》以精准扶贫、精准脱贫为统领，坚持搬迁与脱贫“两手抓”，明确了“十三五”时期推进易地扶贫搬迁的指导思想、目标任务、资金来源、资金运作模式、保障措施等，是各地推进易地扶贫搬迁工作的行动纲领。《规划》明确，搬迁对象主要是“一方水土养不起一方人”地区经扶贫开发建档立卡信息系统核实的建档立卡贫困人口，约 981 万人。

按照群众自愿、应搬尽搬的原则，在前期进村入户调查研究基础上，结合推进新型城镇化，《规划》提出采取集中安置为主、集中安置与分散安置相结合的方式。《规划》强调，建档立卡搬迁户住房建设面积严格执行不超过人均 25 平方米的标准，这要作为一条红线，确保建档立卡搬迁对象不因建房而举债。同时，新建住房结构设计应执行相关建筑规范和技术标准，保证住房质量和安全。《规划》还明确配套基础设施、公共服务设施等建设内容，包括建设安置区道路约 11 万公里、铺设饮水管网约 14 万公里、供配电网约 12 万公里、学校及幼儿园约 1 600 万平方米、卫生室约 570 万平方米、其他村级服务设施约 2 500 万平方米等内容。《规划》根据各地建设总规模、平均工程造价等数据测算，实施 981 万建档立卡贫困人口易地搬迁所需投资约 6 000 亿元，加上同步搬迁人口住房建设投资，“十三五”时期易地扶贫搬迁工程规划总投资约 9 500 亿元。《规划》根据搬迁对象的实际情况，提出通过统筹整合财政专项扶贫资金和相关涉农资金，支持发展特色农牧业、劳务经济、现代服务业等，探索资产收益扶贫等方式，确保贫困人口有业可就、实现稳定脱贫。

十、《全国农业现代化规划（2016—2020年）》关于农村扶贫事业相关政策

发布机关： 国务院。

时间： 2016年10月17日。

背景：

（1）农业现代化建设成效显著。“十二五”以来，中共中央、国务院不断加大强农惠农富农政策力度，带领广大农民群众凝心聚力、奋发进取，农业现代化建设取得了巨大成绩。综合生产能力迈上新台阶。粮食连年增产，产量连续3年超过12 000亿斤*。肉蛋奶、水产品等“菜篮子”产品丰产丰收、供应充足，农产品质量安全水平稳步提升，现代农业标准体系不断完善。物质技术装备达到新水平。农田有效灌溉面积占比、农业科技进步贡献率、主要农作物耕种收综合机械化率分别达到52%、56%和63%，良种覆盖率超过96%，现代设施装备、先进科学技术支撑农业发展的格局初步形成。适度规模经营呈现新局面。以土地制度、经营制度、产权制度、支持保护制度为重点的农村改革深入推进，家庭经营、合作经营、集体经营、企业经营共同发展，多种形式的适度规模经营比重明显上升。产业格局呈现新变化。农产品加工业与农业总产值比达到2.2∶1，电子商务等新型业态蓬勃兴起，发展生态友好型农业逐步成为社会共识。农民收入实现新跨越。农村居民人均可支配收入达到11 422元，增幅连续6年高于城镇居民收入和国内生产总值增幅，城乡居民收入差距缩小到2.73∶1。典型探索取得新突破。东部沿海、大城市郊区、大型垦区的部分县市已基本实现农业现代化，国家现代农业示范区已成为引领全国农业现代化的先行区。农业现代化已进入全面推进、重点突破、梯次实现的新时期。

（2）农业现代化发展挑战加大。“十三五”时期，农业现代化的内外部环境更加错综复杂。在居民消费结构升级的背景下，部分农产品供求结构性失衡的问题日益凸显。优质化、多样化、专用化农产品发展相对滞后，大豆供需缺口进一步扩大，玉米增产超过了需求增长，部分农产品库存过多，确保供给总量与结构平衡的难度加大。在资源环境约束趋紧的背景下，农业发展方式粗放的问题日益凸显。工业“三废”和城市生活垃圾等污染向农业农村扩散，耕地数量减少质量下降、地下水超采、投入品过量使用、农业面源污染问题加重，农产品质量安全风险增多，推动绿色发展和资源永续利用十分迫切。在国内外农产品市场深度融合的背景下，农业竞争力不强的问题日益凸显。劳动力、土地等生产成本持续攀升，主要农产品国内外市场价格倒挂，部分农产品进口逐年增多，传统优势农产品出口难度加大，我国农业大而不强、多而不优的问题更加突出。在经济发展速度放缓、动力转换的背景下，农民持续增收难度加大的问题日益凸显。农产品价格提升空间较为有限，依靠转移就业促进农民收入增长的空间收窄，家庭经营收入和工资性收入增速放缓，加快缩小城乡居民收入差距、确保如期实现农村全面小康任务艰巨。

（3）农业现代化条件更加有利。展望“十三五”，推进农业现代化的有利条件不断积蓄。发展共识更加凝聚。中共中央、国务院始终坚持把解决好“三农”问题作为全部工作的重中之重，加快补齐农业现代化短板成为全党和全社会的共识，为开创工作新局面汇聚强大推动力。外部拉

* 斤为非法定计量单位。1斤=500克。

动更加强劲。新型工业化、信息化、城镇化快速推进，城乡共同发展新格局加快建立，为推进“四化”同步发展提供强劲拉动力。转型基础更加坚实。农业基础设施加快改善，农产品供给充裕，农民发展规模经营主动性不断增强，为农业现代化提供不竭源动力。市场空间更加广阔。人口数量继续增长，个性化、多样化、优质化农产品和农业多种功能需求潜力巨大，为拓展农业农村发展空间增添巨大带动力。创新驱动更加有力。农村改革持续推进，新一轮科技革命和产业革命蓄势待发，新主体、新技术、新产品、新业态不断涌现，为农业转型升级注入强劲驱动力。

综合判断，“十三五”时期，我国农业现代化建设仍处于补齐短板、大有作为的重要战略机遇期，必须紧紧围绕全面建成小康社会的目标要求，遵循农业现代化发展规律，加快发展动力升级、发展方式转变、发展结构优化，推动农业现代化与新型工业化、信息化、城镇化同步发展。

目的：贯彻落实《中华人民共和国国民经济和社会发展第十三个五年规划纲要》的部署，大力推进农业现代化。

相关内容：《规划》指出，“十三五”时期农业现代化处于补齐短板、大有作为的重要战略机遇期，必须紧紧围绕全面建成小康社会的目标要求，遵循农业现代化发展规律，推动农业现代化与新型工业化、信息化、城镇化同步发展。要以提高质量效益和竞争力为中心，以推进农业供给侧结构性改革为主线，以多种形式适度规模经营为引领，加快转变农业发展方式，构建现代农业产业体系、生产体系、经营体系，走产出高效、产品安全、资源节约、环境友好的农业现代化发展道路。

《规划》提出，到2020年，全国农业现代化取得明显进展，国家粮食安全得到有效保障，农产品供给体系质量和效率显著提高，农业国际竞争力进一步增强，农民生活达到全面小康水平，美丽宜居乡村建设迈上新台阶。

《规划》确定了5个方面发展任务：一是创新强农，二是协调惠农，三是绿色兴农，四是开放助农，五是共享富农。

《规划》围绕农业现代化的关键领域和薄弱环节提出了完善财政支农、创新金融支农、完善农业用地和健全农产品市场调控4方面重大政策，以及高标准农田建设、农村一二三产业融合发展、农产品质量安全、农业对外合作支撑、特色产业扶贫等14项重大工程。

政策解读：《规划》对现阶段农业现代化特征作了一个全新的基本判断，即我国农业现代化已具有坚实基础，进入全面推进、重点突破、梯次实现的新阶段，同时对农业现代化发展战略作出了发展定位、发展主线和战略重点3个层面的重大部署。《规划》紧扣“农业现代化取得明显进展”的目标要求，从定性、定量两方面对“十三五”目标进行了描绘，提出到2020年全国农业现代化要取得明显进展，国家粮食安全得到有效保障，农产品供给体系质量和效率显著提高，农业国际竞争力进一步增强，农民生活达到全面小康水平，美丽宜居乡村建设迈上新台阶。提出了以推进农业供给侧结构性改革为主线、调整优化农业结构的农业现代化方案。总的思路是，以市场需求为导向，以深化改革为动力，以绿色发展、提质增效为重点，创新体制机制，强化科技支撑，统筹保供给、保收入、保生态，增强供给结构对需求变化的适应性和灵活性，不断提高农业发展的质量效益和竞争力。

十一、《科技助力精准扶贫工程实施方案》

发布机关：中国科协、农业部、国务院扶贫办。

时间：2016年10月24日。

目的：贯彻落实中央脱贫攻坚重大决策部署和习近平总书记在全国科技创新大会、两院院士大会、中国科协第九次全国代表大会上的重要讲话精神，组织动员各级科技组织和广大科技工作者广泛开展“创新争先行动”，助力各级党委、政府如期完成脱贫攻坚任务。

相关内容：到2020年，在贫困地区支持建设1 000个以上农技协联合会（联合体）和10 000个以上农村专业技术协会，实现农技协组织和服务在贫困县全覆盖；组织10万名以上来自各级学会、高校和科研院所等科技专家参与脱贫攻坚，实现科技服务在贫困村全覆盖；引导优质科技资源和服务向基层集聚，大幅提高贫困地区公民科学素质和生产技能。

——支持每个贫困县建立1个农技专家服务站；配备1辆科普大篷车；流动科技馆巡展2次；至少建设1所农村中学科技馆；贫困家庭的青少年接受科技教育，参与科普活动的机会明显提升；为每个贫困县制定科技脱贫攻坚规划和产业发展政策提供决策咨询。

——支持有产业发展基础的贫困乡镇建立1个乡镇农技协联合会（联合体）；培育1个乡镇特色产业；建立各级学会，特别是农科、医科和工科学会对接乡镇产业发展科技信息与人才帮扶机制。

——支持适合发展“一村一品”的贫困村建设1个农技协；培育1个以上新型经营主体；打造1个特色品牌；建设1个科普中国乡村e站。

——通过培训使每个有劳动生产能力的贫困家庭至少掌握1～2项脱贫致富的实用技术和技能，至少能够参与1项农业增收项目，提高农民依靠科技致富的能力。

重点任务：

（1）服务科学决策，促进特色产业发展。发挥科技专家优势，为贫困地区特色产业发展提供智力支持。按照《特色农产品区域布局规划》和省县两级产业扶贫规划，结合现代农业产业技术体系布局，重点解决当地产业发展瓶颈，助力“一村一品、一乡一业”产业扶贫行动。引导东部优势产业向贫困地区转移，加大对贫困地区同质化产业发展的对口帮扶。确立产业与贫困户稳定的带动关系，因地制宜，采取土地托管、牲畜托养、农民土地经营权入股、吸收贫困人口就业等途径，带动贫困户增收脱贫。

（2）推广农村先进实用技术，提升科技帮扶含量。搭建科技成果推广应用平台，加快科技成果在贫困地区应用，大力普及先进实用技术。结合贫困地区的发展基础，大力推广农业新技术、新品种、新模式。帮助延伸产业链条，发展农产品精深加工，大力提升农产品附加值。围绕贫困地区产业发展需求，组织专家力量加强技术攻关。

（3）培养乡土人才，夯实人力资源基础。围绕贫困地区生产经营实际需求，对贫困户开展“定点、定向、订单”式的培训，提高劳动生产技能。加强就业指导培训，帮助贫困户到发达地区转移就业。统筹各类农技人员力量，建立农技人员与贫困户联系服务制度。通过专家授课、现场指导、网络信息平台远程指导等方式，免费为贫困户提供生产技术培训。为农村贫困地区有针对性地编印农村先进实用技术图书资料。大力培养懂技术、善经营、能带动的科普带头人、致富带头人、新型职业农民、乡土技术人才和技术骨干，切实提升农民致富能力。

（4）培育新型经营主体，不断完善农技服务体系。培育发展一批农民专业合作社、龙头企业、种养大户等新型经营主体，为贫困户提供就业岗位，建立与贫困户稳定的带动关系。建立农产品网上销售、流通追溯和运输配送体系，帮助对接连锁超市，支持发展订单农业。积极发挥网络、微博、微信等新兴媒介优势，开展网络实时问答、培训交流。帮助建立 O2O、B2C 等电子商务模式，提供多元化便捷服务。搭建有效的金融保险服务平台，拓展融资渠道，抵御经营风险。

（5）完善科普设施建设，提升科普能力。在贫困地区大力推动县、乡、村科普基础设施硬件和软件建设。专门研发适用于贫困县推广实用技术的科普大篷车。流动科技馆、科普大篷车、农村中学科技馆等项目优先向贫困地区配发配送。发挥已有的科普服务站、校园科技活动中心、科普示范基地等作用，大力推动科普中国校园 e 站、乡村 e 站和社区 e 站，用信息化手段武装基层科普基础设施。

（6）广泛开展科普活动，提升贫困地区公民科学素质。将“科普中国”的科普信息资源免费提供给贫困地区电视台和广播电台，推动其开设科普节目、栏目、频道。各级学会要深入贫困县针对因灾返贫、因病致贫、贫困代际传递等问题，大力开展防灾减灾、卫生与健康和青少年科技教育等科普工作。开展科普中国 V 视快递、科普文化进万家等活动。大力培养贫困地区科技教师、青少年科技辅导员，引导青少年参加各类科技教育和科普活动。大力开展经常性科普文化活动，坚决破除封建迷信和伪科学的消极影响，树立科学、文明、健康的社会风尚。

政策解读：《方案》明确，到 2020 年要在贫困地区支持建设 1 000 个以上农技协联合会（联合体）和10 000 个以上农村专业技术协会，实现农技协组织和服务在贫困县全覆盖；组织 10 万名以上来自各级学会、高校和科研院所等科技专家参与脱贫攻坚，实现科技服务在贫困村全覆盖；引导优质科技资源和服务向基层集聚，大幅提高贫困地区公民科学素质和生产技能。

《方案》提出，要围绕服务科学决策，促进特色产业发展；推广农村先进实用技术，提升科技帮扶含量；培养乡土人才，夯实人力资源基础；培育新型经营主体，不断完善农技服务体系；完善科普设施建设，提升科普能力；广泛开展科普活动，提升贫困地区公民科学素质等重点任务，扎实推进科技助力精准扶贫工程的组织实施，并确保取得实效。

《方案》强调，组织实施科技助力精准扶贫工程是贯彻落实中央精准扶贫、精准脱贫基本方略的重要举措。中国科协、农业部和国务院扶贫办将联合成立科技助力精准扶贫工程领导小组，每年对各省科协开展对科技助力精准扶贫工程的实施成效进行综合考核评估。中国科协将统筹“科普惠农兴村计划”等项目经费，对实施科技助力精准扶贫工程有突出贡献的组织和专家，通过“以奖代补、奖补结合”的方式给予支持，同时面向基层实施的项目，将加大向贫困地区倾斜力度。

十二、《关于促进电商精准扶贫的指导意见》

发布机关：国务院扶贫办、国家发改委、中央网信办、商务部、工信部、交通运输部、人社部、财政部、农业部、中国人民银行、中国银行业监督管理委员会（以下简称中国银监会）、共青团中央、全国妇联、中国残联、中华全国供销合作总社、中国邮政。

时间：2016 年 11 月 4 日。

背景：近年来，随着互联网的普及和农村基础设施的逐步完善，我国农村电子商务发展迅猛，交易量持续保持高速增长，已成为农村转变经济发展方式、优化产业结构、促进商贸流通、带动创新就业、增加农民收入的重要动力。但从总体上看，贫困地区农村电子商务发展仍处于起步阶段，电子商务基础设施建设滞后，缺乏统筹引导，电商人才稀缺，市场化程度低，缺少标准化产品，贫困群众网上交易能力较弱，影响了农村贫困人口通过电子商务就业创业和增收脱贫的步伐。

目的：进一步创新扶贫开发体制机制，将电商扶贫纳入脱贫攻坚总体部署和工作体系，实施电商扶贫工程，推动互联网创新成果与扶贫工作深度融合，带动建档立卡贫困人口增加就业和拓宽增收渠道，加快贫困地区脱贫攻坚进程。

相关内容：加快实施电商精准扶贫工程，逐步实现对有条件贫困地区的三重全覆盖：一是对有条件的贫困县实现电子商务进农村综合示范全覆盖；二是对有条件发展电子商务的贫困村实现电商扶贫全覆盖；三是第三方电商平台对有条件的贫困县实现电商扶贫全覆盖。贫困县形成较为完善的电商扶贫行政推进、公共服务、配套政策、网货供应、物流配送、质量标准、产品溯源、人才培养等体系。到 2020 年在贫困村建设电商扶贫站点 6 万个以上，约占全国贫困村 50%左右；扶持电商扶贫示范网店 4 万家以上；贫困县农村电商年销售额比 2016 年翻两番以上。

（1）基本原则。一是政府引导、市场主导。二是多元平台、突出特色。三是先易后难、循序渐进。四是社会参与、上下联动。五是鼓励创新、典型引路。

（2）主要任务。一是加快改善贫困地区电商基础设施。深入推进电子商务进农村综合示范，重点向国家级贫困县倾斜。扎实推进贫困地区道路、互联网、电力、物流等基础设施建设，改善贫困地区电商发展基本条件。到 2020 年，宽带网络覆盖 90%以上的贫困村，80%以上的贫困村有信息服务站。加强交通运输、商贸、农业、供销、邮政等农村物流基础设施共享衔接，推进县、乡、村三级农村物流配送网络建设，加快贫困地区县城老旧公路客运站改造，推动有条件的贫困村客运场站信息化建设，提升电商小件快运服务能力。推进电信普遍服务试点工作，大力实施信息进村入户工程。

二是促进贫困地区特色产业发展。结合贫困村、建档立卡贫困户脱贫规划，确立特色产业和主导产品，推动“名特优新”、“三品一标”、“一村一品”农产品和休闲农业上网营销。制定适应电子商务的农产品质量、分等分级、产品包装、业务规范等标准，推进扶贫产业标准化、规模化、品牌化。扶持一批辐射带动能力强的新型农业经营主体，培育一批农村电子商务示范县、示范企业和示范合作社。对农产品质量安全检验检测、产地认证、质量追溯、田头集货、产地预冷、冷藏保鲜、分级包装、冷链物流设施等方面给予支持。

三是加大贫困地区电商人才培训。以精准扶贫为目标，针对建档立卡贫困户、电商创业脱贫带头人、农村青年致富带头人、村级信息员和残疾人专职委员等，制订电商培训计划。整合各类培训资源开展电商扶贫培训，到 2020 年完成 1 000 万人次以上电商知识和技能培训，培养 100 万名以上农村青年电商高端人才，实现每个贫困村至少有 1 名电商扶贫高级人才，形成一支懂信息技术、会电商经营、能带动脱贫的本土电商扶贫队伍。建立贫困学员档案，跟踪贫困人口电商就业创业进展和需求，及时对接后续服务。

四是鼓励建档立卡贫困户依托电商就业创业。为符合条件的贫困地区高校毕业生、返乡创业农民工和网络商户等发展电子商务提供创业担保贷款，支持贫困村青年、妇女、残疾人依托电子商务就业创业。实施农村青年电商培育工程，支持和指导返乡大学生、青年农民工、大学生“村官”和农村青年致富带头人通过电商创业就业。结合“巾帼脱贫行动”，扶持贫困妇女参加电商培训，挖掘自身特长，灵活就业创业。发展适合贫困残疾人的电商产业，扶持一批电商助残基地，实施电商助残扶贫行动。组织开展返乡创业试点，积极调动市场资源对接贫困试点地区。

五是支持电商扶贫服务体系建设。动员有志于扶贫事业的电商企业，搭建贫困地区产品销售网络平台和电商服务平台。支持银行业金融机构和非银行支付机构研发满足贫困地区电子商务发展需求的网上支付、手机支付等产品，加快贫困村村级电商服务点、助农取款服务点建设。鼓励贫困县成立电商扶贫协会等社会组织，为农村群众特别是贫困户提供产品集货、分级包装、品牌营销、物流配送、售后保障等服务，提高应对市场的能力；完善中国邮政县乡仓储中心布局；鼓励支持跨境电商发展。

六是推进电商扶贫示范网店建设。加快贫困村电商扶贫村级站点建设，重点打造4万家电商扶贫示范网店，通过贫困农户创业型、能人大户引领型、龙头企业带动型、乡村干部服务型等多种建设模式，完善电商扶贫示范网店与建档立卡贫困户利益联结机制，以保护价优先收购、销售贫困户农特产品，并义务为建档立卡贫困户提供代购生产生活资料、代办缴费购票等业务，形成“一店带多户”“一店带一村”的网店带贫模式。中国邮政计划到2020年建成50万个邮乐购站点，实现自有网点对贫困县全覆盖、对有条件的贫困村全覆盖。

七是整合资源，对基层传统网点实施信息化改造升级。加快全国信息进村入户村级信息服务站建设，支持贫困地区“万村千乡”农家店、邮政、供销合作社、快递网点、村邮站和村级综合服务中心（社）信息化改造，拓展经营服务内容，在提供便民超市、农资代销等传统服务的基础上，增加网上代购代售新型服务功能。

八是加强东西部电商扶贫产业对接协作。充分利用东西部扶贫协作工作平台，深化东西部电商产业交流合作。东部省市帮助扶贫协作省份贫困地区建设一批扶贫产业基地，培育一批扶贫龙头企业和合作社，引进一批有扶贫意愿的优质电商企业，组织一批贫困人口通过参与电商扶贫产业链环节增收。贫困地区要充分利用本地劳动力、土地、资源等优势，主动配合做好电商扶贫产业对接协作，承接东部发达地区电商产业转移，支持建立东西部电商扶贫产业对接协作联盟。

九是动员社会各界开展消费扶贫活动。以每年扶贫日为时间节点，组织有关电商企业和网络平台，共同举办“邀您一起来网购”等消费扶贫体验活动，集中购买贫困地区土特产品，培育全社会消费扶贫意识，逐步形成电商扶贫的品牌产品、品牌企业。加强贫困地区优质特色农产品、民族手工艺品、休闲农业的宣传推介，鼓励支持电商平台常年开展富有特色的网购活动，共同营造消费扶贫的良好氛围。

政策解读：《意见》的主要目的是加强政府对电商扶贫的推动作用，鼓励第三方平台对贫困县区的电商扶贫，到2020年在贫困村建设电商扶贫站点6万个以上，约占全国贫困村50%左右；扶持电商扶贫示范网店4万家以上；贫困县农村电商年销售额比2016年翻两番以上。

《意见》要求，加快实施电商精准扶贫工程，逐步实现对有条件贫困地区的三重全覆盖：一是对有条件的贫困县实现电子商务进农村综合示范全覆盖；二是对有条件发展电子商务的贫困村实现电商扶贫全覆盖；三是第三方电商平台对有条件的贫困县实现电商扶贫全覆盖。

《意见》提出，动员有志于扶贫事业的电商企业，搭建贫困地区产品销售网络平台和电商服务平台。以精准扶贫为目标，针对建档立卡贫困户、电商创业脱贫带头人、农村青年致富带头人、村级信息员和残疾人专职委员等，制订电商培训计划。加快全国信息进村入户村级信息服务站建设，支持贫困地区“万村千乡”农家店、邮政、供销合作社、快递网点、村邮站和村级综合服务中心（社）信息化改造，拓展经营服务内容，在提供便民超市、农资代销等传统服务的基础上，增加网上代购代售新型服务功能。

十三、《国务院办公厅关于完善支持政策促进农民持续增收的若干意见》

发布机关：国务院办公厅。

时间：2016年11月24日。

背景：小康不小康，关键看老乡。全面建成小康社会，难点在农村，关键在农民。增加农民收入是“三农”工作的中心任务，事关农民安居乐业和农村和谐稳定，事关巩固党在农村的执政基础，事关经济社会发展全局。随着经济发展进入新常态，农业发展进入新阶段，支撑农民增收的传统动力逐渐减弱，农民收入增长放缓，迫切需要拓宽新渠道、挖掘新潜力、培育新动能。

目的：进一步完善支持政策，促进农民持续增收。

相关内容：《意见》指出，增加农民收入是“三农”工作的中心任务，事关农民安居乐业和农村和谐稳定，事关巩固党在农村的执政基础，事关全面小康目标的实现和经济社会发展全局。随着我国经济发展进入新常态、农业发展进入新阶段，支撑农民持续增收的传统动能减弱，必须拓宽农民增收新渠道，挖掘农民增收新潜力，培育农民增收新动能。

《意见》强调，要牢固树立创新、协调、绿色、开放、共享的发展理念，认真落实中共中央、国务院决策部署，以粮食主产区和种粮农民为重点，紧紧围绕农业提质增效强基础、农民就业创业拓渠道、农村改革赋权增活力、农村社会保障固基本，进一步完善强农惠农富农政策，着力挖掘经营性收入增长潜力，稳住工资性收入增长势头，释放财产性收入增长红利，拓展转移性收入增长空间。到2020年，农民收入增长支持政策体系进一步完善，农业支持保护制度更加健全，农民就业创业政策更加完善，农村资源资产要素活力充分激发，农村保障政策有力有效，农民收入持续较快增长，城乡居民收入差距进一步缩小，确保实现农民人均收入比2010年翻一番的目标。

《意见》从4个方面对完善农民增收支持政策提出了明确要求：一是完善农业支持保护制度。通过加大农业基础设施投入，推进农业补贴政策转型，完善农业结构调整政策，改革完善农产品价格形成机制，健全新型农业经营主体支持政策，加强农村金融服务，创新农业保险产品和服务，探索财政撬动金融支农新模式等方式，挖掘农业内部增收潜力。二是强化就业创业扶持政策。通过加强新型职业农民培育，完善城乡劳动者平等就业制度，支持农民创业创新，鼓励工商资本投资农业农村，健全产业链利益联结机制等措施，拓宽农民增收新渠道。三是构建城乡一体化发展长效机制。通过深化农村集体产权制度改革，激发农村资源资产要素活力，充分发挥新型城镇化辐射带动作用等举措，释放农民增收新动能。四是健全困难群体收入保障机制。通过强化精准扶贫、精准脱贫，完善农村社会保障制度等方式，确保实现全面小康。

《意见》要求，各地区各有关部门要提高对促进农民增收重要性的认识，增强责任感和紧迫感，切实加强组织领导，落实地方责任，强化部门配合，完善工作保障机制，确保各项政策措施落到实处。

政策解读：《意见》提出了到2020年农民收入增长支持政策体系进一步完善，农业支持保护制度更加健全，农民就业创业政策更加完善，农村资源资产要素活力充分激发，农村保障政策有力有效，农民收入持续较快增长，城乡居民收入差距进一步缩小，确保实现农民人均收入比2010年翻一番的目标。

为完善农业支持保护制度，挖掘农业内部增收潜力，提出加大农业基础设施投入，推进农业补贴政策转型，完善农业结构调整政策，改革完善农产品价格形成机制，健全新型农业经营主体支持政策，加强农村金融服务，创新农业保险产品和服务，探索财政撬动金融支农新模式等一系列意见。提出加强新型职业农民培育，完善城乡劳动者平等就业制度，支持农民创新创业，鼓励规范工商资本投资农业农村，健全产业链利益联结机制等方案来强化就业创业扶持政策，拓展农民增收渠道。《意见》还提出了构建城乡一体化发展长效机制，释放农民增收新动能以及健全困难群体收入保障机制，确保实现全面小康的一系列举措。

十四、《国务院办公厅关于进一步促进农产品加工业发展的意见》

发布机关：国务院办公厅。

时间：2016年12月17日。

背景：近年来，我国农产品加工业有了长足发展，已成为农业现代化的支撑力量和国民经济的重要产业，对促进农业提质增效、农民就业增收和农村一二三产业融合发展，对提高人民群众生活质量和健康水平、保持经济平稳较快增长发挥了十分重要的作用。

目的：进一步促进农产品加工业发展，深入推进农业供给侧结构性改革，不断满足城乡居民消费升级需求。

相关内容：《意见》指出，农产品加工业已成为农业现代化的支撑力量和国民经济的重要产业。进一步促进农产品加工业发展对促进农业提质增效、农民就业增收和农村一二三产业融合发展，对提高人民群众生活质量和健康水平、保持经济平稳较快增长有着十分重要的作用。

《意见》强调，要坚持"以农为本、转化增值，市场主导、政府支持，科技支撑、综合利用，集聚发展、融合互动"的原则，在确保国家粮食安全和农产品质量安全的基础上，以转变发展方式、调整优化结构为主线，以市场需求为导向，以增加农民收入、提高农业综合效益和竞争力为核心，推动农产品加工业从数量增长向质量提升、要素驱动向创新驱动、分散布局向集群发展转变，促进农产品加工业持续稳定健康发展。

《意见》提出，到2020年，农产品加工转化率达到68%，加工业主营业务收入年均增长6%以上，农产品加工业与农业总产值比达到2.4∶1。到2025年，农产品加工转化率达到75%，农产品加工业与农业总产值比进一步提高，基本接近发达国家农产品加工业发展水平。

《意见》从4个方面部署推进农产品加工业发展：

一是优化结构布局。推进农产品加工业向优势产区集中布局，明确大宗农产品主产区、特色农产品优势区、大中城市郊区及都市农业区和贫困地区的发展重点。统筹农产品初加工、精深加工及主食加工等协调发展。

二是推进多种业态发展。支持农民合作社、种养大户、家庭农场发展加工流通。鼓励企业打造全产业链，让农民分享加工流通增值收益。创新模式和业态，利用信息技术培育现代加工新模式。推进加工园区建设，创建产业集群和融合发展先导区，建设农产品加工特色小镇。

三是加快产业转型升级。提升科技创新能力，强化协同创新机制，建设一批农产品加工技术集成基地。加速科技成果转化推广，鼓励建设科技成果转化交易中心，支持科技人员以科技成果入股加工企业。提高企业管理水平，引导企业依标生产，提升质量水平，培育知名品牌。加强人才队伍培养，培育一批经营管理队伍、科技领军人才、创新团队、生产能手和技能人才。

四是完善相关政策措施。加强财政支持，支持符合条件的加工企业申请有关支农资金和项目。完善税收政策，扩大农产品增值税进项税额核定扣除试点行业范围，落实农产品初加工企业所得税优惠政策。强化金融服务，加大信贷支持力度，扩大担保业务规模，创新“信贷＋保险”、产业链金融等服务模式。改善投资贸易条件，支持社会资本从事农产品加工、流通。落实用地用电政策，执行农产品初加工用地政策。

政策解读：针对我国一些地区农产品加工业存在的布局分散和结构不尽合理的问题，《意见》在产业布局上把握了生产与加工相结合、加工与市场相结合、加工与产业扶贫相结合的 3 个原则。

《意见》针对我国很多地方农产品产地初加工落后，精深加工及综合利用不足，一般性、资源性的传统产品多，高技术、高附加值的产品少，主食社会化供应不足等问题，鼓励发展不改变农产品内在品质的初加工，发展二次以上加工的精深加工，发展主食加工，发展综合利用加工，可以讲坚持了问题导向，很有针对性。

《意见》聚焦关键薄弱环节，多措并举，精准发力，提升科技创新能力，开发营养均衡、养生保健、食药同源的加工食品；加速成果转化推广，支持科技人员以科技成果入股加工企业，通过股权、期权和分红激励等获得合理收入；提高企业管理水平，强化环保、能耗、质量、安全、卫生等标准作用，引导企业严格执行强制性标准，积极采用先进标准，推行标准化生产，加快培育一批能够展示“中国制造”和“中国服务”优质形象的农产品加工品牌；加强人才队伍培养。完善企业经营管理人才培训机制，培育一批创新领军人才和创新团队。加快培育一批生产能手和技能人才。

十五、《中共中央　国务院关于深入推进农业供给侧结构性改革加快培育农业农村发展新动能的若干意见》

发布机关：中共中央、国务院。

时间：2016 年 12 月 31 日。

相关内容：习近平总书记指出，新形势下，农业主要矛盾已经由总量不足转变为结构性矛盾，主要表现为阶段性的供过于求和供给不足并存。推进农业供给侧结构性改革，提高农业综合效益和竞争力，是当前和今后一个时期我国农业政策改革和完善的主要方向。这为我们做好“三农”工作指明了方向，提供了重要遵循。顺应新形势新要求，2017 年中央 1 号文件把推进农业供给侧结构性改革作为主题，坚持问题导向，调整工作重心，从各方面谋划深入推进农业供给侧结构性改革，为“三农”发展注入新动力。

经过多年不懈努力，我国农业农村发展不断迈上新台阶，已进入新的历史阶段。当前，农产品供求格局、农业国际竞争形势、资源生态状况、宏观经济背景都发生了重大而深刻的变化，机遇与挑战并存。农产品供需结构失衡、粮食库存高企、农产品进口冲击较大、农民增收动力衰减、资源环境严重透支等问题制约了农业农村持续平稳发展。这些问题供给和需求两侧都存在，但矛盾的主要方面在供给侧，突出的是结构性、体制性问题。必须从供给侧入手、在体制机制创新上发力，以推进农业供给侧结构性改革为主线，推动农业农村发展冲关过坎、克难前行，实现发展动能转换、动力接续，开辟农业现代化发展新境界。

推进农业供给侧结构性改革，要以增加农民收入、保障有效供给为主要目标。农民的钱袋子鼓起来了没有，是检验农业供给侧结构性改革成效的重要尺度。农业供给侧结构性改革成不成功，要看供给体系是否优化、效率是否提高，更要看农民是否增收、是否得实惠。

推进农业供给侧结构性改革，要以提高农业供给质量为主攻方向。要坚持市场导向，跟上消费需求升级的节奏，优化供给结构，不仅满足人民群众对优质农产品的需求，还要满足对农业观光休闲等服务性需求，满足对良好生态的绿色化需求。要坚持质量兴农，加快农业科技进步，提高农业综合效益和竞争力。

推进农业供给侧结构性改革，要以体制改革和机制创新为根本途径。通过改革创新，理顺政府和市场关系，激活市场、激活要素、激活主体，改造和提升农业传统动能，培育和增强农业农村发展新的动力。

推进农业供给侧结构性改革，与以往抓农业结构调整、抓农村工作相比，既有传承和延续，更有创新和发展。过去主要解决农产品供给总量不足问题，现在要在促进供求总量平衡的同时，注重提升质量效益，促进可持续发展；过去主要在调整农业生产结构上做文章，现在要在调整生产结构的同时，注重培育新产业新业态，加快农村三产融合，促进农民持续较快增收；过去主要是农业生产力范畴内的调整，现在要在突出发展生产力的同时，注重体制改革、机制创新，增强内生发展动力。推进农业供给侧结构性改革，涵盖范围广、触及层次深，是农业农村发展思路的一个重大转变。其本质，就是用改革来推动农业农村发展由过度依赖资源消耗、主要满足量的需求，向追求绿色生态可持续、更加注重满足质的需求转变。

推进农业供给侧结构性改革是一个长期的过程，不可能一蹴而就，也会带来阵痛，付出一些代价。志不求易者成，事不避难者进。牢牢守住确保粮食生产能力不降低、农民增收势头不逆转、农村稳定不出问题这三条底线，知难而进、苦干实干，我们定能不断深化农业供给侧结构性改革，开创“三农”工作新局面。

政策解读：《意见》立足“三农”发展新形势，突出强调以推进农业供给侧结构性改革为主线，加快培育发展新动能，提出一系列新政策、新举措，对做好今后一个时期农业农村工作具有十分重要的指导意义。

当前，农业农村发展进入新的历史阶段，内在动因和外部环境正发生重大而深刻的变化。农业主要矛盾由总量不足转变为结构性矛盾，突出表现为阶段性供过于求和供给不足并存，矛盾的主要方面在供给侧，并且主要是结构性、体制性的问题。顺应新形势新要求，必须坚持问题导向，调整工作重心，把推进农业供给侧结构性改革作为当前和今后一个时期农业农村工作的主线。

深入推进农业供给侧结构性改革，是“三农”领域的一场深刻变革，关系长远，要坚持新发展理念，围绕农业增效、农民增收、农村增绿，不断提高农业综合效益和竞争力。深入推进农业供给侧结构性改革，是一个长期过程，必须处理好政府和市场关系，协调好各方面利益。

十六、《关于进一步引导和鼓励高校毕业生到基层工作的意见》

发布机关：中共中央办公厅、国务院办公厅。

时间：2017年1月24日。

背景：高校毕业生是国家宝贵的人才资源。中共中央、国务院高度重视高校毕业生就业工作，把基层作为高校毕业生成长成才的重要平台，对引导和鼓励高校毕业生到基层工作提出了明确要求。各地区各有关部门创新政策措施，完善服务保障机制，引导大批高校毕业生到基层工作，有力推动了基层事业发展。同时也要看到，与全面建成小康社会目标和基层发展对各类人才需求相比，高校毕业生到基层工作还存在动力不足、渠道不畅、发挥作用不够、发展空间有限、服务保障不力等问题。

目的：进一步引导和鼓励高校毕业生到基层工作，发挥高校毕业生在促进基层经济社会发展中的作用。

相关内容：多渠道开发基层岗位，为高校毕业生到基层工作搭建平台。认真落实政府购买基层公共管理和社会服务岗位更多用于吸纳高校毕业生就业的要求，结合基层实际需求和转变政府职能、创新公共服务供给模式需要，加大在基层公共教育、医疗卫生、文化体育、农业技术、农村水利、扶贫开发、社会救助、城乡社区建设、社会工作、法律援助、信息化建设与管理等领域购买服务的力度，创造更多适合高校毕业生的就业岗位。引导高校毕业生投身扶贫开发和农业现代化建设。围绕打赢脱贫攻坚战和农业现代化部署，结合推进农业科技创新、扶贫开发需求，积极引导和鼓励高校毕业生投身现代种业、农业技术、农产品加工、休闲农业、乡村旅游、农村电子商务、农村合作经济和基层水利等事业。鼓励高校毕业生到贫困村从事扶贫工作，到贫困村创业并带领建档立卡贫困人口脱贫致富的高校毕业生，可按规定申报扶贫项目支持、享受扶贫贴息贷款等扶贫开发政策。到农业生产经营主体就业的高校毕业生，可按规定享受就业培训、继续教育、项目申报、成果审定等政策，符合条件的可优先评聘相应专业技术资格。

支持高校毕业生到基层创新创业。支持高校毕业生以资金入股、技术参股等方式，加入农民专业合作社等经济组织，鼓励其兴办家庭农场，对其中符合扶贫扶持政策、农业补贴政策条件的，按规定给予政策支持。

完善基层职称评审制度。推广中小学教师、卫生等重点领域专业技术人才晋升高级职称须有1年以上农村基层工作服务经历的做法。

加强其他待遇保障。对到农村基层急需紧缺专业（行业）就业的高校毕业生可给予专项安家费。

实施基层服务项目。继续组织实施大学生"村官"、农村教师特岗计划、"三支一扶"计划、志愿服务西部计划和农技特岗计划等专门项目，每年选派一批高校毕业生到基层服务。

政策解读：《意见》明确，省级以上机关录用公务员，除特殊职位外，按照有关规定一律从具有2年以上基层工作经历的人员中考录。市地级以上机关应拿出一定数量职位面向具有基层工作经历的公务员进行公开遴选。省、市级所属事业单位面向社会公开招聘时，应拿出一定数量岗位公开招聘有基层事业单位工作经历的人员。《意见》强调，以服务基层发展为目标，以更好发挥高校毕业生作用为核心，进一步创新体制机制，完善政策措施，健全服务体系，加快构建引导和鼓励高校毕业生到基层工作长效机制，确保下得去、留得住、干得好、流得动。《意见》要求，多渠道开发基层岗位，为高校毕业生到基层工作搭建平台。《意见》提出，建立健全面向基层高校毕业生的多层次、多元化培训和实训体系；认真落实县以下机关公务员职务与职级并行制度；建立事业单位管理岗位职员等级晋升制度；完善基层职称评审制度；逐步提高基层工作人员工资待遇；加强其他待遇保障。《意见》强调，畅通流动渠道，为在基层工作的高校毕业生职业发展提供支持。在干部人才选拔任用机制上，进一步强化基层工作经历的政策导向，向在基层工作的优秀高校毕业生倾斜。

十七、《中央财政专项扶贫资金管理办法》

发布机关：财政部、国务院扶贫办、国家发改委、国家民委、农业部、国家林业局。

时间：2017年3月13日。

目的：进一步加强和规范中央财政专项扶贫资金使用与管理，促进提升资金使用效益。

相关内容：新《办法》分为总则、预算安排与资金分配、资金支出范围与下达、资金管理与监督和附则5章，共计24条。新《办法》主要在以下4个方面进行了修订：

一是完善了资金分配方法。中央财政专项扶贫资金继续采用因素法分配。按照精准扶贫、精准脱贫要求，坚持以目标和结果为导向的原则，完善资金分配办法，综合考虑贫困状况、脱贫攻坚政策任务和脱贫成效等分配因素，使资金逐步向脱贫攻坚主战场聚焦。

二是改进了资金支出范围。为体现脱贫攻坚的实际需求，避免因规定过细束缚地方操作，与原《办法》相比较，新《办法》不再对中央财政专项扶贫资金支出范围作具体要求，而是采取了负面清单方式，在对资金支出范围作出原则性要求的基础上，明确了资金不得支出的范围。

三是改革了资金使用管理方式。与原《办法》关于“各地应根据扶贫开发工作的实际情况，逐步将项目审批权限下放到县级”的规定相比，新《办法》进一步改革资金管理方式，明确提出中央财政专项扶贫资金项目审批权限下放到县级，强化地方对中央财政专项扶贫资金的管理责任。

四是强化了资金监管。按照《预算法》有关要求和权责对等原则，新《办法》进一步明确了各级财政、扶贫、发展改革、民族、农业（农垦管理）、林业等部门在中央财政专项扶贫资金和项目使用管理方面的职责。同时，新《办法》增加了中央财政专项扶贫资金分配、使用管理中违法违纪行为的责任追究条款。

新《办法》规定各省（自治区、直辖市）可按照国家扶贫开发政策要求，结合当地扶贫开发工作实际情况，围绕培育和壮大贫困地区特色产业、改善小型公益性生产生活设施条件、增强贫困人口自我发展能力和抵御风险能力等方面，因户施策、因地制宜确定中央财政专项扶贫资金使用范围。同时，在第十条明确了中央财政专项扶贫资金不能支出的范围。新《办法》还明确，开展统筹整合使用财政涉农资金试点的贫困县，由县级按照贫困县开展统筹整合使用财政涉农资金试点工作有关文件要求，根据脱贫攻坚需求统筹安排中央财政专项扶贫资金。此外，新《办法》还对项目管理费的安排使用作出了新规定。

新《办法》就切实加强专项扶贫资金监督管理作出了更加具体和严格的规定。一是进一步明确了中央财政专项扶贫资金使用管理相关的各部门的职责分工。在明确财政部门的资金监管责任的同时，强调了各级扶贫、发展改革、民族、农业（农垦管理）、林业等部门要按照权责对等原则落实资金和项目的监管责任。二是资金使用管理实行绩效评价制度。绩效评价结果以适当形式公布，并作为中央财政专项扶贫资金分配的重要因素。三是推进政务公开，资金政策文件、管理制度、资金分配结果等信息及时向社会公开，接受社会监督。四是要求各有关部门配合审计、纪检监察、检察机关做好审计、检查等工作。对财政部驻各地财政监察专员办事处的工作职责也作出了规定。同时要求创新监管方式，探索建立协调统一的监管机制，提高监管效率。

政策解读：为贯彻落实《中共中央　国务院关于打赢脱贫攻坚战的决定》精神，加强中央财政专项扶贫资金管理，提高资金使用效益，财政部对《财政专项扶贫资金管理办法》（原《办法》）进行了修订，印发了《中央财政专项扶贫资金管理办法》（新《办法》）。新《办法》就完善资金分配方法、改进资金支出范围、改革资金使用管理方式、强化资金监管 4 个主要方面进行了修订。

新《办法》规定各省（自治区、直辖市）可按照国家扶贫开发政策要求，结合当地扶贫开发工作实际情况，围绕培育和壮大贫困地区特色产业、改善小型公益性生产生活设施条件、增强贫困人口自我发展能力和抵御风险能力等方面，因户施策、因地制宜确定中央财政专项扶贫资金使用范围。

新《办法》就切实加强专项扶贫资金监督管理作出了进一步明确中央财政专项扶贫资金使用管理相关的各部门的职责分工；资金使用管理实行绩效评价制度；推进政务公开，资金政策文件、管理制度、资金分配结果等信息及时向社会公开，接受社会监督；要求各有关部门配合审计、纪检监察、检察机关做好审计、检查等工作 4 条具体和严格的规定。

十八、《国家体育总局办公厅关于推动运动休闲特色小镇建设工作的通知》

发布机关：国家体育总局。

时间：2017 年 5 月 9 日。

背景：运动休闲特色小镇是在全面建成小康社会进程中，助力新型城镇化和健康中国建设，促进脱贫攻坚工作，以运动休闲为主题打造的具有独特体育文化内涵、良好体育产业基础，运动休闲、文化、健康、旅游、养老、教育培训等多种功能于一体的空间区域、全民健身发展平台和体育产业基地。

目的：贯彻中共中央和国务院关于推进特色小镇建设、加大脱贫攻坚工作力度的精神，充分发挥体育在脱贫攻坚工作中的潜在优势作用，更好地为基层经济社会事业、全民健身与健康事业、体育产业发展服务，引导推动运动休闲特色小镇实现可持续发展，国家体育总局决定组织开展运动休闲特色小镇建设、促进脱贫攻坚工作。

相关内容：到 2020 年，在全国扶持建设一批体育特征鲜明、文化气息浓厚、产业集聚融合、生态环境良好、惠及人民健康的运动休闲特色小镇；带动小镇所在区域体育、健康及相关产业发展，打造各具特色的运动休闲产业集聚区，形成与当地经济社会相适应、良性互动的运动休闲产业和全民健身发展格局；推动中西部贫困落后地区在整体上提升公共体育服务供给和经济社会发展水平，增加就业岗位和居民收入，推进脱贫攻坚工作。运动休闲特色小镇要形成以下特色：

（1）特色鲜明的运动休闲业态。聚焦运动休闲、体育健康等主题，形成体育竞赛表演、体育健身休闲、体育场馆服务、体育培训与教育、体育传媒与信息服务、体育用品制造等产业形态。

（2）深厚浓郁的体育文化氛围。具备成熟的体育赛事组织运营经验，经常开展具有特色的品牌全民健身赛事和活动，以独具特色的运动项目文化或民族民间民俗传统体育文化为引领，形成运动休闲特色名片。

（3）与旅游等相关产业融合发展。实现体育旅游、体育传媒、体育会展、体育广告、体育影视等相关业态共享发展，运动休闲与旅游、文化、养老、教育、健康、农业、林业、水利、通用航空、交通运输等业态融合发展，打造旅游目的地。

（4）脱贫成效明显。通过当地体育特色产业的发展吸纳就业，创造增收门路，促进当地特色农产品销售，在体育脱贫攻坚中树立示范。

（5）禀赋资源的合理有效利用。自然资源丰富的小镇依托自然地理优势发展冰雪、山地户外、水上、汽车摩托车、航空等运动项目；民族文化资源丰富的小镇依托人文资源发展民族民俗体育文化。大城市周边重点镇加强与城市发展的统筹规划和体育健身功能配套；远离中心城市的小镇完善基础设施和公共体育服务，服务农村。

意义：建设运动休闲特色小镇，是满足群众日益高涨的运动休闲需求的重要举措，是推进体育供给侧结构性改革、加快贫困落后地区经济社会发展、落实新型城镇化战略的重要抓手，也是促进基层全民健身事业发展、推动全面小康和健康中国建设的重要探索。建设运动休闲特色小镇，能够搭建体育运动新平台、树立体育特色新品牌、引领运动休闲新风尚，增加适应群众需求的运动休闲产品和服务供给；有利于培育体育产业市场、吸引长效投资，促进镇域运动休闲、旅游、健康等现代服务业良性互动发展，推动产业集聚并形成辐射带动效应，为城镇经济社会发展增添新动能；能够有效促进以乡镇为重点的基本公共体育服务均等化，促进乡镇全民健身事业和健康事业实现深度融合与协调发展。

政策解读：《通知》强调，运动休闲特色小镇建设工作要认真贯彻落实习近平总书记系列重要讲话精神和治国理政新理念、新思想、新战略，落实总书记关于体育工作的重要论述，将运动休闲特色小镇建设和脱贫攻坚任务紧密结合起来，多措并举、综合施策、循序渐进、以点带面，促进体育与健康、旅游、文化等产业实现融合协调发展，带动区域经济社会各项事业全面发展；要充分发挥社会力量和市场机制的作用，依据当地发展基础和潜力科学规划、量力而行、有序推进，避免盲目跟风。

《通知》提出，运动休闲特色小镇建设工作的主要任务是：到2020年，在全国扶持建设一批体育特征鲜明、文化气息浓厚、产业集聚融合、生态环境良好、惠及人民健康的运动休闲特色小镇；带动小镇所在区域体育、健康及相关产业发展，打造各具特色的运动休闲产业集聚区，形成与当地经济社会相适应、良性互动的运动休闲产业和全民健身发展格局；推动中西部贫困落后地区在整体上提升公共体育服务供给和经济社会发展水平，增加就业岗位和贫困群众收入，推进脱贫攻坚工作；推动运动休闲特色小镇在运动休闲业态、体育文化氛围、与旅游等相关产业融合发展、脱贫攻坚、禀赋资源有效利用等方面形成鲜明特色。

十九、《国务院办公厅关于加快推进农业供给侧结构性改革大力发展粮食产业经济的意见》

发布机关： 国务院办公厅。

时间： 2017年9月1日。

背景： 近年来，我国粮食连年丰收，为保障国家粮食安全、促进经济社会发展奠定了坚实基础。当前，粮食供给由总量不足转为结构性矛盾，库存高企、销售不畅、优质粮食供给不足、深加工转化滞后等问题突出。

目的： 加快推进农业供给侧结构性改革，大力发展粮食产业经济，促进农业提质增效、农民就业增收和经济社会发展。

相关内容： 《意见》提出，要全面落实国家粮食安全战略，以加快推进农业供给侧结构性改革为主线，以增加绿色优质粮食产品供给、有效解决市场化形势下农民卖粮问题、促进农民持续增收和保障粮食质量安全为重点，大力实施优质粮食工程，推动粮食产业创新发展、转型升级和提质增效，为构建更高层次、更高质量、更有效率、更可持续的粮食安全保障体系夯实产业基础。

《意见》明确，到2020年，初步建成适应我国国情和粮情的现代粮食产业体系，全国粮食优质品率提高10个百分点左右，粮食产业增加值年均增长7%左右，粮食加工转化率达到88%，主食品工业化率提高到25%以上，主营业务收入过百亿元的粮食企业数量达到50个以上，大型粮食产业化龙头企业和粮食产业集群辐射带动能力持续增强，粮食科技创新能力和粮食质量安全保障能力进一步提升。

《意见》明确了发展粮食产业经济的重点任务。一是培育壮大粮食产业主体，增强粮食企业发展活力，培育壮大粮食产业化龙头企业，支持多元主体协同发展。二是创新粮食产业发展方式，促进全产业链发展，推动产业集聚发展，发展粮食循环经济，积极发展新业态，发挥品牌引领作用。三是加快粮食产业转型升级，增加绿色优质粮油产品供给，大力促进主食产业化，加快发展粮食精深加工与转化，统筹利用粮食仓储设施资源。四是强化粮食科技创新和人才支撑，加快推动粮食科技创新突破，加快科技成果转化推广，促进粮油机械制造自主创新，健全人才保障机制。五是夯实粮食产业发展基础，建设粮食产后服务体系，完善现代粮食物流体系，健全粮食质量安全保障体系。

《意见》强调，要加大发展粮食产业经济的财税扶持力度，健全金融保险支持政策，落实用地用电等优惠政策。地方各级人民政府要因地制宜制定推进本地区粮食产业经济发展的实施意见、规划或方案，加大粮食产业经济发展实绩在粮食安全省长责任制考核中的权重。粮食部门负责协调推进粮食产业发展有关工作，推动产业园区建设，加强粮食产业经济运行监测。发展改革、财政部门要强化对重大政策、重大工程和重大项目的支持，发挥财政投入的引导作用。

政策解读： 加快推进农业供给侧结构性改革，大力发展粮食产业经济，是兴粮之策、富农之道、惠民之举，也是行业发展所需、部门责任所系。就粮食产业而言，当前最突出的矛盾是结构性矛盾：产业结构不合理、产能利用率低。同时还存在产业链条短、关联度低，产业布局分散、集中度低，创新投入少能力弱、产品附加值低等问题。只有坚持问题导向，强化改革创新，加快粮食产业经济转型升级，才能实现结构优化、动能转化、持续发展。同时也要看到，加快发展粮食产业经济，实现加工流通增值，可以把资源优势转变为产业优势、经济优势。

《意见》要求，粮食产业加快创新发展、转型升级、提质增效，需要更加高级的产业形态和组织形式支持。适应粮食收储制度改革要求，深化国有粮食企业改革，发展混合所有制经济，加快转换经营机制，做强做大做优一批骨干国有粮食企业，同时培育发展和壮大多元粮食市场主体，增强产业经济发展活力。要牢固树立市场意识，尊重市场经济规律和企业主体地位，深化粮食收储制度改革，理顺价格形成机制，推进政企分开，充分发挥市场配置粮食资源的决定性作用。要完善粮食宏观调控方式，综合运用经济、行政、法律等多种手段，打好“组合拳”，提高调控的针对性、精准性和实效性。

二十、《关于支持深度贫困地区脱贫攻坚的实施意见》

发布机关：中共中央办公厅、国务院办公厅。

时间：2017年11月21日。

相关内容：《意见》指出，西藏、四省藏区、南疆四地州和四川凉山州、云南怒江州、甘肃临夏州（以下简称“三区三州”），以及贫困发生率超过18%的贫困县和贫困发生率超过20%的贫困村，自然条件差、经济基础弱、贫困程度深，是脱贫攻坚中的硬骨头，补齐这些短板是脱贫攻坚决战决胜的关键之策。

《意见》提出，中央统筹，重点支持“三区三州”。新增脱贫攻坚资金、新增脱贫攻坚项目、新增脱贫攻坚举措主要用于深度贫困地区。加大中央财政投入力度，加大金融扶贫支持力度，加大项目布局倾斜力度，加大易地扶贫搬迁实施力度，加大生态扶贫支持力度，加大干部人才支持力度，加大社会帮扶力度，集中力量攻关，构建起适应深度贫困地区脱贫攻坚需要的支撑保障体系。

《意见》提出，中央和国家机关有关部门要落实行业主管责任，对“三区三州”和其他深度贫困地区、深度贫困问题，予以统筹支持解决。重点解决因病致贫、因残致贫、饮水安全、住房安全等问题，加强教育扶贫、就业扶贫、基础设施建设、土地政策支持和兜底保障工作，打出政策组合拳。

《意见》提出，地方要统筹整合资源，紧盯最困难的地方，瞄准最困难的群体，扭住最急需解决的问题，集中力量解决本区域内深度贫困问题。要落实脱贫攻坚省负总责的主体责任，明确本区域内深度贫困地区，制订计划，加大投入。要做实做细建档立卡，加强贫困人口精准识别和精准退出，实现动态管理，打牢精准基础。要加强驻村帮扶工作，调整充实第一书记和驻村工作队，明确工作任务，加强日常管理。要实施贫困村提升工程，推进基础设施和公共服务体系建设，改善生产生活条件，发展特色优势产业，壮大村集体经济。

《意见》要求，打赢深度贫困地区脱贫攻坚战，要继续发挥我们的政治优势和制度优势，发挥贫困地区贫困群众主动性创造性，凝聚起各方面力量。坚定打赢深度贫困地区脱贫攻坚战的信心，坚持精准扶贫精准脱贫基本方略，深入推进抓党建促脱贫攻坚，加强扶贫资金监管，解决形式主义等倾向性问题，激发深度贫困地区和贫困人口脱贫致富内生动力，确保完成深度贫困地区脱贫攻坚任务。

二十一、《国务院关于探索建立涉农资金统筹整合长效机制的意见》

发布机关：国务院。

时间：2017年12月8日。

背景：探索建立涉农资金统筹整合长效机制，是发挥财税体制改革牵引作用、推进农业供给侧结构性改革的重要途径，是加快农业现代化步伐和农村全面建成小康社会的有力保障。近年来，按照中共中央、国务院决策部署，各地区、各有关部门探索推进涉农资金统筹整合，取得了积极进展。但涉农资金统筹整合仍面临一些问题和困难，涉农资金管理的体制机制性问题进一步凸显。

目的：加强涉农资金统筹整合，探索建立长效机制。

相关内容：《意见》指出，要全面贯彻中共十九大精神，以习近平新时代中国特色社会主义思想为指导，遵循国家“三农”工作方针政策，紧紧围绕实施乡村振兴战略，将涉农资金统筹整合作为深化财税体制改革和政府投资体制改革的重要内容，优化财政支农投入供给，加强财政支农政策顶层设计，理顺涉农资金管理体系，创新涉农资金使用管理机制，改革和完善农村投融资体制，切实提升国家支农政策效果和支农资金使用效益。

《意见》明确，到2018年，实现农业发展领域行业内涉农专项转移支付的统筹整合。到2019年，基本实现农业发展领域行业间涉农专项转移支付和涉农基建投资的分类统筹整合。到2020年，构建形成农业发展领域权责匹配、相互协调、上下联动、步调一致的涉农资金统筹整合长效机制，并根据农业领域中央与地方财政事权和支出责任划分改革以及转移支付制度改革，适时调整完善。

《意见》提出，对行业内涉农资金在预算编制环节进行源头整合，中央涉农资金在建立大专项的基础上，实行“大专项+任务清单”管理模式，有关部门根据各项涉农资金应当保障的政策内容设立任务清单；充分赋予地方自主权，允许地方在完成约束性任务的前提下，在同一大专项内调剂使用资金。对行业间涉农资金主要在预算执行环节进行统筹，充分发挥规划的引领作用，加强性质相同、用途相近的涉农资金统筹使用，支持省、市、县级人民政府围绕改革任务、优势区域、重点项目等，按照“渠道不乱、用途不变、集中投入、各负其责、各记其功、形成合力”的原则，统筹安排各类功能互补、用途衔接的涉农资金。

《意见》要求，要加强管理制度体系建设，进一步下放审批权限，充实涉农资金项目库，加强涉农资金监管，加大信息公开公示力度，通过改革完善涉农资金管理体制机制，促进提高涉农资金使用效益。

《意见》强调，地方各级人民政府要高度重视，把涉农资金统筹整合工作摆在突出位置，建立政府统一领导、相关部门参与的涉农资金统筹整合领导小组及办公室，为推进统筹整合工作提供组织保障。各有关部门要加强沟通配合，为推进涉农资金统筹整合工作提供机制保障。贫困县涉农资金统筹整合等相关试点，在试点期内继续按相关规定实施。

政策解读：这是当前和今后一个时期指导涉农资金统筹整合的纲领性文件。《意见》将推动源头整合，提高涉农资金配置效率，促进权责匹配，充分发挥中央和地方两个积极性，并提出按照分类施策的原则，对行业内涉农资金和行业间涉农资金采取不同的统筹整合路径。《意见》还将探索中央与地方财政支农事权和支出责任划分途径。实施“大专项+任务清单”管理模式，赋予地方必要的涉农资金统筹权，根据中央和地方在任务清单划定、实施等环节的调整、反馈，逐步厘清中央和地方承担各项支农事权与支出责任的边界，推动形成依法规范、运转高效的财政支农事权和支出责任划分模式。优化国家支农政策体系，提升农业农村国家治理能力。

《意见》明确，到2018年，实现农业发展领域行业内涉农专项转移支付的统筹整合。到2019年，基本实现农业发展领域行业间涉农专项转移支付和涉农基建投资的分类统筹整合。到2020年，构建形成农业发展领域权责匹配、相互协调、上下联动、步调一致的涉农资金统筹整合长效机制，并根据农业领域中央与地方财政事权和支出责任划分改革以及转移支付制度改革，适时调整完善。

二十二、《关于加强贫困村驻村工作队选派管理工作的指导意见》

发布机关：中共中央办公厅、国务院办公厅。

时间：2017年12月24日。

目的：着力解决驻村帮扶中选人不优、管理不严、作风不实、保障不力等问题，更好发挥驻村工作队脱贫攻坚生力军作用。

相关内容：坚持因村选派、分类施策。根据贫困村实际需求精准选派驻村工作队，做到务实管用。坚持因村因户因人施策，把精准扶贫精准脱贫成效作为衡量驻村工作队绩效的基本依据。

坚持县级统筹、全面覆盖。县级党委和政府统筹整合各方面驻村工作力量，根据派出单位帮扶资源和驻村干部综合能力科学组建驻村工作队，实现建档立卡贫困村一村一队。驻村工作队队长原则上由驻村第一书记兼任。

坚持严格管理、有效激励。加强驻村工作队日常管理，建立完善管理制度，从严从实要求，培养优良作风。健全保障激励机制，鼓励支持干事创业、奋发有为。

坚持聚焦攻坚、真帮实扶。驻村工作队要坚持攻坚目标和“两不愁、三保障”脱贫标准，将资源力量集中用于帮助贫困村贫困户稳定脱贫，用心、用情、用力做好驻村帮扶工作。

(1) 规范人员选派。一是精准选派。坚持因村选人组队，把熟悉党群工作的干部派到基层组织软弱涣散、战斗力不强的贫困村，把熟悉经济工作的干部派到产业基础薄弱、集体经济脆弱的贫困村，把熟悉社会工作的干部派到矛盾纠纷突出、社会发育滞后的贫困村，充分发挥派出单位和驻村干部自身优势，帮助贫困村解决脱贫攻坚面临的突出困难和问题。

二是优化结构。优先安排优秀年轻干部和后备干部参加驻村帮扶。每个驻村工作队一般不少于3人，每期驻村时间不少于2年。要把深度贫困地区贫困村和脱贫难度大的贫困村作为驻村帮扶工作的重中之重。东西部扶贫协作和对口支援、中央单位定点帮扶的对象在深度贫困地区的，要加大选派干部力度。

三是配强干部。县级以上各级机关、国有企业、事业单位要选派政治素质好、工作作风实、综合能力强、健康具备履职条件的人员参加驻村帮扶工作。新选派的驻村工作队队长一般应为处科级干部或处科级后备干部。干部驻村期间不承担原单位工作，党员组织关系转接到所驻贫困村，确保全身心专职驻村帮扶。脱贫攻坚期内，贫困村退出的，驻村工作队不得撤离，帮扶力度不能削弱。

(2) 明确主要任务。一是宣传贯彻中共中央、国务院关于脱贫攻坚各项方针政策、决策部署、工作措施。

二是指导开展贫困人口精准识别、精准帮扶、精准退出工作，参与拟定脱贫规划计划。

三是参与实施特色产业扶贫、劳务输出扶贫、易地扶贫搬迁、贫困户危房改造、教育扶贫、科技扶贫、健康扶贫、生态保护扶贫等精准扶贫工作。

四是推动金融、交通、水利、电力、通信、文化、社会保障等行业和专项扶贫政策措施落实到村到户。

五是推动发展村级集体经济，协助管好用好村级集体收入。

六是监管扶贫资金项目，推动落实公示公告制度，做到公开、公平、公正。

七是注重扶贫同扶志、扶智相结合，做好贫困群众思想发动、宣传教育和情感沟通工作，激发摆脱贫困内生动力。

八是加强法治教育，推动移风易俗，指导制定和谐文明的村规民约。

九是积极推广普及普通话，帮助提高国家通用语言文字应用能力。

十是帮助加强基层组织建设，推动落实管党治党政治责任，整顿村级软弱涣散党组织，对整治群众身边的腐败问题提出建议；培养贫困村创业致富带头人，吸引各类人才到村创新创业，打造“不走的工作队”。

(3) 加强日常管理。一是落实责任。县级党委和政府承担驻村工作队日常管理职责，建立驻村工作领导小组，负责统筹协调、督查考核。乡镇党委和政府指导驻村工作队开展精准识别、精准退出工作，支持驻村工作队落实精准帮扶政策措施，帮助驻村工作队解决实际困难。县乡党委和政府要安排专人具体负责。

二是健全制度。建立工作例会制度，驻村工作领导小组每季度至少组织召开1次驻村工作队队长会议，了解工作进展，交流工作经验，协调解决问题。建立考勤管理制度，明确驻村干部请销假报批程序，及时掌握和统计驻村干部在岗情况。建立工作报告制度，驻村工作队每半年向驻村工作领导小组报告思想、工作、学习情况。建立纪律约束制度，促进驻村干部遵规守纪、廉政勤政。要防止形式主义，用制度推动工作落实。

(4) 加强考核激励。一是强化考核。县级党委和政府每年对驻村工作队进行考核检查，确保驻村帮扶工作取得实效。坚持考勤和考绩相结合，平时考核、年度考核与期满考核相结合，工作总结与村民测评、村干部评议相结合，提高考核工作的客观性和公信力。考核具体内容由各地根据实际情况确定。年度考核结果送派出单位备案。

二是表彰激励。考核结果作为驻村干部综合评价、评优评先、提拔使用的重要依据。对成绩突出、群众认可的驻村干部，按照有关规定予以表彰；符合条件的，列为后备干部，注重优先选拔使用。

三是严肃问责。驻村干部不胜任驻村帮扶工作的，驻村工作领导小组提出召回调整意见，派出单位要及时召回调整。对履行职责不力的，给予批评教育；对弄虚作假、失职失责，或者有其他情形、造成恶劣影响的，进行严肃处理；同时，依据有关规定对派出单位和管理单位有关负责人、责任人予以问责。

(5) 强化组织保障。一是加强组织领导。省级党委和政府对本行政区域内驻村工作队选派管理工作负总责。市地级党委和政府要加大对驻村工作指导和支持力度。县级党委和政府负责统筹配置驻村力量，组织开展具体驻村帮扶工作。地方各级党组织和组织部门要加强管理，推动政策举措落实到位，为驻村帮扶工作提供有力支持。地方财政部门要统筹安排，为驻村工作队提供必要的工作经费。有关部门要加强协调配合，积极支持驻村工作队开展工作。

二是加强督查检查。省级党委和政府对本行政区域内驻村工作队进行督查抽查，总结典型经验，加强薄弱环节，纠正突出问题，完善管理制度。要在省域范围内通报督查检查结果，并督促认真做好问题整改。

三是加强培训宣传。各地要通过专题轮训、现场观摩、经验交流等方式，加大对脱贫攻坚方针政策、科技知识、市场信息等方面培训力度，帮助驻村干部掌握工作方法，熟悉业务知识，提高工作能力。要注重发现驻村帮扶先进事迹、有效做法和成功经验，加大宣传力度，树立鲜明导向，营造驻村帮扶工作良好氛围。

四是加强关心爱护。县乡两级党委和政府、派出单位要关心支持驻村干部，为其提供必要的工作条件和生活条件。驻村期间原有人事关系、各项待遇不变。派出单位可利用公用经费，参照差旅费中伙食补助费标准给予生活补助，安排通信补贴，每年按规定为驻村的在职干部办理人身意外伤害保险，对因公负伤的做好救治康复工作，对因公牺牲的做好亲属优抚工作。干部驻村期间的医疗费，由派出单位按规定报销。县乡两级党委和政府、派出单位负责人要经常与驻村干部谈心谈话，了解思想动态，激发工作热情。

政策解读：制定《意见》的目的是：为着力解决驻村帮扶中选人不优、管理不严、作风不实、保障不力等问题，更好发挥驻村工作队脱贫攻坚生力军作用。《意见》明确了驻村工作队的10项主要任务，包括“宣传贯彻中共中央、国务院关于脱贫攻坚各项方针政策、决策部署、工作措施”“指导开展贫困人口精准识别、精准帮扶、精准退出工作，参与拟定脱贫规划计划”“积极推广普及普通话，帮助提高国家通用语言文字应用能力”等。

《意见》强调，成绩突出、群众认可的驻村干部，按照有关规定予以表彰，注重优先选拔使用。驻村干部不胜任驻村帮扶工作的，驻村工作领导小组提出召回调整意见，派出单位要及时召回调整。对履行职责不力的，给予批评教育；对弄虚作假、失职失责或有其他情形、造成恶劣影响的，进行严肃处理；同时，依据有关规定对派出单位和管理单位有关负责人、责任人予以问责。

第八章　农村重点群体关爱事业相关政策

一、《国务院关于进一步健全特困人员救助供养制度的意见》

发布机关：国务院。

时间：2016年2月10日。

背景：保障城乡特困人员基本生活，是完善社会救助体系、编密织牢民生安全网的重要举措，是坚持共享发展、保障和改善民生的应有之义，也是打赢脱贫攻坚战、全面建成小康社会的必然要求。长期以来，在党和政府的高度重视下，我国先后建立起农村五保供养、城市“三无”人员救济和福利院供养制度，城乡特困人员基本生活得到了保障。2014年，国务院公布施行了《社会救助暂行办法》，将城乡“三无”人员保障制度统一为特困人员供养制度，我国城乡特困人员保障工作进入新的发展阶段。

目的：解决城乡发展不平衡、相关政策不衔接、工作机制不健全、资金渠道不通畅、管理服务不规范等问题，切实保障特困人员基本生活。

相关内容：

（1）总体要求和基本原则。

① 总体要求。以中共十八大和十八届三中、四中、五中全会精神为指导，按照中共中央、国务院决策部署，以解决城乡特困人员突出困难、满足城乡特困人员基本需求为目标，坚持政府主导，发挥社会力量作用，在全国建立起城乡统筹、政策衔接、运行规范、与经济社会发展水平相适应的特困人员救助供养制度，将符合条件的特困人员全部纳入救助供养范围，切实维护他们的基本生活权益。

② 基本原则。坚持托底供养。强化政府托底保障职责，为城乡特困人员提供基本生活、照料服务、疾病治疗和殡葬服务等方面保障，做到应救尽救、应养尽养。

坚持属地管理。县级以上地方人民政府统筹做好本行政区域内特困人员救助供养工作，分级管理，落实责任，强化管理服务和资金保障，为特困人员提供规范、适度的救助供养服务。

坚持城乡统筹。健全城乡特困人员救助供养工作管理体制，在政策目标、资金筹集、对象范围、供养标准、经办服务等方面实现城乡统筹，确保城乡特困人员都能获得救助供养服务。

坚持适度保障。立足经济社会发展水平，科学合理制定救助供养标准，加强与其他社会保障制度衔接，实现特困人员救助供养制度保基本、全覆盖、可持续。

坚持社会参与。鼓励、引导、支持社会力量通过承接政府购买服务、慈善捐赠以及提供志愿服务等方式，为特困人员提供服务和帮扶，形成全社会关心、支持、参与特困人员救助供养工作的良好氛围。

（2）制度内容。

① 对象范围。城乡老年人、残疾人以及未满16周岁的未成年人，同时具备以下条件的，应当依法纳入特困人员救助供养范围：无劳动能力、无生活来源、无法定赡养抚养扶养义务人或者其法定义务人无履行义务能力。

具体认定办法由民政部负责制定。

② 办理程序。申请程序。申请特困人员救助供养，由本人向户籍所在地的乡镇人民政府（街道办事处）提出书面申请，按规定提交相关材料，书面说明劳动能力、生活来源以及赡养、抚养、扶养情况。本人申请有困难的，可以委托村（居）民委员会或者他人代为提出申请。

乡镇人民政府（街道办事处）以及村（居）民委员会应当及时了解掌握辖区内居民的生活情况，发现符合特困人员救助供养条件的人员，应当告知其救助供养政策，对无民事行为能力等无法自主申请的，应当主动帮助其申请。

审核程序。乡镇人民政府（街道办事处）应当通过入户调查、邻里访问、信函索证、群众评议、信息核查等方式，对申请人的收入状况、财产状况以及其他证明材料等进行调查核实，于20个工作日内提出初审意见，在申请人所在村（社区）公示后，报县级人民政府民政部门审批。申请人及有关单位、组织或者个人应当配合调查，如实提供有关情况。

审批程序。县级人民政府民政部门应当全面审查乡镇人民政府（街道办事处）上报的调查材料和审核意见，并随机抽查核实，于20个工作日内作出审批决定。对符合条件的申请予以批准，并在申请人所在村（社区）公布；对不符合条件的申请不予批准，并书面向申请人说明理由。

终止程序。特困人员不再符合救助供养条件的，村（居）民委员会或者供养服务机构应当及时告知乡镇人民政府（街道办事处），由乡镇人民政府（街道办事处）审核并报县级人民政府民政部门核准后，终止救助供养并予以公示。

县级人民政府民政部门、乡镇人民政府（街道办事处）在工作中发现特困人员不再符合救助供养条件的，应当及时办理终止救助供养手续。特困人员中的未成年人，满16周岁后仍在接受义务教育或在普通高中、中等职业学校就读的，可继续享有救助供养待遇。

③ 救助供养内容。特困人员救助供养主要包括以下内容：

提供基本生活条件。包括供给粮油、副食品、生活用燃料、服装、被褥等日常生活用品和零用钱。可以通过实物或者现金的方式予以保障。

对生活不能自理的给予照料。包括日常生活、住院期间的必要照料等基本服务。

提供疾病治疗。全额资助参加城乡居民基本医疗保险的个人缴费部分。医疗费用按照基本医疗保险、大病保险和医疗救助等医疗保障制度规定支付后仍有不足的，由救助供养经费予以支持。

办理丧葬事宜。特困人员死亡后的丧葬事宜，集中供养的由供养服务机构办理，分散供养的由乡镇人民政府（街道办事处）委托村（居）民委员会或者其亲属办理。丧葬费用从救助供养经费中支出。

对符合规定标准的住房困难的分散供养特困人员，通过配租公共租赁住房、发放住房租赁补贴、农村危房改造等方式给予住房救助。对在义务教育阶段就学的特困人员，给予教育救助；对在高中教育（含中等职业教育）、普通高等教育阶段就学的特困人员，根据实际情况给予适当教育救助。

④ 救助供养标准。特困人员救助供养标准包括基本生活标准和照料护理标准。

基本生活标准应当满足特困人员基本生活所需。照料护理标准应当根据特困人员生活自理能力和服务需求分类制定，体现差异性。

特困人员救助供养标准由省、自治区、直辖市或者设区的市级人民政府综合考虑地区、城乡差异等因素确定、公布，并根据当地经济社会发展水平和物价变化情况适时调整。民政部、财政部要加强对特困人员救助供养标准制定工作的指导。

⑤ 救助供养形式。特困人员救助供养形式分为在家分散供养和在当地的供养服务机构集中供养。具备生活自理能力的，鼓励其在家分散供养；完全或者部分丧失生活自理能力的，优先为其提供集中供养服务。

分散供养。对分散供养的特困人员，经本人同意，乡镇人民政府（街道办事处）可委托其亲友或村（居）民委员会、供养服务机构、社会组织、社会工作服务机构等提供日常看护、生活照料、住院陪护等服务。有条件的地方，可为分散供养的特困人员提供社区日间照料服务。

集中供养。对需要集中供养的特困人员，由县级人民政府民政部门按照便于管理的原则，就近安排到相应的供养服务机构；未满 16 周岁的，安置到儿童福利机构。

供养服务机构管理。供养服务机构应当依法办理法人登记，建立健全内部管理、安全管理和服务管理等制度，为特困人员提供日常生活照料、送医治疗等基本救助供养服务。有条件的经卫生计生行政部门批准可设立医务室或者护理站。供养服务机构应当根据服务对象人数和照料护理需求，按照一定比例配备工作人员，加强社会工作岗位开发设置，合理配备使用社会工作者。

（3）保障措施。

① 加强组织领导。各地要将特困人员救助供养工作列入政府重要议事日程，将供养服务机构建设纳入经济社会发展总体规划，强化其托底保障功能，进一步完善工作协调机制，切实担负起资金投入、工作条件保障和监督检查责任。民政部门要切实履行主管部门职责，发挥好统筹协调作用，重点加强特困人员救助供养工作日常管理、能力建设，推动相关标准体系完善和信息化建设，实行特困人员“一人一档案”，提升管理服务水平；加强对特困人员救助供养等社会救助工作的绩效评价，将结果送组织部门，作为对地方政府领导班子和有关领导干部综合考核评价的重要参考。卫生计生、教育、住房城乡建设、人力资源社会保障等其他社会救助管理部门要依据职责分工，积极配合民政部门做好特困人员救助供养相关工作，实现社会救助信息互联互通、资源共享，形成齐抓共管、整体推进的工作格局。发展改革部门要将特困人员救助供养纳入相关专项规划，支持供养服务设施建设。财政部门要做好相关资金保障工作。

② 做好制度衔接。各地要统筹做好特困人员救助供养制度与城乡居民基本养老保险、基本医疗保障、最低生活保障、孤儿基本生活保障、社会福利等制度的有效衔接。符合相关条件的特困人员，可同时享受城乡居民基本养老保险、基本医疗保险等社会保险和高龄津贴等社会福利待遇。纳入特困人员救助供养范围的，不再适用最低生活保障政策。纳入孤儿基本生活保障范围的，不再适用特困人员救助供养政策。纳入特困人员救助供养范围的残疾人，不再享受困难残疾人生活补贴和重度残疾人护理补贴。

③ 强化资金保障。县级以上地方人民政府要将政府设立的供养服务机构运转费用、特困人员救助供养所需资金列入财政预算。省级人民政府要优化财政支出结构，统筹安排特困人员救助供养资金。中央财政给予适当补助，并重点向特困人员救助供养任务重、财政困难、工作成效突出的地区倾斜。有农村集体经营等收入的地方，可从中安排资金用于特困人员救助供养工作。各地要完善救助供养资金发放机制，确保资金及时足额发放到位。

④ 加强监督管理。各地区、各有关部门要将特困人员救助供养制度落实情况作为督查督办的重点内容，定期组织开展专项检查。加强对特困人员救助供养资金管理使用情况的监督检查，严肃查处挤占、挪用、虚报、冒领等违纪违法行为。充分发挥社会监督作用，对公众和媒体发现揭露的问题，要及时查处并公布处理结果。完善责任追究制度，加大行政问责力度，对因责任不落实造成严重后果的单位和个人，要依纪依法追究责任。

⑤ 鼓励社会参与。鼓励群众团体、公益慈善等社会组织、社会工作服务机构和企事业单位、志愿者等社会力量参与特困人员救助供养工作。鼓励运用政府和社会资本合作（PPP）模式，采取公建民营、民办公助等方式，支持供养服务机构建设。加大政府购买服务和项目支持力度，落实各项财政补贴、税收优惠和收费减免等政策，引导、激励公益慈善组织、社会工作服务机构，以及社会力量举办的养老、医疗等服务机构，为特困人员提供专业化个性化服务。

⑥ 加强政策宣传。各地区、各有关部门要采用群众喜闻乐见的形式，大力宣传特困人员救助供养政策，不断提高社会知晓度，积极营造全社会关心关爱特困人员的良好氛围。

民政部、财政部要加强对本意见执行情况的监督检查，重大情况及时向国务院报告。国务院将适时组织专项督查。

政策解读：《意见》指出，保障城乡特困人员基本生活，是完善社会救助体系、编密织牢民生安全网的重要举措，是坚持共享发展、保障和改善民生的应有之义，也是打赢脱贫攻坚战、全面建成小康社会的必然要求。

《意见》提出，要以解决城乡特困人员突出困难、满足其基本需求为目标，坚持政府主导，发挥社会力量作用，在全国建立起城乡统筹、政策衔接、运行规范、与经济社会发展水平相适应的特困人员救助供养制度。坚持托底供养、属地管理、城乡统筹、适度保障、社会参与等原则，将符合条件的城乡特困人员全部纳入救助供养范围，做到应救尽救、应养尽养。

《意见》依据《社会救助暂行办法》等规定，进一步规范了特困人员救助供养的制度内容。在对象范围方面，重申了《社会救助暂行办法》关于特困人员供养范围的规定。在办理程序方面，从申请、审核、审批、终止等多个环节进行了全面细化和规范。在救助供养内容方面，从提供基本生活条件、给予照料服务、提供疾病治疗、办理丧葬事宜等方面进行了细化。在救助供养标准方面，提出特困人员救助供养标准包括基本生活标准和照料护理标准。基本生活标准应当满足特困人员基本生活所需。照料护理标准应当根据特困人员生活自理能力和服务需求分类制定，体现差异性。在救助供养形式方面，鼓励具备生活自理能力的特困人员在家分散供养。对完全或部分丧失生活自理能力的特困人员，优先为其提供集中供养服务。同时，《意见》明确，供养服务机构应当依法办理法人登记，并按照一定比例配备工作人员，强化托底保障能力，为特困人员提供基本救助供养服务。

为确保制度有效实施，《意见》在组织领导、制度衔接、资金保障、监督管理、社会参与、政策宣传等方面提出了具体保障措施。特别是在制度衔接方面，要求统筹做好特困人员救助供养制度与城乡居民基本养老保险、基本医疗保障、最低生活保障、孤儿基本生活保障、社会福利等制度的有效衔接。在资金保障方面，规定县级以上地方人民政府要将政府设立的供养服务机构运转费用、特困人员救助供养所需资金列入财政预算。省级人民政府优化财政支出结构，统筹安排特困人员救助供养资金。中央财政给予适当补助。在社会参与方面，明确通过政府和社会资本合作（PPP）模式、政府购买服务、慈善捐赠、志愿服务等方式，鼓励、引导、支持社会力量参与特困人员救助供养工作。

二、《贫困残疾人脱贫攻坚行动计划（2016—2020年）》

发布机关：中国残联、国务院扶贫办等26个部门和单位。

时间：2016年12月22日。

背景：贫困残疾人精准扶贫精准脱贫是打赢脱贫攻坚战的重要内容。“十二五”以来，在中共中央、国务院和地方各级党委、政府的关心支持下，《农村残疾人扶贫开发纲要（2011—2020年）》有效贯彻落实，588万农村贫困残疾人摆脱贫困，为国家扶贫开发工作作出了重要贡献。但目前，贫困残疾人脱贫攻坚仍面临着人口数量多、贫困程度深、致贫原因复杂、脱贫难度大等突出困难和问题，任务艰巨，形势严峻，是打赢脱贫攻坚战的重点和难点所在。确保到2020年贫困残疾人如期脱贫，事关广大贫困残疾人的切身利益，事关国家脱贫攻坚战的最后胜利，事关全面建成小康社会目标的实现。

相关内容：《计划》要求，到2020年，稳定实现贫困残疾人及其家庭不愁吃、不愁穿，义务教育、基本医疗、住房安全有保障，基本康复服务、家庭无障碍改造覆盖面有效扩大。确保现行标准下建档立卡贫困残疾人如期实现脱贫。

《计划》明确了主要任务：通过全面落实农村低保等社会救助政策和困难残疾人生活补贴、重度残疾人护理补贴等保障制度兜底脱贫一批。通过减少贫困残疾人医疗康复费用刚性支出并改善其身心功能状况缓解一批。通过加快实施易地扶贫搬迁工程和农村危房改造，推动贫困残疾人家庭住房安全解困一批。通过加大职业教育和实用技术培训力度赋能一批。通过产业带动、资产收益折股量化等多种方式帮带一批。通过深入开展基层党组织和党员干部助残扶贫行动结对帮扶一批。通过动员社会各界力量参与贫困残疾人扶贫帮助一批。

《计划》确定的重点行动包括：基层党组织助残扶贫行动、残疾人精准康复扶贫行动、残疾青壮年文盲扫盲行动、产业扶持助残扶贫行动、光伏助残扶贫行动、电商助残扶贫行动、百村千户乡村旅游助残扶贫行动、“妇女编织”助残扶贫行动、阳光志愿者助残扶贫行动、残疾人脱贫典型示范引领行动等。

《计划》指出，完善残疾人贫困户精准识别机制，将残疾人贫困户精准识别纳入贫困户建档立卡工作范围并重点核实，做到不漏一户、不落一人。完善贫困残疾人基本信息，掌握残疾人贫困户享受扶贫开发政策和项目落实信息，建立数据动态比对分析机制，在有进有出的动态管理中实现信息共享。国家扶贫开发工作重点县和集中连片特困地区县建立贫困残疾人脱贫台账管理系统，动态反映和监测贫困残疾人脱贫与返贫及政策措施惠及情况。

《计划》指出，加强社会救助等社会保障政策和扶贫开发政策有效衔接。完善农村低保制度，对符合条件的贫困残疾人实行政策性保障兜底。生活困难、靠家庭供养且无法单独立户的成年无业重度残疾人，经个人申请，可按照单人户纳入最低生活保障范围。对于以老养残、一户多残等特殊困难家庭中，因抚养（扶养、赡养）人生活困难、事实无力供养的残疾人，符合特困人员救助供养认定条件的，纳入救助供养范围。

《计划》提出，加快农村贫困残疾人危房改造实施进度。精准识别农村贫困残疾人家庭危房存量，各地可结合实际，对贫困残疾人家庭适当提高危房改造的补贴标准。鼓励各地通过贷款贴息、集中建设农村集体公租房、过渡房等方式解决自筹资金确有困难的残疾人危房户的基本住房安全问题。在危房改造中同步做好无障碍改造。

《计划》要求，提高贫困残疾人医疗和康复服务保障水平。对符合条件的贫困残疾人参加城乡居民基本医疗保险个人缴费部分由财政按规定给予补贴。落实已纳入基本医疗保险支付范围的医疗康复项目，逐步扩大基本医疗保险支付的医疗康复项目。完善重度残疾人医疗报销制度，做好重度残疾人就医费用结算服务。

《计划》提到，加大职业教育和实用技术培训。深入实施“雨露计划”，优先培训贫困残疾人，将适合从事农业生产的贫困残疾人纳入新型职业农民培育工程，鼓励他们在农业领域创业。支持贫困地区特殊教育发展。加大特殊教育经费投入力度，特殊教育资金和项目重点向中西部地区特别是集中连片特困地区倾斜。

《计划》指出，积极扶持残疾人贫困户发展产业。开展各种形式的助残扶贫专项行动，加大财政资金投入，加大金融扶持力度，保障贫困残疾人优先获得资产收益，广泛动员社会力量参与残疾人脱贫攻坚。

政策解读：《计划》着眼于当前我国贫困残疾人脱贫攻坚过程中面临的突出问题，结合贫困残疾人的贫困现状、致贫原因、特殊困难和需求，确定了一系列具体的行动方案与保障措施，以确保贫困残疾人到2020年如期实现脱贫。

目前，我国有8 500万残疾人，其中很多依然处于贫困之中。一直以来，中共中央、国务院高度关注贫困残疾人的民生改善和精准脱贫工作。习近平总书记指出，残疾人是一个特殊困难的群体，需要格外关心、格外关注。让广大残疾人安居乐业、衣食无忧，过上幸福美好的生活，是我们党全心全意为人民服务宗旨的重要体现，是我国社会主义制度的必然要求。强调2020年全面建成小康社会，残疾人一个也不能少。李克强总理要求，决不让残疾人“掉队”。要拿出更实、更有针对性、更具人文关怀的措施，推进解决各类残疾人群在身体康复、教育就业、权益保障等方面存在的苦难，让他们感受到全社会的温暖。《中共中央　国务院关于打赢脱贫攻坚战的决定》提出要做好残疾人脱贫工作，国务院《“十三五”加快残疾人小康进程规划纲要》则明确了制定实施《贫困残疾人脱贫攻坚行动计划（2016—2020年）》的任务。“十二五”以来，在中共中央、国务院和地方各级党委、政府的关心支持下，《农村残疾人扶贫开发纲要（2011—2020年）》有效贯彻落实，588万农村贫困残疾人摆脱贫困，为国家扶贫开发工作作出了重要贡献。

但是应当看到，我国贫困残疾人脱贫攻坚仍面临着人口数量多、贫困程度深、致贫原因复杂、脱贫难度大等突出困难和问题。据最新数据显示，我国农村持证贫困残疾人仍有413.5万人，占建档立卡贫困人口总数的8%左右。贫困残疾人脱贫攻坚，任务艰巨，形势严峻，是打赢脱贫攻坚战的重点和难点所在。而确保到2020年贫困残疾人如期脱贫，事关广大贫困残疾人的切身利益，事关国家脱贫攻坚战的最后胜利，事关全面建成小康社会目标的实现。

中国残联相关负责人表示，本次出台的《计划》以中央确定的全国贫困人口脱贫目标为核心，在此基础上，着力解决贫困残疾人有别于健全人的特殊困难和需求，即基本康复服务和家庭生活无障碍问题。某种意义上讲，贫困残疾人的基本康复服务和家庭无障碍的实现正是不让贫困残疾人掉队的一个重要特征。

《计划》提出，到2020年，稳定实现贫困残疾人及其家庭不愁吃、不愁穿，义务教育、基本医疗、住房安全有保障，基本康复服务、家庭无障碍改造覆盖面有效扩大。确保现行标准下建档立卡贫困残疾人如期实现脱贫。为实现“两不愁，三保障”的总目标，《计划》进一步明确了“七个一批”的主要任务，以确保贫困残疾人脱贫攻坚在推进过程中收到实效。

《计划》提出，通过全面落实农村低保等社会救助政策和困难残疾人生活补贴、重度残疾人护理补贴等保障制度兜底脱贫一批；通过减少医疗康复费用刚性支出并改善残疾人身心功能状况缓解一批；加快实施农村危房改造和易地扶贫搬迁工程，推动贫困残疾人家庭住房安全解困一批；加大职业教育和实用技术培训力度赋能一批；产业带动、资产收益折股量化等多种方式帮带一批；深入开展基层党组织和党员干部助残扶贫行动结对帮扶一批；动员社会各界力量参与贫困残疾人扶贫帮助一批。

《计划》还对在贫困残疾人脱贫攻坚中实施的重点行动和相应的政策保障措施予以明确，这些行动与措施是在当前中央有关部门正在制定实施的专门扶贫规划和政策措施框架下，以此基础针对贫困残疾人给予的重点扶持和特殊扶持。例如，结合抓党建促脱贫的总体安排，进一步加强基层党组织助残扶贫行动的引领作用；编制低保政策与扶贫开发有效衔接政策时，要以贫困残疾人作为重点对象加大社会保障和救助力度；编制健康扶贫项目，要针对贫困残疾人加大医疗保险报销和医疗救助方面的力度，针对贫困残疾人康复需求加大康复服务力度；在实施农村危房改造工作中，要针对贫困残疾人采取分类施策的方式，加快残疾人危房改造实施进度的同时，着力解决无自筹资金能力的特困残疾人家庭住房安全问题；相关部门在各自职能范围牵头编制的特色产业扶贫、电商扶贫、光伏扶贫、乡村旅游扶贫、志愿者扶贫等各类扶贫项目中，要将贫困残疾人作为重点对象优先扶持等，这些政策措施均在《计划》中予以充分体现。

与此同时，要推动《计划》各项措施落到实处，还需要加强组织协调、加强考核和贫困监测、加强宣传引导、提高残疾人组织参与贫困残疾人精准脱贫工作水平。

贫困残疾人脱贫攻坚，贵在精准，重在精准，成败系于精准。《计划》将在把握“精准”的要求上，对承担贫困残疾人精准脱贫专项行动重点任务的责任单位进行分工，以精准识别建档立卡为关键，以结户帮扶因人施策为核心，以纳入脱贫绩效考核为关口，明确工作推进的时间表，从而坚决打赢这场贫困残疾人的脱贫攻坚战，让残疾人与全国人民一道共奔小康。

三、《关于农村义务教育学生营养改善计划实施情况的报告》

发布机关：教育部。

时间：2017年3月2日。

相关内容：

（1）工作进展。

① 加大资金投入，补助标准不断提高。2014年11月，中央财政对699个国家试点县农村义务教育学生营养膳食补助标准从每生每天3元提高到4元（全年按在校时间200天计算），寄宿

生加上“一补”后达到每天 8～9 元。同时，中央财政对地方试点给予奖励性补助。从 2011 年至今，中央财政累计安排资金 1 591 亿元，用于实施营养改善计划。

② 推进食堂供餐，就餐条件不断改善。中央财政安排 300 亿元专项资金，重点支持试点地区学校食堂建设，现已完成食堂建设项目 6.85 万个，新建、改造面积 2 563 万平方米，购置了价值 21.97 亿元的厨房设施设备，为以学校食堂供餐为主的模式提供了有力支撑。

③ 切实加强监管，保障“两个安全”。各地各校以食品和资金“两个安全”为重点，通过建立健全学校食品安全和财务管理制度，确保每一份营养餐都吃得安全，每一块钱都吃到学生嘴里。同时，通过专项督导，各地在实施过程中存在的问题逐一得到整改落实。营养改善计划实施以来，全国没有发生一起重大食品安全和资金安全事故，个别偶发事故都得到了及时处置，“两个安全”得到切实保障。

④ 促进公开公示，努力打造阳光工程。制订专门办法，要求各地及时公开公示营养改善计划的有关政策措施、推进情况。教育部门户网站设立了营养改善计划专题网页，解答有关政策、介绍工作动态、公布监督举报电话并展示各地实施情况，先后展播了 699 个国家试点县工作视频。会同中国发展研究基金会开展“阳光校餐”项目试点，通过互联网、大数据，实时监测学生营养改善计划实施工作，主动接受社会监督。

⑤ 扩大地方试点，推进贫困县全覆盖。教育部、国家发改委、财政部联合印发《关于进一步扩大学生营养改善计划地方试点范围实现国家扶贫开发重点县全覆盖的意见》。2016 年 12 月，教育部又分别与相关 10 个省份人民政府签署了启动实施 88 个国家扶贫开发重点县学生营养改善计划协议书，确保 2017 年实现营养改善计划国家扶贫开发重点县全覆盖，让这项民生工程惠及更多的贫困家庭学生。

（2）主要成效。营养改善计划的实施，使试点地区农村学生上学饿肚子、吃凉饭现象基本消除，学生营养健康状况得到显著改善，身体素质得到明显提升，为他们的健康成长和全面发展奠定了坚实基础，影响深远，成效显著。

① 受益学生覆盖面广、人数规模大。截至目前，全国共有 29 个省份（京、津、鲁单独开展了学生供餐项目）1 590 个县实施了营养改善计划。其中，699 个县开展了国家试点，891 个县开展了地方试点，覆盖学校 13.4 万所，受益学生总数达到 3 600 多万人。全国超过 1/2 的县实施了营养改善计划，超过 1/2 的义务教育学校提供营养餐，近 1/4 的义务教育阶段学生享受营养膳食补助。

② 学生营养状况确有改善，社会反响良好。营养改善计划主要包括学校食堂供餐、企业供餐和家庭托餐 3 种供餐模式，其中，学校食堂供餐因安全、卫生、规范，最受学生欢迎。截至目前，全国实行食堂供餐的试点学校比例达到 71%，国家试点县达到 76.6%（比 2012 年提高了近 20 个百分点），大大提高了供应安全、卫生、营养饮食的能力。根据中国疾病预防控制中心连续 4 年（2012—2015 年）的跟踪监测表明，试点地区学生每天吃到三餐的比例由 2012 年的 89.6% 上升到 2015 年的 93.6%，营养知识水平得分提高 16.7 个百分点。2015 年，男、女生各年龄段的平均身高比 2012 年高 1.2～1.4 厘米，平均体重多 0.7 千克和 0.8 千克，高于全国农村学生平均增长速度。贫血率从 2012 年的 17.0%降低到 2015 年的 7.8%，营养不良问题得到缓解，学生学习能力有所提高，缺课率明显下降，广大学生、家长、学校和社会各界对中共中央、国务院实施的这项惠民工程、德政工程给予高度认可和热烈拥护。

③ 对试点地区发展起到了有效带动作用。实施营养改善计划，有力地支持了教育事业发展，解决了贫困学生在校吃饭问题，减轻了贫困家庭的经济负担。同时，不少地方一方面鼓励试点学校就地取材，另一方面扶持农业龙头企业、建设农副产品生产基地，带动了当地农业发展和农民增收，支持了县域经济的发展。

（3）存在的主要问题。营养改善计划覆盖面广、涉及环节多，从最困难的地区起步，基础条件比较差，地方管理能力比较弱，没有先例可循，目前还存在一些困难和问题。一是规范管理问题。个别地方招标不到位，食材质量得不到保证；资金管理不严，挤占挪用、虚报人数套取补助的情况偶有发生；执行标准不严格，供餐内容单一，影响了营养改善的效果。二是食品安全问题。营养改善计划食品采购链条长、环节多，县级食品安全监管人员有限。部分试点地区没有将运转经费纳入财政预算保障，不能按照标准配备工勤人员，临聘人员流动性大，缺乏专业营养膳食知识，也给食品安全带来较大隐患。三是教师负担加重。基层学校普遍反映，学校供餐后，教师要组织学生用餐，用餐后学生留在校园，教师负有监护责任，个别人数较少的农村学校，教师要轮流为学生做饭，一定程度上加重了教师的工作量和责任。

（4）下一步工作考虑。“十三五”期间，教育部将会同中央各有关部门、地方各级政府精准施策，落实责任，确保安全，切实把营养改善计划这项民心工程办好，造福更广大贫困地区的中小学生。

① 大力推动学校食堂供餐。督促各地根据本地实际，统筹校舍维修改造长效机制、薄弱学校改造等项目和资金，新建和改、扩建一批设施齐全、功能齐备、卫生达标的学校标准化食堂，逐步提高学校食堂供餐比例。推动地方按照标准配备食堂工勤人员，切实减轻教师负担。严格落实食堂管理相关规定，主动公开公示各项政策措施、规定要求等，确保学校食堂供餐质量得到提高，满足学生就餐需求。

② 抓住“两个安全”不放松。进一步完善监管制度，加强督导检查，加大问责力度，推动各地各校守土有责、守土尽责，确保学生“舌尖上的安全”。继续巩固和提高食品与资金安全成效，确保国家营养膳食补助“每一分钱都吃到学生嘴里”，严防重大食品安全事故，守住食品安全“红线”和资金安全“底线”。

③ 建立责任落实长效机制。进一步落实地方政府主体责任，充分发挥发改、财政、卫生计生、食药监、质检等部门作用，形成工作合力。“十三五”期间，教育部将会同中央有关部门积极探索建立学生营养改善工作投入保障、膳食指导、宣传教育、体质监测、监督检查、公开公示等长效机制，督促地方积极推进营养改善计划精细化管理。

图书在版编目（CIP）数据

中国农村社会事业研究报告．2016～2017 / 农业农村部农村社会事业发展中心编．—北京：中国农业出版社，2019.1

ISBN 978-7-109-25555-5

Ⅰ.①中… Ⅱ.①农… Ⅲ.①农村-社会事业-研究报告-中国-2016-2017 Ⅳ.①C916

中国版本图书馆 CIP 数据核字（2019）第 100135 号

中国农业出版社出版

（北京市朝阳区麦子店街 18 号楼）

（邮政编码 100125）

责任编辑 冀 刚

中农印务有限公司印刷 新华书店北京发行所发行

2019 年 1 月第 1 版 2019 年 1 月北京第 1 次印刷

开本：889mm×1194mm 1/16 印张：18

字数：480 千字

定价：100.00 元